W0374134

Arnold Kramish
Der Greif

Arnold Kramish

Der Greif

Paul Rosbaud –
der Mann, der Hitlers Atompläne
scheitern ließ

verlegt bei Kindler

Titel der Originalausgabe:
»The Griffin«
© 1986 by Arnold Kramish

Aus dem Amerikanischen von

Gabriele Burkhardt
Ricarda Strobel

© Copyright 1987 by Kindler Verlag GmbH, München.
Das Werk einschließlich aller seiner Teile ist urheberrechtlich geschützt. Jede Verwertung außerhalb der engen Grenzen des Urheberrechtsgesetzes ist ohne Zustimmung des Verlages unzulässig und strafbar. Das gilt insbesondere für die Vervielfältigungen, Übersetzungen, Mikroverfilmungen und die Einspeicherung und Verarbeitung in elektronischen Systemen.
Umschlaggestaltung: Graupner + Partner
Satzarbeiten: Compusatz GmbH, München
Druck und Bindung: May & Co., Darmstadt
Printed in Germany
ISBN 3-463-40060-x

2 3 5 4 1

Inhalt

Prolog

Der Spion lehnte gegen eine der unversehrten Mauern der alten Festung von Graz. Er hatte nicht mehr lange zu leben. Ein französischer Marschall mit Namen Alexander MacDonald hatte die Festung im Jahre 1809 geschleift, den Glockenturm und diesen Teil der Wallanlagen jedoch verschont. Der Mann, der hier nachdenklich in der Dämmerung stand, war selbst einmal Teil der Geschichte gewesen, aber er hatte keine Truppen befehligt und keine Festungen gestürmt. Seine Waffe war das Schweigen gewesen, er hatte lautlos gesiegt, und es gab nur einige wenige Leute auf der Welt, die überhaupt seinen Namen kannten, von seiner Geschichte ganz zu schweigen. Trotzdem war er einer der großen Gegenspieler Hitlers gewesen. Vor ihm war in die Brüstung eine Stahlplatte eingelassen, auf der Linien in die Richtungen zeigten, in denen Moskau, London und Washington lagen. Dort draußen, in der Verlängerung dieser Linien, lag die Welt, die nicht wußte, welchen Einfluß sein Wirken auf sie gehabt hatte.

Unter ihm lag in der hereinbrechenden Dunkelheit das österreichische Graz. Er verabscheute diese Stadt, in der er geboren war und die nach all den Jahren immer noch Geheimnisse vor ihm verbarg. Unter ihm flimmerten die Lichter in den Wohnungen des Palais Khuenburg. Erzherzog Franz Ferdinand war dort geboren, 1863, vor ungefähr einem Jahrhundert. Franz Ferdinand, der eingebildete österreichisch-ungarische Thronfolger, der in Sarajewo an einem Pistolenschuß gestorben war und damit die Welt seiner Zeit gewaltig verändert hatte.

In der Dämmerung sah der Spion die schlanke barocke Turmspitze der Pfarrkirche St. Andrä. Vielleicht dachte er an das Geheimnis, das er dort nie hatte lüften können. Die andere Seite des Wehrgangs verdeckte den Dom, der Geheimnisse barg, von denen der Spion nichts wußte.

Noch ein anderes, mit seinem Schicksal untrennbar verbundenes Bild muß ihm vor Augen gekommen sein, als er auf seine Geburtsstadt hinabblickte: ein mythisches Tier, ein geflügelter Löwe mit dem Kopf und den Klauen eines Adlers. In den alten Sagen hatte es vergessene Geheimnisse und Schätze gehütet. In seinem Leben war es Wappentier eines Familienwappens gewesen und ein Name, der zu seinem Talisman geworden war. An dem Tag, an dem er im Verborgenen seinen persönlichen, lautlosen Kampf gegen den Führer Adolf Hitler aufgenommen hatte, hatte er sich den Decknamen »der Greif« gegeben.

Kapitel 1

Graz

Irgendwo im Norden Jugoslawiens existiert ein zweihundert Jahre altes Dokument, das als *Zolchner Kodex* bekannt ist. Auf dem Pergamenteinband ist das Familienwappen abgebildet: Auf silbernem Grund stellt es in der unteren Hälfte einen dreiteiligen roten Hügel dar und darüber einen aufrecht stehenden Greif, der eine eiserne Pike hält. Über dem Wappenschild ragt ein Turnierhelm auf. Und um die edle Erscheinung des wilden Tieres hervorzuheben, ist ein weiterer Greif mit einer Pike abgebildet. Ursprünglich kamen der Kodex und die Familie, für die er hergestellt wurde, aus der alten Stadt Graz. Und es war Graz, in dem 1896 ein uneheliches Kind Zolchnerscher Abstammung geboren wurde.

Anna Rosbaud, die Mutter des Jungen, war eine alte Jungfer. Auf alten Fotografien sieht man, daß sie ihr Haar straff zurückgekämmt trug und ihr Gesicht vor allem durch ein energisches Kinn auffiel. Aus ihrem Leben geht jedoch hervor, daß sie eine beherzte und zur Liebe fähige Frau war.

Anna war immer ein wenig stolz darauf, daß sie aus einer guten Familie stammte. Mütterlicherseits waren es die Zolchners mit ihrem Anspruch auf ein Adelsprädikat und dem Greifswappen. Auf der Seite des Vaters waren es die Rosbauds aus Böhmen. Irgendwann im Mittelalter hatte ein böhmischer Jäger beschlossen, sich einen Familiennamen zu geben, und er nannte sich nach dem erstbesten Gegenstand, auf den sein Blick fiel, nämlich seiner strohgedeckten Hütte, *Rozbaud*. (Das Wort taucht in neueren Wörterbüchern nicht mehr auf, und für deutsche Ohren sollte es immer einen fremdländischen Klang haben.) Im fünfzehnten Jahrhundert standen einige Rosbauds und Zolchners im Dienst der Fuggerschen Handelsbanken. Die Rosbauds arbeiteten in den Silberminen der Březové-Berge im Südwesten Prags.

Beide Familien waren streng katholisch, in der Vergangenheit der

Rosbauds hatte es jedoch einen merkwürdigen Zwischenfall gegeben. In den frühen Jahren des achtzehnten Jahrhunderts war ein Judenmädchen namens Judith Ginsburger aus einer wohlhabenden Bankiersfamilie entführt worden und hatte nach seiner Taufe einen Rosbaud geheiratet. Bis zum Jahre 1933 betrachtete man das lediglich als interessante und kuriose Familienanekdote.

Die Rosbauds und die Zolchners verbanden sich, als Wenzel Rosbaud Ida Kockl heiratete, die Enkelin des letzten Zolchner. Wenzel stammte aus der böhmischen Stadt Horowitz, die für die Herstellung guter Musikinstrumente bekannt ist. Als junger Mann war er nach Wien gegangen, um Musik zu studieren. Als seine Mittel und sein Ehrgeiz erschöpft waren, gelang es ihm, eine Anstellung als Verwalter auf dem Gut der Kockls in Neu-Künegg an der slowenischen Grenze zu finden. Dort stieg er bald auf, indem er Ida, die Tochter des Hauses, heiratete. Sie wurden Eltern eines Sohnes, Richard, und zweier Töchter, Wilhelmina und Anna.

Nicht lange danach drehte sich Wenzels Geschick wieder, und eine Folge von Mißernten in Verbindung mit seiner schlechten Wirtschaft zwang ihn, das Gut zu verkaufen. Verarmt zog er nach Wien zurück und bewarb sich um einen niedrigen Posten am Finanzministerium. Er wurde angenommen und als Steuerbeamter in das verschlafene Städtchen Eibiswald geschickt, daß ebenfalls an der slowenischen Grenze gelegen war.

Während Wenzel Bürokrat wurde, ergab es sich, daß auch ein um einiges jüngerer Mann, ein Schusterlehrling, bei der Finanzverwaltung desselben Ministeriums in den Dienst genommen wurde. Dieser Alois Schickelgruber war der uneheliche Sohn einer Dienstmagd und eines nicht bekannten Vaters. Später nahm er den Namen seines Pflegevaters an und wurde zu Alois Hitler. 1889 sollte ihm seine dritte Frau einen Sohn gebären, den er Adolf taufen ließ. Es gibt jedoch keine Zeugnisse darüber, daß Alois und Wenzel sich je gekannt hätten.

Die Rosbauds waren nicht glücklich in Eibiswald. Ida reiste ins ferne Graz, sooft sie nur konnte. Wenzel spielte gern auf lärmenden Wochenendgesellschaften im Hause der Heinnissers Klavier, die Freunde im nahegelegenen Wies waren. Als den Rosbauds 1856 Anna geboren wurde, hielten die Eltern die Zeit für eine weitere Veränderung gekommen. Wenzel machte all seinen Einfluß geltend, um sich nach Graz versetzen zu lassen. Beide waren überzeugt, daß sie dort glücklich sein würden. Es war noch ein wenig von dem Zolchnerschen Geld auf der Bank. Außerdem hatten sie dort Freunde. Einer der Heinnissers hatte sogar eine wichtige Stellung an der Stadtpfarrkirche und würde sie willkommen heißen.

Als Anna aufwuchs, zeigte sie einiges musikalische Talent. Glanzvoller Höhepunkt ihrer Kindheit war ein Treffen mit Clara Schumann, die nach Graz gekommen war, um ein Konzert zu geben. Sie empfing Anna, gab ihr sogar ein paar Klavierstunden und war hinreichend beeindruckt, um der jungen Frau eine große Zukunft vorherzusagen. Statt dessen verursachte Anna im Alter von sechsundzwanzig Jahren einen großen Skandal in Graz.

Josef Heinnisser gehörte als Organist an der Grazer Stadtpfarrkirche zu den Honoratioren der Stadt. Sein ältester Sohn Josef bekleidete eine hohe Position in der Verwaltung der Provinz Steiermark. Der achtzehnjährige Sohn Franz war, wie sein Vater, ganz der Kirchenmusik verfallen. Dieses Interesse führte dazu, daß er Anna Rosbaud kennenlernte, und bald war er in gleichem Maße ihr verfallen. Anna war für gewöhnlich nüchtern und praktisch veranlagt, aber ab und zu ließ sie sich an Feiertagen oder bei einem Fest einmal so richtig gehen. Das Weihnachtsfest des Jahres 1881 muß ein besonders ausgelassenes Fest gewesen sein, denn kurz nach Neujahr entdeckte Anna, daß sie von Franz schwanger war. Die Rosbauds waren entsetzt, Anna wurde von ihrer Mutter aus dem Haus geworfen. Die Heinnissers waren ebenfalls entsetzt, aber nicht so sehr, daß sie vergessen hätten, eine Regelung zu treffen, die jede vernünftige bürgerliche Familie der damaligen Zeit getroffen hätte. Als Gegenleistung für das Versprechen, niemals mehr etwas von ihnen zu fordern, zahlten sie Anna eine kleine Geldsumme. Anna verließ Graz und wohnte eine Zeitlang auf dem ehemaligen Gut der Kockls, auf dem ihre Eltern die ersten Jahre ihrer Ehe verbracht hatten. Um eine größere Entfernung zwischen die Liebenden zu legen, schickten die Heinnissers Franz als Lehrling in eine Orgelfabrik nach Salzburg.

Das Kind, das in jenem September auf die Welt kam, wurde Bruno getauft und – zusammen mit dem Rest des Geldes von den

Heinnissers – zur Familie eines Tischlermeisters nach Belgrad gebracht. Später sollte Bruno Musiker werden und dann im Krieg gegen die Nazis Anführer einer jugoslawischen Partisanengruppe.
Anna kehrte nach Graz zurück und hielt sich mit Klavierstunden für die Kinder der besten Familien der Stadt über Wasser. Nach Idas Tod zog Wenzel zu seiner Tochter in die Trauengauergasse 8 in der Nähe der Trambahn-Schuppen. Dort starb er im September 1894 und hinterließ Anna dreihundert Kronen, mit denen sie gerade seine Arztrechnung und den Grabstein bezahlen konnte.
Im November des gleichen Jahres brach in der Stadt Graz die Neuzeit an. Graz besaß schon seit langem eine Trambahn, aber jetzt trafen die Stadtväter die Entscheidung, die von Pferden gezogenen Wagen gegen elektrische auszutauschen. In der Gegend um die Wagenschuppen am Ende der Annenstraße herrschte Bestürzung. Hier wohnten die Schaffner, Fahrer, Fahrkartenkontrolleure und Stallknechte, und hier spürte man den Schlag am meisten. Am fünfundzwanzigsten des Monats wurde die neue elektrische Zahnradbahn auf den Schloßberg mit einem Feuerwerk und einem Fest auf dem am Fuß des Berges liegenden Hauptplatz eingeweiht. Im Laufe dieses zukunftsweisenden Ereignisses merkte Anna, daß sie wieder schwanger war.
Aus Franz Heinnisser war in den zwölf Jahren seit dem Skandal ein ordentlicher Bürger geworden. Er hatte geheiratet und war Vater von drei Kindern. Er war zur Stellung des Chorleiters am Dom von Graz aufgestiegen. Aber er hatte Anna nicht vergessen. Kurz vor der Einführung des elektrischen Personennahverkehrs in Graz kam Franz in die Trauengauergasse 8, um sein Beileid anläßlich von Wenzels Tod auszudrücken – und er brachte es fertig, die Vergangenheit zu wiederholen.
Der Junge, der aus dieser Verbindung geboren wurde, erhielt den Namen Johann. In seinem späteren Leben wurde er als Hans Rosbaud bekannt.
Mitte Februar 1896 fand wieder ein festliches Ereignis in der Trauengauergasse statt. In der Nummer 6 heiratete der Straßenbahnschaffner Johann Strajner die Schlosserin Theresia Wesiak. Bei dieser Gelegenheit erklärte sie auch ihre beiden Töchter für ehelich. Franz Heinnisser wollte diese Feier auf keinen Fall ver-

passen, und so stattete er Anna einen weiteren Besuch ab. Mit dem unvermeidlichen Ergebnis.
Der dritte Sohn wurde am 18. November 1896 um halb neun Uhr abends geboren. Weil er ein schwächliches Kind war, wurde er acht Tage darauf zu Hause getauft. Paul Wenzel Mattheus Rosbaud, der uneheliche Sohn Annas, wurde unter der Nummer 539 in das Kirchenregister von St. Andrä eingetragen.
Kurz darauf floh Anna vor ihren Gläubigern, und die Grazer Polizeiakten belegen, daß ein vergeblicher Versuch unternommen wurde, sie ausfindig zu machen. Sie war allerdings nicht weit geflohen: 1897 wohnte sie mit ihren kleinen Söhnen Hans und Paul in der Villa Ruckerlberg 101 im wohlhabenden Vorort Waltendorf. Die Villa war der Landsitz der Familie Heinnisser. Dort wiederholte sich das Muster – abermals eine Schwangerschaft, abermals Umzug – und Anna lebte in der nicht weit von ihrer alten Adresse gelegenen Quergasse 3, als ihre Tochter Martha geboren wurde. Weil sie mit drei Kindern nicht zurechtkommen konnte, suchte Anna für das neue Kind eine Pflegefamilie auf dem Land.
Eines Tages im Jahre 1904 bekam Anna, während Hans und Paul zu Hause waren, Besuch von einem »Cousin« und zwei »Cousinen«, die in Wirklichkeit ihr ältester Sohn Bruno, seine Verlobte und deren Mutter waren. Bruno, der seine Mutter seit frühester Kindheit nicht mehr gesehen hatte und sie auch nie wieder sehen sollte, wollte wissen, wer sein Vater war. Anna log nicht, sie sagte jedoch lediglich: »Dein Vater gehörte einer hochstehenden Familie an.«
Juristische Akten, die immer noch in den Archiven von Graz lagern, zeigen, daß versucht wurde, die Vaterschaft für die Kinder zu verschleiern. Anna selbst trug nicht zur Klärung bei, indem sie der Polizei erzählte, Marthas ungenannter Vater habe für ihren Unterhalt gesorgt – und später erklärte, sie habe keine Ahnung, wer Marthas Vater sei.
Offenbar trug Franz Heinnisser bis zu einem gewissen Grade für seine Kinder Sorge, indem er ihnen Ersatzväter gab. Als Hans' musikalisches Talent erkennbar wurde, konnte Franz Karl Ortner für ihn interessieren. Karl Ortner war ein alter Freund der Familie, ein reicher Eisenhändler und außerdem musikbegeistert. Er spiel-

te Cello und Horn. Er träumte davon, sein eigenes Orchester zu gründen, und in Hans hatte er anscheinend den idealen Schützling gefunden.
So kam es, daß eines Tages im Jahre 1911 der fünfzehnjährige Hans Rosbaud in der prächtigen Grazer Oper sein Debüt als Dirigent der Orchesterrunde Graz gab, einem zwanzig Mann starken Ensemble.
Anna und Paul Rosbaud saßen in der letzten Reihe – der besten, die sie sich leisten konnten –, und Anna weinte vor Stolz. Sie weinte vor Stolz, ein paar Tränen galten jedoch auch ihr selbst: Der Arzt hatte ihr vor kurzem mitgeteilt, sie habe Brustkrebs und die Prognose sei nicht gut.
Am 6. Mai 1913, einem hellen Frühlingsmorgen, lag Anna im Sterben. Paul kam an ihr Bett und bat sie inständig, ihm zu sagen, wer sein Vater sei.
Sie antwortete nur: »Du wirst es nie wissen müssen.«
Es war ihr letztes Fehlurteil. Paul mußte es wissen. In den kommenden Jahren sollte diese Notwendigkeit für ihn zu einer Angelegenheit von Leben und Tod werden.

Kapitel 2

Metamorphose

Franz Heinnisser, Paul Rosbauds unbekannter Vater, hatte sich ein paar Jahre vor Annas Tod von seiner Frau getrennt. Einige Jahre später zog er nach Wien, wo er 1944 starb. Paul fand einen Ersatz für seinen Vater in dem Nachbarn der Familie, Johann Strajner. Er war der Straßenbahnschaffner, während dessen Hochzeitsfeier Paul gezeugt worden war. Strajner war ein viel interessanterer Mann, als sein Beruf vermuten läßt. Wenn er nicht als Schaffner arbeitete, führte er ein abenteuerliches Leben. Er war in Ljubljana geboren (das damals noch Laibach hieß), in der österreichisch-ungarischen Provinz Krain. Die Gegend ist für ihre Höhlen bekannt. Schon als Junge begann er, sie zu erkunden, und die Höhlenforschung blieb für den Rest seines Lebens seine Leidenschaft. Im Rückblick erscheint es passend, daß Hans' Ersatzvater der Musikmäzen Karl Ortner wurde, während sich um Paul ein Mann kümmerte, dessen größte Freude die einsame Erforschung der unterirdischen Finsternis war.

Obwohl ihr leiblicher Vater nicht bei ihnen war, verlebten die Jungen eine glückliche Kindheit in der verwahrlosten Wohnung in der Quergasse 3. Jahre später erinnerte sich Paul: »Wir vermißten unseren Vater überhaupt nicht – wir kannten ihn nicht und er fehlte uns nicht. Wenn einer von uns – für gewöhnlich ich – sehr unartig und anstrengend war, drohte meine Mutter streng, wenn ich nicht brav wäre, würde sie heiraten. Dann würden wir einen Vater bekommen, der besser mit uns fertig würde. Das tat jedesmal die gewünschte Wirkung, und ich versprach ihr weinend, brav zu sein.«

Die Musik half der kleinen Familie durch Mühsal und Enttäuschungen. Die Schulakten belegen, daß beide Brüder hervorragende Schüler und offenkundig musikalisch begabt waren, aber Paul galt als manuell ungeschickt. Obwohl Anna den größten Teil des Tages damit verbrachte, Klavierstunden zu geben, sorgte sie dafür, daß an den Abenden zum Spaß Musik gemacht wurde. Die Rosbauds bildeten ein Kammermusik-Ensemble mit Anna am Klavier, Paul an der Viola, Hans am Cello oder an der Violine und einem älteren Jungen, Karl Gaugl, am Cello. Wenn sie zwanzig Kreuzer für Karten aufbringen konnten, standen Paul und Hans hinten im Opernhaus, um Casals, Hubermann oder Godowsky zu hören oder sich eine Aufführung der *Zauberflöte* anzusehen.

Die Jungen mußten Goethe, Schiller und Shakespeare lesen, aber zum Vergnügen lasen sie lieber Conan Doyle und Jules Verne. Pauls Lieblingslektüre waren die Geschichten Karl Mays über die unwahrscheinlichen Abenteuer von Cowboys und Indianern im Wilden Westen. Zufällig wurde Karl May auch von dem jungen Adolf Hitler bewundert.

Auch wenn Paul Rosbaud es später leugnete – »Wir vermißten unseren Vater nicht ... er fehlte uns nicht« – gibt es Hinweise darauf, daß er sich nicht so leicht damit abfand, seinen Vater nicht zu kennen. Der Vater hatte Anna und ihnen allen durch sein Verschwinden schweres Unrecht zugefügt. Nach der Schule ging der Junge oft in die St.-Andrä-Kirche. Dort befindet sich über dem Altar eine dreieckige Darstellung der Dreifaltigkeit mit einem körperlosen Auge in der Mitte. Paul erschien das Auge allwissend, denn es war das Auge Gottes. Es wußte die Antwort auf das Rätsel, das ungelöst bleiben sollte.

Für Paul und Hans jedoch kamen gute Zeiten. In den Anfangsjahren des Jahrhunderts konnte man in Graz eine schöne Kindheit verbringen. Oft schlenderten die beiden die Annenstraße hinab, überquerten die Mur auf der Franz-Karl-Brücke und gingen dann in die Sackgasse hinein und vorbei an dem vornehmen Erzherzog-Johann-Hotel. Sie spähten in den Hof des Palais Khuenburg, in dem der Erzherzog geboren war. Dabei wünschten sie, ihr Cousin Ottokar Uhlir, der jetzt der Marineattaché des Erzherzogs war, würde auftauchen und ihnen erlauben, sich im Palais umzusehen. Vor der Nummer 20, dem Reiner-Hof, erinnerte sich Hans daran, daß Joseph Haydn hier einmal gespielt hatte.

Ein paar Schritte vom Reiner-Hof entfernt lag die Station der Zahnradbahn auf den Schloßberg. Für die Brüder war es jedoch ein seltener Luxus, mit der Bahn auf den Berg zu fahren, und für gewöhnlich jagten sie hintereinander her die steilen Treppen und Pfade hinauf. An einem bestimmten Tag im Jahr legten sie besonderen Wert darauf, dort oben zu sein. Paul erinnert sich:

> Wir versäumten nie, am Abend des 2. November auf den Schloßberg zu gehen, an Allerseelen, wenn es Brauch war, kleine Wachslichter auf den Gräbern anzuzünden. An einem klaren Abend konnte man überall auf den Hügeln in der Nähe der Dörfer den Schein winzig kleiner Rechtecke sehen, die Friedhöfe, und ich erinnere mich, daß ich sehr still war. Vielleicht war es nicht nur die traurige Schönheit eines Herbstabends, die mich bewegte, sondern die erste Vorahnung einer anderen, sehr stillen Welt, mein erstes Zusammentreffen mit jenen, die uns vorangegangen sind. Die Vorstellung eines warmen Lichts auf der kühlen Erde hatte für mich etwas Tröstliches.

Nachdem Anna im Mai von Pauls siebzehntem Lebensjahr in diese sehr stille Welt hinübergegangen war, bekam Hans Gelegenheit, am Hochschen Konservatorium in Frankfurt zu studieren. Dort befreundete er sich bald eng mit einem Mitstudenten, mit Paul Hindemith. Paul Rosbaud brauchte noch ein Jahr, um die Handelsschule in Graz abzuschließen.

Der Sommer des Jahres 1914 war ungewöhnlich warm und sonnig. Am Wochenende des 26. Juni nahm Paul den Zug in nördlicher Richtung nach Hochlantsch, um mit einem Wochenendurlaub seine Matura und seinen Namenstag zu feiern. Am Montagabend kehrte er nach Graz zurück und erfuhr, daß der Sohn der Stadt, Erzherzog Franz Ferdinand, und seine Frau Sophie in Sarajewo von einem serbischen Nationalisten ermordet worden waren. Das war traurig, aber es ging Paul nicht besonders nahe. Er war mit Plänen für seine erste Reise nach Deutschland beschäftigt, wo er Hans in Frankfurt besuchen wollte.

Hans spielte in einem Frankfurter Filmtheater zur Begleitung der dort gezeigten Stummfilme Klavier und hatte damit genug verdient, um Paul die Reise zu bezahlen. Paul brachte Hans ein kleines Geschenk mit – das Programm eines Konzertes des russi-

schen Pianisten Dimitri Agrenov, das vor siebenundzwanzig Jahren in Graz stattgefunden hatte. Anna hatte es aufgehoben.
Hans hatte viel zu tun. So sehr er sich auch freute, seinen Bruder zu sehen, hatte er doch nur spätabends oder sonntags frei. Auf sich selbst gestellt, beschloß Paul eines sonnigen Tages, in das nahegelegene Dorf Vilbel zu fahren und sich die Ruinen der kürzlich entdeckten römischen Bäder anzusehen.
Wegen der Kriegsgerüchte war die vier Mann starke Polizeitruppe von Vilbel besonders wachsam. Der junge Fremde, der Interesse an dem römischen Mauerwerk vorgab, war ihnen verdächtig. Deshalb nahmen sie ihn ohne zu zögern fest und brachten ihn auf die Polizeiwache. Bei der Leibesvisitation fanden sie belastende Dokumente. Das eine war eine Zeichnung des Frankfurter Hauptbahnhofs (wo Hans Paul abgeholt hatte) in einem stenografierten Brief, den keiner der Polizisten lesen konnte. Das andere war das Konzertprogramm von Dimitri Agrenov. Ganz offensichtlich war dieser junge Mann, der angeblich aus Graz kam, ein russischer Spion. Der Zwischenfall sollte Paul Rosbauds einzige Festnahme wegen Spionage bleiben.
Am Ende wurde er von einem mitfühlenden – und gebildeten – Vilbeler Bürger gerettet, der Kurzschrift lesen konnte und wußte, was ein Konzertprogramm war. Paul wurde freigelassen.
Nach dem Besuch in Frankfurt kehrte Paul nach Graz zurück. Aber an den Iden des März 1915 meldete er sich zum Militärdienst im 27. steiermärkischen k.u.k. Regiment. Er war achtzehn.
Im Juni begann der italienische kommandierende General Luigi Cadorna mit einer Serie von Angriffen entlang des Flusses Isonzo an der östlichen Grenze Italiens zu Österreich. Der erste endete als blutiges Fiasko. Paul war mit seinem Regiment zur Verteidigung gegen den zweiten Angriff am Isonzo. Der Angriff wurde im Juli vorgetragen und war ebenfalls vergeblich. Es folgten im November und Dezember ein dritter und ein vierter Angriff. Während der letzten Schlacht erlitt Paul schwere Erfrierungen und wurde in ein Lazarett in Agram, dem heutigen Zagreb, eingeliefert.
Es war der ideale Ort für den Genesenden, denn Pauls Tante Wilhelmina lebte glücklich verheiratet mit einer großen Familie in Agram. Paul verliebte sich heftig in seine schöne Cousine Anka.

Es kam zu langen Spaziergängen auf der Stroßmayer-Promenade am Rande der Oberstadt und zu stürmischen Liebeserklärungen Pauls – aber Anka kokettierte nur. Sie wies seinen Heiratsantrag zurück, und er kehrte im Mai 1916 traurig zu seinem Regiment zurück. Im August schlugen die Italiener erneut am Isonzo zu, und die verbissen kämpfende österreichische Verteidigung wurde zurückgedrängt.
So verliefen, mit blutigem Hin und Her, auch die siebte, achte, neunte, zehnte und elfte Schlacht am Isonzo. Paul erkrankte schwer an Typhus und kam wieder ins Lazarett. Er stieg vom Soldaten zum Fähnrich und dann zum Leutnant auf und verdiente sich das bronzene Kreuz mit Schwertern, den bronzenen und silbernen Tapferkeitsorden und das Karlskreuz. Im Oktober 1917 kam es zur zwölften Isonzoschlacht – besser bekannt als die Schlacht von Caporetto –, in der eine österreichisch-deutsche Armee den Italienern eine verheerende Niederlage beibrachte.
Als schließlich in der Villa Giusti in der Nähe von Padua am 3. November 1918 ein Waffenstillstand unterzeichnet wurde, lag Pauls Einheit zufällig einem der elf britischen Regimenter gegenüber, die inzwischen an der Kampflinie waren. Paul konnte ein wenig Englisch, und so wurde er mit einer Parlamentärflagge losgeschickt, um die Kapitulation der Einheit zu regeln. Aber der britische Colonel hatte noch nichts von dem Waffenstillstand gehört. Er dankte Paul höflich für seine guten Absichten und schickte ihn zu den österreichischen Linien zurück, damit weitergekämpft werden konnte. Glücklicherweise war Pauls Einheit inzwischen auf eine andere britische Abteilung gestoßen, die der Annahme einer Kapitulation eher geneigt war. So war eine gute Woche vor dem großen Waffenstillstand für Paul Rosbaud der Krieg vorbei. Die kleine, zufällige Fügung des Schicksals – daß er britischer und nicht italienischer Kriegsgefangener wurde – sollte einundzwanzig Jahre später Auswirkungen auf die Geschichte haben.
Lange nach Kriegsende schrieb Paul: »Meine ersten zwei Tage als Gefangener unter britischer Bewachung waren der Ursprung meiner langwährenden Anglophilie. Für die britischen Soldaten war der Krieg vorbei und vergessen. Sie behandelten uns nicht wie Feinde, sondern wie unglückliche Verlierer des Krieges. Sie verbrüderten sich nicht mit uns, aber sie waren höflich und korrekt.«

Die Briten übergaben ihn an die Italiener zu einer noch angenehmeren Internierung. Er wurde in das Castello Baia an der Küste von Amalfi gebracht, von wo er den Blick auf Pompeij und, in der entgegengesetzten Richtung, auf Capri genießen konnte. Baia war das luxuriöseste Bad im alten Rom gewesen. Das Schloß aus dem sechzehnten Jahrhundert war immer noch eindrucksvoll, und Paul genoß den das Schloß umgebenden Park mit seinen verfallenen Venus- und Dianatempeln. Er erwarb sich Fremdsprachenkenntnisse, entwickelte eine Vorliebe für das Ausland und fand Geschmack am italienischen Essen und Wein. Als er Ende des Jahres wieder in die Heimat zurückgeführt wurde, war er nicht mehr nur ein naiver Kleinbürger aus der Provinz Graz.

Kapitel 3

Kontakte

Hans Rosbaud war dem Militärdienst entkommen. Während er am Hochschen Konservatorium studierte, hatte er ohne vernünftige Planung angefangen, sich nur von Gemüse zu ernähren. Sein Gesundheitszustand hatte sich verschlechtert, und Hans war freigestellt worden. Ungefähr zu dieser Zeit lernte er Prinz Alexander Friedrich, den Landgrafen von Hessen, kennen und freundete sich mit ihm an. Der fast blinde und sehr musikliebende Prinz entwikkelte eine Zuneigung zu Hans. Er war ein begabter Geiger, und Hans wurde bald sein ständiger Begleiter. Alexander Friedrich residierte auf Schloß Panker in der Holsteinischen Schweiz. »Komm nach Panker, hier wartet jede Menge lohnender Arbeit auf dich (aber auch nicht zu viel Arbeit). Beeile dich!« drängte der Prinz in einem Brief an Hans. Gut, antwortete Hans, aber Paul muß mitkommen.

Die Brüder feierten ein herzliches Wiedersehen. Es wurde beschlossen, daß Paul auf Schloß Panker wohnen sollte, bis er sich wieder ins Zivilleben eingewöhnt hatte. Paul blieb also für die nächsten neun Monate und gewann durch das Hofleben an Haltung und Schliff. 1920 ging er mit einer Empfehlung des Prinzen an die Technische Hochschule in Darmstadt, um Chemie zu studieren. Zur gleichen Zeit wurde Hans zum Direktor der städtischen Musikakademie im nahegelegenen Mainz ernannt.

Durch Hans lernte Paul Hildegard (Hilde) Martha Frank kennen. Hilde war fünf Jahre jünger als Paul und die Tochter des wohlhabenden jüdischen Holzhändlers Carl Theodor Frank. Hildes Bruder Rudolf erinnert sich, daß Hans

> von seinem Lehrer Bernhard Seckles eingeführt wurde und ein regelmäßiger Gast im Hause unseres musikalischen Onkels, des Arztes und Stadtrats Dr.Edward Frank, war. Bald brachte

er auch seinen Bruder mit. Vom Hause meines Vaters in der Kaiserstraße war es nicht weit bis zum Haus unseres Onkels in der Taunusstraße. Als einmal die Brüder Rosbaud dort musizierten, kam meine Schwester Hilde zufällig herein. Der jüngere Bruder war schlechter als der andere, wenn die beiden vierhändig spielten. Ich weiß nicht, welche Komposition sie spielten, aber ich weiß, daß der Student Paul Rosbaud aus Graz und Hilde aus Mainz – kaum zwanzig Jahre alt – bald verliebt und verlobt waren. Hans hatte in der Zwischenzeit in Mainz geheiratet. Seine Frau [Edeltraud Schäfer] stammte nicht aus Mainz, aber ihre Münchner Persönlichkeit bekam bald eine Mainzer Färbung.

Tatsache war, daß der Heirat von Hilde und Paul nachgeholfen werden mußte, denn die Familie Frank war nicht ganz glücklich darüber, daß Hilde außerhalb ihres Glaubens heiratete. Mainz liegt nur zwanzig Kilometer von Darmstadt entfernt, aber noch immer hielten französische Truppen das linksrheinische Gebiet besetzt, und es gab Einschränkungen: Tagsüber durfte man den Fluß überqueren, bis Mitternacht mußte man aber nach Deutschland zurückgekehrt sein. Eines Abends aßen Paul und Hilde zu spät, und Paul kam nicht mehr rechtzeitig zur Grenze der Besatzungszone. Das junge Paar verbrachte die Nacht zusammen und verursachte dadurch eine Krise, die nur durch Heirat gelöst werden konnte. So kam es, daß Paul und Hilde getraut wurden.
Ungefähr zur selben Zeit freundete Paul sich mit einem Studienkameraden namens Walter Brecht an, dessen Bruder Bertolt ein vielversprechender junger Bühnenautor war. In einem Brief erinnert Walter sich an seinen Freund Paul:

> Paul Rosbaud, genannt Bobby, war schlank und ein bißchen größer als ich und hatte ein bleiches, lebhaftes, intelligentes Gesicht ... Sein Verhalten war auf österreichische Art freundlich, [aber] er wahrte einen deutlichen Abstand zu Leuten, die er nicht mochte. In diese Kategorie fielen die meisten Deutschen ... Er hatte nie Geld. Er hätte sich gern elegant gekleidet, aber statt dessen mußte er seine Kleidung auf britische Art tragen, das heißt mit der Überzeugung, daß Kleider, die schon

etwas altmodisch und schäbig geworden sind, nicht den eigenen persönlichen Geschmack widerspiegeln. Er gab sein Geld für Schuhe aus – die konnten ihm nicht neu und glänzend genug sein. Er zeigte gern seine ungewöhnlich kleinen Füße vor. Wenn Bobby guter Laune war, konnte er witzig sein, und er war sicherlich talentiert, aber gelegentlich auch auf erheiternde Weise dumm. Er war immer großzügig zu seinen Freunden und überraschte sie mit Geschenken, die er sich nicht leisten konnte. Er hatte zu mehreren Frauen gleichzeitig Beziehungen, aber er erzählte nie jemanden Einzelheiten darüber. Er liebte die Musik und ging häufig in die Oper und zu Konzerten.

Nach dem Abschluß der Schule in Darmstadt erhielt Paul ein Stipendium für ein Graduiertenstudium am Kaiser-Wilhelm-Institut im Berliner Stadtteil Dahlem. Dort leistete er Pionierarbeit in der Röntgenkinematografie und erwarb seinen ersten akademischen Grad. Nachdem er kurze Zeit als Forschungsassistent an der Albertina-Universität in der ostpreußischen Hauptstadt Königsberg gearbeitet hatte, kehrte er nach Berlin zurück. Er wollte an der Technischen Hochschule von Berlin-Charlottenburg seinen Doktor machen. Die Dissertation schrieb er gemeinsam mit seinem Doktorvater Hermann Mark. Professor Mark erinnert sich liebevoll an Paul: »Er und ich waren sehr gute Freunde ... auch unsere Frauen waren eng befreundet. Auch nach 1926, als meine Frau und ich nach Ludwigshafen umzogen, arbeiteten wir wissenschaftlich zusammen und trafen uns regelmäßig. Während dieser Jahre hatte unsere Freundschaft fast überhaupt keinen politischen Charakter.«

Die Arbeit mit Röntgenstrahlen war für die Physiker dieser Zeit eine ebenso aufregende Sache, wie es die Arbeit mit Kernteilchen ein Jahrzehnt später werden sollte. Aber obwohl seine Arbeit anerkannt war, konnte Paul keine Stelle an der Universität finden. Er bekam eine gutbezahlte Stellung in einem Labor der Großfirma Metallgesellschaft AG in Frankfurt, sehnte sich freilich stets nach der Freiheit und dem freundlichen Austausch in der Gemeinschaft der Wissenschaftler zurück. Außerdem war Pauls Chef ein äußerst eigenartiger Mann.

Pauls Schwager Rudolf Frank, in Theaterkreisen wohlbekannt,

war Experte für den Schriftsteller E.T.A. Hoffmann aus dem frühen neunzehnten Jahrhundert, der in seinen Erzählungen so meisterhaft Phantasie, Geheimnis und Romantik mischte und damit später Baudelaire und Poe inspirierte. In seinen Memoiren berichtet Rudolf Frank von einem Abend in Frankfurt:

> Jetzt erscheint der Geist Hoffmanns. Bei einem Bankett der Metallgesellschaft AG in Frankfurt sitzt meine Schwester Hildegard neben einem Professor namens Ernst August Hauser. Um ihn ranken sich merkwürdige Gerüchte. Man glaubt, er habe seine erste und zweite Frau umgebracht ... Meine Schwester, fröhlich wie immer, redete mit Ernst August Hauser, der damals der Chef ihres Mannes Dr. Paul Rosbaud war. Sie sprach von mir und sagte, ich hätte bewiesen, [daß ein bestimmtes Werk] ... von Hoffmann stamme. Dr. Hauser gab zur Antwort: »Natürlich habe ich das Manuskript dieses Werkes. Ich habe es von meiner Frau geerbt.«

Es gab noch mehr Geschichten über Hauser, die an *Hoffmanns Erzählungen* erinnerten. Paul und Hilde blieben nicht lange in Frankfurt. Das freudigste Ereignis dieser Zeit war die Geburt einer Tochter, die das einzige Kind bleiben sollte. Angelika Anna Maria Mathilde Rosbaud – Angela oder Anka genannt – kam im August 1927 auf die Welt. Ihr Vater betete sie an.

Als Paul in Berlin eine Stelle bei der *Metallwirtschaft* angeboten wurde, einer neuen Wochenzeitschrift für Metallurgie, nahm er sie ohne Zögern an. Der Bezeichnung nach wissenschaftlicher Berater, war er in Wirklichkeit eher eine Art Kundschafter. Seine Position im wissenschaftlichen Verlagswesen war einzigartig, und sie ermöglichte ihm weite Reisen und Treffen mit Wissenschaftlern in ganz Europa.

In dieser Zeit wurde der Alltag in Deutschland zunehmend von der Politik bestimmt. So war etwa Dr. Georg Lüttke, der Besitzer der *Metallwirtschaft*, ein geheimes Mitglied der NSDAP und Schirmherr einer SA-Einheit in Sachsen. In den ersten Jahren ihrer Bekanntschaft hatten die Rosbauds und die Lüttkes ein enges Verhältnis zueinander. Gertrud Lüttke war wie Hilde Jüdin. Sie hatte bayerischen Charme und gab interessante Gesellschaften.

Das Geschäft ging gut in der Matthäikirchstraße 10, dem Büro der Zeitschrift. Paul erstattete dort regelmäßig Bericht, wenn er seine Runde an Universitäten und Instituten gemacht hatte, wo er sich von Wissenschaftlern Aufsätze versprechen ließ. Er besuchte nicht nur deutsche Institute, sondern auch ausländische Zentren der Gelehrsamkeit wie Oxford, Cambridge, Kopenhagen, Groningen und Oslo. Nach einiger Zeit war er in Wissenschaftlerkreisen eine vertraute und anerkannte Gestalt. Auch für bekannte Professoren war es schmeichelhaft, von Rosbaud umworben zu werden, und sein Drängen auf einen Beitrag war fast immer erfolgreich.

Pauls Freundlichkeit und Begeisterung empfahlen ihn vielen Wissenschaftlern, deren Namen eines Tages die berühmtesten unserer Zeit werden sollten – Albert Einstein, Peter Kapitza, Niels Bohr, Ernest Rutherford, Leo Szilard, Otto Hahn und Lise Meitner. Sie waren es, die die Physik ins Atomzeitalter beförderten. Ein weiterer Bekannter Pauls war Frederick Lindemann (der spätere Lord Cherwell), der bereits damals Winston Churchills wissenschaftlicher Berater war.

Rosbaud hatte eine eigenartige Position. Er war nicht nur Berater der *Metallwirtschaft*, sondern auch der europäischen wissenschaftlichen und akademischen Gesellschaften. Aber obgleich in diesen Kreisen wohlbekannt, war er doch selbst kein bedeutender Wissenschaftler, weil er selbst nichts zur Forschung beigetragen hatte. Er bezeichnete sich selbst als »Hecht im Karpfenteich«. Niemand war jedoch über die gesamten wissenschaftlichen Entwicklungen besser informiert als er.

Die Zukunft hätte für ihn vielversprechend aussehen können, wäre nicht die politische Entwicklung Deutschlands gewesen, die mit jedem Monat ein häßlicheres Gesicht zeigte. Rosbaud beobachtete den Aufstieg der NSDAP, bis sie stark genug war, 1933 Hitler zum Reichskanzler zu machen. Kurz vor dem Ziel begann Georg Lüttke, sich offen zu den Nazis zu bekennen. Zu dieser Zeit schloß Paul Rosbaud einen feierlichen und dauerhaften Pakt mit sich selbst: Er würde alles tun, was in seiner Macht stand, um den Mann zu vernichten, der jetzt dabei war, die Paul so teure Kultur zu zerstören.

Hermann Mark erinnert sich:

Als ich Deutschland 1932 wegen der Nazis verließ und nach Wien ging, blieben wir in engem Kontakt ... Paul stand dem Regime in Deutschland zunehmend feindlich gegenüber. Bei mehreren Gelegenheiten, wenn wir uns in Deutschland, England oder Österreich trafen, äußerte er viel Kritik und berechtigte Feindschaft gegenüber den Nazis. Er war einer der wenigen, die die Entwicklung sehr klar voraussahen. Wir führten lange Diskussionen darüber, was man gegen sie tun konnte und sollte. Mehrere englische Freunde – [der marxistische Physiker] John Desmond Bernal, [der exzentrische Erfinder] Geoffrey Pyke und [der Physikochemiker] Eric Rideal – waren gelegentlich daran beteiligt.

Drei Jahre später wurde Paul eine Stelle im Springer-Verlag angeboten. Dr. Ferdinand Springer, der zusammen mit seinem Vetter Julius Leiter des angesehenen Springer-Verlags war, hatte ihn für den Posten eines wissenschaftlichen Beraters für die Publikationen des Hauses in Physik und Metallurgie ausgewählt. In der neuen Stellung gewann Rosbaud bald noch direkteren Zugang zu den besten Köpfen der Wissenschaft in Europa.
Irgendwann in den frühen dreißiger Jahren machte er noch eine Bekanntschaft ganz anderer Art. Die Informationen darüber, wann, wie und unter welchen Umständen die beiden Männer zusammenkamen, schlummern noch immer in verstaubten Amtsakten.
Francis Edward Foley war einer der bemerkenswerten Männer, die – wie Raoul Wallenberg – das Übel ihrer Zeit sahen, dagegen ankämpften und dann fast völlig in Vergessenheit gerieten. Er wurde 1884 in Burnham-on-Sea im englischen Somerset geboren, ging in Frankreich zur Schule und wurde ein hervorragender Linguist. (Der Stellvertreter des Führers, Rudolf Hess, bemerkte später, daß Foley »akzentfrei Deutsch sprach«.) Als Hauptmann im Hertshire-Regiment nahm er an vielen Kämpfen teil, und er wurde in Kriegsberichten lobend hervorgehoben. Im März 1918 wurde er jedoch bei einem deutschen Angriff verwundet und auf einen Büroposten versetzt – er kam zum Nachrichtendienst. Nach Kriegsende diente Foley als Nachrichtenoffizier beim Generalstab der britischen Rheinarmee, ging dann zum Geheimen Nachrich-

tendienst (SIS) und wurde mit der üblichen – und durchsichtigen – Tarnung als Paßbeamter der britischen Gesandtschaft in Berlin zugeteilt.

Nachdem die Nazis an die Macht gekommen waren, bekam Foley mehr mit seiner offiziellen Arbeit als Paßbeamter zu tun. Sehr zum Ärger einiger seiner Kollegen vom SIS in London, denn der mitfühlende Foley verwandte immer mehr Zeit darauf, Juden beim Verlassen des Dritten Reichs zu helfen. Auch Rosbaud widmete sich dieser Tätigkeit, und vermutlich begegneten sich die beiden zum ersten Mal in diesem Zusammenhang.

Als das Vertrauen zwischen den beiden Männern wuchs, begann Paul, Zettel mit Informationen an Foley weiterzugeben, die manchmal wichtig und manchmal unwichtig waren. Aber dann kamen Gefahrensignale. Foleys Hilfe für die Flüchtlinge war etwas offener geworden, und sie war der Gestapo sicherlich schon frühzeitig bekannt. Die Polizei beobachtete diese Tätigkeit genau. Mit Foleys Einverständnis brach Paul den Kontakt fast vollständig ab. Ereignisse wie die Aufhebung der Bürgerrechte, der Machtverlust des Reichstags und die Gründung der Gestapo, die alle 1933 stattfanden, ließen Paul seine Lage neu überdenken. Ein Agent vor Ort (oder, im modernen Jargon, ein Maulwurf) mußte einen tiefen Bau und eine undurchdringliche Tarnung haben.

Im Dritten Reich war eines der wichtigsten Elemente dieser Tarnung ein »arischer« Stammbaum. Für Paul Rosbaud, den unehelichen Sohn eines nicht bekannten Vaters, war das ein Problem. Er beschloß, seiner Herkunft gründlich nachzuforschen, bevor jemand anders auf diesen Gedanken kam.

Die berüchtigte Ahnentafel der Gestapo erforderte »Reinheit der Rasse«, die sich bis zum 1. Januar 1800 zurückverfolgen ließ. Judith Ginsburger, die einzige Jüdin in der Zolchner-Linie der Familie Rosbaud, die Paul ausmachen konnte, war 1701 geboren. Aber auch wenn es von der Linie seiner Mutter her keine Schwierigkeiten gab, konnte das Geheimnis des Vaters etwas ganz anderes bergen.

Kapitel 4

Der falsche Vater

Das Gesetz zur Wiederherstellung des Berufsbeamtentums wurde am 7. April 1933 verkündet, wenige Wochen, nachdem Hitler als Reichskanzler die Macht ergriffen hatte. Das neue Gesetz legte fest, daß jeder Staatsdiener des Dritten Reiches einen Fragebogen ausfüllen mußte, in dem er seine Abstammung nachwies. Hans Rosbaud war damals Kapellmeister und Leiter der Musikabteilung bei Radio Frankfurt und damit Beamter. Als eifriger Befürworter der modernen Musik stand er bereits im Verdacht nichtarischer Neigungen. Paul war in seiner Eigenschaft als wissenschaftlicher Berater der *Metallwirtschaft* kein Beamter, weil er aber Mitglied mehrerer staatlicher Wissenschaftsausschüsse war, mußte auch er den Fragebogen ausfüllen.

Der Teil, in dem es um Annas Vorfahren ging, war verhältnismäßig einfach, denn dazu hatte Paul Informationen im Überfluß. Paul schloß diesbezüglich die Nachforschungen im Juni 1933 mit dem Ergebnis ab, daß Judith Ginsburger tatsächlich die einzige jüdische Ahnin unter den Rosbauds war. Mit seinen Nachforschungen ergänzte er die alte Familienlegende über die Tochter Moysis Ginsburgers, des Hofbankiers Prinz Karl Philips von der Pfalzgrafschaft Graz. 1710 war das zehnjährige Mädchen entführt worden. Das Motiv – so war es jedenfalls in den Urkunden verzeichnet – war nicht die Hoffnung auf Lösegeld, sondern der Wunsch gewesen, das schöne Kind dem heidnischen Einfluß seiner Familie zu entziehen. Der Richter hatte Judith befragt, und sie hatte sich dafür entschieden, bei ihren christlichen Entführern zu bleiben, weil die sie, wie sie sagte, so gut behandelten. Der Fall zog dann die Aufmerksamkeit Kaiser Karls VI. auf sich. Er wies Prinzessin Elisabeth aus der Pfalzgrafschaft an, Judith taufen zu lassen. So wurde sie zu Maria Augusta und war keine Bedrohung mehr für ihre Nachfahren Paul und Hans Rosbaud.

Mit dem Geheimnis des Vaters war es eine andere Sache. Weil ihnen jeder Hinweis von ihrer Mutter und auch jedes beweiskräftige Dokument fehlte, entschieden sich die Brüder für eine gewagte Abhilfe. Wenn kein Vater existierte, mußte einer erfunden werden. Und wer erschien für diesen Betrug besonders geeignet und zugleich zugänglich?

Es lag auf der Hand, auf wen die Wahl fiel – auf den väterlichen alten Johann Strajner, Straßenbahnschaffner und Nachbar im Viertel von St. Andrä. Als erstes ließ Paul sich von der Grazer Polizei Abschriften der Unterlagen Strajners schicken und suchte sie nach möglichen Unstimmigkeiten ab. Als er zufrieden war, machte er sich im Frühjahr 1933 auf nach Graz.

Johann war noch der alte. Er war genauso bereit, als amtlicher Vater zu gelten – wenn die Zeiten es denn erforderlich machten –, wie er auch privat der Ersatzvater gewesen war. Zwar konnte er nicht von sich sagen, daß er aus einer »hochgestellten« Familie kam wie Franz Heinnisser, aber er hatte unzweifelhaft andere, höhere Qualitäten. Und sein freier Geist rebellierte ebenfalls gegen die Nazidiktatur. Mit Pauls Hilfe schrieb er eine beeidigte Erklärung, die auszugsweise lautete:

> Ich [Johann Strajner] wurde am 21. Dezember 1860 als Sohn der Eheleute Matthäus Strajner und Maria Strajner, geborene Pink, in Laibach [Krain] im heutigen Jugoslawien geboren und nach römisch-katholischem Ritus in der St.-Jakobs-Kirche in Laibach getauft. Ich besuchte dort die Schule, lernte das Bäkkerhandwerk und ging aufgrund der gespannten nationalen Lage aus Laibach fort. ... 1899 zog ich nach Graz und nahm eine Stellung bei der Straßenbahngesellschaft an.
>
> Ich hatte zwei Kinder mit Fräulein Anna Aloisia Rosbaud, Hans und Paul ... Die Vaterschaft wurde nicht öffentlich vor Gericht anerkannt, weil ich sie von vornherein annahm. Zu der Zeit war ich mit Theresia Wesiak verheiratet ... Deshalb wollte die Mutter der Rosbaud-Kinder die Vaterschaft nicht amtlich machen oder vor den Kindern zugeben. [Sie] erfuhren es erst nach dem Tod der Mutter. Meine Eltern waren Gastwirte und kamen aus Unterkrain. Sie waren Deutsche ... Es ist undenkbar, daß unter meinen Vorfahren Juden waren.

Das Dokument wurde am 29. Mai 1933 beglaubigt und unterzeichnet. Wahrheit und Lüge waren darin eng ineinander verwoben. Ein besonders gründlicher Beamter von der Gestapo hätte entdekken können, daß Strajner nicht mit Theresia verheiratet gewesen war, als Hans geboren wurde. Er hätte herausfinden können, daß der vitale Strajner zur selben Zeit auch eine Affäre mit einer Strickerin hatte, mit der er drei Kinder zeugte. Und es hätte dem Beamten auffallen müssen, daß die unehelichen Kinder der Strikkerin schon in jungen Jahren wußten, daß ihr Vater Johann Strajner war. Hätte der Prüfer Hans' Bewerbung um ein Stipendium gefunden, die Strajner nach Annas Tod vervollständigt hatte, wäre das vernichtend gewesen, weil der städtische Angestellte, als er die Akte bearbeitete, den Vermerk »Vater tot« daraufgeschrieben hatte.
Aber es kam kein solcher Beamter von der Gestapo.
Die Brüder stellten die selbstfabrizierte Verwandtschaft groß zur Schau. Im Juli 1936 nahm Paul an einer wissenschaftlichen Konferenz in Graz teil und nahm Hilde, Angela und Hans mit. Gemeinsam mit Strajner und seinen Töchtern (Theresia war 1919 gestorben, es war also keine Taktlosigkeit ihr gegenüber) legten sie Blumen auf Annas Grab. Gleichzeitig half Paul Strajner, eine verbesserte Erklärung für die Behörden zu schreiben. Er machte sich nämlich Sorgen wegen der Unstimmigkeiten in Strajners Erklärung von 1933. In der neuen Erklärung bekannte Strajner sich dazu, jahrelang mit Anna Rosbaud intim gewesen zu sein. Seine gesetzmäßige Frau und ihre Kinder und seine offene Beziehung zu der Strickerin und deren drei Kinder wurden nicht erwähnt. Es gab keinen Hinweis darauf, daß er je zu einer anderen Frau als Anna Rosbaud eine Beziehung gehabt hatte.
Am 17. Dezember 1938 dirigierte Hans sein zweites Konzert in Graz. Jedermann konnte sehen, daß die erste Reihe des Theaters für Johann Strajner, seine ehelichen Kinder und seine Enkel reserviert war. Wenn jemand nach diesen Ehrengästen fragte, bekam er zur Antwort, sie wären Hans Rosbauds engste Verwandte in Graz. Auf dem Programm stand in Gedenken an das Konzert des großen Komponisten 1782 in Graz eine Komposition von Haydn. Außerdem Beethovens *Ah, perfidio*. War diese Wahl eine Ironie Hans'? Der Erlös des Konzerts war für Hitlers liebste

Wohltätigkeitsorganisation bestimmt, für die Winterhilfe zugunsten der Soldaten, und Hans war so stark antinazistisch eingestellt wie sein Bruder.
Hans und Paul kauften einen neuen Grabstein für das Grab ihrer Mutter. Zwei Jahre lang legte Strajner von Zeit zu Zeit Blumen dort nieder, um die Lüge zu stützen. Nach seinem Tod im Jahre 1940 kümmerte sich in Graz niemand mehr um das Grab. Die Brüder gaben ihr Einverständnis, daß der Grabstein 1943 entfernt und Anna umgebettet wurde. In einiger Entfernung von dieser Stelle steht der Grabstein Johann Strajners, ihres amtlichen Vaters. Er ist in schlechtem Zustand und wird seit Jahren vernachlässigt.

Kapitel 5

Privatleben

Nach der katastrophalen Inflation von 1923 begann in Deutschland ein langsamer wirtschaftlicher Aufschwung. Im Jahre 1928 verursachte der Zukunftsoptimismus eine wahre Explosion an künstlerischen Aktivitäten und verfeinertem Snobismus in der Hauptstadt und ihrer Umgebung. Experiment hieß das Schlagwort, und es war häufig schwer, das bloß Auffällige vom wirklich Neuen und Wertvollen zu unterscheiden. Im Theater war es Brecht, in Architektur und Design Gropius und das Bauhaus, im Nachtclub Marlene Dietrich, dazu kamen Schönberg in der Konzerthalle, George Grosz in der Kunst der bissigen Karikatur und *Das Kabinett des Dr. Caligari* auf der Kinoleinwand.

Ein weiteres Kennzeichen der Zeit war die Begeisterung für Geschwindigkeit und Sport. Wernher von Braun experimentierte im Garten der Familienvilla in der Tiergartenstraße mit Miniaturraketen. Josephine Baker förderte Straußenrennen. Fritz von Opel erreichte mit seinem Raketenauto eine Geschwindigkeit von fast zweihundert Stundenkilometern. Sportlichkeit war überall in Mode.

Die gesellschaftlichen Auswirkungen dieser Bewegung waren ziemlich unerwartet und ziemlich undeutsch: eine neue Moral entstand und die frisch emanzipierte Frau.

Paul und Hilde hatten sich eine Wohnung in Ruhleben genommen, die erste einer Reihe von Wohnungen und Häusern in Berlin. Sie lag in der Nähe der Rennbahn und des Gefängnisses Spandau, und es lebte sich dort angenehm. Sonntags machte Paul Waldläufe rund um die märchenhaften Seen im Grunewald, kam an der Aschenbahn des Stadions vorbei, wo vielleicht eine Sportsfreundin das Training unterbrach, um mit ihm zu plaudern, und kehrte dann wieder nach Hause zurück.

Hilde war eine begeisterte Gymnastin. Ihr kleiner Körper steckte voller Energie. Das trug dazu bei, die Rosbauds in den elitären Wissenschaftlerkreisen Berlins beliebt zu machen. Liselotte Schorsch erinnert sich, daß »im benachbarten Otto-Hahn-Institut die Frauen an den Gymnastikstunden unter Leitung von Hilde Rosbaud teilnahmen«, während Rosbaud, Hermann Mark, Michael Polanyi und andere sich mittags zu intellektuellen Tischgesprächen im Institut für Physikochemie versammelten. »...auch Lise Meitner nahm an den Gymnastikstunden teil.«

Ganz so harmonisch, wie es den Anschein hatte, lagen die Dinge allerdings nicht. Aus der Ehe der Rosbauds, die mit dem Pech oder der List der versäumten Sperrstunde begonnen hatte, war eine freizügige Angelegenheit geworden. Hilde, hieß es, habe Schwierigkeiten, sich mit ihrem Liebhaber zu verständigen. Regelmäßig wurde gescherzt, sie »schlafe mit einem deutsch-englischen Wörterbuch unter und einem Engländer auf dem Kopfkissen«.

Paul seinerseits hatte Ruth Lange – er nannte sie Ruthilein – zum Vergnügen und zur Gesellschaft. Als sie sich kennenlernten, war Ruthilein zwar recht mollig, aber unter Pauls Anleitung nahm sie tüchtig ab, und außerdem war sie hübsch und lebhaft. Und nicht nur das. Sie war Weltmeisterin der Frauen im Kugelstoßen und Deutsche Meisterin im Diskuswerfen. Aber ihre Attraktivität schien auf anderen Qualitäten zu gründen: Ruth war viel jünger als Paul. Er dominierte sie und behandelte sie wie ein Polyphem der zwanziger Jahre seine Galatea. Sie gab ihm Trost und Unterstützung und sollte das auch in den kommenden Jahren tun. Fürs erste jedoch war er es zufrieden, sich mit ihr in den Kabaretts des nächtlichen Berlin zeigen zu können.

Auf höherer kultureller Ebene wurden Josef Goebbels, der Reichsminister für Volksaufklärung und Propaganda, und seine Freunde in der musikalischen Welt auf Hans Rosbaud aufmerksam. Igor Strawinsky verzeichnete in seiner Autobiographie: »Ich brauche hier nur den Berliner und Frankfurter Rundfunk zu erwähnen, die beide auf dem Gebiet der musikalischen Kultur den neuen Bestrebungen fördernd gegenüberstanden. Besonders Hans Rosbaud, der Frankfurter Kapellmeister, war in dieser Hinsicht ständig bemüht. Dank seiner Energie, seinem Geschmack, seiner Erfahrung und seiner hingebungsvollen Arbeit

gelang es ihm in kurzer Zeit, dem Programm seines Senders einen schönen künstlerischen Aufschwung zu geben.«
Nicht nur Strawinsky nahm von Hans Rosbaud Notiz. Hans förderte die zeitgenössische Musik und fühlte sich geehrt, als sein alter Freund Paul Hindemith sein Violinkonzert vom Frankfurter Radioorchester spielen ließ. Mit Rosbaud als Dirigenten spielte Béla Bartók die Uraufführung seines zweiten Klavierkonzerts, und auch Arnold Schönberg hörte seine Variationen Opus 31 zum ersten Mal unter Rosbaud. Mehrmals saß Goebbels im Publikum und schien sich an der zeitgenössischen Musik zu erfreuen, obwohl er sie offiziell ablehnen mußte.
In Pauls Welt fehlte es auch nicht an interessanten Leuten. Ruths Schwester Hilde zum Beispiel war 1927 der Kommunistischen Partei (KPD) beigetreten, hatte ihr Jura-Examen gemacht und Georg Benjamin geheiratet, einen prominenten Sportarzt, der ebenfalls Kommunist war. Georgs Bruder Walter war ein brillanter Exzentriker, Schriftsteller und marxistischer Literaturtheoretiker. Am 14. Januar 1926 schrieb Walter Benjamin einem Freund, sein Bruder Georg würde in einigen Tagen »ein sympathisches junges Mädchen heiraten, eine Freundin meiner Schwester, die er zur Kommunistin sich herangebildet hat. Es haben also seine christlichen Schwiegereltern in einen doppelt bitteren Apfel zu beißen.«
Im Januar 1930 geschah ein sensationeller Mord. Horst Wessel, Student und Sohn eines protestantischen Geistlichen, war den Braunhemden der SA beigetreten und in die Elendsviertel gezogen, um dort die Lehre der Nazis zu verbreiten. Er wurde zum Straßenkämpfer und Zuhälter. Er geriet mit einem Mann namens Ali Höhler über die Prostituierte Erna Jaeneke in Streit und wurde von Höhler niedergeschossen. Als er fünf Wochen darauf starb, nahmen ihn die Nazis als von den Kommunisten ermordeten Märtyrer in Anspruch. Hilde Benjamin war Höhlers Strafverteidigerin. Horst Wessel hinterließ ein Lied, das die Nazis zu ihrer offiziellen Hymne wählten.
Mehr oder weniger zufällig kreuzten sich vermutlich die Wege Paul Rosbauds und Wessels, denn Paul und Ruth besuchten regelmäßig das Haus Mexiko in der Nähe des Alexanderplatzes. »Haus Mexiko, das Fremdenheim für jedermann«, wie die Rekla-

me es nannte, war Wessels Hauptquartier. Hier arbeiteten Profis wie die schwarze Sonja und die dicke Edith.
Pauls Wesen hatte nämlich eine dunkle Seite – auch wenn sie ganz gut in das dekadente Berlin der damaligen Zeit paßte. Bei Tage der angesehene wissenschaftliche Berater, wurde er nachts zum regelmäßigen Besucher der berüchtigten Straßen im Osten der Stadt – oder er dinierte, ebenfalls nachts, mit seiner Frau und dem Ehepaar Gropius. Oder man sah die beiden in Begleitung Paul Hindemiths oder bei der Premiere der *Dreigroschenoper*, dem bizarren neuen Musical von Kurt Weill und dem Bruder Walter Brechts.
Aber die Zeiten änderten sich rasch, und als die Republik 1933 Hitler wich, wurde das Land intensiv nazifiziert. Mit den sogenannten Nürnberger Gesetzen aus dem Jahre 1935 und ihren späteren Ergänzungen wurden alle juristischen, kulturellen und menschlichen Rechte der Juden abgeschafft. Die Lage spitzte sich für die Rosbauds ganz besonders zu, als Hitler am 11. März 1938 den Anschluß Österreichs ans Reich vollzog. Die Nazis organisierten eine Orgie des Sadismus gegen die Juden in Wien. Einer ihrer ersten Beschlüsse war es, in Mauthausen, nahe Hitlers Heimatstadt Linz, ein Konzentrationslager einzurichten. Pauls Heimatstadt Graz war übrigens die erste gewesen, die Hitler willkommen geheißen hatte und die »Heldenstadt« getauft wurde.
Der Status der Rosbauds änderte sich drastisch, weil sie nun nicht mehr österreichische Staatsangehörige waren. Wenn Paul einem vertrauten Freund in England Informationen zukommen ließ, war er jetzt, als Bürger des Reiches, ein Verräter und ein Spion. Ohne den Schutz der österreichischen Staatsbürgerschaft war Hilde, wie alle anderen Juden, der offiziellen Verfolgung ausgesetzt. Sie hatte sich schon seit einigen Jahren scheiden lassen wollen, während Paul aufgrund seines Katholizismus gezögert hatte. Nach dem Anschluß ans Reich war die Ehe das einzige, was Hilde und Angela rettete – vorläufig. Wahrscheinlich erinnerte sich Paul zu diesem Zeitpunkt an seinen alten Bekannten Frank Foley, der inzwischen Major bei der britischen Gesandtschaft in Berlin war. Paul kannte Foley seit fünf Jahren, die beiden hatten sich jedoch seit einiger Zeit nicht gesehen. Ein Grund dafür war, daß London hauptsächlich an politischen, militärischen und wirtschaftlichen

Informationen interessiert war. Außerdem hatte Rosbaud häufig Gelegenheit, Informationen direkt an die Wissenschaftler in England zu übermitteln, die er regelmäßig besuchte.
Ob überhaupt viele dieser Informationen zum SIS gelangten, war zweifelhaft, weil es dem Geheimen Nachrichtendienst an Interesse fehlte. Als der SIS Einblick in die Forschung der deutschen Luftwaffe haben wollte, wurde Captain Frederick W. Winterbotham nach Berlin geschickt. Winterbotham war Leiter der für die Luftwaffe zuständigen Abteilung des SIS in London und führte seine Beobachtungen offen durch. Er verkehrte auf höchster Ebene mit den Nazifunktionären.
Ein anderer Grund lag darin, daß Foley viel getan hatte, um sich als SIS-Leiter im Amt zu kompromittieren. Seine Pflichten bei der Paßstelle waren nur als offizielle Tarnung für seine Arbeit beim Nachrichtendienst gedacht. Aber Foley, ein sehr menschenfreundlicher Mann, hatte nicht mit ansehen können, was mit den deutschen Juden geschah, und sein Amt benützt, um den Juden beim Verlassen des Landes zu helfen. An einem Aprilmorgen des Jahren 1938 machte sich ein besorgter Paul Rosbaud auf den Weg zu Foleys Büro in der Tiergartenstraße 17 – das Paßamt hatte von neun Uhr dreißig bis zwölf Uhr dreißig geöffnet.
Der Tiergarten war als Jagdgehege für Prinzen und Kurfürsten angelegt worden. In den dreißiger Jahren war er ein mit Bäumen bestandener, schöner öffentlicher Park im Zentrum Berlins. (Trotzdem rät der Baedeker von 1930, wegen der Diebe »die abgelegeneren Teile des Parks nach Einbruch der Dunkelheit zu meiden«.) Rosbaud ging von den Büros des Springer-Verlags in der Linkstraße zum Südrand des Parks, der von Wohnhäusern und Villen wohlhabender Berliner gesäumt war. Es war eine stille Straße mit viel schlesischem Sandstein und gelbbraunem Stuck an den Gebäuden.
Rosbaud blieb einen Augenblick vor dem Wagner-Denkmal stehen, das den Fenstern von Foleys Büro direkt gegenüber stand. Er betrachtete Gustav Eberleins grandiose Marmorarbeit, die den Komponisten von Tannhäuser, Brünnhilde, Siegfried und einer Rheinjungfrau umringt zeigte. Dann überquerte er die Straße zum Haus Nummer 17 und hoffte, daß kein Mann von der Gestapo ihn dabei sah.

Foley war natürlich glücklich, daß er helfen konnte, und Hilde erhielt ohne Formalitäten ein Visum für Großbritannien. Paul wollte auch eines für Angela, weil sie jetzt den Status eines Mischlings hatte und daher möglicherweise gefährdet war. Aber, erklärte er, fürs erste wolle Angela mit ihm in Berlin bleiben. Einige Tage darauf stiegen Paul und Hilde auf dem Flugplatz Tempelhof in eine Maschine der Deutschen Lufthansa und landeten viereinhalb Stunden später in Croydon. Sie wurden von Robert Atkinson und seiner Frau Irmin abgeholt. Er war erster Assistent am Königlichen Observatorium in Greenwich, und sie war, wie Hilde, gymnastikbegeistert. Die Atkinsons hatten für Hilde bereits eine kleine Wohnung in Maze Hill gefunden, ganz in der Nähe des Observatoriums. Hilde und Irmin wollten ihr eigenes kleines Unternehmen gründen, eine Gymnastikschule. Professor Robert Salmon Hutton, ein enger Freund Pauls und späterer Kanal für seine Informationen, half Hilde bei den Einreiseformalitäten und der Beschaffung einer Arbeitserlaubnis. Im September zog Angela zu ihrer Mutter. Der Grund dafür war weniger Besorgnis über ihre Lage in Berlin, als der Umstand, daß Ruth Lange in das Haus der Rosbauds in der Waltraudstraße in Zehlendorf eingezogen war.

Paul reiste alle vier bis fünf Wochen nach London und brachte Geld und kleinere Stücke aus dem Familienbesitz zu Hilde. Zusätzlich schickte er ihr von Deutschland aus täglich zehn Mark, mehr war gesetzlich nicht zulässig. Er stand vor einer schwerwiegenden Entscheidung. Es war ihm immer noch möglich, nach England zu ziehen, die Möglichkeit bestand sogar noch bis Ende August 1939. Die Luftverbindungen wurden kurz davor unterbrochen, aber der Landweg war noch offen. In England lebte Hilde, der gegenüber er sich in diesen Jahren der Prüfung verpflichtet fühlte und die ihm in gewisser Weise leid tat. Außerdem war Angela dort, deren Fehlen ihn wirklich schmerzte. England hätte ihm zweifellos einen guten Lebensunterhalt und Zuflucht vor der Grausamkeit der Nazis geboten. In Deutschland dagegen hatte er Ruth. Außerdem hatte er Gelegenheit, dem Nazistaat und Adolf Hitler ein paar Wunden zuzufügen. Und der Wunsch, zu verletzen, war ihm zur fixen Idee geworden.

Kapitel 6

V.M.

Der 17. Mai ist Norwegens Nationalfeiertag. An diesem Tag wird der Annahme der Verfassung im Jahre 1814 gedacht. Damals zeigten die in Eidsvold versammelten Verfassungsväter ihren Nationalismus jedoch auch auf häßliche Weise. Sie verfügten nämlich, daß Juden und Jesuiten als der nordischen Rasse wesensfremden Menschen das Land verboten sein sollte.

Siebenunddreißig Jahre später gelang es dem Poeten und Patrioten Henrik Arnold Wergeland nach einem langen Kreuzzug, seine Landsleute davon zu überzeugen, daß der Bann über die Juden von sehr wenig Sinn für Gerechtigkeit und christliche Nächstenliebe zeuge. So kam es, daß den Juden der Zugang zur norwegischen Staatsbürgerschaft geöffnet wurde.

1905 wurde ein hochtalentierter norwegisch-jüdischer Wissenschaftler, Heinrich Jacob Goldschmidt, als Professor für physikalische Chemie an Norwegens einzige Universität in Kristiania berufen. Die Stadt wurde 1925 in Oslo umbenannt. Im gleichen Jahr schrieb sich der siebzehnjährige Sohn des Professors, Victor Moritz, an der Universität ein und begann ein Studium im Fach seines Vaters sowie in Mineralogie und Geologie.

Der junge Victor war in einem freien, toleranten und intellektuellen Elternhaus aufgewachsen. Seine Mutter Amelie hatte seine Neigung gefördert, frei und offen seine Meinung zu sagen. Eine gern erzählte Familienanekdote handelt davon, wie der damals sechsjährige Victor beim Eintritt in eine Privatschule zum ersten Mal seinem Schuldirektor begegnete. Herr Göckel, eine große, bärtige Gestalt von furchterregendem Aussehen, fragte Victor, ob sie beide gute Freunde werden wollten. Victor starrte ihn an und erwiderte: »Nicht besonders gern, Herr Direktor.«

Victor zeigte einigen seiner Professoren an der Universität auch nicht mehr Respekt, aber sie ließen es ihm durchgehen, weil er ein glänzender Student war. Innerhalb von sechs Jahren wurde er Schüler hervorragender Wissenschaftler in Wien und München, schloß sein Studium ab und erhielt den Doktortitel. Mit sechsundzwanzig Jahren wurde V.M., wie man ihn nannte, ordentlicher Professor an der Universität seiner Heimat und Direktor ihres mineralogischen Instituts. Das war der Beginn einer bemerkenswerten Laufbahn, während der er viel für Norwegen und die internationale Wissenschaft leisten sollte.

In das gleiche Jahr, 1914, fällt der Beginn des Ersten Weltkriegs, in dem Norwegen standhaft die Neutralität bewahrte. Als das Land von einigen wichtigen Rohstoffen abgeschnitten wurde, bildete die Regierung eine Rohstoffkommission. Victor Goldschmidt wurde Leiter ihres Labors und Vorsitzender des Ausschusses.

In den folgenden Jahren entwickelte er die moderne Wissenschaft der Geochemie, die Chemie und Geologie verbindet und die Grundlage für alle gegenwärtigen Untersuchungen von Mineralien bildet. Seine Arbeit führte Goldschmidt zu grundsätzlicheren Forschungen über die Gesetze, die die relativen Anteile der verschiedenen chemischen Elemente festlegen, aus denen die Erde besteht. Die Ergebnisse entwickelte er in Zusammenarbeit mit anderen Wissenschaftlern weiter zu Gesetzen über die Häufigkeit der Elemente im Universum, und er gab uns damit einen Begriff von der Zusammensetzung der Sterne.

Er leistete Pionierarbeit für die Erforschung des Atomkerns, wenngleich andere Wissenschaftler größeren Ruhm ernteten, als sie Goldschmidts Arbeit fortführten. Er entwickelte eine Hypothese über die Eigenschaften eines Stoffes, den er Super-Uran nannte und der heute Plutonium heißt. 1942 sollte er dann im besetzten Norwegen eine Arbeit über dieses Element veröffentlichen. Glücklicherweise wurde die norwegisch gedruckte Arbeit von den deutschen Wissenschaftlern nicht zur Kenntnis genommen.

Es war unvermeidlich, daß sich der glänzende, eigenwillige Geochemiker und der erfahrene, unkonventionelle Wissenschaftsredakteur kennenlernten. Sie wurden enge Freunde, und in den zwanziger Jahren gewöhnte sich Goldschmidt an, regelmäßig nach Berlin zu reisen, um mit Paul Rosbaud zu reden.

Das Jahr 1929 bezeichnet eine Krise in V.M.s Leben. Er wurde in eine der hitzigen Debatten über eine Stellenbesetzung verwickelt, wie sie an jeder Universität vorkommen. Goldschmidts Kandidat für die neugeschaffene Stelle eines Chemieprofessors war ein brillanter Schützling von ihm selbst. Die Konkurrentin war Ellen Gleditsch, neun Jahre älter, eine angesehene Dozentin und frühe Mitarbeiterin Marie Curies, Ehrendoktorin der Yale-Universität, Präsidentin der Internationalen Vereinigung der Hochschullehrerinnen und aktive Frauenrechtlerin. Am schwersten wog aber, daß ihr Vater Rektor der Universität von Oslo gewesen war. Frau Gleditsch bekam die Stelle.

V.M. kündigte verärgert und nahm einen seit langem bestehenden Ruf auf eine Professur an der Universität Göttingen in Deutschland an.

Inzwischen mehrten sich Anzeichen des Antisemitismus an den deutschen Universitäten. Fünf Jahre zuvor war Goldschmidt der Lehrstuhl für Chemie an der Universität München angeboten worden, aber die Professorenversammlung hatte mit der Begründung gegen ihn gestimmt: »Wir haben schon einen Juden im Lehrkörper.« (Dieser Jude war Richard Willstätter, Sproß einer großbürgerlichen Familie aus Karlsruhe. Er leistete Pionierarbeit in der Erforschung der Struktur des Kokains und erhielt 1915 den Nobelpreis für Chemie für seine Untersuchungen über das Chlorophyll und die Photosynthese.)

Trotzdem und weil der preußische Kultusminister ihn mit offenen Armen willkommen hieß, verlegte V.M. seinen Wohnsitz nach Göttingen – zum Haushalt gehörten sein betagter Vater, seine Mutter Amelie und seine tüchtige norwegische Haushälterin Frøken Marie Brendigen. Sie war eine Frau vom Land und stolz auf die Anrede Frøken oder Fräulein – wehe dem Besucher, der sie mit Marie anredete. Marie Brendigen war eine Mischung aus Haushälterin, Ersatzmutter und Pflegerin für die kränkelnde Amelie. Goldschmidts Studenten erinnern sich an sie als »die beste Köchin Göttingens«. Sie sollte viele Jahre bei V.M. bleiben. Frøken Brendigen richtete den Goldschmidtschen Haushalt in der Wagnerstraße 8 ein, von wo aus V.M. am äußeren Altstadtwall entlang zum chemischen Labor und den Universitätsinstituten gehen konnte. Männer wie Enrico Fermi, Walther Bothe, Otto Hahn, Werner Heisenberg, Max von Laue und eine illustre Versammlung weiterer Wissenschaftler, die den Nobelpreis entweder schon erhalten hatten oder noch erhalten sollten, arbeiteten dort oder hatten dort gearbeitet. Göttingen war damals eine Hochburg des Geistes. Wenn V.M. nicht in seinem Büro im mineralogischen Institut saß, war er gewöhnlich von einem Büro zum anderen unterwegs, um mit großen Mathematikern wie Richard Courant und David Hilbert, mit Nobelpreisträgern wie den Physikern Max Born und James Franck oder mit Astronomen, Chemikern und Zoologen gleichen Ranges zu reden. Es waren so paradiesische Zustände, daß V.M. seine norwegische Staatsbürgerschaft aufgab.

Natürlich sah Goldschmidt Paul Rosbaud häufig. Rosbaud hinterließ aus dieser Zeit folgende Beschreibung Goldschmidts:

> In jenen Vorkriegstagen war Goldschmidt ein kräftig gebauter, stämmiger Mann, schüchtern und oft schwer zugänglich. Er hatte eine altmodische Höflichkeit an sich, die sich bei wissenschaftlichen und anderen Diskussionen in eine ausgesprochene, jedoch ebenso höfliche Offenheit verwandeln konnte. Zudem ... besaß er einen düsteren, sarkastischen Humor und war sehr schlagfertig. In allen wissenschaftlichen und persönlichen Angelegenheiten war er vollkommen aufrichtig und unbestechlich ... Er hatte einen gewissen naiven Hang zur Eitelkeit und war leicht verletzt, wenn seine Arbeit nicht genügend gewürdigt wurde. Er war von Natur aus pessimistisch und fühlte sich, teilweise aufgrund seiner jüdischen Abstammung und des Antisemitismus, den er von Kindheit an erfahren hatte, manchmal verfolgt. Darum traute er Leuten nicht, bevor er sie gut kannte, und deswegen war er auch so empfänglich für echte freundschaftliche Annäherungen. Seine Freundlichkeit und Großzügigkeit waren unerschöpflich.

Göttingen wurde bald nach 1933 nazifiziert, aber der widersprüchliche Mann blieb. Der Pessimist bewahrte sich einen dauerhaften Optimismus und glaubte, daß die Dinge sich wieder zum Besseren wenden würden. Und der Jude und liberale Intellektuelle kollaborierte – anders kann man es nicht sagen – mit Hermann Görings Luftwaffe, die sich oft seiner Fachkenntnisse über strategisch wichtige Mineralien bediente. Einer seiner besten Studenten, F.K. Drescher-Kaden, war Mitglied der NSDAP. Ein anderer, der Student V.V. Schcherbina aus Leningrad, erinnert sich an diese turbulente Zeit:

> Ich war Zeuge der Vorfälle wenige Tage nach der faschistischen Machtübernahme, als eine Gruppe von Braunhemden mit roten Hakenkreuzbinden am Ärmel das Institut umstellte und die Übergabe forderte. »Wir werden nicht mit Ihnen kämpfen«, antwortete Goldschmidts Vertreter. [V.M. war zu dieser Zeit nicht im Institut.] Die Faschisten wollten ihre Flagge auf dem Institut aufziehen ... Goldschmidt kehrte zurück und verstand die faschistische Flagge als persönliche Beleidigung. »Wie froh bin ich für Sie, lieber Kollege«, sagte er zu mir, »daß Sie in ein paar Tagen in Ihr gemütliches Leningrad zurückkehren.«

V.M. blieb noch zwei Jahre. Schcherbina und andere Bekannte waren davon überzeugt, daß Goldschmidt eine Karte habe, die ihn als »begabten Juden« auswies. Seine Dienste waren für die Luftwaffe wichtig, und der Ausweis hätte ihm als Juden, der für das Reich arbeitete, Immunität gegeben.

All das machte ihn allerdings nicht zum Duckmäuser und Kriecher. Die Nachrichten von der Verfolgung seiner jüdischen Glaubensgenossen bewegten ihn so sehr, daß er und sein Vater – beide waren vorher keine praktizierenden Juden gewesen – der kleinen jüdischen Gemeinde in Göttingen beitraten. Hilde Rosbaud berichtete, daß V.M. sich im Alter von sechsundvierzig Jahren sogar beschneiden ließ.

Der Zustand konnte nicht andauern. V.M. wurde immer mürrischer und in sich zurückgezogener. 1933 verbrannten Berliner Studenten Unter den Linden zwanzigtausend Bücher. 1934 wurde die Vossische Zeitung gezwungen, ihr Erscheinen einzustellen. 1935 kamen die Nürnberger Rassengesetze. Schließlich sagte Goldschmidt zu Rosbaud, es scheine an der Zeit abzureisen, und bat um Hilfe.

Paul handelte schnell. Er wandte sich an die norwegische Gesandtschaft in Berlin und ersuchte für Goldschmidt um die volle Wiederherstellung der Staatsbürgerschaft und die Wiedereinsetzung in seine akademische Stellung, sowie die Staatsbürgerschaft für seinen Vater. Norwegen war nur zu gern bereit, den berühmten Landsmann V.M. Goldschmidt wieder aufzunehmen. Das königlich norwegische Justizministerium stellte am 29. August 1935 die Einbürgerungspapiere aus. Sie sollten abgeholt werden, sobald die Goldschmidts in Berlin ankamen.

Am 6. September wurden Victor und Heinrich auf dem Göttinger Bahnhof feierlich verabschiedet. Mitarbeiter und Studenten, Nazis und Nicht-Nazis, waren erschienen, um ihnen Lebewohl zu sagen. Die Naziregierung allerdings merkte erst etwas später, daß hier einer ihrer besten wissenschaftlichen Berater das Land verließ.

Als die Goldschmidts in Berlin ankamen, wurden sie von Paul und Hilde Rosbaud abgeholt und in ein Auto verfrachtet, das Hilde steuerte. Paul meinte, es wäre am besten, etwa eine Stunde lang herumzufahren, bis er die Pässe aus der norwegischen Gesandtschaft geholt hätte. Er eilte zu seinem Botengang, und Hilde gab Gas.

Noch alle, die mit Hilde Auto gefahren sind, haben es überlebt, allerdings auf Kosten ihrer Nerven. Auch die Goldschmidts überstanden Hildes Fahrkünste und die Gefahr einer Kontrolle durch die Verkehrspolizei, stiegen am Stettiner Bahnhof aus, bekamen von Paul ihre Pässe ausgehändigt und wurden damit norwegische Staatsbürger. Sie hatten keine Probleme, durch die Kontrolle der Gestapo zu kommen, und waren bald wieder in ihrem Heimatland.

Erwähnenswert ist, daß es auf dem neuen Gelände der Universität Göttingen, eine gute Strecke nördlich des alten mineralogischen Instituts, eine Goldschmidtstraße gibt. Sie ist einer der wenigen Tribute an diesen bemerkenswerten Mann.

Kapitel 7

Der Mann, der gar nicht existierte

Ende der zwanziger Jahre, als Victor Goldschmidt noch in Oslo lehrte, hörte er zu Beginn eines Semesters, ein neuer Dozent für physikalische Chemie sei an der Universität. Einem Gerücht zufolge war er außerordentlich intelligent. V.M. setzte sich sofort hin und schrieb ein paar Zeilen, mit denen er den jungen Mann für den Nachmittag zum Tee einlud.

Der Dozent antwortete, ebenfalls in einem kurzen Briefchen, ihm wäre es lieber, wenn V.M. ihn in seinen Räumen besuchte. Ziemlich kühn, dachte Goldschmidt, einen älteren Professor zu bitten, er solle selbst den weiten Weg vom mineralogischen Institut zurücklegen. Die Antwort reizte seine Neugier nur noch mehr. Als Goldschmidt den schwach erleuchteten Raum betrat, sah er eine Gestalt mit einem Totenkopf vor sich, ein lebendes Pendant zu Edvard Munchs Totenschädel in *Abend auf der Karl Johans Gate*. Die Haare waren so weiß, daß sie beinahe leuchteten. Als der Mann näher kam, blickte Goldschmidt in feuerrote Pupillen, die von einer rosafarbenen Iris umgeben waren. Der Mann war Odd Hassel. Er zog es vor, im Dunkeln zu leben, weil ihn Licht in den Augen schmerzte. Goldschmidt und Hassel setzten sich und begannen zu reden. Das Gespräch wurde zu einer spannenden Diskussion – der ersten von vielen, die sie in den kommenden Jahren führen sollten –, und Goldschmidt war begeistert. Der seltsame junge Albino war wirklich außergewöhnlich intelligent.

Ein enger Kollege Hassels beschrieb ihn einmal als »einen Mann, der gar nicht existierte«, und das Etikett blieb an ihm hängen. Kenneth Hedberg, der jetzt Professor an der Oregon State University ist und früher bei Hassel studierte, sah ihn als »ziemlich schwierigen Menschen. Er konnte sehr freundlich und hilfsbereit sein. So verhielt er sich mir gegenüber immer. Andererseits war er leicht beleidigt und konnte auf Leute, die er nicht mochte, mit beißendem Sarkasmus reagieren.« Mit anderen Worten, er paßte vorzüglich zu Victor Goldschmidt. Aber Professor Hedberg fügte hinzu: »Zweifellos war er ein bemerkenswert mutiger Mann.« Hassel zeigte das, als der Krieg kam.

Hassel stammte aus einer Familie, die durch die Schiffahrt reich geworden war. Als sein Vater starb, war er acht, und als er älter wurde, verspürte der Junge einen immer stärkeren Drang, aus Oslo herauszukommen. Sobald er konnte, ging er ins Ausland und studierte in Berlin und Dresden. Er war erst seit kurzem wieder zurück in Oslo, als er mit V.M. zusammentraf. 1929 unterstützte Goldschmidt ihn, als es um die Chemie-Professur ging, und machte seinen furiosen Abgang, als Hassel verlor. Aber Odd Hassel blieb.

Ziemlich unerwartet stellte sich heraus, daß die Trennung für beide Männer ein Gewinn war. Als Goldschmidt sich mit bestimmten Forschungsfragen nicht mehr an Hassel wenden konnte, begann er mehr über die Prinzipien des Verhaltens der Materie nachzudenken und weniger über das Wesen der Materie. Indem er diese Richtung weiter verfolgte, konnte er Beiträge zur Wissenschaft leisten, die grundlegender waren als seine früheren Arbeiten. Und als Hassel sich vom Einfluß der starken Persönlichkeit V.M.s gelöst hatte, begann er, neue Gebiete zu erforschen, zum Beispiel die Verbindungen von Kohlenstoff und Wasserstoff zu Molekülen. Er entdeckte Techniken, mit denen man die Passage von Elektronen durch Gase verfolgen kann, und entwickelte daraus eine Methode zur Bestimmung der Molekularstrukturen dieser Gase.

Diese Arbeit sollte vierundzwanzig Jahre später, 1969, durch den Nobelpreis für Chemie gewürdigt werden, der Hassel gemeinsam mit Derek Barton verliehen wurde. Wie viele andere Wissenschaftler, die Hassel kannten, fand Sir Derek ihn überhaupt nicht sympathisch. Er sagte: »Hassels Wesen ... war negativ, als ob er gar nicht existierte. Zudem war er Albino, und das beeinflußte zweifellos sein Verhalten.«

Bei einem Menschen jedoch fand Hassel freundschaftliches Verständnis. Als Victor Goldschmidt 1935 nach Oslo zurückkehrte, gab es ein glückliches Wiedersehen. Trotz der Gleditsch-Affäre hatte sich alles zum Guten gewandt, auch wenn Frau Professor

Gleditsch kaum jemals mehr mit den beiden Männern redete. V.M. hatte eine produktive Zeit in Göttingen verbracht, und Odd Hassel hatte seine Professur an der Universität bekommen.

Kapitel 8

Kapitza

Die sowjetische Botschaft in Berlin, Unter den Linden, war ein tristes, wenig einladendes Sandsteingebäude. In ihrem Innern jedoch waren Empfangssalons, deren Pracht an einen Zarenpalast erinnerte. Das war kein Wunder, denn die Möbel waren aus einem Zarenpalast hierher verschleppt worden. Eines Abends im zweiten Jahr des Dritten Reiches war hier der sowjetische Botschafter Jacob Suritz einer der Gastgeber für eine Versammlung von Spitzenwissenschaftlern. Der andere Gastgeber war Paul Rosbaud.

Unter den Gästen befand sich Paul Ewald, ein Pionier der Röntgen-Kristallographie. Das Ereignis blieb ihm zeitlebens mit allen Einzelheiten im Gedächtnis. In einem Brief erinnert er sich:

> Um diese Zeit hatte Lise Meitner eine Einladung erhalten, in die russische Botschaft zu kommen. Dort sollte sie sich einen modernen russischen Film ansehen und zu Abend essen. Lise war unschlüssig, ob sie hingehen sollte, und bat mich, sie zu begleiten. Ich war einverstanden, und sie besorgte bei Rosbaud, der für die Einladungen zuständig war, eine zweite Einladungskarte.
>
> Zuerst wurde Gullivers Reise nach Liliput [*sic*] gezeigt, ein interessanter Film, der eine neue Technik der Kombination zweier Größenordnungen vorführte: eine für Gulliver und die zweite für die viel kleineren Liliputaner. Nach einer kurzen Pause kam der zweite, wichtigere Film, der zeigte, wie russische Soldaten aus Flugzeugen sprangen, einige Zeit fielen, bevor sie ihre Fallschirme öffneten, und dann sicher und zum Kampf bereit auf der Erde landeten. Der Film ließ uns vor der Kühnheit jedes einzelnen Mannes erschauern und vor den Hunderten von Soldaten, die an der Übung teilnahmen.

Es dauerte einige Zeit, bis Lise und ich uns erholt hatten und zu der großen Tafel gingen, die mit Kaviar, geräuchertem Fisch, Braten, fremdartigen Gemüsen und Obst beladen war. Es waren ungefähr fünfzig Gäste da, die meisten von ihnen Leiter anderer Kaiser-Wilhelm-Institute in Dahlem. Einige entschuldigten ihre Anwesenheit damit, indem sie uns erzählten, sie wären nur hier, um ihrem SS-Verband oder der Hitlerjugend usw. über die Filme zu berichten. Lise Meitner und ich kehrten ziemlich schweigsam und tief beeindruckt nach Dahlem zurück.

Die versammelten Gäste hatten Alexander Ptushkos *Der neue Gulliver* gesehen, den ersten abendfüllenden Puppenfilm der Welt mit außergewöhnlichen Spezialeffekten. Der zweite Film war Alexander Dovzhenkos *Aerograd* gewesen, ebenfalls mit besonderen Effekten von Ptushko. Den Höhepunkt von *Aerograd*, das in einer sibirischen Grenzstadt spielt, bildet eine wuchtige Militärparade, wie sie nur Stalin oder Hitler inszenieren konnten, auf die von oben Fallschirmjäger regneten. Es ist tatsächlich ein furchterregender Film, und 1935 sollte er das Naziregime mit der Macht der Sowjets beeindrucken.
Paul und die berühmten Wissenschaftler der Kaiser-Wilhelm-Institute waren an diesem Abend nicht deswegen in die sowjetische Botschaft gekommen, um sich die laute sowjetische Propaganda anzuhören. Sie waren dort, um dem hervorragenden Wissenschaftler Peter Kapitza angesichts seiner mißlichen Lage ihre Unterstützung zu zeigen.
Rosbaud hatte von dem Augenblick an, in dem er an Neujahr 1928 wissenschaftlicher Berater bei der *Metallwirtschaft* wurde, vollkommene Freiheit gehabt, seine Arbeit selbst auszuwählen. Seine erste Auslandsreise hatte ihn ins Cavendish-Labor von Ernest Rutherford in Cambridge geführt. Der Neuseeländer hatte dort das erste kernphysikalische Labor der Welt aufgebaut, in dem er die theoretische Arbeit ergänzte, die Niels Bohr in Kopenhagen leitete. Sieben Jahre vor Rosbauds Besuch war ein genialer Experimentator aus dem neuen Sowjetparadies nach Cambridge gekommen. Peter Kapitza betrieb angewandte Physik, er war keiner der Theoretiker. Lord Rutherford selber gehörte zu letzteren, und

Kapitza machte sich ihm mit der Entwicklung von Spezialapparaturen für seine Versuche unentbehrlich. Kapitza war auch bei den anderen Physikern im Cavendish-Labor beliebt und wurde zum Fellow des Trinity College gewählt, dem Lord Rutherford als Senior Fellow angehörte.
Als großer Geschichtenerzähler und Feinschmecker verstand sich Kapitza auf Anhieb mit Rosbaud. Rosbaud lud ihn ein, regelmäßig Beiträge für die *Metallwirtschaft* zu schreiben. Die beiden fingen an, sich in Großbritannien und in Berlin zu treffen.
Am 8. April 1931 erklärte in Moskau Nikolai Bukharin, der Begründer des wissenschaftlichen Wiederaufbaus in der Sowjetunion: »Die sogenannte reine Wissenschaft, das heißt, Wissenschaft ohne Berührung mit dem praktischen Leben, ist ein Phantasiegebilde. Die gesamte Struktur der wissenschaftlichen Forschungsarbeit in den kapitalistischen Ländern ist eine Waffe in der Hand kapitalistischer Großunternehmer und Regierungen und ihrer industriellen und militärischen Organisationen.«
Mit anderen Worten, was hatte ein guter Sozialist und berühmter Landsmann wie Kapitza in England zu suchen, wo er letztlich doch nur die industriellen und militärischen Organisationen unterstützte? Nachdem Bukharin an einer Konferenz in London teilgenommen hatte, wiederholte er seine Worte gegenüber Kapitza im Juli in Cambridge und lud ihn ein, für immer nach Moskau zurückzukehren. Kapitza zögerte.
Rosbaud war zur gleichen Zeit in Cambridge, und wahrscheinlich machte Kapitza ihn mit Bukharin bekannt, der im Englischen und im Deutschen bewandert war. Auf jeden Fall wären er und Rosbaud bestimmt gut miteinander ausgekommen. In seiner äußeren Erscheinung und im Körperbau erinnerte Bukharin stark an Lenin. Er war kräftig gebaut, wurde bereits kahl und hatte eine rötliche Hautfarbe. Auch wenn er ein Ideologe war, besaß er doch Mut und Charakter. Diese Eigenschaften sollten ihn später das Leben kosten.
Von irgend jemandem, höchstwahrscheinlich von Bukharin, erhielt Rosbaud damals die Einladung, die wichtigsten Forschungs- und Industrielaboratorien der Sowjetunion zu besuchen. Eine solche Einladung war noch nie zuvor ausgesprochen worden. Zweck des Besuches war es, die Deutschen durch Rosbaud auf die

Fortschritte hinzuweisen, die die wissenschaftlichen und industriellen Kader des sozialistischen Staates machten. Rosbaud nahm an.
Es dauerte ein Jahr, bis ein günstiger Zeitpunkt gefunden war. Im November 1932 kam Kapitza nach Berlin, um Rosbaud auf das vorzubereiten, was er zu erwarten hatte, und mit ihm zu besprechen, was er fragen sollte. Der Besuch war so geplant, daß er zeitlich mit einer metallurgischen Konferenz zusammenfiel. Paul machte ein paar hübsche Fotos von Kapitza und schickte sie mit einer Notiz an Lise Meitner: »Ich reise heute für zehn oder vierzehn Tage nach Rußland.«
Es waren ausgefüllte Tage, und Rosbaud verlängerte seinen Aufenthalt. Ihm wurden außerordentliche Privilegien eingeräumt, darunter auch Besuche in spionagegefährdeten Einrichtungen wie dem Materialtestlabor des Luftfahrtkartells in Moskau und dem metallurgischen Institut in Leningrad. Dort besuchte er Kapitzas alten Lehrer Abram Joffé. Er führte Paul im physikotechnischen Institut herum und informierte ihn zusammenfassend darüber, was sich in Rußland auf physikalischem Gebiet ereignete. Wahrscheinlich traf Paul auch Bukharin wieder, denn in seinem Bericht würdigt er den Kommissar angemessen für seinen Beitrag zur sowjetischen Technologie.
Als Paul zurückkehrte, wartete eine Einladung Kapitzas auf ihn, bei der Eröffnung des neuen Mond-Laboratoriums in Cambridge Ehrengast zu sein. Von den Ludwig-Mond-Nickelwerken über die Royal Society gestiftet, sollte das Labor Kapitza ermöglichen, seine Fähigkeiten für wirkliche Pionierarbeit einzusetzen. Forschungsgegenstand sollten besonders starke magnetische Felder und die Tieftemperaturphysik sein. Diese Arbeit wurde 1978 mit dem Nobelpreis ausgezeichnet.
Es war ein festliches Ereignis. Premierminister Stanley Baldwin weihte das Gebäude am 3. Februar 1933 ein. Der Physiker Geoffrey I. Taylor und seine Frau Stephanie gaben in ihrem Haus einen Empfang, bei dem Rosbaud Gast des Hauses war. Aber die Feier wurde von düsteren Nachrichten aus Deutschland überschattet. Nur vier Tage zuvor hatte Reichspräsident Paul von Hindenburg Adolf Hitler zum Reichskanzler ernannt. Rosbaud eilte nach Berlin zurück, um zu sehen, was passieren würde und um Berichte

über die Laboreinweihung und über seinen Rußlandbesuch für die *Metallwirtschaft* zu schreiben.
Auch Samuel Borisovich Cahan, Berater an der sowjetischen Botschaft, war Gast bei der Einweihung des Mond-Laboratoriums gewesen. Tatsächlich fand man Cahan nur selten in der Kanzlei mit der Adresse Kensington Palace Gardens 13 in London. Er war Kapitzas Kontaktmann, denn Kapitza war als Berater für die Anschaffung technischer Apparaturen und zur Herstellung wissenschaftlicher Kontakte für den neuen Sowjetstaat nach England geschickt worden. Kapitza war kein wirklicher Spion, sondern eher ein Informationssammler auf höchster Ebene. Sammy Cahan jedoch war ein echter Spion. Tatsächlich war er vor Ort sogar der Leiter des gesamten sowjetischen Spionageapparats in Großbritannien.
In Cambridge gab es für Cahan damals noch eine ganze Reihe weiterer lohnender Aufgaben. Hitler war der beste Werber, den der Kommunismus je hatte. Ein Jahrzehnt nach dem Ersten Weltkrieg wurden marxistische Diskussionsgruppen in Cambridge aktiv, vor allem am Trinity College. Studenten wie Kim Philby, Donald Maclean und Guy Burgess, Dozenten wie Anthony Blunt und andere wurden von Sammy Cahan dazu angeworben, ins Auswärtige Amt und andere Einrichtungen einzudringen. Manche, wie Alan Nunn May, wurden dazu ausgewählt, in Zukunft Maulwürfe zu werden. May wurde zum Atomspion.
Cahan hätte es lieber gesehen, wenn Kapitza in England geblieben wäre und weiter Informationen gesammelt hätte. Aber Kapitza nahm, ohne dabei Schwierigkeiten zu befürchten, eine Einladung zur Feier des hundertsten Geburtstags Dimitri Mendeleevs an, des Erfinders der Periodentafel der Elemente. Die Feier fand in Leningrad statt, und Peter und Anna Kapitza beschlossen, mit dem Auto über Newcastle, Bergen und Oslo dorthin zu fahren. Auch zu einem anderen Zeitpunkt wäre es kaum ratsam gewesen, in die Sowjetunion zurückzukehren, aber der Sommer 1934 erwies sich dafür als ganz besonders schlecht geeignet.
Stalin hatte gerade beschlossen, wieder eine Geheimpolizei zu organisieren, weil er eine neue Säuberungsaktion plante. Im Juli bildete er die neue NKVD (in der die alte OGPU aufging und die die Vorläuferin des heutigen KGB ist). Zu ihrem Leiter wurde

Genrikh Grigorievich Yagoda ernannt, der als rücksichtsloser und blutrünstiger Mann galt. Yagoda wurde dadurch Sammy Cahans neuer Vorgesetzter und Herr über das Schicksal Peter Kapitzas. Noch schlimmer war, daß kurz vor Kapitzas Abreise nach Leningrad zwei russische Besucher ins Mond-Laboratorium gekommen waren und verlangt hatten, daß er sie herumführte. Der vielbeschäftigte und oft schroffe Kapitza verweigerte ihnen die Bitte. Als sie in Moskau über den Vorfall berichteten, fügten sie hinzu, Kapitza müsse wohl an einem Geheimprojekt für das britische Militär gearbeitet haben.

Nachdem die Kapitzas in Rußland angekommen waren, wurde Peter davon in Kenntnis gesetzt, daß er das Land nicht wieder verlassen durfte. Seiner Frau gestattete man, nach Cambridge zurückzukehren, um ihre beiden Söhne und ihre Habe zu holen. Sie blieb dort ein Jahr und versuchte vergeblich, Peter nach Großbritannien zurückzuholen. Lord Rutherford arrangierte eine Kampagne mit Bittschreiben für Kapitza, und der größte Teil der wissenschaftlichen Elite Europas unterstützte ihn dabei, doch auf die Sowjets hatte das keine Wirkung. Paul Rosbaud war nicht nur über Kapitzas Notlage beunruhigt, sondern auch über den eventuellen Schaden, der der wissenschaftlichen Forschung daraus entstand. So beschloß er, nicht ohne Vorbehalte, sich in den Streit einzumischen. Öffentlich die Werbetrommel zu rühren, war nicht Pauls Stil, aber er hatte eine Idee für ein direktes Vorgehen.

Anfang März 1935 fuhr Paul zu einem wissenschaftlichen Kongreß nach London und verbrachte viel Zeit bei Anna Kapitza in Cambridge. Zuerst war sie seiner Idee nicht besonders zugänglich, am 18. März schrieb sie jedoch an Paul:

> Ich bin gewiß mit Ihnen darin einer Meinung, daß es gut wäre, den Vertreter der C&T [der sowjetischen Handelsvertretung] zu verständigen und mit dem Botschafter der UdSSR in Berlin zu reden. Wenn Sie aber den Brief schreiben, muß Ihnen, auch wenn Sie starke Worte gebrauchen, eines immer klar sein: Die russische Regierung ist gesetzlich vollkommen im Recht, wenn sie mit K. tut, was ihr beliebt, denn er ist russischer Staatsbürger. Das einzige Argument, mit dem Sie an ihn [den Botschafter] herantreten können, ist die Moral und auch das Bedauern

über das Verhalten der russischen Regierung in wissenschaftlichen Kreisen. Es ist bekannt, daß K. selbst gegen jede Art von politischem Skandal ist und daß er sicherlich sein Bestes tun wird, um Streit zu vermeiden...
Außerdem müssen Sie die Unterstützung aller deutschen Wissenschaftler hinter sich haben, so daß deren Stimmen ein Echo der Ihren sind, und Sie müssen das dem Botschafter deutlich machen.

Als Rutherfords Versuch scheiterte, beschloß Paul, von seiner Bitte diejenigen deutschen Wissenschaftler zu informieren, die er zu seiner Unterstützung gewinnen wollte, und zusätzlich Niels Bohr. Lise Meitner war zu der Zeit zufällig in Kopenhagen. Paul schickte also durch Eilboten einen Brief an Lise. Darin schrieb er, was er von Anna Kapitza erfahren hatte, und bat sie, Bohr die Umstände zu erzählen. Kapitza wohnte im Hotel Metropol in Moskau, und hatte, so Paul, festgestellt, »daß er in einer unmöglichen Situation ist. Es gibt keine Möglichkeit, eine Arbeitssituation zu schaffen, die der in Cambridge gleichwertig wäre. Das ist ja klar. Er hat einen Plan: Wenn er gezwungen wird, in Rußland zu bleiben, will er der Physik vollständig den Rücken kehren und sich der Physiologie zuwenden. Professor Pavlov wird überglücklich sein, ihn in seinem Institut zu haben ... wenn die Russen das nicht verbieten. Er ist denunziert worden, er arbeite für das britische Kriegsministerium. Kein Wort davon ist wahr.« Der Gedanke, daß die Physik Kapitza verlieren könnte, schmerzte Paul ebensosehr wie Kapitzas Freiheitverlust.
Die sowjetische Handelsvertretung in Berlin hatte ihre Büros in der Lietzenburger Straße 11. Ihre legale Tätigkeit war umfangreich und bestand darin, jährlich für Hunderte von Millionen Mark Waffen und Industrieanlagen anzuschaffen. In der Zeit vor Hitler war die Handelsvertretung eine nützliche Einrichtung gewesen, denn Deutschland testete in Rußland die Flugzeuge und Rüstungsgüter, die es nach dem Versailler Vertrag nicht bauen durfte. Mit der Zeit wurde die Handelsvertretung zum Zentrum der sowjetischen Militär- und Industriespionage. Die »Bevollmächtigte« der Handelsvertretung, an die sich Rosbaud wandte, war Hilde Benjamin, die Schwester Ruth Langes.

Hilde Benjamin, die als Verteidigerin im Prozeß um den Mord an Horst Wessel einiges Aufsehen erregt hatte, durfte nach 1933 nicht mehr privat als Anwältin praktizieren. Aber sie hatte Rechtsberaterin bei der Handelsvertretung werden können. Sie und Paul wußten, daß das Haus der Benjamins ständig von der Gestapo observiert wurde. Ihr Mann, Dr. Georg Benjamin, den Rosbaud sehr schätzte, war gerade nach einem Jahr Haft aus einem Konzentrationslager entlassen worden und genoß eine kurze Atempause, bevor es zu einer Reihe weiterer Festnahmen kam. Für Hilde Benjamin war es nicht der richtige Zeitpunkt, sich ins Gerede zu bringen, indem sie Peter Kapitza zu helfen versuchte.
Über einen Ingenieur namens A. Trettler, den Direktor der Deutsch-Russischen Gesellschaft für Kultur und Technik, arrangierte sie für Paul ein Treffen mit dem sowjetischen Botschafter Jacob Suritz. Von seinem bescheidenen Büro in der Steierstraße in Berlin-Friedenau aus verteilte Herr Trettler kleine Broschüren, in denen die Geistesgemeinschaft der russischen und der deutschen Wissenschaft gepriesen wurde. Der tatsächliche Zweck der Deutsch-Russischen Gesellschaft war es, die Spionagetätigkeit der Handelsvertretung zu ergänzen. Letztere drang in deutsche militärische und industrielle Einrichtungen ein. Herr Trettler und seine Mitarbeiter sahen sich auf der Suche nach interessanten Entwicklungen an den wissenschaftlichen Forschungsinstituten um.
Rosbaud kannte natürlich Trettlers wahre Ziele in Berlin und fühlte sich mit seinem Auftrag für Peter Kapitza zunehmend unbehaglich, aber er hatte es Anna Kapitza versprochen. Am 22. März 1935 schrieb Rosbaud Trettler einen langen Brief, in dem er ihm die Hintergründe des Falls Kapitza erläuterte, die Trettler bereits kannte. Paul betonte, daß Lord Rutherford und Niels Bohr sich nachdrücklich für Kapitzas Rückkehr eingesetzt hätten und fügte hinzu: »Ich glaube auch, daß jeder Wissenschaftler in Deutschland es beklagen würde, wenn die wertvolle Arbeit Kapitzas ein so unerfreuliches Ende nähme.« Wenn die Angelegenheit Herrn Trettler interessiere, werde er ihm gern weitere Einzelheiten über die Haltung in den Kreisen der Wissenschaft mitteilen.
Herr Trettler war zu diesem Zeitpunkt nicht im mindesten an Peter Kapitza interessiert, denn er wußte, daß Kapitzas Schicksal besiegelt war. Aber er war immer daran interessiert, neue Freunde

in deutschen Wissenschaftskreisen zu gewinnen. Deshalb schlug er Rosbaud vor, einen Empfang oder ein Essen in der sowjetischen Botschaft zu arrangieren, bei dem Rosbaud und seine wissenschaftlichen Kollegen Botschafter Suritz treffen und ihm ihre Petition zugunsten Peter Kapitzas vortragen könnten. Ob Rosbaud sich um die Einladungen kümmern wolle?
Rosbaud saß in der Falle und er wußte es, aber es gab keine Alternative. Er ließ im Springer-Verlag Einladungskarten drukken und schickte sie an die wichtigsten Wissenschaftler in Berlin. Eine ganze Reihe von ihnen nahm teil, weil sie das Schicksal Kapitzas interessierte und weil sie neugierig waren, welche Rolle Paul Rosbaud in dieser Sache spielte.
Paul stand Qualen aus, als er und seine Freunde der lauten und einschüchternden Propaganda von Dovzhenkos *Aerograd* ausgesetzt wurden. Aber das Essen war hervorragend und der Botschafter gnädig gestimmt. Er schien der Bitte der deutschen Wissenschaftler wohlwollend gegenüberzustehen, von denen manche, wie Paul Ewald bemerkte, das Ereignis später der SS meldeten.
Im August unternahmen Anna Kapitza und Geoffrey Taylor einen letzten Versuch und besuchten Sammy Cahan in Kensington Gardens. Cahans charmante Fassade war verschwunden. Er überschüttete Anna und Taylor mit Beschimpfungen und warf sie aus der Kanzlei. Allerdings kaufte er das Mond-Laboratorium mitsamt allen Schrauben und Bolzen und schickte es nach Moskau, wo für Peter Kapitza ein neues Institut eingerichtet wurde.
Paul Rosbaud war aus Unachtsamkeit in eine Falle gegangen und hatte sich vor der Gestapo bloßgestellt. Die Folgen waren nicht so schlimm, wie er befürchtet hatte, aber er lernte daraus, nie wieder so offensichtliche Risiken in Kauf zu nehmen. Im Rückblick freilich war das Spiel das Risiko wert gewesen.

Kapitel 9

Die Emigranten

Während Kapitza sich an die ihm aufgezwungene Gastfreundschaft seines Vaterlandes gewöhnen mußte, wanderten andere Wissenschaftler aus ihrer Heimat aus. Es war eine schmerzhafte und oft verunsichernde Entscheidung, Deutschland und die Kollegen zu verlassen. Unter den Emigranten waren zwei enge Freunde Paul Rosbauds, Victor Goldschmidt und Max Born.

1925 hatte Borns glänzender Schüler Werner Heisenberg auf der felsigen Nordseeinsel Helgoland, wo er seinen Heuschnupfen kurieren wollte, eine Inspiration gehabt. Aus ihr sollte ein wichtiger Beitrag zur Quantenmechanik werden, einer Analysemethode, mit der man das Verhalten von Atomen und Kernpartikeln beschreiben kann. 1933 bekam Heisenberg den Nobelpreis für Physik verliehen (damals wurden die Preisträger für 1932 und 1933 bekanntgegeben) – im gleichen Jahr, in dem Hitler an die Macht kam und Heisenbergs Lehrer Max Born nach Cambridge floh.

Heisenberg war Max Born nicht nur als sein Schüler verpflichtet. Born hatte die mathematischen Grundlagen geschaffen, die es Heisenberg ermöglichten, die Quantentheorie zu entwickeln. Zusammen mit einem anderen Studenten, Pascual Jordan, veröffentlichten Born und Heisenberg ab 1925 die klassischen Arbeiten der modernen Atomtheorie. Born war traurig darüber, daß Jordan bald Mitglied der NSDAP wurde – noch mehr aber schmerzte ihn das Verhalten Heisenbergs.

Schon früh zeigte Heisenberg Anzeichen einer Neigung zu heftigen und verletzenden Wutausbrüchen. 1925 zum Beispiel, als der führende Kopf der Atomtheorie, Wolfgang Pauli, Heisenbergs erste Ergebnisse anzuzweifeln wagte, erwiderte der Student, dieser vorzügliche Theoretiker sei ein »großer Esel«. Im Lauf der Jahre wurde Heisenberg durch den Nobelpreis und seine Überzeugung, als einziger dazu ausersehen zu sein, die Ehre der deutschen

Physik hochzuhalten und für die Zukunft zu sichern, noch überheblicher und in seiner Reizbarkeit immer unerträglicher.
1934 hatte sich Born in Cambridge niedergelassen, und Heisenberg kam, um ihm eine offizielle Botschaft der Naziregierung zu überbringen. Es war der erste von vielen offiziellen Aufträgen, die Heisenberg für die Nazis durchführen sollte. Er hatte für Born die Erlaubnis erwirkt, nach Göttingen zurückzukehren. Born berichtet darüber in seinen Lebenserinnerungen: »Ich sollte nicht lehren, dafür aber forschen dürfen. Ich wußte nicht, was ich von diesem plötzlichen Angebot halten sollte, das für einen heimwehkranken Einwanderer recht attraktiv klang. Nach ein paar Augenblicken Bedenkzeit fragte ich: ›Und schließt dieses Angebot meine Frau und meine Kinder mit ein?‹ Darauf wurde Heisenberg verlegen und antwortete: ›Nein, ich glaube, für Ihre Familie gilt die Einladung nicht.‹ Das machte mich sehr ärgerlich.«
In der Folgezeit kam Born tatsächlich noch einmal zurück und versuchte erfolglos, einen Teil seines zurückgelassenen Eigentums wiederzubekommen. Einer seiner Kollegen erinnert sich lebhaft an Borns kurze Rückkehr nach Göttingen:

> H. war inzwischen Professor in Göttingen, und als die Borns ihn besuchten, wurden sie mit gegen Juden gerichteten Bemerkungen und Obszönitäten empfangen, und schließlich spuckte H. vor Max Borns Füßen auf den Boden! ... Als die Borns [nach England] zurückkehrten und ... ich mich herzlich nach ihrer Reise erkundigte und ob sie eine gute Fahrt gehabt hätten, vertraute mir Max Born nur sehr zögernd dieses Schockerlebnis an ... Ich war entsetzt und zutiefst verärgert ... Später erzählte mir Frau Born ihre Version und schloß mit einer Feststellung, die ich nie vergessen habe. Sie sagte am Schluß einfach: »Und mein armer Max hat geweint.«

Als Paul Rosbaud kurz darauf von der Geschichte hörte, war er aufgebracht und sah sich in seiner Verachtung für Wissenschaftler bestätigt, die angefangen hatten, den Zielen Adolf Hitlers zu dienen.
In seinem verletzbaren Zustand begann Born, mit Peter Kapitza über seine Zukunft zu korrespondieren. Kapitza hatte sich inzwi-

schen mit der sowjetischen Wiedereinbürgerung abgefunden. Der russische Wissenschaftler schrieb: »Jetzt, wo Anna und die Kinder bei mir sind, fühle ich mich viel glücklicher. ... Schließlich sind unsere Bolschis im Vergleich zu den Nazis Engel und, was mehr ist, sie haben wirklich ein Ziel, für das sie kämpfen. Ich stimme mit Ihnen darin überein, daß sie die einzigen sind, die auf der richtigen Linie liegen und eine erfolgreiche Linie zu Ende geführt haben ... Ihr Brief brachte mich auf den Gedanken, Ihnen einen bösen Streich zu spielen und Sie noch ein wenig mehr durcheinander zu bringen, als Sie es in Ihrem gegenwärtigen Zustand sowieso schon sind, indem ich Ihnen vorschlage, daß Sie unser Sechstel der Welt auch in Betracht ziehen, wenn Sie sich einen Ort aussuchen, an dem Sie sich niederlassen wollen.«
Born nahm Kapitzas eigenwilligen Vorschlag ernst und schrieb zurück, er sei interessiert. Kapitza gab in seinem Antwortbrief seiner marxistischen Überzeugung klaren Ausdruck:

> Der Kapitalismus versucht, seine Stellung zu stärken, indem er die Mittelklasse organisiert. Er hat keine bessere Parole auszugeben, als den extremen Nationalismus, dessen Opfer Sie sind ... Der Sozialismus hat seine Basis in einem breiten Internationalismus ... In der Geschichte bedarf es einer Katastrophe, um von einem System zu einem anderen zu wechseln. Es ist absolut naiv, an einen schrittweisen und friedlichen Wandel zu glauben ... Nein, es besteht keine Hoffnung, die Katastrophe vermeiden zu können. Es ist nur eine Frage der Zeit, von vielleicht einem oder fünf Jahren ... Und es ist recht aussichtslos zu glauben, der Faschismus werde sein Wesen oder seine Haltung zur Sowjetunion verändern, ebenso wie keine Hoffnung besteht, daß die beiden Systeme in der Zukunft friedlich nebeneinander existieren werden ... Ich habe die Engländer sehr gern, sie haben mich immer freundlich und entgegenkommend behandelt, und ich habe die schönsten Erinnerungen an meine 14 Jahre in Cambridge, aber auch damals gehörte ich im Geiste dem in Rußland heranwachsenden System an ... Ich sehe seine Kraft und Richtigkeit ... Sie müssen Ihre Gedanken klären und mit dem ernsthaften Wunsch in die Union kommen, als Wissenschaftler einem neuen politischen System zu helfen, das im

> Augenblick dem entgegengesetzt ist, das Ihr Land angenommen hat und das die letzte Hoffnung der kapitalistischen Welt ist.

Als Max Born sich an Rosbaud um Rat wandte, um seine Gedanken »zu klären«, riet Rosbaud ihm, in England zu bleiben, in »der letzten Hoffnung der kapitalistischen Welt«.
Die Erfahrungen Kapitzas und Borns sind repräsentativ für die Schwierigkeiten, die Wissenschaftler in den späten dreißiger Jahren überall in Mittel- und Osteuropa hatten. Sie konnten nicht mehr in der sorglosen Abgeschiedenheit ihrer Universitätslabors leben. Einige wenige wurden wie Heisenberg zu Kollaborateuren, aber viele entschieden sich für die Flucht in den Westen. Einer davon war der gebürtige Ungar Leo Spitz. Er hatte im Ersten Weltkrieg als Offizier eines niederen Dienstgrades in der österreichisch-ungarischen Armee gedient (allerdings hatte er es nicht so schwer gehabt wie Paul Rosbaud am Isonzo). Nach dem Krieg besuchte er die Universität in Berlin, während Rosbaud Student in Berlin-Charlottenburg war, und die beiden lernten sich kennen. Leo machte sein Physikexamen 1922 und bekam in Anerkennung seines auffälligen Talents einen Lehrauftrag an der Universität.
Als junger Mann änderte Spitz seinen Namen zu Szilard (was auf ungarisch »fest« heißt), aber es nützte nichts. Sein unstetes Leben fand jahrelang nicht in festere Bahnen. Er hatte immer vor etwas Angst und war meist in Bewegung. Er fürchtete sich vor eingebildeten Feinden und vor Katastrophen, die erst noch hereinbrechen würden. Er lebte fast sein ganzes Leben lang in Hotelzimmern und aus Koffern. Seine Empfänglichkeit für Gefahrensignale veranlaßte ihn 1932, kurz bevor Hitler Reichskanzler wurde, Deutschland zu verlassen. Er fuhr nach England, um im Clarendon-Labor in Oxford zu arbeiten.
Szilards andere bemerkenswerte Tat bestand darin, daß er an der Gründung des Academic Assistance Council (Akademischer Unterstützungsrat) unter Vorsitz Lord Rutherfords mitwirkte. Wie Rosbaud es später ausdrückte, »verdanken viele Hunderte deutscher und später österreichischer Wissenschaftler ihr Leben und die Fortsetzung ihrer Arbeit Organisationen wie dem Academic Assistance Council und Leuten wie Ernest Rutherford, A.V. Hill,

Sir Henry Dale, R.S. Hutton und Esther Simpson, die ihr ganzes Leben der Unterstützung von Flüchtlingen widmete. Trotz aller Schwierigkeiten – das waren Finanzprobleme und der Mangel an akademischen Stellungen – ließen sich die meisten der geflohenen Wissenschaftler in England nieder. Für ihre Gastgeber war das ein Vorteil, für Deutschland ein großer Schaden. Es hat sich nie von dem unwiederbringlichen Verlust eines großen Teils seiner wissenschaftlichen Elite erholt.«

Rosbaud hatte den Rat in der Anfangszeit aktiv unterstützt. 1935 war er jedoch vorsichtiger, weil diese Verbindung seine Stellung in Deutschland möglicherweise beeinträchtigen konnte. Seitdem unterhielt er nur noch indirekte Kontakte. Aus dieser Zeit stammt eine Beschreibung Rosbauds, die zeigt, wie er auf Esther Simpson wirkte, die treibende Kraft des Rates: »Er hatte eine sanfte Stimme und sprach Englisch fast akzentfrei. Wenn er nichts zu tun hatte, wurde er melancholisch. Wenn er redete, war er voll Leben. Bescheidenheit war eines seiner hervorstechenden Merkmale. Mit der Moral nahm er es in seinem Verhalten zu anderen peinlich genau. Er war auf zurückhaltende Weise stets gut angezogen – und sehr britisch.« Was Esther Simpson nicht wußte, war, daß Rosbaud durch gewisse Mitglieder des Academic Assistance Council wichtige Kontakte zum britischen Geheimdienst geknüpft hatte.

Szilard stand an der Schwelle zur Vollendung dessen, was ihn berühmt machen sollte. 1914 hatte H.G. Wells in seinem Buch *Befreite Welt* vorhergesagt, daß die Atomenergie zuerst der Industrie unbegrenzte Energie zur Verfügung stellen und schließlich 1956 die Welt zerstören würde. Als Szilard das Buch 1932 las, erschienen ihm die Voraussagen plausibel. Überall in seiner Umgebung wurden revolutionäre wissenschaftliche Entdeckungen gemacht wie die des Neutrons und der künstlichen Radioaktivität, die Wells' Vorhersagen zu bestätigen schienen. Szilard erinnert sich

> sehr deutlich, wie ihm zum ersten Mal im Oktober 1933, als er vor einer Verkehrsampel in der Southampton Row in London wartete, der Gedanke kam, die Freisetzung der Atomenergie könnte tatsächlich möglich sein. Der Gedanke fiel nicht einfach vom Himmel. Ein oder zwei Wochen zuvor hatte das Jahres-

treffen der British Association stattgefunden, und Lord Rutherford soll bei dieser Gelegenheit gesagt haben, wer von der Freisetzung der Atomenergie in großem Stil spreche, rede Unsinn. Ich überlegte mir, ob Rutherford recht hatte ... Wenn wir jetzt ein Element finden könnten, das Neutronen bindet und dabei andere Neutronen freisetzt, könnten wir vielleicht so etwas wie eine Kettenreaktion erhalten.

1933 also, im gleichen Jahr, in dem H.G. Wells *Von kommenden Tagen* schrieb, nahmen die Gedanken, die er vor zwei Jahrzehnten gehabt hatte, vor einer Ampel in der Southampton Row Gestalt an.

In selben Jahr kam ein weiterer Flüchtling nach Cambridge, um dort mit Lord Rutherford und Peter Kapitza zu arbeiten. Esther Simpson und der Academic Assistance Council hatten ihm geholfen. Es handelte sich um Rudolf Peierls, einen Berliner, der in seinen Studentenjahren von München nach Leipzig und dann nach Zürich und Leningrad gezogen war – wohin immer die aufregende neue Welt der Physik ihn lockte. (Er sieht sich immer noch gern als »Zugvogel«.) Vorübergehend ließ er sich in Birmingham nieder, wo er eine Professur bekam. Bald lernte er einen anderen Flüchtling kennen, Otto Frisch, und die beiden begannen sich Gedanken zu machen, wie man Szilards Idee einer Kettenreaktion mit schnellen Neutronen zum Funktionieren bringen konnte – als Atombombe.

Otto Robert Frisch, Wunderkind und Enkel eines polnischen Juden aus Galizien, war aus Wien gebürtig. Er begann seine berufliche Laufbahn an der Physikalisch-Technischen Reichsanstalt, Deutschlands Maß- und Gewichtsbehörde. Frisch kannte zwar die Akademiker Berlins, aber er hatte drei Jahre lang keine engeren Kontakte zu ihnen. Weitere drei Jahre als Assistent an der Universität Hamburg gaben ihm Gelegenheit, interessante experimentelle Arbeit zu leisten, aber er stand der aufregenden Welt der neuen Physik immer noch fern. Obwohl er österreichischer Staatsbürger und damit vermutlich durch das Gesetz vor der Verfolgung durch die Nazis gefeit war, nahm Frisch das Angebot des Academic Assistance Council an. Er blieb jedoch nicht lange in Cambridge. Einer Einladung zu Niels Bohr nach Kopenhagen konnte

er nicht widerstehen. Dort, im Mekka aller Physiker, in Bohrs Institut für theoretische Physik fand Frisch sein Spezialgebiet, die Kernphysik.
Durch den Anschluß Österreichs ans Reich 1938 wurde Frisch deutscher Staatsbürger – eine Ehre, die er gern ablehnte – und er erwog, nach England zurückzukehren. In England begann er innerhalb eines Jahres die schicksalschwere Zusammenarbeit mit Rudolf Peierls in Birmingham, die zur Atombombe führen sollte. Aber zuerst hatte er eine ebenso schicksalschwere Begegnung mit seiner Tante Lise Meitner.
Paul Rosbaud fühlte sich intellektuell, wenn auch nicht körperlich, zu Lise Meitner hingezogen. Lise Meitner war schüchtern und zurückhaltend und wurde von den meisten der Männer, mit denen sie arbeitete, respektiert. Obwohl sie sehr hübsch war, schien sich kein Mann in sexueller Hinsicht für sie zu interessieren, wie auch sie kein Interesse für Männer zeigte. In preußischen Akademikerkreisen betrachtete man weibliche Forscher als Perversion. Wahrscheinlich war es ihr Bestreben, in diesen Kreisen als gleichberechtigt anerkannt zu werden, daß sie sich ein Verhalten zulegte, das Respekt, aber keine Liebe weckte. Sogar Hilde Rosbaud, die Lise Meitner im Otto-Hahn-Institut Gymnastikunterricht gab, bemühte sich vergeblich um ein engeres Verhältnis zu ihr.
Lise Meitners Freundschaft mit Otto Hahn dauerte über fünfzig Jahre lang, kühlte aber gegen Ende ab. Am Anfang war sie seine ständige Mitarbeiterin und die Interpretin seiner Ergebnisse. Denn Otto Hahn war zwar einer der fähigsten Chemiker seiner Zeit, aber seine Phantasie war gelegentlich beschränkt, und er begriff häufig nicht die weitere Bedeutung seiner Beobachtungen. Aber im Entdecken war er nicht zu übertreffen. Lord Rutherford schrieb ihm einmal: »Sie scheinen eine besondere Nase für die Entdeckung neuer radioaktiver Elemente zu haben.« Und wenn Hahn nicht immer sofort erkannte, was er roch, so konnte Lise Meitners rasche Auffassungsgabe hier ausgleichend wirken.
1917 hatte Lise Meitner in Zusammenarbeit mit Hahn ein neues Element entdeckt, das Protactinium. Sie wurde 1926 Professor an der Universität von Berlin, zu einer Zeit, als weibliche Professoren in den Naturwissenschaften noch außerordentlich selten waren. Kurz zuvor hatte sie an Hahns Versuchen mitgearbeitet, den

Urankern mit langsamen Neutronen zu beschießen. Nun mußte sie anderswo ein neues Leben beginnen, aber sie hatte vor, mit Otto Hahn in engem Kontakt zu bleiben.
Der Anschluß gefährdete Lise Meitner, wie alle Österreicher jüdischer Abstammung. Zwar war sie 1908 getauft worden, jedoch war das in der Nazizeit keine Rettung. Rosbaud handelte rasch durch seine holländischen Freunde. Peter Debye, der holländische Direktor des Kaiser-Wilhelm-Instituts für Physik in Dahlem, tat den ersten Schritt. Er bat Dirk Coster an der Universität Groningen, von der holländischen Regierung für Lise Meitner die Genehmigung zu besorgen, die Grenze zu passieren. Um nichts dem Zufall zu überlassen, fuhr Coster nach Berlin, um Lise Meitner beim Verlassen Deutschlands zu begleiten. Am Abend des 12. Juli 1938 kam er in Lise Meitners Wohnung.
Hahn erinnert sich: »Mit Hilfe unseres alten Freundes Paul Rosbaud verbrachten wir die Nacht damit, die Kleider einzupacken, die sie am dringendsten brauchte, und ein paar ihrer Wertsachen. Ich schenkte ihr einen schönen Diamantring, den ich von meiner Mutter geerbt und selbst nie getragen, wohl aber immer in Ehren gehalten hatte. Ich wollte, daß sie für den Notfall versorgt war.«
Paul Rosbaud brachte Lise Meitner dann für den Rest der Nacht in Hahns Haus. Hahn hatte damals kein Auto, deshalb holte Paul Lise am nächsten Morgen mit seinem Opel ab und fuhr sie zum Bahnhof. Lise Meitner war angespannt und hatte Angst, und Rosbaud mußte all seine Überredungskünste aufbieten, um sie in den Zug zu bekommen. Dirk Coster wartete in einem Abteil erster Klasse auf sie und brachte Lise sicher über die Grenze. Sie blieb kurze Zeit in Holland und reiste dann nach Stockholm, wo sie unter trostlosen Umständen bis zum Ende des Krieges blieb.
Nach dem Krieg zerstritten sich Lise Meitner und Paul Rosbaud, aber Lise unternahm später Schritte, den entstandenen Riß wieder zu kitten. An Paul schrieb sie:

> Ich habe ein schlechtes Gewissen und würde es mit diesem Brief gern ein wenig erleichtern ... Ich persönlich erinnere mich dankbar an den letzten Abend in Dahlem, als Sie mit sehr viel freundschaftlichem Verständnis durch meine Räume gingen und alles mögliche in meine Koffer legten. Ich habe auch

> nicht die Sendung Bücher vergessen, die Sie so sorgfältig ausgesucht haben. Also lassen Sie sich bitte versichern, daß niemand, schon gar nicht ich, in dieser Hinsicht an Ihnen zweifelt ... Ich hoffe sehr, daß dieser Brief ausräumen konnte, was in unserem Streit in einem falschen Licht erscheint.

Paul Rosbaud selbst hatte nie das Vertrauen zu Lise Meitner verloren, denn sie wurde, ohne daß sie es selbst richtig merkte, für Rosbaud und den britischen Geheimdienst unschätzbar wertvoll. Niemand konnte die Folgen des Ereignisses von 1938, bei dem Rosbaud eine so wichtige Rolle gespielt hatte, genau vorhersehen. Rosbaud wußte jedoch, daß er mehr tat, als nur Freunden bei der Flucht aus dem Dritten Reich zu helfen. Einige Wochen darauf wurde Paul zum Geburtshelfer eines Ereignisses, das die Weltgeschichte für immer verändern sollte.

Kapitel 10

Geburtshelfer der Kernspaltung

In der Nacht zum 22. Dezember 1938, fünf Monate, nachdem sie sich zusammengetan hatten, um Lise Meitner vor der Festnahme durch die Gestapo zu retten, kamen Otto Hahn vom Kaiser-Wilhelm-Institut für Chemie in Berlin-Dahlem und Dr. Paul Rosbaud, der wissenschaftliche Berater des Springer-Verlags, zusammen und griffen entscheidend in den Gang der menschlichen Geschichte ein.

An diesem Abend hatte Hahn Paul Rosbaud in einem Anruf mitgeteilt, er habe gerade einen Aufsatz über die Versuche, die er und Fritz Strassmann durchgeführt hätten, zu Ende geschrieben. Diese Experimente bewiesen zweifelsfrei, daß neue Elemente entstehen, wenn ein langsames Neutron auf ein Uranatom trifft. Obwohl den Männern nicht bewußt war, daß sie das Atom gespalten hatten, war ihnen klar, daß sie einen wichtigen Kernprozeß entdeckt hatten.

Paul war wie elektrisiert. Für die Welt der Physik war das eine sensationelle Neuigkeit. Er holte sich Hahns Aufsatz und rief sofort Fritz Süffert an, den Herausgeber der Springer-Publikation *Naturwissenschaften*. Er überredete ihn, einen der bereits gesetzten Artikel für die nächste Ausgabe herauszunehmen, um Platz für die Arbeit Hahns und Strassmanns zu schaffen.

Hahn wäre wohl nicht so schnell zu einigen seiner verblüffenden Schlußfolgerungen gekommen, hätte ihm Lise Meitner nicht immer wieder aus Stockholm ihre Kritik und ihre Interpretationen geschickt. Natürlich schickte Hahn ihr am gleichen Tag, an dem Rosbaud das Original erhielt, einen Durchschlag der Arbeit.

Erstaunlicherweise merkte Hahn nicht, daß er das Atom gespalten hatte. Er hatte den langen Weg zu dem großen Geheimnis erkundet und sah dann nicht, was so naheliegend war. Aber Lise Meitner, die Weihnachten in einer kleinen Stadt bei Gothenburg bei ihrem Neffen verbrachte, sah, was Hahn nicht aufgefallen war. Als sie im Wald auf einem Baumstamm saßen und Hahns Arbeit diskutierten, wurde Lise Meitner und Otto Frisch klar, daß Hahn und Strassmann das Atom gespalten hatten. Sie stellten eine schnelle Rechnung auf, die zeigte, daß Hahns Versuche mehr Energie freigesetzt hatten, als irgendein Prozeß in der Geschichte der Menschheit zuvor. Die Kraft, die im Kern des Atoms steckt, war entdeckt.

Zufällig stand Niels Bohr kurz vor der Abreise ins Institute for Advanced Study in Princeton. Danach wollte er an einer Konferenz in Washington, D.C., teilnehmen. Frisch eilte also zurück nach Kopenhagen, um dem dänischen Nobelpreisträger die Neuigkeit mitzuteilen. Bohr war begeistert und gab die Neuigkeit im Ausland weiter. Die Konferenz wurde von der Carnegie Institution in Washington und der George Washington University finanziert und hatte die Tieftemperaturphysik zum Thema. Damals glaubte man noch, dieses Gebiet habe nichts mit der Kernenergie zu tun. Aber unter den Teilnehmern waren Enrico Fermi, Eugene Wigner, Edward Teller und andere, die sich außerordentlich dafür interessierten, was passiert, wenn ein Neutron auf ein Uranatom trifft. Als Bohr den Konferenzteilnehmern die Entdeckung Hahns und Strassmanns verkündet hatte, verließen eine Anzahl Physiker die Tagung, um die Versuche in ihren eigenen Labors zu wiederholen. Damit begann ein neues Zeitalter.

Rosbaud spielte dabei natürlich die Rolle eines strategischen Planers. Wahrscheinlich früher als die Wissenschaftler erkannte er das ungeheure Zerstörungspotential der Entdeckung Hahns, Strassmanns und Lise Meitners. Ihm war ganz klar bewußt, daß die Grundlagenforschung in Deutschland geleistet worden war. Er wollte, daß der Rest der Welt die Bedeutung der Arbeit mindestens ebenso schnell erkannte wie die Planer der Nazis. Indem er Hahns Manuskript rasch in Druck gab, konnte er die Physiker der Welt warnen.

Als die Kernspaltung entdeckt wurde, hatte der britische Geheimdienst keinen Wissenschaftsbeamten und war nicht im mindesten an esoterischen Themen wie der Atomenergie interessiert. Eine Reihe britischer Wissenschaftler interessierte sich jedoch dafür. Es war schon lange Tradition, daß ab und zu ein Hochschullehrer einen vielversprechenden Studenten für den SIS anwarb und beispielsweise nach Deutschland schickte, wo er als Tarnung in München Chemie studieren sollte. Andere gingen etwa als Archäologen nach Arabien. Von diesen Agenten wurde jedoch die Beschaffung politischer und militärischer Informationen erwartet. Selten, wenn überhaupt jemals, fragte der SIS nach wissenschaftlichen Nachrichten. Viele wichtige Wissenschaftler wußten, auch wenn sie selbst nicht in direktem Kontakt mit dem SIS standen, genau, wer Kontakt zu ihm hatte. Und sie wußten auch, worüber der SIS informiert werden wollte.

Einer dieser bedeutenden Wissenschaftler war John Douglas Cockcroft vom Mond-Laboratorium in Cambridge. Er war ausgebildeter Elektroingenieur. Als Peter Kapitza nach Cambridge kam, bat Rutherford Cockcroft, Kapitza beim Bau seiner Apparaturen für Versuche bei niederen Temperaturen und mit starken Magnetfeldern zu helfen. Kapitza verdankte Cockcroft einen guten Teil des Erfolgs seiner berühmten Versuche, gab das jedoch in späteren Jahren selten zu. Als Kapitza das Mond-Laboratorium verließ, war es Cockcroft, der die von Cahan gekaufte Ausrüstung für den Transport vorbereitete und die Aufgabe übernahm, das demontierte Labor wieder zusammenzusetzen.

Eigenen Anspruch auf Ruhm erwarb Cockcroft mit dem Hochspannungs-Beschleuniger, den er 1931 zusammen mit Ernest Walton baute. Es war der erste Apparat für Kernzertrümmerungsversuche auf der Welt. Folglich hatte Cockcroft ein ureigenes Interesse an der neuen Arbeit über die Zertrümmerung des schwersten bekannten Elements – des Urans. Er trat mit Lise Meitner in Briefwechsel, bald nachdem sie und Otto Frisch die richtige Interpretation von Otto Hahns Ergebnissen veröffentlicht hatten. In einem vom 13. Februar 1939 datierten Brief an Cockcroft gab ihm Frau Meitner einen detaillierten Bericht über den Stand der Interpretationen, aber Cockcroft wollte mehr wissen, vor allem darüber, was in Deutschland vorging. Und Otto Hahn wollte, daß er mehr wußte. Am 2. März schrieb Hahn an Lise Meitner: »Vorgestern habe ich ausführlich mit Rosbaud gesprochen. Er wird wieder nach England reisen und sich mit Cockcroft treffen ...« Rosbaud war ein bereitwilliger Kurier, und es ist gut möglich, daß Otto Hahn seine tiefere Motivation gespürt hat.

Am Freitag, dem 10. März 1939, trafen sich die Männer um halb eins zum Mittagessen im Athenaeum. Rosbauds meisterhafte Zusammenfassung der Versuchsergebnisse zur Kernspaltung im Deutschen Reich beeindruckte Cockcroft. Außer über Hahns noch nicht publizierten Entdeckungen berichtete Paul noch über praxisnähere Experimente von Wissenschaftlern wie Siegfried Flügge am Kaiser-Wilhelm-Institut für Physik in Dahlem, mit denen herausgefunden werden sollte, ob Atomenergie praktisch verwertbar war. Die Versuche Willibald Jentschkes und Friedrich Prankls am Institut für Radioaktivität in Wien gaben erste Hinweise darauf, wie die Energie des gespaltenen Atoms nutzbar gemacht werden könnte. Davon fasziniert bat Cockcroft Rosbaud, ihm doch regelmäßig zu berichten. Selbstverständlich willigte Paul ein, denn er wußte sehr wohl, daß die Atombombe die Waffe war, die Hitler auf keinen Fall bekommen durfte.
Einige Professoren waren jedoch der Ansicht, daß die deutschen Forschungen über die Atomenergie im Vergleich zu der universitären Forschung in Großbritannien, Frankreich und den Vereinigten Staaten nicht schnell genug vorankamen. Paul Harteck, der mit Kapitza und Cockcroft zusammengearbeitet hat, erinnert sich in einem Brief, »daß Groth und einige andere Mitglieder meines Instituts in Hamburg [an der Universität] in mein Büro kamen und mich in aller Form dazu aufforderten, ein Forschungsprojekt vorzuschlagen, das – weil ein Krieg unmittelbar bevorzustehen schien – verhindern sollte, daß sie eingezogen wurden«. Mit diesem völlig unwissenschaftlichen Ziel setzten Wilhelm Groth und Harteck einen Brief an das Reichskriegsministerium auf. Er wurde am 24. April 1939 von Hartecks Büro aus abgeschickt und lautet auszugsweise:

> Wir erlauben uns, Ihre Aufmerksamkeit auf die neueste Entwicklung auf dem Feld der Kernphysik zu lenken, weil sie unserer Einschätzung nach die Möglichkeit birgt, Sprengstoffe herzustellen, deren Wirkung um ein Vielfaches größer wäre als die der gegenwärtig gebräuchlichen ... In Amerika und anderen angelsächsischen Ländern sowie in Frankreich wird reine Atomphysik gegenwärtig viel intensiver betrieben als hier, wo man an solchen Forschungen kein besonderes Interesse zeigt,

> weil sie als rein theoretisch betrachtet werden. Wir halten es für unsere Pflicht, Sie darauf aufmerksam zu machen ... Falls die Gewinnung von Energie auf die oben angedeutete Weise Wirklichkeit wird, was vollkommen im Bereich des Möglichen liegt, hat ganz offensichtlich das Land, das als erstes Gebrauch davon macht, gegenüber den anderen Nationen einen beinahe nicht auszugleichenden Vorteil.

Der letzte Satz fiel im Kriegsministerium auf, ebenso wie ein ähnlicher Vorschlag anderer Physiker an das Reichsministerium für Wissenschaft, Erziehung und Volksbildung. Fünf Tage später berief die Regierung eine Konferenz hinter verschlossenen Türen ein, deren Ergebnis die Empfehlung war, den Atomforschern die Pflicht zur Geheimhaltung aufzuerlegen und alle Uranvorräte in Deutschland sicherzustellen. Bei dieser Konferenz war Josef Mattauch anwesend, der Lise Meitners Platz in Hahns Labor übernommen und sogar ihre ehemalige Wohnung gemietet hatte.
Am 5. August 1945, einen Tag bevor die Atombombe über Hiroshima abgeworfen wurde und als noch nicht viele Menschen auf der Welt in das Geheimnis eingeweiht waren, faßte Rosbaud einige seiner Tätigkeiten für die Geheimdienststellen der Alliierten zusammen. Was folgt, ist der Teil seines Berichts, der von dem Treffen handelt, mit dem das deutsche Atomprogramm eingeleitet wurde:

> Die Idee, wie man diese Energie nutzen könnte, sei es als Mechanismus einer Kettenreaktion für eine riesige Bombe oder als eine große Energiequelle ... hatte als erster ein Mann mit Namen Hanle ... Damals war [Wissenschaftsminister] Rusts Experte für Physik ein junger Physiker ... Dr. Dames. Hanle ... war erfreut über die Gelegenheit, diesem mächtigen Mann Bericht erstatten zu können, und legte ihm den Plan zu einer Bombe vor, die in der Lage sein sollte, eine Stadt, eine Provinz, ja sogar eine ganze Insel zu zerstören. Dames rief sofort alle Kernphysiker zu einer höchst geheimen Zusammenkunft nach Berlin. Sie diskutierten den Plan und gründeten eine Forschungsgesellschaft, die später unter Physikern »Uran-Verein« hieß ... Ich leugne nicht, daß ich etwas erschrocken war,

als mir Mattauch, der bei diesem Treffen dabei war, am nächsten Tag alles erzählte ... Professor R.S. Hutton aus Cambridge kam in der folgenden Woche für ein paar Stunden aus London und war so freundlich, die Informationen an Dr. J.D. Cockcroft, F.R.S., weiterzuleiten. Das war im Mai oder Juni 1939.

Von zwei Ministerien unterstützt, machten sich die am deutschen Atomprogramm beteiligten Forscher an die Arbeit – sei es um der Zurückstellung vom Militärdienst willen, um die Forschungsgelder zu kassieren, wegen des Nervenkitzels bei der Forschung oder auf der Jagd nach dem »nicht auszugleichenden Vorteil« für das Reich. Durch Rosbaud wußten die Briten über das deutsche Atomprogramm alles, was sie wollten, von Anfang an und dann den ganzen Krieg hindurch. Nur vom Ende des Jahres 1939 an besteht zwei Jahre lang eine Lücke in der Berichterstattung.
Rosbaud war vor Ausbruch des Krieges noch einige Male in England. Hutton, Professor für Metallurgie in Cambridge, beschreibt in seinen Memoiren eine ihrer letzten Begegnungen:

> Er bat mich, zu ihm nach London zu kommen, weil er wichtige Nachrichten hätte. Wir fanden einen sicheren Platz auf einer Bank in der Mall, und er bat mich, die wertvollen Informationen an diejenigen weiterzuleiten, für die sie am wichtigsten waren. Offenbar hatte sich Hitler die Möglichkeit einer Atombombe als seiner Geheimwaffe Nummer 1 überlegt, mußte aber den Plan verwerfen, weil der einzige deutsche Physiker, der wirkungsvoll hätte helfen können, sich weigerte zu kooperieren. Auf diese Weise und darüber hinaus erwies Rosbaud den Alliierten große Dienste.

Huttons Erinnerung ist nicht korrekt. Sie spiegelt die Nachkriegsmythen über die deutschen Bemühungen um die Atomkraft. Zu jener Zeit wurde das deutsche Programm offiziell gefördert, es war gut organisiert und den Programmen in anderen Ländern ein Stück voraus. Erst im August, vier Monate nach Hartecks Brief ans Kriegsministerium, schrieb Albert Einstein auf Drängen Leo Szilards und Eugene Wigners, eines anderen ungarischen Physikers, seinen berühmten Brief an Präsident Roosevelt. Roosevelt las den Brief erst im Oktober, einen Monat nach Kriegsbeginn in Europa. Die amerikanischen Bemühungen in der Kernforschung begannen erst am Tag vor Pearl Harbor, über zwei Jahre später. Und auch da kamen sie nur zustande, weil die Briten beharrlich drängten.

Bei dem Treffen in der Mall erzählte Hutton Rosbaud, daß seine Regierung Pauls Warnungen nicht ernst genommen hatte. Verärgert kehrte Paul nach Berlin zurück und begann etwas vorzubereiten, von dem auch die Briten Notiz nehmen würden.

Kapitel 11

Abreise

Am Abend des 21. August 1939 gab die sowjetische Nachrichtenagentur TASS bekannt, daß der deutsche Außenminister Joachim von Ribbentrop nach Moskau reisen würde, um sich mit seinem russischen Amtskollegen Wjatscheslaw Molotow zu treffen und einen Nichtangriffspakt mit der UdSSR zu unterzeichnen. Die Würfel für den Einmarsch der deutschen Truppen in Polen waren gefallen.

Rosbaud setzte sich sofort mit der britischen Gesandtschaft in Verbindung und versuchte, Frank Foley zu erreichen. Foley war aber bereits nach England abgereist. Rosbaud wußte jedoch offensichtlich aus privaten Quellen, daß Foley bald in Oslo sein würde, und fuhr deshalb am 26. August dorthin.

Unangemeldet stand er vor Victor Goldschmidts Haustür in Holmenkollen, wurde allerdings trotzdem von Frøken Brendigen und V.M. herzlich willkommen geheißen. V.M. konnte Rosbaud für die Dauer seines Aufenthalts die andere Hälfte des Doppelhauses anbieten, die normalerweise sein Kollege und Freund Tom Barth und dessen Familie bewohnten. Barth verbrachte gerade ein paar Monate am geophysikalischen Labor der Carnegie Institution in Washington D.C. Paul aber stand wieder einmal vor einer Lebensentscheidung: Sollte er Hilde nach England folgen, nach Oslo umziehen oder in Deutschland bleiben? Er würde sich für das entscheiden, was ihm am wichtigsten war. Im Augenblick mußte er einfach abwarten, bis Frank Foley erschien.

Foley war in aller Hast im Auto aus Berlin abgereist. Mit ihm fuhren seine Frau Katherine, seine Tochter Ursula und seine Sekretärin und Geheimschriftexpertin Margaret Reid. Die Foleys hatten sich eine Zweitwohnung in Stourbridge gehalten, einer Stadt mit Glasindustrie in der Nähe von Birmingham. Ein Nachbar erinnert sich, daß »die Foleys hier Urlaub machten, als der Krieg ausbrach. Außer ihrem Auto, mit dem sie in die Ferien gefahren waren, hatten sie nichts mehr. Sie verloren alles, was sie in Berlin besessen hatten.« Auch Margaret Reid besaß nicht viel, sie mußte bei Simpson warme Kleidung einkaufen. Ein paar Tage darauf, am 26. August, schrieb sie in einem Brief:

> Ich sollte meinen Chef in der Liverpool Street im Zug treffen, aber er verpaßte ihn. Er war in einen totalen Verkehrsstau geraten ... Ich machte mir keine Sorgen, weil Mr.F. seinen Zug verpaßt hatte. Ich erriet, was geschehen war, aber ich freute mich, daß ich ein Telegramm von ihm erhielt, in dem stand: »Fliege morgen nach Kopenhagen.« Die Zugfahrt nach Kopenhagen war ermüdend, aber wir hatten gute Gesellschaft im Abteil, darunter den neuen Marineattaché [Admiral Hector Boyes].

Margaret lernte in der Gesellschaft Foleys und verschiedener anderer Begleiter, unter denen auch Agenten des SIS und britische Journalisten waren, das Kopenhagener Nachtleben gründlich kennen. Am Montag, dem 28. August, um sieben Uhr morgens nahmen Foley und Margaret Reid die Fähre nach Schweden und von dort aus einen Salonwagen nach Oslo, ihrer neuen Dienststelle. Foley war wieder einmal Paßbeamter.

Zur gleichen Zeit befanden sich mehrere amerikanische Besucher in Oslo: Einer davon war Professor Karl Lark-Horovitz von der Purdue University. Lark-Horovitz war ein bekannter Festkörperphysiker, der später wichtige Beiträge zur Radartechnik leistete. Bevor er von Österreich in die Vereinigten Staaten übersiedelte, waren er und V.M. Freunde geworden. Jetzt wohnte er im Touristenhotel in Holmenkollen und genoß das Wiedersehen mit V.M. und Odd Hassel. Natürlich lernte er dabei Paul Rosbaud kennen. Rosbaud hatte jahrelang ein unbefristetes Visum für England besessen, aber durch den Kriegszustand zwischen Deutschland und Großbritannien war es ungültig geworden. Paul erklärte, seine Familie lebe in England und er brauche ein Einzelvisum, damit er jetzt hinfahren könne. Als deutscher Staatsbürger wolle er aber nicht gern offen in die britische Gesandtschaft gehen. Als Lark-Horovitz das hörte, bot er sich als Vermittler an.

Eines Morgens in der ersten Septemberwoche führte der britische Konsul Norman Vorley Professor Lark-Horovitz in Foleys Büro. Als er vorgestellt war, trug Lark-Horovitz seine Bitte im Namen seines neuen Bekannten Paul Rosbaud vor.
Angesichts der Umstände ein schwieriger Fall, meinte Foley. Die deutsche Staatsbürgerschaft, der Kriegszustand und anderes mehr. Er könne eigentlich nichts machen, bevor er Rücksprache mit London genommen habe und in Whitehall über die Sache entschieden sei. Ob Professor Lark-Horovitz so freundlich sein würde, in zwei Tagen noch einmal vorbeizukommen?
Selbstverständlich war das möglich, aber der Aufschub war ärgerlich. Er hatte nämlich geplant, seine Schwester in Stockholm zu besuchen, bevor er wieder nach Amerika zurückfuhr.
Als Lark-Horovitz wieder in der Gesandtschaft vorsprach, brachte Foley mit amtlicher Höflichkeit sein Bedauern zum Ausdruck. Whitehall habe es nicht für richtig erachtet, dem Freund des Professors ein Visum zu gewähren. Es tue ihm sehr, sehr leid, aber da sei nichts zu machen.
Rosbaud nahm die Nachricht ohne Anzeichen einer Gefühlsregung zur Kenntnis. Lark-Horovitz fuhr auf einen kurzen Besuch zu seiner Schwester und kehrte am 16. September nach Oslo zurück. Rosbaud war schon am Tag zuvor nach Berlin abgereist. Alles war genauso verlaufen, wie Rosbaud und Foley es geplant hatten. Sowohl Hilde als auch die Gestapo würden – falls sie je nachfragen sollten – erfahren, daß Paul Rosbaud in England Persona ingrata war.

Kapitel 12

Becks Buch

Im September 1939 begann der Blitzkrieg. Die polnische Armee wurde in achtzehn Tagen zerschlagen. In den letzten beiden dieser achtzehn Tage beteiligte sich auch der russische Schakal am allgemeinen Morden. Adolf Hitler feierte den Sieg mit einer Rede. Welche Kulisse wäre dazu besser geeignet gewesen als der alte Hansehafen von Danzig, über dem jetzt wieder die deutsche Flagge wehte? Am Dienstag, dem 19. September, hielt Hitler vor dem reichverzierten Rathaus eine Ansprache, in der von Frieden nur ganz nebenbei, um so mehr dagegen von der Drohung mit einem neuen Angriff die Rede war. Hitler sagte, er habe »weder gegen England noch gegen Frankreich irgendein Kriegsziel« und wünsche, die anderen Völker würden einsehen, »wie zwecklos dieser Krieg, dieses Völkerringen, sein wird«, und »über die Segnungen eines Friedens, den sie preisgeben« nachdenken. Dann prahlte er weiter, es werde »sehr schnell der Augenblick kommen, daß wir eine Waffe zur Anwendung bringen, durch die wir nicht angegriffen werden können«. Was schutzlose Frauen und Kinder betraf, so war das eben ihr Pech, denn »wenn natürlich eine Kolonne über einen Marktplatz marschiert und sie wird von Fliegern angegriffen, dann kann es passieren, daß dem leider auch ein anderer zum Opfer fällt«.

Das ließ die Alliierten aufhorchen. Sie hatten soeben eine furchteinflößende Demonstration der Überlegenheit deutscher Technologien erlebt. Auf der ganzen Welt wurde in den Zeitungen über einen geheimen »Todesstrahl« und andere erfundene Waffen spekuliert. Premierminister Neville Chamberlain wurde nervös und rief Admiral Hugh Sinclair zu sich. Der Admiral war Leiter des SIS und wurde nur »C« genannt. Er sollte soviel wie möglich über Hitlers verborgenes Waffenarsenal in Erfahrung bringen.

Der Auftrag durchlief die Befehlshierarchie und landete schließ-

lich auf dem Schreibtisch Dr. Reginald V. Jones', der erst seit ein paar Tagen beim SIS angestellt war. Jones war ein talentierter junger Oxford-Absolvent mit solider naturwissenschaftlicher Ausbildung. Er war Frederick Winterbotham zugeteilt, der inzwischen Flügelkommandant bei der Luftfahrtabteilung war. (Damals hatte der britische Geheimdienst noch keine naturwissenschaftliche Abteilung.) Es wurde Jones' Aufgabe, genau zu ermitteln, was Hitler mit seinen Drohungen in Danzig gemeint hatte.
Nachdem er wochenlang die Akten des SIS durchgearbeitet hatte, zeigte sich Jones »von dem Mangel an Informationen« beeindruckt. Weil er selbst fast kein Deutsch konnte und merkte, daß auch Winterbothams Deutschkenntnisse sehr schlecht waren, bat Jones um eine Neuübersetzung der Rede. Die Übersetzung wurde von Frederick (Bimbo) Norman angefertigt, einem Professor für Deutsch. Norman wies darauf hin, daß »Waffe« eine einzelne Waffe bedeuten, sich aber auch auf eine Streitkraft beziehen könne. So bezeichne zum Beispiel »Luftwaffe« die Luftstreitkräfte. Das müsse Hitler gemeint haben. Jones schloß daraus, daß es zumindest derzeit keine Geheimwaffen gab. Er war außerordentlich zufrieden mit sich und stellte die Schlußfolgerung in den Mittelpunkt seines Berichts. »Hitler hatte mir einen großen Dienst erwiesen, indem er meine Position im Herzen des Geheimdienstes sicherte«, schrieb er später.

Es gab kaum eine bessere Wohngegend in Berlin als die Umgebung des Wannsees. In der Bismarckstraße 11 stand am Seeufer die großzügige Villa Dr.Ing. Adolph Becks, des Direktors der Magnesiumwerke in dem riesigen Komplex der I.G. Farben in Bitterfeld. Bitterfeld war eine häßliche Industriestadt 160 Kilometer südlich von Berlin. Dr.Beck verbrachte seine Zeit viel lieber am Wannsee, wo er mit seinem Lektor Paul Rosbaud an einem Buch arbeitete. Es sollte ein Standardwerk werden über *Magnesium und seine Legierungen*, wie der Titel versprach. Achtzehn Experten schrieben darin über ihre Spezialgebiete. So behandelten sie die Magnesiumgewinnung aus Rohmaterialien wie Chrysolith sowie seine Herstellung als Metall und in Legierungen, seine gesamten physikalischen Eigenschaften, Form- und Gießtechniken und alle Verwendungsformen – einschließlich der in Sprengstoffen.

Rosbaud wußte viel über Chrysolith, weil sein Freund Victor Goldschmidt auf diesem Gebiet der größte Fachmann der Welt war. Goldschmidt faszinierte die Schönheit des Peridots. Der Peridot ist eine Erscheinungsform des Chrysoliths, ein gelblichgrüner Halbedelstein. Und besonders interessierte Rosbaud sich für den praktischen Wert des Magnesiums. Chrysolith ist eines der häufigsten Mineralien der Erdkruste. An der Westküste Norwegens gibt es große Chrysolithvorkommen. 1925 hatte Goldschmidt die hohe Hitzebeständigkeit des Chrysoliths entdeckt, das heißt, seine Fähigkeit, andere Substanzen zusammenzuhalten, während sie bei sehr hohen Temperaturen geschmolzen werden. Er ließ sich die Verwendung des Chrysoliths als hochhitzefestem Material patentieren und verkaufte die Lizenz für sein Patent an die Harbison-Walker Company in Pittsburgh. (Daraus bezog er bis 1941 ein gutes Einkommen. Dann beschlagnahmte die US-Regierung seine Tantiemen als Besitz eines feindlichen Ausländers – welch bittere Ironie!)

Paul Rosbaud faszinierte das Chrysolith weniger als Goldschmidt, aber er hatte sich lange Zeit beruflich mit dem Chrysolithderivat Magnesium beschäftigt. Aus veröffentlichten Äußerungen Rosbauds läßt sich schließen, daß er während seiner Zeit als wissenschaftlicher Berater bei der *Metallwirtschaft* eine Vorliebe für die Leichtmetalle Aluminium und Magnesium hatte. Während des Zweiten Weltkriegs wurden diese Leichtmetalle strategisch wichtige Grundmaterialien für den Flugzeug- und Raketenbau und für die Füllung der schrecklichen Brandbomben. Daher kam Rosbaud nach seinem Wechsel zum Springer-Verlag auf die Idee, ein umfassendes Buch über Magnesium und seine Legierungen anzuregen.

Paul Rosbaud in Berlin hatte Veranlassung, Hitlers Danziger Rede sehr viel ernster zu nehmen als der unerfahrene R.V. Jones. Er wußte sehr wohl, daß Hitler das Wort »Flugzeug« und nicht »Waffe« verwendete, wenn er allgemein von der Luftwaffe redete. Und Rosbaud wußte ebenfalls genau, daß Hitler in seinen Labors und Waffenarsenalen mehr auf Lager hatte, als er in dem so schnell gegangenen Polenfeldzug hatte zeigen können.

Der 15. Oktober 1939 war in Berlin ein schöner Herbsttag. Wenn Rosbaud einen Spaziergang in den Zoologischen Garten oder den

Tiergarten gemacht hätte, hätte er gesehen, wie die Berliner an diesem Sonntagmorgen in hellen Scharen die frische Luft genossen. Es war das erste Herbstwochenende der Aktion Winterhilfe. Alle waren guter Laune, denn es gab gute Nachrichten. Erst am Tag zuvor hatte Kapitänleutnant Günther Prien mit seiner U 47 das mächtige Schlachtschiff *Royal Oak* in Scapa Flow versenkt, Großbritanniens sicherstem Hafen.

Wer wie Rosbaud das Glück hatte, im Café Kranzler Unter den Linden einen Tisch zu finden, konnte zusehen, wie Kinder bei den Stapeln von beschlagnahmten polnischen Geschützen spielten. Plötzlich kam es vor den Gästen des Straßencafés zu einer seltsamen Szene. Eine Limousine hielt am Bordstein, und ein deutscher Schäferhund sprang heraus. Ihm folgten sein Herr, der Schauspieler Harry Piel, und ein Fotograf.

Es handelte sich um Hitlers Lieblingshund, die Antwort Deutschlands auf Rin-Tin-Tin. Gegen eine Spende von fünfzig Pfennig für die Winterhilfe konnte man sich mit ihm fotografieren lassen. Rosbaud lehnte ab, aber ihm fiel der Name des Tieres auf: »Greif« – wie das Tier auf seinem Familienwappen.

Als Rosbaud wieder in seinem Arbeitszimmer saß, sah er sich wahrscheinlich noch einmal das Vorausexemplar von Becks *Magnesium und seine Legierungen* an – endlich war das Buch fertig. Im Gegensatz zu Beck sah Rosbaud voraus, daß die Luftwaffe kurz nach der Publikation des Buches seinen Verkauf unterbinden würde. Rosbaud hoffte, er würde vorher noch ausführen können, was er mit diesem Vorausexemplar vorhatte.

Kapitel 13

Der Oslo-Report

In den späten dreißiger Jahren konnte man Oslo sehr gut mit der Straßenbahn besichtigen. Vom westlichen Ende der Stortingsgate wand sich die Linie den Drammensveien entlang. Zunächst eine häßliche Durchfahrtsstraße, verwandelte sich der Drammensveien in seinem Verlauf nach und nach in eine der schönsten Promenaden der Stadt. Zur Rechten erschien der Königspalast, ein einfaches Rechteck auf der Kuppe eines Hügels im herrlich bewaldeten Slottspark. Links sah man die Regierungsgebäude an der Victoria-Terrasse. Dann kam man noch am Nobel-Institut vorbei, bevor die Schienen in südwestlicher Richtung in eine vornehme Gegend führten. Hier lagen die baumbestandenen Grundstücke der alten, reichen Familien Kristianias. Hinter der Kreuzung mit der Leiv Erikssons Gate standen eine Reihe von Botschaftsgebäuden.
Der Fahrgast konnte links die deutsche Gesandtschaft mit der Adresse Drammensveien 74 sehen. Gleich dahinter stand rechts auf einer kleinen Anhöhe das Haus Nummer 79, die ehemalige Villa des Jagdmeisters Thomas Fearnly, die jetzt die britische Gesandtschaft beherbergte. Von jedem der beiden Gebäude aus konnte man gut sehen, wer gegenüber durch die Haustür ging.
Neben den Deutschen standen zwei Häuser, die den Hauptsitz der Norwegischen Akademie der Wissenschaften bildeten, der Victor Goldschmidt und Odd Hassel angehörten.
An einem frischen Novembertag im Jahre 1939 bog ein Mann in den Weg bei der Nummer 79 ein, der hügelaufwärts zum Eingang der britischen Gesandtschaft führte. Er äußerte sein Anliegen und wurde daraufhin von einem diensthabenden Gesandtschaftsbeamten empfangen, der sich mit Oxfordakzent als Harold Freese-Pennefather vorstellte. Der Besucher fragte namentlich nach einem bestimmten Beamten. Er wollte ihm ein Päckchen übergeben. Freese-Pennefather antwortete, Mr. Soundso sei im Augenblick

nicht im Dienst. Der Besucher ließ erste Anzeichen der Verärgerung erkennen. Er tue nur einem Freund einen Gefallen, sagte er. Da erinnerte sich Freese-Pennefather an eine kürzlich ergangene Anweisung, die das kleine Problem lösen konnte: »Eine diskrete Zusammenarbeit zwischen Marineattachés und Vertretern des SIS [kann] stattfinden.« Das war offensichtlich eine Maßnahme, die durch den Ausnahmezustand des Krieges erklärt wurde. Der Gesandtschaftsbeamte, den der Fremde sprechen wollte, gehörte zum SIS, und Freese-Pennefather wußte, daß der Marineattaché Konteradmiral Hector Boyes in seinem Büro saß. Mr. Soundso hatte zwar Kollegen und Sekretärinnen, aber sie arbeiteten in einem anderen Gebäude, und es war einfach praktischer, wenn er das Päckchen dem Marineattaché im Hauptgebäude bringen ließ. Als das dreißig auf fünfzehn auf fünf Zentimeter große Päckchen auf seinem Schreibtisch lag, seufzte Boyes und begann, es auszupacken. Als junger Offizier hatte er beim Boxeraufstand an den Kampfhandlungen teilgenommen und vom chinesischen Flottenstützpunkt aus Kanonenboote kommandiert. Jetzt war er im Alter von achtundfünfzig Jahren wieder aktiviert und auf diesen Außenposten der Marine versetzt worden. Er verdankte das vor allem der Tatsache, daß seine Frau aus einer reichen Familie der norwegischen Gesellschaft stammte.

In der Verpackung fand er ein deutsches technisches Fachbuch und ein weiteres kleineres Päckchen. Als der Admiral das in schwarzes Leinen gebundene Buch aufschlug, entdeckte er darin einen zusammengefalteten technischen Bericht, ebenfalls in Deutsch. Der erste Teil des Berichts, der aus fünf mit blauem Farbband auf bläuliches Papier maschinegeschriebenen Seiten bestand, trug keine Überschrift und enthielt zwei Zeichnungen. Boyes fiel besonders die zweite Skizze auf. Sie stellte ein Schiff dar und genau über ihr standen Worte, die einen neuen Torpedo-Typ bezeichneten. Boyes übersetzte für sich: »Wahrscheinlich der Typ, der die *Royal Oak* versenkte.« Also genau das richtige für einen Marineattaché!

Der zweite Teil des Berichts war mit »Elektrozünder für Bomben und Granaten« überschrieben und enthielt drei Zeichnungen, die fast den gesamten Raum einnahmen. Als Boyes das kleinere Päckchen auswickelte, fand er ein versiegeltes Glasröhrchen, das

einer Radioröhre ähnelte. Die Beschreibung im zweiten Teil des Berichts, der jetzt auf seinem Schreibtisch lag, schien sich auf das Röhrchen zu beziehen.
Anfänglich war Boyes unbeeindruckt geblieben – offenbar handelte es sich um Informationen über vermutete deutsche Geheimwaffen. Immer wieder gaben Menschen, die es gut meinten, aber ein bißchen naiv oder verrückt waren, der Regierung seiner Majestät unaufgefordert Ratschläge, wie der Krieg zu gewinnen wäre. Boyes vernichtete derartige Mitteilungen unauffällig. Als er sich jedoch genauer ansah, was er diesmal in der Hand hielt, sagte ihm sein Instinkt, daß dies nicht die Arbeit eines Verrückten war. Die Sache schien ernst genug, um jedenfalls eine volle Übersetzung zu rechtfertigen. Admiral Boyes beschloß, diese Arbeit in der Gesandtschaft durchführen zu lassen und für den Fall, daß sich dabei etwas Interessantes ergab, alles nach London zu schicken.
Das genaue Datum dieser Ereignisse konnte nie bestimmt werden. Auf der Abschrift einer frühen Übersetzung steht jedoch »4. November 1939«. Auch falls dieser Vermerk nichts mit dem Text zu tun hat, war das Datum doch in der Geschichte des SIS wichtig, denn Admiral Sinclair starb an diesem Tag. Sein Nachfolger als C, der Leiter des Geheimdienstes, war Graham Stewart Menzies (ausgesprochen wie »ming-iss«). Er gab den Bericht und das Glasröhrchen an Frederick Winterbotham weiter.
Das Material aus Oslo landete ohne Becks Buch auf R.V. Jones' Schreibtisch, als er gerade seinen Bericht über die Geheimwaffen fertigstellte. Seinen eigenen Bericht datierte er auf den 11. November 1939. Das hilft dabei, das ungefähre Entstehungsdatum des Oslo-Reports festzulegen, wie das geheimnisvolle Geschenk bald genannt wurde.
Zu den Legenden um den Oslo-Report, die sich hartnäckig gehalten haben, gehört die Geschichte einer Vorabsprache. Wie es heißt, bekam Admiral Boyes einen anonymen, in Oslo aufgegebenen Brief. Darin wurde angefragt, ob die Briten über gewisse naturwissenschaftliche und technische Entwicklungen der Deutschen informiert werden wollten. Wenn ja, sollten sie die Ankündigung des deutschen Abendprogramms der BBC umformulieren zu »Hallo, hier ist London.« R.V. Jones schreibt: »Wir änderten die Ankündigung, und die Informationen trafen ein.« Problema-

tisch ist, daß sich nach dieser Version der Überbringer des Reports oder ein Stellvertreter zweimal innerhalb weniger Monate in Oslo hätte aufhalten müssen – einmal, um den Brief mit der Anfrage abzuschicken, und ein paar Wochen später, um den Bericht abzugeben. Für den Informanten hätte das ein doppeltes Risiko bedeutet. Wenn die Geschichte aber stimmt, dann schränkt sie die Liste möglicher Autoren des Reports allerdings ein.

Als 1947 die Geschichte des Oslo-Reports bekannt wurde, schrieb Hector Boyes an Jones, die Ankündigung der BBC hätte nur verändert werden sollen, wenn noch *mehr* Informationen verlangt worden wären. Boyes war der Meinung, das sei geschehen, sagte aber zugleich, daß in der Gesandtschaft keine weiteren geheimnisvollen Päckchen eingetroffen seien. Er vermutete deshalb, daß der Autor »liquidiert« worden sei. Das wäre einsichtig, wenn der SIS dem Absender eine Botschaft hätte zukommen lassen, mit der er den Empfang bestätigte und weitere Informationen anforderte. Aber obwohl es unglaublich klingt, forderte offensichtlich niemand, der mit der Analyse des Reports zu tun hatte, weitere Informationen von der gleichen Quelle an.

Wahrscheinlich wurde jedoch ein besonders vereinbartes Zeichen weder vor noch nach dem Empfang des Berichts von der BBC gesendet. Leonard Miall, der von März 1939 bis Oktober 1942 für die deutsche Nachrichtensendung der BBC verantwortlich war, berichtet in einem Brief: »Die übliche Einleitung zu der deutschen Nachrichtensendung lautete meiner Erinnerung nach stets: ›Hier ist der Londoner Rundfunk.‹« Miall läßt sich diese Aussage von seinem damaligen Assistenten Maurice Latey bestätigen. Er schließt den Bericht mit der Feststellung: »Eine spezielle Botschaft, durch die die Nachrichtensendung deutlich verändert worden wäre, hätten wir bemerkt.« Sir Hugh Greene, der im Herbst 1940 Redakteur für die deutschen Nachrichten wurde, erinnert sich, daß solche Botschaften erst später gesendet wurden. Ab Herbst 1941 war Paul Rosbaud oft Empfänger solcher Botschaften.

Winterbotham hat dazu gesagt: »Daß die BBC eingeschaltet worden wäre, ist mir nicht bekannt. Den Umschlag [der den Oslo-Report enthielt] händigte mir Menzies aus ... Er bat mich, ihm zu sagen, was ich davon hielt. Ich gab den Umschlag an Jones weiter –

von einer Sendung der BBC war nicht die Rede. Später teilte ich Menzies mit, daß der Report echt schien.«

Jones war fasziniert, als er die Übersetzung durchlas. Vor seinen Augen lag eine Auflistung neuer Waffen im Besitz der Deutschen und neuartiger Verwendungsformen von Waffen. »Der Verfasser des Berichts hatte offensichtlich eine gute wissenschaftliche und technische Ausbildung. Der Bericht unterschied sich beträchtlich von allem, was ich im Nachrichtendienst bis dahin gesehen hatte«, schrieb Jones später.

Seltsamerweise begann das Dokument mit einer Behauptung, die fast verrückt klang: Die Deutschen würden pro Monat fünftausend Bomber vom Typ Junkers-88 produzieren und wollten die Produktionsrate bis April 1940 auf fünfundzwanzig- bis dreißigtausend steigern. Auch wenn man kein Experte war, hätte man das als Übertreibung erkannt. Tatsächlich brauchten die Deutschen noch weitere drei Jahre und fünf Monate, um die Produktionsrate von fünftausend Ju 88 zu erreichen. Entweder versuchte der Autor des Berichts, den Briten Angst einzujagen, oder er wußte sehr wenig von den wirklichen Verhältnissen im Produktionsbereich. Der Report enthüllte den Briten jedoch, daß die Ju 88 »den Vorteil hat, daß sie auch als Sturzkampfbomber verwendet werden kann«.

Im folgenden wurden eine Reihe fast ebenso schrecklicher Waffen aufgeführt, die im Bereich des Denkbaren lagen:

– Ein ferngesteuerter, raketengetriebener Gleitflugkörper, der von einem Flugzeug aus auf feindliche Schiffe abgeschossen werden konnte. (In einem späteren Abschnitt des Krieges sollte dieser FZ-21, der hinterher in HS-293 umbenannt wurde, schwere Schäden in der britischen Flotte verursachen.)
– Weitere Raketengeschosse (Kaliber 80 cm, noch nicht ausgereift).
– Eine Versuchsstation in Peenemünde, »an der Mündung der Peene in der Nähe von Wolgast bei Greifswald«, wo an diesen Raketen gearbeitet wurde. Hier war zum ersten Mal in einem Bericht für den Geheimdienst von Peenemünde die Rede.
– Das unbemannte Flugzeug FZ-10.
– Ein neuer Torpedo, der sein Ziel akustisch ansteuerte; ein

neuer Magnetzünder für einen anderen Torpedo-Typ und entsprechende Abwehrmaßnahmen.
– Eine wirkungsvolle Infanterietaktik, in der Rauchschleier und Flammenwerfer gegen Bunker eingesetzt wurden.
– Zwei verschiedene Radarsysteme.

Und das war noch nicht alles. Wie jeder praktisch veranlagte Mensch es getan hätte, brachte Jones das Glasröhrchen ins Forschungslabor der Admiralität. Er erfuhr, daß es der Beschreibung des Textes genau entsprach – ein elektronischer Auslöser, der in Flugabwehrgranaten einen Annäherungszünder aktivierte. Das genügte, um Jones zumindest teilweise von der Glaubwürdigkeit des unbekannten Autors zu überzeugen.
Den britischen Streitkräften jedoch genügte es nicht. Von allen drei Truppengattungen wurde der Bericht als Fälschung zurückgewiesen. Ein höherer Offizier bei der Admiralität deutete an, Jones sei naiv, wenn er ihm irgendwelche Bedeutung beimesse. Der Offizier hatte zwei gute Gründe für seine Skepsis. Erstens, so sagte er, sei es unwahrscheinlich, daß ein einzelner Mann in Deutschland so viel über die Entwicklungen auf so vielen verschiedenen Gebieten wissen könne. Zweitens – als Antwort auf Jones' Hinweis, daß die Aussagen zumindest teilweise nachweisbar richtig seien – versuche man immer, den Feind hereinzulegen, indem man die Lüge mit einem Körnchen Wahrheit würze, und eben dies hätten die Deutschen getan. Kein Vertreter der Waffengattungen machte sich die Mühe, sein Exemplar der Übersetzung aufzubewahren.
Andere Argumente gegen die Authentizität des Dokuments waren weniger überzeugend. Einige meinten, stilistisch sei die Niederschrift zu gut, als daß sie von einem Wissenschaftler stammen könnte. Es ist jedoch nicht bekannt, daß das Dokument von jemandem gelesen wurde, der über das technische Fachwissen verfügte und gleichzeitig gut Deutsch konnte. Und auch damals gab es gut geschriebene wissenschaftliche Literatur. Andere vertraten dogmatisch die Ansicht, daß der Report ein Machwerk der Propaganda sei, mit dem die Briten eingeschüchtert werden sollten.
Einige Monate später, wahrscheinlich in der zweiten Hälfte des

Jahres 1940, wurde der Bericht in die Sektion V des SIS geschickt. Diese Abteilung hatte unter anderem die Aufgabe, die Echtheit von Dokumenten zu überprüfen. Der oberste Experte der Sektion V für die »Abwehr«, die deutsche militärische Spionageorganisation, und für norwegische Angelegenheiten war Frank Foley. Die Sektion V klassifizierte den Bericht nicht als Betrug. Wahrscheinlich wußte Foley, noch bevor er ihn prüfte, daß er echt war. Jones schrieb später: »Als der Krieg weiterging und eine Erfindung nach der anderen tatsächlich eingesetzt wurde, wurde offensichtlich, daß der Bericht in großen Teilen stimmte. Wenn es mir, was selten genug vorkam, während des Krieges langweilig wurde, schlug ich immer im Oslo-Report nach, was es als nächstes geben würde.« Eben das war das Tragische an der Geschichte. Jones mochte den Bericht zum Spaß als Vorhersage über die nächsten Gemeinheiten der Deutschen benützen, aber die Streitkräfte versäumten es, die Konsequenzen daraus zu ziehen. Jones selbst war über Hitlers »Geheimwaffenrede« zum SIS gekommen. Den Oslo-Report, in dem immer wieder von Geheimwaffen die Rede war, bekam er mehrere Tage, bevor er seinen eigenen Bericht einreichte, in die Hand. Trotzdem, schreibt er im Rückblick, »gab ich meinen Bericht über die Geheimwaffen am 11. November ab, und es stand nicht viel über den Oslo-Report darin – genaugenommen gar nichts«. Nur selten erfolgte eine Instruktion der Geheimagenten auf der Basis des Reports. So sollte es lange dauern und einige bittere Verluste kosten, bis die Briten den Teil des Berichts ernst nahmen, der sich auf Peenemünde und die dort getesteten Raketen bezog.

Kapitel 14

Wer war der Verfasser?

In der gesamten Geschichte der Spionage gibt es nur wenige Dokumente, die so bekannt sind wie der Oslo-Report. Der amtliche Chronist des SIS, Professor F.H. Hinsley, stellt fest, daß der »Oslo-Report zum erstenmal den Schleier des Geheimnisses lüftete, der über Deutschlands wichtigsten wissenschaftlichen und technologischen Errungenschaften lag«. Es ist daher erstaunlich, daß niemand im britischen Geheimdienst herauszufinden versuchte, wer der Autor des Reports war. Daß keine solchen Nachforschungen angestellt wurden, wird von allen bestätigt, die etwas mit dem Report zu tun hatten und heute noch leben. Allem Anschein nach haben nur Frank Foley und nach ihm noch einer den Verfasser gekannt. Beide behielten ihr Wissen für sich.

Nach dem Krieg wurde die Frage aufgrund des neuen historischen Interesses wieder aufgerollt. R.V. Jones war natürlich besonders interessiert. Er versuchte, den Autor aus seinem Versteck zu locken, indem er am 19. Februar 1947 die Existenz des Oslo-Reports in einem Vortrag vor der Royal United Service Institution in London bekanntmachte. Die Wirkung blieb jedoch aus: Anstatt sich zu bekennen, hielt der Autor sich weiterhin bedeckt.

Jones gab nicht auf. Als er an seinem Buch *The Wizard War: British Scientific Intelligence, 1939 – 1945* (Die britische Wissenschaftsspionage von 1939 bis 1945) schrieb, sagte er, er glaube den Namen des Autors zu kennen, und fügte hinzu: »Aber seine Identität wurde mir auf so außergewöhnliche Weise enthüllt, daß es vielleicht niemand glauben wird.«

Das ist selbst schon eine außergewöhnliche Aussage. Unüblich daran ist weniger, daß der Autor oder die Autorin immer noch geschützt werden mußte, sondern daß die Art seiner oder ihrer Enthüllung gegenüber Jones verheimlicht werden mußte.

Jones war nicht der einzige, der suchte. Eine ganze Anzahl meist unrealistischer Versuche wurden unternommen, die flüchtige Gestalt auszumachen, die Ende 1939 das Päckchen in die Gesandtschaft nach Oslo geschickt hatte. Walter Laqueur, ein bekannter britischer Historiker und während des Krieges Angehöriger von Kreisen des britischen Geheimdiensts, schrieb vor kurzem: »Der Autor des Reports lebt noch. Sein Name ist bekannt, aber ich kenne ihn nicht.« Als weiteres Beispiel für die abenteuerlichen Theorien, die in diesem Zusammenhang aufgestellt wurden, sei die Theorie eines dänischen Journalisten wiedergegeben.

Die Monaco-Bar im Quartier Latin ist ein kleiner Ort ohne besondere Eigenschaften. Keiner würde vermuten, daß hier Geheimnissen des Zweiten Weltkriegs nachgeforscht wurde. In ihr verkehren Fremdenlegionäre, die sich freilich erst abends treffen, so daß es am Vormittag relativ ruhig ist. Nur der Verkehrslärm vom nahegelegenen Carrefour de l'Odéon übertönt zeitweise jede Unterhaltung. In dieser Bar erzählte der dänische Journalist dem Autor und Physiker, der ihm gegenübersaß, daß er sich seit über einem Jahrzehnt mit dem Oslo-Report beschäftige. Seine Vermutungen konzentrierten sich inzwischen auf Dr. Hans Kummerow. Kummerow stand in lockerer Verbindung mit dem berühmten sowjetischen Spionagering Rote Kapelle. Vom Hitler-Stalin-Pakt im August 1939 könnte er so enttäuscht gewesen sein, daß er den Briten Informationen zukommen ließ. Der Physiker hörte ihm aufmerksam zu und fand dann, daß die Theorie zumindest teilweise logisch sei.

Sie war ihm jedoch nicht neu. In den späten sechziger Jahren wurde in Dutzenden von Artikeln osteuropäischer Zeitungen, Zeitschriften und Büchern versucht, die Mitglieder der Roten Kapelle, zu denen Kummerow gehört hatte und die von der Gestapo ermordet worden waren, zu Halbgöttern zu erheben. Die Geschichte Kummerows, die dabei immer deutlicher zutage trat, enthielt offensichtlich einige Irrtümer. Kummerow war über Stavanger an der Westküste Norwegens nach Oslo gereist. Das ist eine ungewöhnliche Reiseroute, es sei denn, man käme aus England – und es ist unwahrscheinlich, daß sich Kummerow nach der Kriegserklärung dort befand. In Stavanger soll er ein Mitglied des Movement to Free Germany (Bewegung zur Befreiung Deutschlands) angerufen und ihm mitgeteilt haben, er sei auf dem Weg in die Hauptstadt.

Im weiteren Verlauf der Geschichte von Kummerows Aufenthalt in Norwegen kommt der Spion eines regnerischen Morgens zur britischen Gesandtschaft im Drammensveien 79. Ihm fällt nicht auf, daß die deutsche Gesandtschaft auf der anderen Straßenseite liegt, und er liest überrascht, daß das britische Amt erst um zehn Uhr öffnet. Der Spion trägt einen gelben Umschlag bei sich, aber er behält ihn lieber, anstatt ihn in den Briefschlitz zu stecken – denn genau in diesem Augenblick bemerkt er, wie eine graue Limousine die Straße entlang kommt. Der Wagen hat Nummernschilder aus Trondheim, und in ihm sitzt ein Gestapomann, der dem Spion zufällig unter dem Namen Reinhard bekannt ist. Kummerow steigt in eine Straßenbahn und flieht zum Haus eines Freundes in dem wohlhabenden Vorort Bygdøy.

Am selben Abend erscheint eine Frau in Abendkleid und Pelzmantel – zweifellos eine Verkleidung, mit der die Gestapo irregeführt werden sollte – vor der britischen Gesandtschaft und steckt den gelben Umschlag in den Briefschlitz. Ihr Chauffeur bleibt korrekt neben der Limousine stehen, öffnet der schönen Dame den Verschlag, als sie zurückkommt, setzt sich wieder hinters Steuer und fährt fort. Eine Sekretärin der Gesandtschaft findet am nächsten Tag den Umschlag. Der Rest ist bekannt.

Es gibt noch zahlreiche andere phantasievolle Geschichten über den Oslo-Report, manche davon werden von bekannten Historikern des Geheimdienstes verbreitet. Die abwegigste jedoch erzählt Anthony Cave Brown in seinem 1975 erschienenen Buch *Bodyguard of Lies* (Leibwächter der Lügen). Brown beschreibt den Wachposten der britischen Gesandtschaft, der an diesem schicksalschweren 4. November 1939 im Schneesturm seine Runde dreht. Auf dem Steinsims neben der Pförtnerloge findet er ein halb zugewehtes Päckchen. Es ist »etwa sieben Zentimeter dick und hat die Größe und Form mehrerer übereinandergelegter Schreibblocks in Normgröße«. Das Päckchen ist an den britischen Marineattaché adressiert. Brown vermutet, daß es wochenlang unter dem Schnee verborgen geblieben wäre, wenn der Posten es nicht zufällig entdeckt hätte.

Merkwürdig ist, daß die britische Gesandtschaft an diesem Tag einen eigenen Schneesturm erlebte, denn aus den Aufzeichnungen des Königlich Norwegischen Wetteramtes geht hervor, daß in

diesem Winter der erste Schneesturm erst zwanzig Tage später stattfand, am 24. November.
Anthony Cave Brown ist vielleicht auch die Quelle einer anderen Legende. Als der Marineattaché das Päckchen öffnete, so schreibt er, »fand er eine Notiz, die mit ›ein wohlmeinender deutscher Wissenschaftler‹ unterzeichnet war«. Der Autor des Reports war zwar möglicherweise ein Wissenschaftler, der es gut meinte. Aber keiner von denen, die als erste mit dem Oslo-Report in Berührung kamen, einschließlich R.V. Jones, hat je eine solche Notiz erwähnt.
Professor Jones, seit kurzem Emeritus der Universität Aberdeen, war vier Jahrzehnte lang die führende Autorität, was den Oslo-Report betrifft. Seine Meinung über die Frage der Autorschaft hat daher Gewicht. Unbestreitbar war Jones ein Pionier der Analyse technischer Geheimdaten, und der Autor des Oslo-Reports war der »Vater« der technischen Spionage. Schon zu Beginn meiner Recherchen zu vorliegendem Buch fand ich Indizien, die nahelegen, auch Paul Rosbaud zu den Kandidaten für die Autorschaft zu rechnen. Jones' Kommentar zu meiner Theorie war: »Ihre Vermutung ist sehr interessant, es wird aber wahrscheinlich noch einige Zeit dauern, bis ich dazu etwas sagen kann.« Vor kurzem jedoch wies er im Gespräch die Möglichkeit, daß Rosbaud der Autor des Oslo-Reports sein könnte, entschieden zurück.

Kapitel 15

Die Lösung

Bei allem Respekt vor R.V. Jones gab es doch Leute, die während des Krieges öfter als er mit dem Original des Oslo-Reports zu tun hatten. Wieder andere kamen nach dem Krieg aus beruflichen Gründen mit dem Report in Berührung.

Der Bedeutendste unter letzteren ist Sir Harry Hinsley, heute Rektor des St. John's College in Cambridge. Im Krieg war er Mitglied der Abfanggruppe für Ultrasignale. Er ist der Autor des Buches *British Intelligence in the Second World War* (Der britische Geheimdienst im Zweiten Weltkrieg). In dieser offiziellen Geschichte des SIS ist der englische Text des Oslo-Reports im vollen Wortlaut (jedoch ohne Zeichnungen) als Anhang 5 zum ersten Band abgedruckt. Vor ungefähr einem Jahrzehnt war Professor Hinsley auf eine Abschrift des Berichts in Deutsch gestoßen, in der allerdings die Zeichnungen fehlten. Er ließ eine neue Übersetzung anfertigen, und es stellte sich heraus, daß sie viel besser als die Version von 1939 war, die Jones benutzt hatte. Vor kurzem fand Hinsley ein weiteres deutsches Exemplar, das anscheinend noch älter ist als sein erster Fund. Vielleicht handelt es sich dabei sogar um das Original des Berichts, denn das Exemplar enthielt Zeichnungen. Als der Professor um die Freigabe seiner Entdeckung bat, ließ die britische Regierung das Dokument jedoch in einem Safe des Verteidigungsministeriums verschwinden.

Zwar steht der Bericht nicht gerade auf einer Stufe mit den Kronjuwelen, aber er ist immerhin ein siebenundvierzig Jahre alter Schatz, der einen festen Platz in der Geschichte hat. Er verdiente es, im Britischen Museum ausgestellt zu werden. Man kann sich nur einen Grund dafür vorstellen, daß er nicht dort ist: Das Dokument enthält Hinweise auf seinen Autor, und vielleicht war dieser schon seit Jahrzehnten tote Autor im Besitz gewisser Geheimnisse, die nicht mit ihm begraben wurden.

F.W.Winterbotham hat den Bericht 1939 natürlich gelesen, bevor er ihn an Jones weitergab. Winterbotham erinnert sich nur an »ein Dokument mit einer kleinen Ampulle ... einen maschinengeschriebenen Bericht mit handgezeichneten Skizzen, z.B. von der Akustikmine usw.«. Aber weder er noch Jones haben das deutsche Original gesehen.
Merkwürdig ist außerdem die Tatsache, daß Jones, als er über Atomspionage schrieb, festhielt: »Übrigens verdankten wir unser Wissen zum großen Teil Paul Rosbaud.« Charles Frank (heute Sir Charles), Jones' Assistent beim SIS und vor dem Krieg in Berlin ein guter Bekannter Rosbauds, sagt, weder er noch Jones hätten während des Krieges von Rosbaud als einem Informanten gehört. Hier sollte man differenziert unterscheiden. Vielleicht trugen, wissentlich oder unwissentlich, mehrere Personen zu dem Bericht bei, und vielleicht hatte er sogar eigentlich mehrere Autoren. Jedoch stand für alle, die den Bericht analysiert hatten, fest, daß nur ein einziger Mann den Text zusammengestellt und geschrieben haben konnte. Es ist möglich, daß der Autor nicht die Person war, die das Dokument nach Oslo brachte – oder gar der Mann, der es bei der britischen Gesandtschaft abgab.
Nach so langer Zeit findet man nur noch wenige Zeugen. Nach weiteren Belegen und Beweisen muß man in Norwegen suchen. 1939 hatte Norwegen noch keinen eigenen Geheimdienst, deshalb kann es auch keine Aufzeichnungen im Zusammenhang mit dem Report geben. Nachdem aber der Oslo-Report 1947 bekanntgeworden war, wurden natürlich einige norwegische Beamte und frühere Mitglieder des Widerstands neugierig auf seinen Autor. Ein ehemaliger Widerständler führte ohne viel Aufsehens Befragungen bei dem Personal durch, das zu Beginn des Kriegs in der britischen Gesandtschaft Dienst getan hatte. Er fragte, ob sich jemand an einen besonderen Besuch im November 1939 erinnerte. Das einzige erinnernswerte Ereignis in dieser Zeit war dem Ergebnis der Befragung zufolge, daß ein Albino ein Päckchen abgegeben hatte. Als ich diese Geschichte neulich einem älteren norwegischen Geheimdienstbeamten erzählte, der heute noch im Amt ist, gab er zur Antwort: »Odd Hassel ist Ihr Mann.« Aber mehr wollte er nicht sagen.
General Leif Rolstad war während der deutschen Invasion Norwe-

gens im April 1940 Verbindungsoffizier der norwegischen Armee. Damals lernte er Frank Foley und seine Geheimschriftexpertin Margaret Reid kennen. Er begleitete sie zurück nach England und war seitdem gut mit ihnen befreundet. General Rolstad hatte Zugang zu Margaret Reids persönlichen Papieren. Er schreibt:

> Der »Oslo-Report« vom November 1939 (ich kenne ihn unter dem Namen »Oslo-Papiere«) war meiner Meinung nach für Mr. Foley bestimmt. Er wurde aus Versehen dem einzigen Attaché der britischen Streitkräfte ausgehändigt, der zur Stelle war. Konteradmiral Boyes wußte vermutlich nicht, was er zu bedeuten hatte, und informierte Foley daher auch nicht. Es dauerte sehr lange, bis die Papiere über die britische Admiralität ihren richtigen Empfänger erreichten.

In einem späteren Brief schreibt General Rolstad: »Ich gewann den *Eindruck*, daß Foley auf etwas wartete – wahrscheinlich auf dieses Material. Margaret Reid spielte womöglich darauf an, als sie schrieb: ›Wir mußten acht Monate lang weitermachen, obwohl nur wenig unsere Anwesenheit [in Oslo] rechtfertigte.‹« Oslo war ein seltsamer Standort für den Deutschlandexperten des SIS. Foley wäre in London von sehr viel größerem Nutzen gewesen. Statt dessen wurde er auf eine Stelle geschickt, die bereits mit zwei gleichrangigen Männern besetzt war: Commander J.B.Newill und Major Leslie H. Mitchell waren erfahrene Skandinavienkenner. Wörtlich meinte Margaret Reid:

> Frank hätte die Geschichte gern der ganzen Welt erzählt. Wie viele kleine Menschen litt er an einem Minderwertigkeitskomplex in bezug auf sich und seine Arbeit. Er war in Norwegen nicht immer willkommen. [Aus Deutschland kommend] fanden wir dort die Situation vor, daß bereits ein Offizier die Leitung hatte, nämlich Commander Newill. Wir mußten acht Monate lang weiterwursteln, obwohl nur wenig unsere Anwesenheit rechtfertigte.

Die Geschichte, die Foley nach Margaret Reid so gern der ganzen Welt erzählt hätte, handelt von Foleys Rückzug mit den norwegi-

schen Streitkräften nach der deutschen Invasion. General Rolstad ist jedoch der Ansicht, daß zu ihr auch das »Wenige« gehört, das »unsere Anwesenheit rechtfertigte«, nämlich der Oslo-Report.
In amtlichen und halbamtlichen Kreisen in Norwegen ist man also der Meinung, daß sowohl Odd Hassel als auch Frank Foley mit dem Oslo-Report zu tun hatten. Beide Männer sind seit langem tot. Verschwiegen wie sie waren, haben sie nie über den Report gesprochen.
Erinnerte sich einer der betroffenen Beamten des britischen Geheimdienstes an weitere Begleitumstände des Reports? Diese Frage stellte ich R.V. Jones, Sir Charles Frank und F.W. Winterbotham. Obwohl Odd Hassel den Nobelpreis erhalten hat, ist sein Name heute den meisten Naturwissenschaftlern unbekannt. Es stellte sich heraus, daß auch Jones und Frank, die beide Wissenschaftler sind, ihn nicht kannten. Foley hatten sie jedoch während des Krieges kennengelernt. Winterbotham, der nicht Naturwissenschaftler ist, erinnert sich daran, daß Hassels Namen in Zusammenhang mit dem Oslo-Report gefallen ist. Das muß zu Beginn des Krieges gewesen sein, denn nach der Invasion Norwegens beschäftigte sich Winterbotham hauptsächlich mit Ultra-Arbeit, dem Abfangen und Entschlüsseln des deutschen Funkverkehrs.
Bei seiner Rückkehr in die Gesandtschaft im November 1939 fragte Foley gewiß nach dem Päckchen, das er erwartete. Als er hörte, es sei abgegeben worden, war er sicherlich neugierig, wer es gebracht hatte. Auch wenn er den Boten nach Freese-Pennefathers Beschreibung nicht erkannte, hätte er ihn sicher leicht identifizieren können, indem er in Oslo herumfragte. Vielleicht hätte er ihn sogar erkannt, indem er beobachtete, wer die Norwegische Akademie der Wissenschaften gegenüber betrat.
Im November 1939 berichteten die Osloer Zeitungen von der Eröffnung einer deutschen Buchausstellung im KNA-Hotel. Die Eröffnung sollte am Abend des siebenundzwanzigsten stattfinden, und bestimmt hatten die führenden deutschen Verlage, darunter auch der Springer-Verlag, schon während der Vorbereitungszeit Vertreter geschickt, die die Präsentation ihrer Publikationen überwachten. Die Ausstellung wurde von der Kulturabteilung der deutschen Gesandtschaft in Oslo in Zusammenarbeit mit Dr. Ulrich Noack finanziert.

Noack, ein Mann geschliffener Umgangsformen, war Historiker und arbeitete an einem Buch über Norwegen und nordische Geschichte. Dieses Thema lag dem Reichsführer der SS Heinrich Himmler am Herzen. Das Unternehmen wurde auch von Noacks Vorgesetztem in Berlin, Dr. Joseph Goebbels, freundlich gefördert, der von der Einheit der nordischen und arischen Rassen träumte. Zu Noacks Freunden in Oslo zählte Vidkun Quisling. Er und Noack waren der Meinung, trotz des Hitler-Stalin-Pakts sei Rußland der wahre Feind. Ein weiterer Freund Noacks war Dr. Gulbrand Lunde, Quislings Vordenker. Lunde sollte in der Regierung Quisling nach der Invasion Norwegens das Gegenstück zu Goebbels werden. Weder die Deutschen noch die Norweger vertrauten Noack vollständig. Er hatte eine norwegische Frau und war Jahre zuvor als »Flüchtling« nach Norwegen gekommen. Nach dem Anschluß Österreichs hatte er jedoch Verbindung mit der deutschen Gesandtschaft aufgenommen. Weil er begonnen hatte, gegen Quisling zu opponieren, wurde er nach der Invasion nach Deutschland zurückgerufen. Über Ulrich Noack ist noch lange nicht alles bekannt.

Lunde war ein renommierter Wissenschaftler. Zu Beginn seiner Laufbahn stand er mit dem Geophysiker Tom Barth in Verbindung, mit dem er einige Artikel gemeinsam schrieb. Einige Jahre später freundeten sich Lunde und Victor Goldschmidt an und wurden Forschungskollegen. Lunde war einer der Autoren der *Metallwirtschaft* und hatte 1929 mit Rosbaud zusammen eine Arbeit über kristalline Strukturen geschrieben, die später auch veröffentlicht wurde.

Die Goldschmidts wohnten mit diversen Tieren und Frøken Brendigen als Haushälterin in einem Doppelhaus am Holmenkollen, dessen andere Hälfte von den Barths bewohnt wurde. Als Ulrich Noack im Sommer 1939 seine diplomatische Stellung antrat, machte er sich sofort beim Lehrkörper der Universität beliebt. Barth und er hatten nicht nur in Lunde einen gemeinsamen Freund, Barth fand auch den Deutschen selbst recht nett.

Als Barth für ein paar Monate nach Washington eingeladen wurde, schlug er vor, Noack solle in seiner Hälfte des Hauses wohnen, solange er fort sei. Mit dieser Einladung zeigte er allerdings wenig Taktgefühl. V.M. war wütend, als er hörte, daß ein deutscher Beamter neben ihm einziehen sollte. Als sich die Wogen ein wenig geglättet hatten, einigten sich die beiden Männer: Goldschmidt würde Barths Miete während dessen Abwesenheit zahlen und Noack woanders eine Unterkunft finden.

So kam es, daß V.M. Paul Rosbaud in Barths Wohnung unterbringen konnte, als Rosbaud sich von Ende August bis Mitte September 1939 in Oslo aufhielt. Aller Wahrscheinlichkeit nach – dies ist eine Vermutung – hat Rosbaud während seines Aufenthalts in Oslo bei der deutschen Gesandtschaft vorgesprochen. Weil er ein Verlagsvertreter war, ist sein Kontaktmann wohl Dr.Noack gewesen. Vielleicht war es überhaupt Rosbaud, der die Buchausstellung anregte. Er könnte etwa gesagt haben, daß so etwas zur Festigung der norwegisch-deutschen Kulturbeziehungen beitrage. Und das könnte genau die Idee gewesen sein, nach der Noack suchte.

Eines der Bücher, die später im KNA-Hotel ausgestellt wurden, war ein Vorausexemplar von *Vitamine in frischen und konservierten Nahrungsmitteln*. Der Autor des Werks war Gulbrand Lunde, und sein Vorwort schließt mit den Worten: »Dieses Buch erscheint in einer für die Völker Europas sehr schweren Zeit.« Das Buch war im Springer-Verlag in Berlin erschienen und von Paul Rosbaud redaktionell betreut worden.

Man stelle sich folgendes Problem vor: Ein Spion hält es für notwendig, Material ins Ausland zu schmuggeln – ein gebundenes Buch, ein paar Manuskriptblätter und eine kleine Ampulle. Es herrscht jedoch Kriegszustand, und die Geheimpolizei ist mißtrauischer denn je, was das Gepäck von Auslandsreisenden und für das Ausland bestimmte Päckchen angeht. Außerdem weiß der Spion, daß die Gefahr besteht, die Adressaten im Ausland könnten vom Geheimdienst seines Landes überwacht werden. Das Material muß durch dieses unsichtbare Überwachungsnetz hindurch – aber wie?

Nehmen wir weiter an, der Spion arbeitet im Verlagsgeschäft. Gibt es dann etwas Wirkungsvolleres, als beim Propagandaministerium selbst die Finanzierung einer großen Büchersendung für eine Ausstellung in dem betreffenden Land anzuregen? Die Geheimpolizei wird die Sendung nicht untersuchen. Die Botschaft des Landes wird keinen Grund zum Argwohn haben. Und der

Verlagsvertreter wird selbst dabeisein, wenn die Bücher seines Verlags ausgepackt werden.
Die Ausstellung war kein Erfolg. Der deutsche Botschafter Kurt Bräuer war bei der Eröffnung anwesend, desgleichen eine Anzahl Norweger, angeführt von Vidkun Quisling. Es wurden Toasts auf den Erhalt der Freundschaft zwischen den beiden Nationen ausgebracht, und man bewunderte die deutschen Ausstellungsstücke. Aber am nächsten Morgen verkündeten die Russen einen neuen Nichtangriffspakt mit Finnland. Die Sowjets drängten nach Skandinavien, und die Aufteilung Polens zwischen Nazis und Sowjets war allen noch frisch im Gedächtnis. Die freundlichen Gefühle für das Dritte Reich waren bis zum Abend beträchtlich abgekühlt.
Es fehlt noch der Nachweis, daß Paul Rosbaud tatsächlich an dem fraglichen 4. November oder kurz davor in Oslo gewesen ist. Er selbst hat die Möglichkeit anscheinend viele Jahre später mit seiner Bemerkung ausgeschlossen, sein erster Kontakt zu Goldschmidt und Hassel während des Krieges habe im Dezember 1939 stattgefunden. Aber Rosbaud war mit Datierungen immer ungenau und könnte sich im Monat geirrt haben.
Daß ihm ein solcher Fehler unterlaufen ist, liegt angesichts der Umstände nahe. Rosbaud war erwiesenermaßen vom 26. August bis zum 16. September in Oslo. Das fertige Exemplar von Becks *Magnesium und seine Legierungen* war erst ab Mitte Oktober erhältlich. Bei der Metallgesellschaft AG in Frankfurt, Rosbauds alter Arbeitsstelle und inzwischen Vertragslieferantin der Luftwaffe, wird das Belegexemplar am 23. Oktober in den Büchern verzeichnet. Jahre später, 1961, bekam Rosbaud die Tate-Medaille des American Institute of Physics (Amerikanisches Institut für Physik) verliehen. Damals legte er ein der Gelegenheit angemessenes kleines Geständnis ab. Er sei es gewesen, sagte Rosbaud, der Becks Buch nach Oslo gebracht habe.
Lise Meitners Korrespondenz mit Hilde Rosbaud enthält einen deutlichen Hinweis auf Rosbauds Aufenthaltsort im November 1939. Lise Meitner deutet an, daß Rosbaud sie in der ersten Woche des Monats in Stockholm besucht habe. Von dort nach Oslo sei es – noch dazu unter einem halbamtlichen Vorwand – eine einfache Reise gewesen.

Am 7. September schreibt Hilde an Lise: »Mein Mann ist gerade bei V.M. in Oslo.« In ihrem nächsten Brief vom 11. Oktober schreibt sie: »Er [Paul] will V.M. so bald wie möglich wieder treffen.« Hilde wußte also, daß Paul in diesem Herbst eine zweite Reise nach Oslo plante. Voller Zweifel fügt sie allerdings hinzu: »Ich glaube nicht, daß es möglich ist.« Sie hatte die Hoffnung allerdings nicht aufgegeben, wie aus ihrer Bitte hervorgeht: »Wenn Du Paul siehst, gib ihm bitte diesen Brief.« Der Brief, von dem die Rede ist, war offensichtlich dem Schreiben an Lise beigegeben.

Im Dezember schreibt Hilde an Lise: »Wenn ich nur wüßte, ob Paul in der nächsten Zeit V.M. trifft. Vielleicht könntest Du Paul fragen, wenn Du ihn das nächste Mal siehst.« Am deutlichsten spricht jedoch ein Brief Pauls an Lise, der auf dem Umschlag keinen Absender angibt. Rosbaud setzte seine Adresse fast immer auf den Briefkopf, damit seine Freunde wußten, wo er sich aufhielt. Am 3. November 1939 jedenfalls schickte Paul von seinem unbekannten Aufenthaltsort aus Geburtstagsgrüße und »ein informatives Buch« an Lise. Welches Geschenk wäre naheliegender gewesen, wo er doch einen so großen Vorrat an Büchern für die Ausstellung nach Oslo geschafft hatte?

Hilde schreibt am 8. Januar 1940 an Lise: »Ich weiß, daß Du Paul von Zeit zu Zeit siehst. Ich mache mir schreckliche Sorgen um ihn.« Es ist also einigermaßen sicher, daß Lise Meitner Paul Rosbaud zwischen der Oktobermitte und dem Ersten des Jahres getroffen hat – wahrscheinlich, als er nach Oslo reiste oder von Oslo kam.

Nach dem Krieg betonte Rosbaud außerdem, er habe ungefähr zu dieser Zeit seine norwegischen Freunde von der geplanten Invasion der Deutschen unterrichtet. Er kann die Warnung nicht vor dem 10. Oktober überbracht haben, denn erst an diesem Tag unterbreitete der Oberbefehlshaber der Kriegsmarine, Admiral Erich Raeder, Adolf Hitler und ein paar hohen Offizieren seinen Plan für die Invasion Norwegens.

Anscheinend war Rosbaud zur richtigen Zeit am richtigen Ort, und es ist mehr als plausibel, daß der geheimnisvolle Bote, der den Report bei der britischen Gesandtschaft abgab, Odd Hassel war. Aber eine Bestätigung dieser These aus norwegischen Quellen ist wichtig. Fast alle noch lebenden Norweger, die mit Rosbauds Tätigkeit während des Krieges in Zusammenhang standen, haben ihr exaktes Gedächtnis bereits unter Beweis gestellt. Ihre Erinnerungen sind immer wieder überprüft worden, indem man sie mit anderen Quellen und Dokumenten verglich. Am genauesten erinnern sich diejenigen, die heute noch aktiv im Berufsleben stehen. Professor Brynulf Ottar ist heute Direktor des Norwegischen Instituts für Luftfahrtforschung in Lillestrom. Während des Krieges gehörte er zu den drei Leuten, die die Spionageorganisation der Widerstandsbewegung aufbauten, die XU, über die Rosbaud viele seiner Informationen nach Großbritannien schickte. Im Herbst 1939 war Ottar Student bei Hassel. Seine Überlegungen zum Oslo-Report lauten:

> Eines Tages erzählte Hassel mir, ein Professor Rosbaud sei zu ihm zu Besuch gekommen. Dieser Rosbaud arbeitete beim Springer-Verlag, und mein Eindruck war, daß Hassel ihn aus der Zeit kannte, als er vor dem Krieg mit einem Rockefeller-Stipendium in Deutschland studiert hatte ... Professor Rosbaud erzählte ihm, daß Deutschland Norwegen angreifen wolle, und drängte Hassel, die norwegischen Behörden zu warnen. Außerdem bat er Hassel, ein Buch und wissenschaftliche Papiere bei der englischen Botschaft [sic] abzugeben.
> Ich hatte den Eindruck, daß es sich nicht um besondere Dokumente handelte, sondern Rosbaud einfach nicht gesehen werden wollte, wenn er die englische Botschaft betrat. Ich denke, keiner von uns glaubte so richtig an den [deutschen] Angriffsplan, aber Hassel gab die Papiere ab und benachrichtigte das Außenministerium. Er sagte, er sei aus vermutlich glaubwürdiger Quelle informiert worden, daß Deutschland eine Invasion Norwegens plane.
> Wir sprachen nicht viel darüber. Als jedoch 1940 die Deutschen landeten, kam das Thema wieder auf. Unsere Aufmerksamkeit galt vor allem der Tatsache, daß die norwegischen Behörden vor einem halben Jahr Hassels Warnungen nicht ernst genommen hatten. Auf dieser Grundlage glaube ich, daß Rosbauds Besuch in Oslo irgendwann im Oktober oder November 1939 stattgefunden haben muß.

Professor Ottar aber konnte Rosbauds Oslo-Aufenthalt genauer datieren: »Ich kannte Hassel im August und September 1939 noch nicht gut. Der Besuch, den Hassel mir gegenüber erwähnte, muß im November stattgefunden haben... Ich erinnere mich auch, daß damals eine Buchausstellung stattfand.«
Auch wenn damit eindeutig erwiesen schien, daß Odd Hassel im November 1939 im Auftrag Paul Rosbauds ein Päckchen abgegeben hatte, mußte der Inhalt des Päckchens noch schlüssiger nachgewiesen werden. Deshalb schickte ich Professor Ottar 1985 den vollen Text des Oslo-Reports zu. Ottar hatte von 1947 bis 1969 in der norwegischen Forschungsstelle für Verteidigung gearbeitet und konnte den Bericht richtig einschätzen. Er schrieb mir noch einmal:

> Die Dinge fügen sich nun zu einem Bild zusammen, und es scheint mir eindeutig, daß Hassel das Buch, den Oslo-Report und die »Radioröhre«, die er bei der britischen Botschaft [sic] abgab, von Rosbaud bekommen hat. Wie gesagt, Hassel erzählte mir, er habe ein Buch über Leichtmetallegierungen und ein paar Papiere abgegeben. Als Sie eine Radioröhre erwähnten, glaubte ich mich auch daran zu erinnern. Damals hatte ich den Eindruck, daß es Hassel etwas ungelegen kam, als Rosbaud ihm zumutete, mit einem gewöhnlichen Buch, einigen wissenschaftlichen Papieren und der Radioröhre in die Stadt zur britischen Botschaft zu fahren. Aber weil Rosbaud sagte, er habe nur wenig Zeit, da er sich mit jemandem treffen müsse (ich glaube, mit Professor Goldschmidt), willigte Hassel ein, den Gang für ihn zu erledigen. Ich glaube deshalb, daß Hassel keine Ahnung vom wirklichen Wert des Materials hatte, das er bei der Botschaft abgab.

Becks Buch, der Oslo-Report, die »Radioröhre« (in Wirklichkeit der Annäherungszünder) und die Warnung vor der deutschen Invasion – zweifellos wurde der erste Beitrag des Greifs für den britischen Nachrichtendienst in einer Ladung aus Deutschland herausgeschafft, der Joseph Goebbels selbst seine Genehmigung erteilt hatte.

Kapitel 16

Rückzug

Kurz vor fünf Uhr morgens am 9. April 1940 erwachten die Menschen in Oslo vom Lärm schwerer Geschütze, der vom Oslofjord her kam. Der Rundfunk sendete die Nachricht, ein deutscher Kampfverband zur See habe die norwegischen Befestigungsanlagen an der Küste unter Beschuß genommen und diese erwiderten das Feuer. Das Kabinett trat zu einer Notsitzung zusammen. Kaum hatte die Sitzung begonnen, da kam der deutsche Botschafter Kurt Bräuer mit Hitlers Forderung nach sofortiger Kapitulation. Das Kabinett lehnte sie sogleich ab, und Bräuer war um 5.52 Uhr wieder in seiner Gesandtschaft. Von dort aus kabelte er nach Berlin, die Norweger hätten ihm geantwortet: »Der Kampf hat erst begonnen.« Dann ging er mit einer Gruppe von Diplomaten feierlich zum Hafen hinunter, um die einlaufende Flotte und die Truppen willkommen zu heißen.

Sie warteten lange in der kalten Dunkelheit, aber der Kampfverband kam nicht. Die Geschütze der alten Festung Oscarsborg, vierundzwanzig Kilometer fjordabwärts, hatten einen deutschen Kreuzer versenkt und einen zweiten schwer beschädigt. Die anderen Schiffe kehrten um. Das gab der norwegischen Regierung und der königlichen Familie Zeit, um sich in den Zug nach dem hundertzwanzig Kilometer nördlich gelegenen Hamar zu setzen.

Ungefähr zur gleichen Zeit, als Bräuer unterwegs zum Palast war, rief Frank Foley Margaret Reid an und sagte ihr, sie solle sofort ins Paßamt kommen. Als sie dort ankam, sah sie, wie Foley und Commander Newill alle wichtigen Akten und das Bargeld aus dem Safe in Papierkörbe stopften. Als sie fertig waren, riefen sie ein Taxi, das sie auf Nebenstraßen zur Gesandtschaft brachte. Margaret Reid hat die Szene beschrieben: »Noch bevor wir das Gelände erreichten, sahen wir ein großes Feuer. Die Männer arbeiteten schon. Wir kämpften uns mit unseren wertvollen Papierkörben

den matschigen Weg hinauf und übergaben bald mit Feuereifer Codebücher und Akten den Flammen ... Die Feuerwehr erschien für kurze Zeit auf der Bildfläche. Keiner der Feuerwehrmänner wußte, was hier im Gange war. Die Männer wollten das Feuer löschen, aber wir lachten nur und sagten, sie sollten uns Benzin bringen, damit es besser brenne.«
In das Feuer wanderten Registerunterlagen, Terminpläne und jeder Fetzen Papier, der den Empfang des Oslo-Reports dokumentiert haben könnte.
Foley und Margaret Reid fuhren darauf nach Hamar und standen am Bahnhof, als der Zug einlief, in dem der König und der Rest der norwegischen Regierung saßen. Die beiden Engländer hatten geistesgegenwärtig daran gedacht, ihre Funkausrüstung mitzunehmen. Margaret Reid schreibt:

> Zweifellos rettete damals und später noch einmal unser Funkgerät die Situation. An einer Fahnenstange war rasch eine Antenne installiert, und kurze Zeit später standen wir mit London in Verbindung. Wir benützten dazu den Notcode des Auswärtigen Amts. Es wurden Botschaften mit der norwegischen Regierung ausgetauscht. Schließlich kam die Bestätigung von der britischen Regierung, daß wir die Norweger in ihrem Widerstand gegen den Angreifer unterstützen sollten, so gut wir nur konnten.

In der Zwischenzeit hatte ein kleiner Verband deutscher Fallschirmjäger Oslo eingenommen. Es waren Bemühungen im Gange, den König zur Kapitulation zu überreden. Am Tag darauf fuhren Foley und Margaret Reid durch das düstere Gudbrandsdal nach Dombas und von dort weiter nach Åndalsnes an der Küste, hundertsechzig Kilometer südlich von Trondheim, um dort auf die Landung britischer Truppen zu warten.
Bald wurden sie jedoch von Generalmajor Otto Ruge, dem norwegischen Kommandanten, gebeten, in sein Hauptquartier im Gudbrandsdal zurückzukehren. Dort übernahmen sie die Verantwortung für die Nachrichtenverbindung mit Großbritannien. Die Funksprüche gingen nach Lillehammer, von dort nach Ålesund und dann nach Wick am nördlichen Ende Schottlands. Foley und

Margaret Reid benützten einen »Buchcode«. Ein solcher Code ist sehr sicher, vorausgesetzt, der Feind kennt den Titel des Buches nicht. Sie benützten das Buch *Sesam und Lilien* von John Ruskin aus dem Jahre 1865. Churchill selbst hatte regelmäßig Kontakt mit Ruge. Die Verbindung war so wichtig, daß der General einmal zu Foley bemerkte: »Ihr Name wird in die Geschichte eingehen!«

Damals wie während des ganzen Krieges interessierte sich der Geheimdienst besonders für das Thema schweres Wasser. Für Frank Foley, der sich Tag für Tag mit den Problemen seiner Rolle als Mittler zwischen der britischen Regierung und der norwegischen Armee auseinanderzusetzen hatte, war das eher eine Last. Foley und seine Leute hatten sich gerade im Hauptquartier in Oier eingerichtet, als es zum Streit unter den Alliierten kam.

Am 21. April erschienen die französischen Militärattachés aus Oslo auf der Bildfläche. Ihr Anführer war ein verwegen dreinblickender Mann mit einer Augenklappe. Es war der ranghöchste Attaché, ein Major namens Bertrand-Vignes, dem die britischen Sekretärinnen bald den Spitznamen »der Pirat« gaben. Er behauptete, daß die Briten wegen ihrer *idée fixe*, sich die Nachschublinie für Eisenerz über Narvik zu erhalten, etwas viel Wichtigeres übersahen. In Telemark, hundertzwanzig Kilometer westlich von Oslo, befänden sich der Rjukandamm und die Fabrik zur Produktion von schwerem Wasser. Die Briten sollten der Verteidigung der Fabrik Priorität einräumen. Der Franzose erinnerte an das Interesse Frankreichs an den Schwere-Wasser-Anlagen in Rjukam.

Foley entgegnete, die britischen Truppen könnten auf gar keinen Fall durch heimtückisches Territorium landeinwärts marschieren und die Anlage halten. Sehr zur Entrüstung Bertrand-Vignes änderte Foley seine Meinung nicht.

Das schwere Wasser war zwar 1932 in Amerika von dem Chemiker Harold Urey entdeckt worden, es gab aber noch immer nur einen Hersteller auf der Welt, die Norsk Hydro in Rjukan. Nachdem Otto Hahn das Atom mit langsamen »Neutronen-Kugeln« gespalten hatte, gewann das schwere Wasser an Bedeutung. Es hatte nichts mit der Nutzung der Atomenergie zu tun, aber die Substanz konnte verwendet werden, schnelle Neutronen zu bremsen.

Der Rjukanfoss, der »schäumende Wasserfall«, war früher eine beeindruckende Sehenswürdigkeit Südnorwegens. Im ersten Jahrzehnt dieses Jahrhunderts wurde seine Schönheit jedoch durch den Bau eines Wasserkraftwerks beeinträchtigt. Es lieferte über eine kurze Strecke Elektrizität an die Fabrik in Vemork. Diese Fabrik stellte Sprengstoffe und Ammoniak her, das dann in Nitrate für Düngemittel umgewandelt wurde. Die Herstellungsprozesse erforderten große Mengen an Wasserstoff, der auf elektrolytischem Wege gewonnen wurde. In gewöhnlichem Wasser findet sich nur ein sehr kleiner Anteil an schwerem Wasser. Man kann es herausziehen, indem man die Elektrolysezellen in bestimmter Weise anordnet.
Norsk Hydro gehörte teilweise ausländischen Aktionären. Gegen Ende des Jahres 1939 stritten zwei davon um den Erwerb des gesamten Vorrats an schwerem Wasser und um die Kontrolle der zukünftigen Produktion. Einer der Aktionäre war der riesige deutsche Chemiekonzern I.G.Farben, der andere die Banque de Paris et de Pays Bas. Die französischen Wissenschaftler wußten sehr wohl, daß schon kleine Mengen schweren Wassers die deutsche Forschung schneller zur Atombombe bringen konnten.
Die Heldentat, von der Bertrand-Vignes gesprochen hatte, war folgende: Einen Monat vor der Invasion Norwegens traf sich Jacques Allier mit dem Generaldirektor von Norsk Hydro in dessen Osloer Büro mit der Adresse Solligaten 7. Allier war Funktionär der an der Norsk Hydro beteiligten französischen Bank und Reserveoffizier des Deuxième Bureau, des französischen Geheimdienstes. Generaldirektor Dr. Axel Aubert erzählte Allier, die Deutschen hätten gerade ein Angebot für die gesamten Vorräte an schwerem Wasser abgegeben. Wenn jedoch Allier das Wasser mitnehme, so Aubert, könne Frankreich es für den Rest des Krieges benützen und eine Option auf die zukünftige Produktion erwerben. Der Handel wurde sofort abgeschlossen.
Der französische Agent schaffte mit Hilfe des Stationsleiters des Deuxième Bureau in Oslo und zweier Mitarbeiter die sechsundzwanzig Kanister an den wachhabenden deutschen Agenten vorbei und in ein Flugzeug nach Edinburgh. Foley hatte für den reibungslosen Ablauf bei der Zollabfertigung am Flughafen und für die spezielle Behandlung der 205 Kilogramm Wasser gesorgt.

In Edinburgh verstauten die Agenten die Ladung in zwei Erste-Klasse-Abteilen der Bahn und begleiteten sie durch ganz England und über den Kanal bis nach Paris.
Obwohl Foley bei dieser Operation eine kleine Rolle gespielt hatte, wußte er nichts über schweres Wasser und interessierte sich auch nicht dafür. Bis zum April jenes Jahres wurde es in der Bedarfsliste des SIS für Agenten nicht genannt. Im April jedoch entwickelten die Briten ein plötzliches Interesse, von dem Foley nicht informiert worden war.
Nur einen Tag nach der Invasion Norwegens trat der britische Atomenergieausschuß in den Räumen der Royal Society im Burlington House zusammen, um einen besonderen Gast zu hören. Es war das erste Treffen der Vierergruppe. Sie bestand einmal aus George Thompson, dem Sohn des Entdeckers des Elektrons, der selbst ein bekannter Forscher am Imperial College in London war. Zweitens gehörte John Cockcroft dem Ausschuß an, der Nachfolger Kapitzas im Cavendish-Labor in Cambridge. Die beiden anderen Mitglieder waren Mark Oliphant und Philip Moon von der Universität Birmingham. Sie wollten mit dem französischen Geheimdienstagenten Jacques Allier über das Thema »schweres Wasser« diskutieren.
Der Bericht, den Allier kurz darauf nach Paris abschickte, enthielt Cockcrofts Versprechen, Informationen über die belgischen Uranbestände und die Produktion von schwerem Wasser in Kanada und den Vereinigten Staaten zu beschaffen. Als Gegenleistung wollte Allier ihm alle Informationen zur Verfügung stellen, die die Franzosen über das belgische Uran besaßen. Außerdem sollten die Briten eine Liste der deutschen Wissenschaftler erstellen, die sich für schweres Wasser interessierten.
Letzteres war einfach. Paul Rosbaud hatte Cockcroft ein Jahr zuvor über R.S. Hutton eine solche Liste zukommen lassen.
In der Zwischenzeit verschlechterte sich die Lage in Norwegen rasch. Der König und die Regierung waren durch das zerklüftete Gudbrandsdal in Richtung Åndalsnes an der Nordwestküste geeilt. Deutsche und Briten kämpften am 21. April einen Tag lang bei Lillehammer, und die Briten und Norweger wurden besiegt und zum Rückzug nach Norden gezwungen. Foleys Leute gerieten tags darauf in den Angriff eines deutschen Kampfflugzeugs, und

Foley beschloß, sich der allgemeinen Bewegung in Richtung Åndalsnes anzuschließen. Dort wollte er versuchen, Anschluß an die britischen Truppen zu finden.
Foley war dabei, als General Ruge den Briten das Kommando übergab. Margaret Reid beschreibt die Szene in ihrem Tagebuch und erwähnt »den erschöpften General in seiner zerrissenen Uniform ... und den britischen General mit [seiner] gepflegten Erscheinung«.
Als die Diplomaten schließlich in die Nähe von Åndalsnes kamen, sahen sie, in Margaret Reids Worten, wie »in der Ferne ein warmer Schimmer den Schnee beleuchtete«. Margaret Reid war sicher, daß die Stadt brannte, aber Foley beharrte darauf, es sei die aufgehende Sonne. Er konnte freilich niemanden davon überzeugen, denn das rote Glühen blieb am Horizont – außerdem war es unwahrscheinlich, daß die Sonne an diesem Tag im Westen aufging, auch wenn der Rest der Welt kopfstand.
Die Stadt, die sie bei Tagesanbruch erreichten, war nach einer Bombardierung durch die Luftwaffe tatsächlich ein brennender Trümmerhaufen. Die Fähre von Årfarnes aus war jedoch noch in Betrieb, und sie konnten über den Fjord nach Molde übersetzen. Die bezaubernde kleine Stadt, die für ihre Rosen, Geißblattpflanzen und Kirschbäume berühmt ist, war ebenfalls schwer von den deutschen Flugzeugen getroffen worden.
Bald jedoch sahen sie etwas Erfreuliches. Ein grauer Riese näherte sich langsam dem Kai – die irische Fähre *Ulster Prince*, die zur Evakuierungsflotte gehörte.
Der König und sein Gefolge hatten sich bereits auf den Kreuzer *Glasgow* eingeschifft und Molde mit dem Ziel Tromsö hoch im Norden verlassen. General Ruge entschied sich dafür, zu bleiben und sich in nördlicher Richtung nach Narvik durchzukämpfen. Dort mußte er sich schließlich am 8. Juni den Deutschen ergeben.
Foley, Reid und die Botschaftsangehörigen erwachten am 3. Mai an Bord der *Ulster Prince* und sahen sich inmitten der britischen Flotte im Seehafen Scapa Flow. Zwei Tage später waren sie daheim in London. Kurz darauf verlieh die norwegische Regierung Frank Foley den St.-Olavs-Orden dafür, daß er Norwegen während dieser verhängnisvollen Tage über Funk mit der Welt in Verbindung gehalten hatte.

Kapitel 17

Abgeschnitten

Am Morgen des 9. April, als Hitler mit der Invasion Dänemarks und Norwegens begann, schlief Niels Bohr auf der von Oslo kommenden Nachtfähre. Am Abend zuvor hatte er mit König Haakon im Königspalast gespeist. Lise Meitner war in der Nacht vor dem Einmarsch der Deutschen zu einem Besuch im Bohr-Institut in Kopenhagen angekommen. Sie beschreibt die Ereignisse:

> Wie man sich vorstellen kann, waren wir alle sehr erleichtert, als [Niels] ankam. Wir waren gegen Viertel vor sechs morgens vom Lärm vieler Flugzeuge aufgewacht, und wir konnten nichts tun als abzuwarten, was als nächstes passieren würde. Das Hauptpostamt, die Zeitungsredaktionen, Radiosender und Polizeistationen waren fast sofort besetzt, aber man sah nur wenige Soldaten auf der Straße und – es war kaum zu glauben – sie sprachen alle Dänisch. Offiziell gab es keine Übergriffe, solange ich dort war ... Natürlich sind Niels und Margarethe sehr unglücklich über die Ereignisse, aber er hat nicht vor, seine Arbeit aufzugeben.

Es wurde Ende April, bis Bohr eine Möglichkeit fand, Lise Meitner über den Öresund zurück nach Schweden fahren zu lassen. Die Gestapo gilt in Büchern und Filmen als Muster an unbarmherziger Tüchtigkeit. Aber es war ihr fast einen Monat lang nicht gelungen, einen jüdischen Reichsflüchtling aufzugreifen, eine Frau, die außerdem zu den bedeutendsten Physikern der Welt gehörte.

Sobald Lise Meitner wieder in Stockholm war, versuchte sie, ihre besorgten Freunde zu beruhigen. Hilde Rosbaud hatte aus London geschrieben: »Bitte sag Paul, daß es Anka und mir gutgeht und daß er sich um uns nicht die geringsten Sorgen zu machen braucht. Ich sehne mich sehr nach ihm, aber auf der anderen Seite bin ich schrecklich besorgt. Meinst Du, sie haben genug zu essen? ... Ich bin furchtbar niedergeschlagen, und alles sieht so hoffnungslos aus. Weißt Du, wohin Professor Goldschmidt gegangen ist? Hoffentlich konnte er Oslo rechtzeitig verlassen.«

Lise schrieb zurück, sie habe von Otto Hahn aus Deutschland Nachricht. Paul habe genug zu essen, »auch wenn die Vorräte knapp werden, wie Du Dir denken kannst ... [V.M.] arbeitet an seinem üblichen Platz, und es geht ihm soweit gut«.

Ein anderer Freund in England machte sich Sorgen über die Bohrs im von Nazis besetzten Kopenhagen, und Lise Meitner sandte das folgende Telegramm:

Niels und Margarethe neulich gesehen – beide wohlauf, aber unglücklich über Geschehen – bitte informiere Cockcroft und Maud Ray Kent.

Als Cockcroft diese Nachricht erhielt, waren er und seine Komiteemitglieder verwirrt. Welche wichtigen Nachrichten mochte Lise Meitner wohl in diesem Code versteckt haben? James Chadwick war davon überzeugt, daß Hinweise auf geheime Arbeiten der Deutschen an tödlichen Strahlen enthalten seien. Cockcroft fand heraus, daß die letzten Wörter des Telegramms bei großzügiger Interpretation ein Anagramm mit der Lösung »Radium taken« sein konnten, was bedeutete, daß die Deutschen Bohrs Vorräte konfisziert hätten. Da sich keine sinnvolle Lösung anbot, gab sich Cockcrofts Atomenergiekomitee den Namen MAUD.

Als Wilfrid Basil Mann dem Ausschuß drei Jahre später beitrat, klärte er seine Kollegen darüber auf, daß die Gouvernante der Familie Bohr Maud Ray hieß und in Kent wohnte.

Inzwischen hatten die deutschen Armeen Holland, Belgien und Nordfrankreich überrannt. Am 4. Juni war die Evakuierung Dünkirchens durch die Briten beendet. Am 10. Juni floh die Regierung Reynaud von Paris nach Bordeaux, und die Niederlage Frankreichs schien unvermeidlich. Abgesehen davon war die Hauptsorge des MAUD-Komitees das schwere Wasser, das Jacques Allier aus Norwegen nach Frankreich gebracht hatte.

Der zwanzigste Graf von Suffolk sorgte sich ebenfalls um das schwere Wasser, und er hatte deswegen bereits nach London

telegrafiert. Der Graf war ein verwegener Draufgänger, der zur Tarnung in der Pariser Botschaft das Amt eines wissenschaftlichen Attachés innehatte, in Wirklichkeit jedoch für den Geheimdienst arbeitete. Jetzt war er damit beauftragt, alles aus dem französischen Chaos zu retten, was noch zu retten war – Industriediamanten, Maschinen, sogar einen Vorrat an Champagner zum privaten Gebrauch. Allier konnte Lord Suffolk mitteilen, daß das schwere Wasser vom Collège de France in Paris in ein Gefängnis in Riom in der Auvergne gebracht worden war. Man vereinbarte, daß das schwere Wasser sofort nach Bordeaux gebracht und per Schiff nach England geschickt werden sollte.
Allier fuhr so schnell er konnte in seinem Simca nach Riom, erschien vor dem Gefängnistor und verlangte das schwere Wasser. Der Wächter verweigerte die Herausgabe. Allier zog seinen Revolver. Der Wächter hatte ein Einsehen und erklärte sich bereit, die im Gefängnis aufbewahrten Kanister herauszugeben.
Zu diesem Zeitpunkt beschloß Foley, die Evakuierung selber zu leiten. Schließlich hatte er allmählich Erfahrung mit Evakuierungen aus besetzten Ländern. Sobald er in Bordeaux war, begann er, einen hastigen Abtransport der Ladung zu organisieren. Sie bestand aus Industriediamanten und schwerem Wasser, ihr angeschlossen hatten sich eine Reihe französischer Atomwissenschaftler. Foley war der Organisator, Suffolk der Pirat. Lew Kowarski war einer der Wissenschaftler, die Leibwächter für das schwere Wasser spielten. Er hinterließ folgenden Bericht:

> Wir wurden an Bord des Schiffes *Broompark* gebracht. Es handelte sich um ein schottisches Kohlenschiff, das Lord Suffolk requiriert hatte. Ich glaube, wir kamen dort kurz nach Mitternacht in der Nacht vom 17. auf den 18. Juni an. Alle möglichen Beamten aus dem Rüstungsministerium – meines Erachtens teilweise sogar im Rang von Obersten – trugen nicht nur die Kanister mit dem schweren Wasser, sondern auch unsere Habe. Sie wußten über unsere Arbeit mit der neuen Naturgewalt Bescheid und wollten offensichtlich, daß wir in England damit weitermachten ... die Franzosen konnten somit einen wertvollen Beitrag zu den Anstrengungen der Alliierten leisten ...

> Gegen Morgen hatte jeder seinen Platz gefunden. Es gab zwar einen Kapitän an Bord, aber offensichtlich hatte Lord Suffolk das Kommando. Er war eine malerische Gestalt, er sah aus wie ein verwahrloster Pirat ... Er war in Lumpen gekleidet und trug einen Bart ... Mit zwei Sekretärinnen, einer blonden und einer brünetten, hinkte er auf dem Schiff umher.

Die *Broompark* verließ Bordeaux am 19. Juni und kam am 21. Juni in Falmouth an. Die meisten Passagiere waren seekrank. Nur Lord Suffolk und seinen Sekretärinnen ging es blendend. Sie hatten sich einen reichlichen Vorrat Champagner mit an Bord gebracht, der der Erklärung des edlen Lords zufolge das beste Mittel gegen das *mal-de-mer* war.
Frank Foley war nicht an Bord, um mit ihnen anzustoßen. Er war zurückgeblieben und wollte sich noch etwas umschauen, bevor die motorisierten Einheiten der deutschen Vorhut Bordeaux erreichten. Die Deutschen trafen kurze Zeit später ein, und Foley konnte der Gestapo gerade noch entkommen. Er brachte sich über die Pyrenäen nach Spanien in Sicherheit. Am Samstag, dem 23. Juni, als Adolf Hitler Paris besichtigte, war Frank Foley wieder in London.

Kapitel 18

Theodor

Donnerstag, der 6. März des zweiten Kriegsjahres war für Winston Churchill »Großkampftag«. Sein Außenminister Anthony Eden war soeben in Athen angekommen, und Churchill telegrafierte ihm: *Wir müssen den Griechen freistellen, ein deutsches Ultimatum anzunehmen.* Die Antwort aus Athen lautete, das käme nicht in Frage, denn die Griechen hätten beschlossen, auch allein gegen die Deutschen zu kämpfen, wenn es nötig werden sollte. Die Frage ist, ob wir ihnen helfen oder sie im Stich lassen. Churchill machte einen Rückzieher in eigener Sache, um seine Truppen für andere Einsätze aufzusparen. Wenn sie in Griechenland blieben, fürchtete er, würde das zu »einer Niederlage wie Norwegen, Dünkirchen und Dakar zusammen« führen. Mittags hielt der Premierminister seinen Stabschefs eine flammende Rede über Griechenland und die Frage, ob man amerikanische Marinebasen in Westindien zulassen sollte. Der Tropfen, der an diesem Tag das Faß zum Überlaufen brachte, war ein Streikaufruf in der John-Browns-Werft in Clydeside.

»Bange Entscheidungen lagen in der Luft. Der Premierminister war ungeduldig, die Atmosphäre geladen, und alles überstürzte sich«, verzeichnet Churchills Privatsekretär John Colville. Am Ende dieses Tages versuchte Churchill sich zu entspannen und setzte seine Direktive über die »Atlantikschlacht« auf. Ihr Ziel war es, den Würgegriff der Deutschen um die Lebensmittelnachschublinie für Großbritannien und den Verbindungsweg zu den Vereinigten Staaten zu lockern. Dem Premierminister war nicht bewußt, daß seine Direktive auch den »Greif« für die nächsten vier Jahre reaktivieren würde.

Am nächsten Morgen tauchte Sir Stewart Menzies, C, mit Königin Victorias abgestoßener Kuriertasche in der Downing Street 10 auf. Es bereitete Churchill größtes Vergnügen, die aufgefangenen

deutschen Funksprüche zu lesen. Das Lesen der verschlüsselten Nachrichten war während des Krieges die einzige Arbeit, auf die sich der Premierminister jeden Morgen freute. Als er an diesem Freitag die Funksprüche gelesen hatte, übergab Churchill C seine Atlantikschlacht-Direktive vom Vorabend. Er bat Menzies, sie mit allen Mitteln des SIS zu unterstützen. Bevor der Tag um war, bekam der Premierminister noch einen Grund zur Zufriedenheit. Die HMS *Wolverine* hatte die U-47 des Kommandanten Günther Prien versenkt. Dabei handelte es sich um das U-Boot, das die *Royal Oak* versenkt hatte.
Freilich richteten auch die anderen deutschen U-Boote schwere Schäden unter den britischen Schiffen an, und außerdem waren noch sämtliche deutschen Kreuzer im Einsatz. Die *Scheer*, die *Hipper*, die *Gneisenau* und die *Scharnhorst* beherrschten die Meere. Bald sollten die mächtige *Bismarck* und ihr Schwesterschiff *Tirpitz* in Dienst gestellt werden. Churchills Kommentar dazu war: »Hitler hätte seine beiden größten Schlachtschiffe nicht wirkungsvoller einsetzen können, als sie in voller Kampfbereitschaft im Baltikum zu halten und ab und zu Gerüchte über einen bevorstehenden Einsatz durchsickern zu lassen.« Der Auftrag an C lautete: Helfen Sie der Königlichen Marine, die *Bismarck* und die *Tirpitz* zu versenken!
C fand im Geheimdienst der Marine den idealen Offizier für diese Aufgabe und ließ ihn in die norwegische Sektion des Geheimdienstes versetzen. Sie wurde von Commander J.B. Newill geleitet, Frank Foleys ehemaligem Kollegen in Oslo. Newill war Spezialist für Norwegen. Er war qualifiziert, allerdings nicht so verschlagen und geschickt wie der Mann, der am 15. März kam, um bei ihm zu arbeiten.
Bei dem Mann handelte es sich um Kapitänleutnant Eric Welsh, über den in seiner streng geheimen SIS-Akte steht, daß er

> zusammen mit Major Nagell aus dem norwegischen »E«-Amt einen gemeinsamen anglo-norwegischen Geheimdienst in Norwegen eingerichtet hat. Sein Hauptziel war es, die Bewegungen der größeren Einheiten der deutschen Kriegsflotte vor der norwegischen Küste zu beobachten.

Der SIS beurteilte Eric Welsh als »einen kleinen Mann mit einem großen Kopf, und einen glänzenden Einsatzleiter«. Dieser »kleine Mann« war fast sein ganzes Leben lang ein Betrüger, Geheimagent und britischer Maulwurf. Er wurde am 31. August 1897 in Newbiggen by the Sea geboren. Schon als Kind, als einer von acht Brüdern, hatte Eric über die Nordsee in Richtung Norwegen geblickt. Er hörte nie auf, dorthin zu schauen. Er trat im Ersten Weltkrieg als einfacher Matrose in die Marine ein und wurde wegen Tapferkeit im Einsatz auf See zum Offizier ernannt.
Irgend jemandem fiel Eric Welsh auf, und der junge Offizier kehrte nicht auf See zurück. Er wurde in den Geheimdienst der Marine übernommen und zum Langzeit-Maulwurf ausgebildet. Normalerweise vermutet man solche Leute eher im sowjetischen KGB als im vornehmen britischen Geheimdienst.
Eine »Legende« mußte geschaffen werden, das heißt eine neue Lebensgeschichte aus Gründen der Tarnung. Welsh wurde von nun an als Absolvent der Universität Durham mit einem Chemiediplom geführt. Eine sorgfältige Durchsicht der Akten der Universität zeigt, daß er dort zu keiner Zeit eingeschrieben war. Mit dem erfundenen Diplom ausgerüstet, wurde Welsh durch die Hilfe eines einflußreichen Mannes in der Farbenfabrik Holzapfel in Felling-Newcastle untergebracht.
Nachdem um 1840 im Schiffsbau der Stahlrumpf eingeführt worden war, wurden Rost und Verschmutzung durch Entenmuscheln zum Problem und gleichzeitig zur Herausforderung für unternehmungsfreudige Chemiker. Max Holzapfel, ein junger Auswanderer aus Deutschland, und zwei weitere Chemiker gründeten eine Firma, in der sie eine chemische Verbindung herstellten, mit der Schiffsrümpfe geschützt werden konnten. Die Firma blühte, und es wurden Niederlassungen in Sewastopol, Odessa, Genua, New York, Hamburg, Nagasaki und anderswo gegründet – alles noch vor dem Ersten Weltkrieg. Da die Firma ihr Produkt nicht nur an die zivile Schiffahrt, sondern auch an die Marine verkaufte, wurden die Bestellbücher der Firma Holzapfel zum genauen Verzeichnis darüber, was sich auf der Welt an Konflikten ereignete. Die große deutsche Werft Blohm und Voß in Hamburg gehörte zu den Kunden. Der Schiffsbau bei Blohm und Voß war für die Briten so wichtig, daß sie ihren Meisterspion Sidney Reilly über die

Tätigkeit dort berichten ließen. Weitergegeben wurden die Nachrichten durch eine Organisation in St. Petersburg. Eben weil Schiffe gegen Entenmuscheln geschützt werden mußten, konnten die Briten den Stand der deutschen Marine kontrollieren, indem sie die verschiedenen internationalen Geschäfte der Firma Holzapfel beobachteten.

Bei Ausbruch des Ersten Weltkriegs hielt es Max Holzapfel für das beste, nach Holland umzuziehen, das den ganzen Krieg hindurch neutral blieb, obwohl er eingebürgerter Brite war. 1918 gab es mindestens einen britischen Spion auf dem holländischen Werksgelände der Firma Holzapfel. Dieser Mann war Eric Welsh. Als der Krieg zu Ende war, verlagerten sich die Interessen des Geheimdienstes der britischen Marine. Die Briten glaubten, daß für ein erstarktes Deutschland in einem neuen Krieg Skandinavien, das im letzten Krieg neutral geblieben war, wichtig sein würde. Es sollte jemand dort sein und die Augen offenhalten. Dieser Jemand, Eric Welsh, ging am 21. Juni 1919 in Bergen an Land. Er hatte den Auftrag, die Bekanntschaft von Akademikern skandinavischer Universitäten und von Beschäftigten der Industrie zu machen und vor allem über deutsche Aktivitäten in diesen Kreisen zu berichten. In Bergen sollte er ein Auge darauf haben, für welche Schiffe Max Holzapfels Schutzanstrich verwendet wurde. Zu dieser Zeit hatte sich die Firma Holzapfel bereits in International Paints and Compositions Ltd. umbenannt. Das war die Vorläuferfirma zur heutigen weltweiten International Paints Ltd. Aber schon damals wurde weltweit gearbeitet. Einer der größten Zweigstellen war die International Farvefabrik A.S. in Bergen. Der Gründer des norwegischen Geschäftszweigs, Lars Pihl-Johannessen, hieß Welsh herzlich willkommen und half ihm, ein Haus in der Nubekken 15 zu finden. Welsh hatte während seiner Zeit bei Holzapfel viel gelernt, und als er mit der Arbeit in Bergen anfing, war er ein geschickter Chemiker. Er stieg bald zum technischen Direktor der Firma auf.

Conrad Pihl-Johannessen, der Sohn des Gründers und Freund Eric Welshs, erinnert sich in einem Brief, daß Eric Welsh »sehr gut mit meinem Vater zusammenarbeitete. Er arbeitete hart und trug viel Verantwortung. Er leitete den Einkauf des Rohmaterials und war für die technische Seite der gesamten Produktion zuständig.

Er war zäh und verlangte von den Arbeitern und Angestellten viel, aber er war fair und wurde von den meisten geachtet.«
Welsh hatte auch in der Gesellschaft Bergens Erfolg. Er trank viel und genoß Parties, vor allem im Winter. Eines Abends stellte sein Freund Christopher Brun ihn seiner bezaubernden Cousine Johanne Brun Svendsen vor. Johanne war entfernt mit dem Komponisten Edvard Grieg verwandt und eine Cousine zweiten Grades des zeitgenössischen Heldendichters Nordahl Grieg. Ob Eric Welsh wirklich in Johanne verliebt war oder ob er es nur ratsam fand, in eine Verbindung mit einer so vornehmen norwegischen Familie einzutreten, ist nicht bekannt. Auf jeden Fall machte er Johanne einen Heiratsantrag, heiratete sie und zeugte zwei Töchter und einen Sohn. Er wurde so norwegisch, wie es ein Engländer nur werden kann.
Als technischer Direktor und Einkäufer des Rohmaterials lernte Welsh bald Victor Goldschmidt kennen. Goldschmidt war nicht nur letzte Autorität in Sachen Rohstoff, er besaß auch eine Anzahl Farbpatente. Einer von Goldschmidts engsten Mitarbeitern war Gulbrand Lunde, der Jahre später noch für einen ganz anderen Herrn arbeiten sollte.
Dann lernte Gulbrand Lunde Eric Welsh kennen. Das geschah kurz nach dem unruhigen Jahr 1929, in dem Goldschmidt mit Ellen Gleditsch über die Universitätsstelle in Streit geraten war. Lunde bekam einen Posten bei der norwegischen Konservenindustrie in Stavanger, wo für ihn ein schönes neues Forschungslabor gebaut wurde. Für das Labor benötigte man besondere chemikalienbeständige Fußbodenfliesen und einen dementsprechenden Wandanstrich. Für dieses Problem war Eric Welsh die wichtigste Autorität. Der Spion und der zukünftige Nazi-Kollaborateur lernten sich so persönlich kennen.
Sie begannen, gemeinsam an weiteren Problemen zu arbeiten. Fisch konservierte man in Olivenöl, und die Kombination von Olivenöl und Fischöl korrodierte die Büchsen, roch schlecht und zerstörte die Vitamine. Lunde war auf dem Wege zum weltberühmten Vitaminspezialisten. Wenn man das Innere der Fischdosen mit einem Speziallack überzog, so glaubte er, würden der Fisch genießbar und die Vitamine erhalten bleiben. Eric Welsh half Lunde, die Lacke zu entwickeln, die zur Lösung des Problems

nötig waren. Welsh hielt wiederholt Vorträge über das Verfahren, unter anderem auch im fernen Los Angeles.
Durch seine Verbindungen zu Victor Goldschmidt und Gulbrand Lunde und aufgrund seines allgemeinen Interesses für europäische Technologien hat Eric Welsh Paul Rosbaud wahrscheinlich bereits vor dem Zweiten Weltkrieg kennengelernt. Nachweisen läßt sich das jedoch nicht. Es ist auch möglich, daß Rosbaud Welsh schon damals Informationen lieferte, aber auch das läßt sich nicht beweisen. Es gab vieles, was Welsh in Berlin interessierte, darunter auch das Nachtleben. Er fuhr manchmal unter falschem Namen dorthin. Einmal schickte er seiner Familie ein Paßfoto aus Berlin, auf dem er das Haar anders gescheitelt trug. Auf der Rückseite stand: »Wie gefällt euch Mr. Smith?«
Durch sein Fachwissen über Fußbodenfliesen kam Eric Welsh zu der Technologie, die ihn in späteren Jahren beschäftigen sollte. Kurz nachdem schwerer Wasserstoff in der seltenen Form des schweren Wassers entdeckt worden war, begann Norsk Hydro, kleine Mengen des Stoffs für die Atomforschung herzustellen. Bei der Produktion spielte eine besonders scharfe Chemikalie eine Rolle. Jomar Brun, der Chefingenieur der Fabrik, bat Eric Welsh, nach Vemork zu kommen und ihm bei der Lösung eines Materialproblems zu helfen. Welsh entwickelte und produzierte in Bergen eine spezielle Fußbodenfliese für Produktionsanlagen für hochkonzentriertes schweres Wasser. Er lernte das schwere Wasser in allen Anwendungsmöglichkeiten kennen, außerdem natürlich den Lageplan der Fabrik, in der es hergestellt wurde. Zwischen Brun und Welsh entstand eine Freundschaft, die während des Krieges wichtige Folgen haben sollte. Das war nur eines der Geheimnisse, die Welsh seinen Kollegen im SIS nicht weitererzählte. Alle, auch seine engsten Bekannten, irrten sich gewaltig, wenn sie glaubten, daß Welsh ihnen jemals alles erzählte.
Der Kampf um das schwere Wasser sollte bald genug beginnen. Conrad Pihl-Johannessen erinnert sich, daß »um sechs Uhr früh am 9. April 1940 die Deutschen gerade in Bergen gelandet waren. Es wurde geschossen, und ich fuhr in die Fabrik. Dort traf ich Mr. Welsh. Er war sehr nervös und packte Post oder etwas Ähnliches zusammen. Er bat mich sofort, ihn in südöstlicher Richtung aus Bergen hinaus zu fahren. Ich übergab ihn in einer Gegend

außerhalb Bergens einigen norwegischen Offizieren und sah und hörte bis nach dem Krieg nichts mehr von ihm.«
Diese Erinnerung ist nicht ganz genau. Welsh ließ sich nämlich zuerst »mit der Post oder etwas Ähnlichem« beim britischen Konsulat absetzen. Die wichtigen Papiere loszuwerden, hatte für ihn Vorrang; seine Familie kam erst an zweiter Stelle. Dann wurde er von Pihl-Johannessen auf Bitten des norwegischen Kommandeurs Just Olsen nach Norheimsund gefahren, wo er sich um die Sicherheit von zwei britischen Beamten und ihren Familien kümmerte. Danach, so berichtete Welsh der norwegischen Regierung, sei er um elf Uhr vormittags nach Bergen zurückgekehrt, um seine eigene Familie zu holen. Hier schmückt Welsh sich allerdings mit fremden Federn. Jemand anders war gekommen, um seine Familie abzuholen, während Welsh Angst hatte, festgenommen zu werden. Seine Tochter erinnert sich in einem Brief:

> Gegen fünf Uhr morgens flogen eine Menge Flugzeuge über Bergen. Vater war sehr nervös und dachte, es wären englische Maschinen, aber dann sahen wir die Balkenkreuze auf den Tragflächen. Vater hatte während der letzten Tage viel Radio gehört ... Vater ging zum britischen Konsulat ... Später am Vormittag kam ein junger Mann in Vaters Auto – einem ziemlich neuen Dodge – und sagte uns, wir sollten zu meinem Vater in Lars Pihl-Johannessens Haus außerhalb Bergens kommen ... Mutter packte ein paar Sachen zusammen, und wir stiegen ins Auto... Wir hatten alle Angst. Überall standen deutsche Soldaten, aber sie versuchten nicht, uns aufzuhalten... Dann kam eine deutsche Straßensperre. Der junge Mann bog in eine Tankstelle ein, wendete und fuhr auf einem anderen Weg zu Lars Pihls Haus. Vater war dort und übernahm das Steuer. Wir fuhren nach Norheimsund und erwarteten, überall auf Deutsche zu treffen. Das war zum Glück falsch.

Am 21. April verließ Eric Welsh seine Familie im besetzten Norwegen. Er hatte sie nach England bringen wollen, aber Johanne hatte sich geweigert. Welsh war nicht besonders traurig über ihre Entscheidung. Er dachte praktisch, und Johanne konnte ihm vielleicht in Norwegen mehr nützen als in England. Und so war es auch. In der amtlichen Geschichte des SIS heißt es lakonisch: »Er

ließ sogar seine Frau und Kinder mit falschen Papieren in Norwegen. Sie wurden für den SIS wertvoll.«
Die »wertvolle« Familie hatte während der folgenden Tage schreckliche deutsche Angriffe durchzustehen, während Eric ins norwegische Dunkirk, nach Åndalsnes und nach Molde reiste, wo er mit Frank Foley und Margaret Reid zusammentraf. Als Marineangehöriger konnte Welsh eine Koje in einem U-Boot bekommen, das am 29. April aus Åndalsnes auslief. Am Tag darauf gaben die Briten den ausgebombten Hafen endgültig auf. Am 1. Mai meldete Welsh sich bei drei verschiedenen Ämtern in London zum Dienst: bei der Admiralität, im Kriegsministerium und im Außenministerium. Alle waren begierig zu hören, was er zu berichten hatte. Sein Bericht diente als Ausgangspunkt für die nächste Aufgabe, die er unter Volltarnung durchzuführen hatte.
Am 5. Mai verschwand Eric Welsh für neun Monate von der Bildfläche. Es ist der einzige Zeitraum, in dem man nichts über seine Bewegungen weiß. Später sagte er dazu, er sei als »wissenschaftlicher Arbeiter« eingesetzt worden, aber er erklärte nicht, wo oder wozu. Niemand glaubte ihm. Nach neun Monaten tauchte er plötzlich in der Minenräumflottille seiner Majestät in Newcastle wieder auf, in der Stadt, in der seine Laufbahn als Spion bei der Firma Holzapfel begonnen hatte. Wieder einmal schaute er nach Osten in Richtung Norwegen, von wo aus deutsche Flugzeuge und U-Boote die Schiffahrt vor dem nördlichen Küstenabschnitt bedrohten. Der Krieg im Atlantik wurde immer unaufschiebbarer. An der Westküste Islands, in Hvalfjord, wurde ein britischer Marinestützpunkt gebaut, um den Schiffahrtsweg durch die Dänemark-Straße vor Grönland zu schützen. In diesem Zusammenhang brauchte man einen Geheimdienstagenten, und Welsh schien für den Posten der richtige Mann zu sein. Er traf an Bord der HMS *Baldur* ein, aber noch nicht einmal zwei Wochen später rief C ihn nach London zurück. Sein neuer Auftrag war, in Küstennähe ein Netz von Sendern einzurichten, mit dem die deutschen Schlachtschiffe beobachtet werden konnten. Welshs Sendernetz entwickelte sich rasch weiter. Und schon bald nutzte er die Sender, um wieder Kontakt mit Paul Rosbaud aufzunehmen. Welsh nahm den Decknamen »Theodor« an und wurde unter diesem Namen der neue Auftraggeber des »Greif«.

Kapitel 19

Greifswald

1940 war ein ruhiges Jahr. Lise Meitner war das Verbindungsglied zwischen Paul und Hilde Rosbaud, aber Paul hatte keine Möglichkeit, sich direkt mit London in Verbindung zu setzen. Stundenlang hörte er jeden Abend seinem starken Philips-990X-Empfänger zu, aber es wurden keine Nachrichten für ihn gesendet. Die Code-Vornummer für Deutschland war zwölf. Foleys Codenummer war 120001 und Rosbauds Nummer war so ähnlich wie 120XX. Rosbaud hätte also jede Sonderbotschaft erkannt, die an ihn gerichtet war. In diesem Stadium des Krieges wurden jedoch nur selten solche Botschaften an Agenten in Deutschland gesendet.

Frank Foley und seine Frau Katherine freuten sich, daß sie wieder in England waren. Mehr noch, Frank bekam eine interessante Aufgabe im SIS übertragen. Ein Kollege sagte: »Kurz nach seiner Rückkehr kam Foley zur Sektion V. Das außergewöhnliche Wissen über die Arbeit der Abwehr und ihre Leute, das er sich in fünfzehn Dienstjahren in Berlin angeeignet hatte, machte ihn in der expandierenden Abteilung zu einem Fels in der Brandung.«

Kim Philby, der sowjetische Maulwurf in der Sektion V, hat ihre Arbeit wie folgt beschrieben:

> Die Abteilung für Gegenspionage im SIS, genannt Sektion V, und der MI5 [das britische Gegenstück zum FBI] waren in Wirklichkeit zwei Seiten derselben Sache. Die wichtigste Aufgabe der Sektion V war es, Vorausinformationen über Spionageaktivitäten zu besorgen, die von fremdem Boden aus gegen britisches Territorium gerichtet waren. Es war klar, daß eine erfolgreiche frühzeitige Benachrichtigung durch die Sektion V dem MI5 bei seiner Aufgabe helfen würde, die Sicherheit Großbritanniens zu gewährleisten.

Frank Foley war also hauptsächlich mit Angelegenheiten beschäftigt, die mit technischer Spionage nichts zu tun hatten. Und den Oslo-Report hielt Reginald Jones immer noch für einen Scherz, weil der SIS keine Möglichkeit hatte, technische Informationen zu sammeln. Das soll nicht heißen, daß der »Greif« keine Informationen gesammelt hätte. Als Eric Welsh die Aufgabe bekam, technische Informationen zu speichern, war Rosbaud mit alten Informationen gut ausgestattet und sammelte bereits neue.
Seit anderthalb Jahren war Paul Rosbaud auf Kontakte mit Großbritannien auf höchster Ebene vorbereitet. Er konnte nicht in Erfahrung bringen, ob der Oslo-Report nützlich war, er konnte nicht wissen, wer seine Berichte lesen würde und ob die Leser in der Lage sein würden, sie zu verstehen. An kompetenten Leuten fehlte es nicht: Der begabte R.V. Jones war zum SIS gekommen, kurz bevor der Oslo-Report eingetroffen war. Aber es fehlte immer noch ein einsatzfähiger Verbindungsmann zu Paul Rosbaud. Welsh sollte diese Verbindung herstellen.
Rosbaud vertraute darauf, daß jede militärische Information irgendwann einmal nützlich sein würde, und war nicht untätig. Vielleicht fand er einen Kanal nach London, bevor Welsh zum SIS stieß, aber soweit bekannt ist, erhielt London während des Zeitraums zwischen Oslo-Report und Herbst 1941 von Rosbaud nichts Erwähnenswertes. Irgendwann nach Eric Welshs Amtsantritt beim SIS, aber noch vor August 1941 wurde die Verbindung wieder aufgenommen. Lise Meitners Briefe an Paul und Hilde enthielten nie Nachnamen, und sie gab Briefe, die sie erhielt, nie weiter. Dann, am 28. August 1941, schrieb Paul freudig an Hans: »Von mir kann ich berichten, daß ich – toi, toi, toi! – sehr gute Nachrichten und liebe und bewegende Briefe erhalten habe.«
Um sich als glaubwürdigen und verläßlichen Auftraggeber einzuführen, hatte Eric Welsh Rosbaud Briefe von seiner Familie übermittelt und Informationen über den norwegischen Studenten Sverre Bergh mitgeschickt, der mit ihm Kontakt aufnehmen würde. Damit war der zweite Teil der Aktionen des »Greif« eröffnet!
Rosbaud beschloß, noch vor der eigentlichen Kontaktaufnahme die Informationen des Oslo-Reports über Peenemünde zu ergänzen. Seiner Meinung nach ging von dort im Augenblick die stärkste Bedrohung in technischer Hinsicht aus. Wie immer, hatte

Rosbaud einige seiner Informationen über seine Tätigkeit am Verlag erhalten. Aber er besaß noch eine bessere Verbindung, eine alte Studienbekanntschaft.
Nach Kriegsausbruch hatte Wernher von Braun die Idee gehabt, »die besten Köpfe des Landes« nach Peenemünde einzuladen. Er hatte vor, sie für die seiner Meinung nach größte technische Herausforderung der Zeit zu gewinnen. Und so trafen sich die besten Techniker und Ingenieure Deutschlands zum später scherzhaft so genannten »Tag der Weisheit«.
Es wurde ein Tag der Weisheit für Paul Rosbaud. Er war zwar nicht selbst mit dabei, hatte unter den Anwesenden aber viele Freunde. Von Braun hätte Rosbaud ebensogut auch persönlich einladen können. Jedenfalls erwies von Braun dem britischen Geheimdienst mit dem Treffen einen großen Dienst.
Die Konferenz dauerte drei Tage: vom 28. bis zum 30. September 1939. Dr. Hermann Kurzweg, der 1937 nach Peenemünde kam und dort einer der Verantwortlichen für die Versuche im Windkanal war, hat vor kurzem in einem Gespräch die Konferenz beschrieben. Seinem Bericht zufolge begrüßten Wernher von Braun und der leitende Offizier Generalmajor Walter Dornberger die Wissenschaftler. Etliche der anwesenden Professoren arbeiteten bereits als Vertragsforscher für die Versuchsanstalt Peenemünde, und viele weitere standen auf der Liste, noch bevor die Konferenz um war. Auch wenn die Waffen, die hier entwickelt wurden, fünf Jahre später in Großbritannien Tausende von Menschen töten und verkrüppeln sollten, hat die Zusammenkunft die Alliierten möglicherweise vor einer noch größeren Katastrophe bewahrt. In Großbritannien hatten die Ingenieure der Imperial Chemical Industries (ICI) zusammen mit Physikern im MAUD-Komitee überlegt, wie man die Energie im Atomkern nutzen konnte. Einer der Gründe dafür, daß die Deutschen die Atombombe nie bauten, bestand darin, daß zuwenig Ingenieure mit praktischen Erfahrungen in der Industrie herangezogen wurden, um die kritischen Fragen zu stellen. Die Besten arbeiteten für die Versuchsanstalt Peenemünde oder für deren zahlreiche Vertragsfirmen. Daß Wernher von Braun ihnen zu tun gab, war somit ein weiterer Dienst, den er den Alliierten unfreiwillig leistete.
Dr. Eric Steinhoff war seit Frühjahr des Jahres ein Angestellter

der Versuchsanstalt und hielt auf der Konferenz ein Referat. Der fähige Mann wurde später Leiter der Abteilung für Bord-, Steuer- und Meßgeräte. Steinhoff besaß den Pilotenschein für Motor- und Segelflugzeuge und hatte in Darmstadt, an Rosbauds Universität, das Examen abgelegt. Steinhoffs Lieblingsprofessor in Darmstadt war A. Walther vom mathematischen Institut gewesen, und natürlich war Walther bei der Konferenz auch dabei. Es überrascht nicht, daß Walther auch ein Freund Paul Rosbauds war. Immer, wenn Rosbaud nach Darmstadt kam, schaute er zu einem Plauderstündchen in der Fichtestraße 21 vorbei. Zu dem Treffen kamen noch andere Professoren aus Darmstadt, die Rosbaud kannte, darunter Carl Wagner vom physikochemischen Institut und ein Mann namens Thum aus dem Materialtestlabor. Und es waren Bekannte von anderen technischen Hochschulen in ganz Deutschland dabei. Keiner der Professoren war selbst ein Spion wie Rosbaud. Sie waren unschuldige »Quellen«, die er fachkundig angezapft hatte, seit der Oslo-Report abgeschickt war. Als es so aussah, als ob Rosbaud bald wieder Gelegenheit bekommen würde, Großbritannien mit Informationen zu versorgen, beschloß er, sich Peenemünde selbst anzusehen.

Rosbaud war in vielen Häusern Deutschlands ein willkommener Gast. Vor der Konferenz hatte er einem Professor namens Gerhard Jander gegenüber angedeutet, er würde gern im August 1941 etwa eine Woche in dem mittelalterlichen Städtchen Greifswald nahe der baltischen Küste verbringen. Professor Jander von der dortigen Universität und seiner Frau Johanna war es ein Vergnügen, ihn einzuladen. Ihre Tochter Anneliese war ein paar Jahre zuvor gestorben, und Rosbaud konnte ihr Zimmer bewohnen.

Der Ryckgraben mündet in der Nähe von Greifswald in die Ostsee. Trotz des Krieges feierte die Stadt ihren fünfhundertsten Geburtstag, was einen weiteren Vorwand für Rosbauds Besuch bildete. Den Greifswälder Kindern erzählt man eine alte Geschichte aus der Zeit, als an der Stelle der Stadt noch ein kleines Dorf stand. Ein tiefer dunkler Wald umgab damals das Dorf, und in dem Wald hauste ein Greif, ein schreckliches Untier mit dem Körper eines Löwen und dem Kopf und den Flügeln eines Adlers. Eines Tages raubte das Untier ein Kind aus dem Dorf, schleppte es in den Wald und verschlang es. Man wußte, daß der Greif sich ab

und zu ein Opfer holte, aber diesmal kehrte der Greif noch am gleichen Tag zurück und raubte ein weiteres Kind, mit dem er seine hungrige Brut fütterte.
Das war zuviel. Die wütenden Dorfbewohner rissen das Nest des Untiers herab, töteten die Jungen und vertrieben den Greif nach Osten auf die Insel Usedom. Dort fand er in einem noch tieferen und dunkleren Wald Zuflucht. Jedoch war das Untier auch dort nicht willkommen, und ein tapferer Kuhhirte steckte den Wald in Brand, so daß nichts als Asche übrigblieb. Der Greif allerdings kam nicht um, sondern verschwand. Deshalb lesen die Kinder von Greifswald heute am Ende der Geschichte in ihren Büchern zur Beruhigung: »Von da an wurde der Greif nie wieder gesehen.«
Mitte August 1941 kehrte jedoch ein Greif nach Greifswald zurück. Er wollte nicht gesehen werden, sondern selber sehen. Paul Rosbaud wollte sich die Stelle anschauen, an der einmal auf der Insel Usedom der Wald gestanden hatte. Der Ort hieß Peenemünde.
Es war gut, daß er zu dieser Zeit nicht in Berlin war. Am 22. Juni hatte Hitler sich gegen seinen sowjetischen Verbündeten gewandt und die Operation Barbarossa begonnen. Rosbauds militärische Quellen hatten zuviel zu tun, um Zeit für ihn zu haben. In der Nacht des 12. August führte die britische Luftwaffe ihren ersten großen Luftangriff auf Berlin durch. Dreihundert Häuser in der Waltraudstraße, ganz in der Nähe von Rosbauds Haus, wurden dadurch zerstört. Sein eigenes Haus wurde damals nicht beschädigt.
Als Gast Gerhard Janders nahm Rosbaud, wie schon so oft, die Gastfreundschaft eines Nazis in Anspruch. 1933 war Otto Hahn gebeten worden, Direktor des Kaiser-Wilhelm-Instituts für physikalische Chemie zu werden. Er hatte angenommen, aber die Behörden hatten ihm dann doch Jander vorgezogen, der Parteimitglied war. Hahn war nicht in der Partei.
Professor Jander war ein Akademiker von Format. Bevor er nach Berlin ging, war er Professor in Göttingen gewesen, und zwei Jahre nach dem Sieg über Hahn war er nach Greifswald gekommen. 1935, im gleichen Jahr, begann ein junger Mann aus dieser Gegend nach einem abgeschiedenen Ort zu suchen, an dem er unbeobachtet seine Versuche mit Raketen durchführen konnte.

Das Gelände, das Wernher von Braun sich aussuchte, war die Spitze der Insel Usedom.

In der Bucht zwischen Greifswald und Peenemünde liegt eine kleine unbewaldete Insel, die Greifswalder Oie. Sie ist etwa neunhundert Meter lang und zweihundertsiebzig Meter breit. Auf der Oie hatte 1929 Johannes Winkler die erste Flüssigtreibstoff-Rakete getestet. 1937 begann Wernher von Braun, dort seine A-3-Rakete zu testen, die Vorläuferin der V 2. Als Rosbaud zu Besuch kam, waren die Rauchspuren der Testraketen allgemeines Gesprächsthema in Greifswald, etwa im Restaurant Ihlenfeld und in Bartens' Weinstube. Wer zufällig die Ruinen von Hilda besuchte, einem Zisterzienserkloster an der Mündung des Ryckgrabens, konnte an Testtagen mit eigenen Augen die Kondensstreifen sehen. Der Wald des Greifs war ein günstiger Aussichtspunkt für einen Spion.

Mit den Aktivitäten auf der Greifswalder Oie und in Peenemünde sollten die Bestimmungen des Versailler Vertrags umgangen werden. Weil den Militärs nur eine bestimmte Anzahl konventioneller Waffen erlaubt war, suchten sie nach Waffen, die sich die Vertragspartner damals nie hätten vorstellen können. 1923 schrieb Hitler in *Mein Kampf*: »Wir werden wieder Waffen haben!« Aber bereits vor seiner Machtergreifung hatte das deutsche Militär aufgerüstet. 1929 machte Professor Karl Emil Becker, Oberst und Vorsitzender des Militärwaffenausschusses, dem Verteidigungsminister den Vorschlag, daß Deutschland durch Raketenversuche zu Waffen kommen könne, mit denen es seine Vertragspflichten nicht verletzte. 1932 war eine geheime Raketenentwicklungs- und -teststation auf dem Versuchsgelände der Artillerie in Kummersdorf West eingerichtet worden, siebenundzwanzig Kilometer südlich von Berlin. Ihr Direktor war Oberst Walter Dornberger, ihr erster ziviler Angestellter Wernher von Braun. Alle anderen Raketenforscher wurden vor drei Alternativen gestellt: Entweder sie hörten zu arbeiten auf und gaben ihre Patente ab, oder sie kamen ins Gefängnis, oder sie arbeiteten am staatlichen Raketenprogramm mit (wenn sie gut genug waren). Die meisten entschieden sich für letzteres. Der Umfang der Arbeiten wuchs, und 1936 übernahm das Heer das Gelände auf der Insel Usedom, das Peenemünde Ost genannt wird. Hier wurde die schreckliche V 2 entwickelt und getestet. Die Luftwaffe übernahm Peenemünde West und entwickelte den unbemannten Flugkörper V 1, den Vorläufer der Raketen, die im Zweiten Weltkrieg über Großbritannien abgeschossen wurden, und der heutigen Marschflugkörper. Im Oslo-Report wurde eine ferngesteuerte segelfliegerartige Waffe beschrieben, die FZ 21 (später HS 293 genannt), mit der Schiffe beschossen werden konnten. Sie wurde ebenfalls in Peenemünde West entwickelt. Rosbaud aber interessierte sich diesmal, im August 1941, dafür, was in Peenemünde Ost auf dem Raketenentwicklungsgelände vor sich ging.

Zu den Informationen, die Rosbaud in Greifswald sammelte, gehören eine allgemeine Beschreibung der Greifswalder Oie und Peenemündes. Außerdem notierte er die Häufigkeit der Tests und kam ansatzweise zu einer Beschreibung der V 2 und einiger ihrer Bestandteile. Bei seiner Rückkehr nach Berlin schrieb er zuerst eine Mitteilung an seinen Bruder Hans in Straßburg: »Kam gestern [am 26. August] von einem zehntägigen Urlaub zurück, den ich als [Janders] Gast an der Ostsee verbrachte.« Dann schrieb er den Bericht über Peenemünde, den Eric Welshs Kontaktmann in Berlin einige Monate später abholen würde.

Kapitel 20

Sigurd

Eric Welsh hielt sich mit gutem Grund für einen großartigen Spion. Schließlich hatte er zwei Jahrzehnte lang das Handwerk eines Maulwurfs gemeistert und leitete jetzt, im Jahre 1941, sein eigenes großes Informationsnetz in Norwegen. Der kleingewachsene, rundliche Mann mit den Eulenaugen hielt sich außerdem auch für einen Frauenhelden. So eisern er über seine wirklichen Taten schwieg, so geschwätzig war er, was romantische Eroberungen anging. Im allgemeinen spielten die sich jedoch nur in seiner Phantasie ab. Aber er versuchte es immer wieder.

Kurz nachdem Eric Welsh die norwegische Sektion des SIS übernommen hatte, wartete er eines Morgens im Vorzimmer des SIS-Chefs Stewart Menzies. Dort machte er sich bei Menzies Sekretärin unbeliebt, indem er kommentierte, was sie auf der Schreibmaschine geschrieben hatte – es war seine Art zu flirten. Welsh erzählte die Geschichte später Rudolf Peierls. Er habe gesagt: »Sie haben diesen Namen falsch geschrieben. Und dieser Mann wohnt nicht in X, sondern in Y.« Dann sei Menzies erschienen und habe sich erkundigt, woher er denn soviel über diese Leute wisse. Er habe geantwortet: »Das ist mein Hobby. Ich habe mich schon immer für Wissenschaftler und ihre Arbeit interessiert.« Welsh erzählte Peierls weiter, daß er sofort für die Atomspionage eingesetzt worden sei und dort sehr gute Arbeit geleistet habe.

Zwar interessierte sich C zu diesem Zeitpunkt hauptsächlich für Atombomben, aber Welshs Aufgabengebiet umfaßte die Nutzanwendung aller wissenschaftlichen und technischen Erkenntnisse, wie sie damals im Oslo-Report umrissen wurden. Seine Aufgabe war es, die analytischen Bemühungen R.V. Jones' zu unterstützen und zu ergänzen. Aber weil es um Nutzanwendungen ging, arbeitete Welsh unter Tarnung, und die »Kunden« durften so wenig wie möglich über seine Quellen wissen. Jones erfuhr erst nach dem Krieg, daß Welshs Hauptquelle Rosbaud gewesen war. Es ist leicht zu verstehen, weshalb Menzies sich damals so sehr für Atomspionage interessierte. Das MAUD-Komitee stellte gerade seinen Abschlußbericht zusammen. Darin stand die Empfehlung, daß die Arbeit an der Atombombe mit voller Kraft weitergeführt werden solle. Den Anstoß zu diesem Bericht hatte ein Memorandum Otto Frischs und Rudolf Peierls' gebildet, in dem sie zeigten, daß die Bombe mit einer vertretbaren Menge spaltbaren Materials gebaut werden konnte. Die Deutschen kamen nie zu der Erkenntnis Frischs und Peierls', und das ist der Hauptgrund, warum sie die Bombe nicht bauten.

Zur gleichen Zeit, als das MAUD-Komitee seinen Bericht aufsetzte und Eric Welsh sich bei Menzies Sekretärin unbeliebt machte und dabei zu einer neuen Aufgabe kam, erhielt ein deutscher Exilwissenschaftler die Genehmigung, mit Peierls an der Atombombe zu arbeiten. Sein Name war Klaus Fuchs.

Als Physikstudent in Berlin war Fuchs 1932 in die kommunistische Partei eingetreten. Am 3. Oktober 1933 hatte der Rektor der Berliner Universität einen Brief an die Adresse des Studenten in der Holtenauer Straße 82 geschickt: »Sie werden aufgrund der Teilnahme an kommunistischen Umtrieben von der Universität verwiesen.« Fuchs ging nach Birmingham und arbeitete dort für Max Born. Born schrieb, Fuchs habe »nie verhehlt, daß er ein überzeugter Kommunist war«. Bei Kriegsausbruch wurde Fuchs als feindlicher Ausländer auf der Insel Man interniert und später in ein Lager nach Kanada verlegt. Der britische MI5 holte ihn dort heraus und ließ ihn an einem der heikelsten Projekte des Krieges mitarbeiten.

Eric Welsh wollte ihn sogar an einem noch geheimeren Projekt arbeiten lassen. Peierls hatte einen Vorschlag gemacht, wie man die Deutschen überwachen konnte: Er und Fuchs wollten die deutsche wissenschaftliche Literatur laufend nach Anhaltspunkten in bezug auf die atomare Forschung durchforsten. Peierls schrieb später: »Ich schlug vor, daß wir bestimmte Leute beobachten sollten, die wahrscheinlich dabeisein würden, wenn in Deutschland über atomare Energie gearbeitet wurde. Wir wollten kontrollieren, ob sie ihre normalen Arbeitsplätze verließen, ungewöhnliche Reisen unternahmen und so fort.«

Auf Peierls' Liste stand auch Werner Heisenbergs Name. Heisenberg versuchte damals, sich in Deutschland ein eigenes Atomforschungsprogramm genehmigen zu lassen. Der MI5 war mit der gleichen Gründlichkeit, mit der er über Fuchs Ermittlungen angestellt hatte, Heisenbergs Spuren gefolgt. Seine Antwort auf Peierls' Liste war: »Es ist interessant, daß Sie diesen Namen [Heisenberg] nennen. Er besuchte kurz vor dem Krieg Cambridge, und wir haben keine Aufzeichnungen darüber, daß er das Land je wieder verlassen hat.« Jahre später meinte Peierls: »Die Reaktion erschreckte mich. Ich dachte mir, wenn der ganze britische Geheimdienst so arbeitet, haben wir schlechte Aussichten.«
Tatsächlich waren aber die Aussichten noch schlechter, als Peierls befürchtete. 1950 bekannte Klaus Fuchs: »Als ich den Zweck der Arbeit erfuhr [Bau der Atombombe], beschloß ich, Rußland zu informieren. Den Kontakt wollte ich durch ein anderes Mitglied der kommunistischen Partei herstellen. Von da an hatte ich ständig Kontakt zu mir unbekannten Personen, und alle Informationen, die ich ihnen gab, wurden an die russischen Behörden weitergegeben.« Zu diesen »unbekannten Personen« gehörte Simon Kremer, der in der russischen Botschaft in London Sammy Cahan abgelöst hatte. Für Cahan war das die gerechte Strafe für sein Verhalten gegenüber Peter Kapitza.
Was die Deutschen taten, interessierte die Russen nicht weniger als die Briten. Daher ist es mehr als wahrscheinlich, daß von den Gehältern, die Rudolf Peierls und Klaus Fuchs für ihre Arbeit bekamen, auch die Spionage der Sowjetunion profitierte.
Peierls war entsetzt darüber, wie wenig der britische Geheimdienst offensichtlich über das deutsche Atomprojekt wußte. Die Situation sollte sich allerdings bald verbessern.
Eine Quelle für technische Informationen gab es im Reich. Es war der Autor des Oslo-Reports, und Frank Foley und Margaret Reid kannten ihn. Foley hätte vielleicht Welshs Stelle bekommen, wenn sich der stellvertretende Führer Rudolf Hess nicht aus immer noch ungeklärten Gründen am 10. Mai 1941 entschlossen hätte, mit dem Fallschirm über dem schottischen Hochland abzuspringen. Winston Churchill sagte C, er wolle, daß Hess vom besten Kenner der Nazibürokratie verhört werde. Dieser Mann war Frank Foley. Als Welsh zum Einsatzleiter der technischen Spionage des SIS

ernannt wurde, war Foley in einem Lager der höchsten Geheimhaltungsstufe sechzig Kilometer außerhalb Londons mit Hess beschäftigt. Wahrscheinlich war ihm überhaupt nicht bewußt, daß Welsh einen neuen Posten bekommen hatte, und er hätte wohl auch nicht die Zeit gehabt, sich mit ihm darüber zu unterhalten.
Welsh brauchte Foley nicht, um vom Oslo-Report zu erfahren. Als Foley nämlich zu seiner neuen Stelle wechselte, erbte Welsh Margaret Reid. Er fand die Geschichte des Oslo-Reports höchst erstaunlich. Wenn er Paul Rosbaud auch nicht persönlich kannte, so hatte er doch sicherlich von Gulbrand Lunde und anderen Bekannten von ihm gehört. Im Autor des Oslo-Reports hatte er einen Agenten vor Ort, wie er ihn sich nicht besser wünschen konnte. Es blieb nur noch ein Problem: Wie sollte er die Informationsquelle Rosbaud anzapfen?
Bei Kriegsausbruch studierten mehrere hundert norwegische Studenten an verschiedenen technischen Hochschulen Deutschlands. Einige davon kehrten auf dem schnellsten Weg in die Heimat zurück, bevor Norwegen im April 1940 überfallen wurde. Andere blieben, um das Examen abzulegen. Manche sympathisierten mit den Nazis. Ihnen zuliebe verfolgte die deutsche Regierung einen sehr liberalen Kurs, was die Bewegungsfreiheit norwegischer Studenten anging. Nach dem April 1940 kamen ein paar neue Studenten nach Deutschland, um die hervorragenden Studienmöglichkeiten zu nutzen. Und einige Studenten nutzten auch ihre Freiheit – nicht um die so »großartige« Kultur des Nationalsozialismus besser kennenzulernen, sondern um zu ihrem Ende beizutragen. Zu diesen Studenten gehörte Sverre Bergh.
Die Technische Hochschule Dresden gehörte zu den besten Hochschulen des Landes. Sie lag südlich des Hauptbahnhofs am linken Elbufer in einer Gegend, in der man nichts vom Charme und der Eleganz der Stadt spürte, die seit jeher für ihre herrlichen Bauwerke und Kunstschätze berühmt war. Aber ein ausgelassenes Studentenleben entschädigte für die der Vorstadt fehlenden Annehmlichkeiten. Sverre Bergh kam im August 1940 nach Dresden. Er wollte dort gut leben, eine Ausbildung machen und alles in seiner Kraft Stehende unternehmen, dem Reich zu schaden.
Der zwanzigjährige Student war in Tönsberg am Oslofjord südlich von Oslo geboren, der ältesten Stadt Norwegens. Im vierzehnten

Jahrhundert hatte die für ihre Seefahrer berühmte Stadt alle anderen Städte Norwegens an Bedeutung übertroffen. Inzwischen war sie ein Ankerplatz für Seehundfänger.
Der Berliner Korrespondent des Osloer *Aftenposten*, Theo Findahl, war ein Onkel Sverre Berghs. Findahl hatte sich zusammen mit seinem Redakteur in Oslo einen Telefoncode ausgedacht. Sie telefonierten regelmäßig, und Findahl gelang es, eine ganze Menge geheimer politischer Informationen an den Redakteur zu übermitteln. Der Redakteur stand in Verbindung zu den Spionageoperationen der norwegischen Exilregierung in Stockholm. Verständlicherweise wollte Findahls Neffe sich auch an diesen Aktivitäten beteiligen.
Bergh hatte sich in Dresden für das Studium der Bautechnik eingeschrieben. Wenn er sich überall in Deutschland für verschiedene Gebäude interessierte, hing das natürlich nur mit seinem Studium zusammen. Von einem schwedischen Freund hörte er, in Schweinfurt gebe es interessante Gebäude zu sehen. Schweinfurt war um so interessanter, als es gemessen an seiner Größe das bestgesicherte Gebiet in ganz Deutschland war.
Die Sicherung war deshalb notwendig, weil in den drei Schweinfurter Fabriken die Hälfte aller in Deutschland benötigten Kugellager produziert wurden, und Kugellager waren wichtig für Flugzeuge und andere militärische Ausrüstungsgegenstände. Das Werk war alt, es stammte aus dem Jahr 1906, aber es war um zwei Werke der Vereinigten Kugellagerfabriken AG (VKF) erweitert worden, die in schwedischem Besitz war. Das Werk Nummer eins der VKF lag in einer Wohngegend am Südrand der Stadt. Seine Gebäude und die Flak-Geschützstände zu ihrer Sicherung konnte man bequem von den Gärten der umliegenden Wirtschaften aus einsehen. Sverre Bergh war den Freuden des Wirtshauses noch nie abgeneigt gewesen und ließ sich Zeit dabei, die Vorgänge in der VKF-1 zu beobachten und ihren Lageplan zu studieren.
In den Sommerferien 1941 brachte er die Informationen nach Oslo und nahm mit einem engen Freund seines Onkels Kontakt auf. Arvid Brodersen war Soziologe an der Universität Oslo und hatte in der norwegischen Widerstandsbewegung eine einmalige Stellung. Er war der Kontaktmann zu Oberstleutnant Theodor Steltzer, einem Offizier im Transportkommando der Wehrmacht in

Oslo. Steltzer gab Brodersen Informationen über innere Angelegenheiten der deutschen Organisationen in Oslo, vor allem aber informierte er ihn im voraus von Maßnahmen gegen Studenten und Professoren der Universität. Wegen seiner besonderen Stellung als Vertrauter Steltzers, die nach dem Willen der Aktivisten im norwegischen Untergrund nicht geschwächt werden sollte, hielt sich Brodersen von anderen Widerstandsaktivitäten im allgemeinen zurück – er hätte sich dadurch verraten können. Er verwies Sverre Bergh deshalb an Øivind Strømnes, den Leiter der neugegründeten Untergrund-Spionagegruppe XU in Südnorwegen. Die Gruppe war unabhängig, richtete sich jedoch an den vorrangigen Interessen Eric Welshs aus.

Strømnes trug den Codenamen Øle. Er blieb den Rest des Krieges hindurch Berghs norwegischer Auftraggeber. Mit Hilfe seiner reizenden jungen Frau Anne-Sofie gründete und leitete Øivind Strømnes die erfolgreichste Spionageorganisation des Untergrunds auf der Seite der Alliierten. Die Amerikaner erfuhren seinen Namen nie. 1943 schickte der Chef der amerikanischen Militärspionage, Generalmajor George V. Strong, einen Offizier zum SIS, um dort eine Bewertung verschiedener Spionageorganisationen des Untergrunds einzuholen. Der Offizier berichtete: »Die Norweger haben eines der besten Spionagesysteme auf dem Kontinent. Die Briten arbeiten mit den Norwegern lieber zusammen als mit einer der anderen Exilregierungen ... Von den Untergrundorganisationen der besetzten Länder versorgt die norwegische Spionage das britische und amerikanische Hauptquartier zweifellos mit den vollständigsten und genauesten Informationen.« Das war eine anonyme Huldigung an das Ehepaar Strømnes, Brynulf Ottar und viele andere im XU, die nach dem Krieg keine Orden für ihre Dienste bekamen.

Die Gruppe XU war sicherlich die bestorganisierte und produktivste Spionageorganisation, die während des Zweiten Weltkriegs arbeitete. Ein Mitbegründer der XU war Brynulf Ottar, der Mann, dem Odd Hassel in allen Einzelheiten erzählt hatte, wie er den Oslo-Report bei der britischen Gesandtschaft abgegeben hatte. Ottar schrieb später:

Die XU wurde kurz nach dem Ende der Kampfhandlungen 1940 gegründet. Die Initiative ergriff Mr. Arvid Storsveen, Bauingenieur an der technischen Schule in Trondheim ... Er und mein Freund Ivan Th. Rosenqvist ... waren beide Feldwebel des Pionierkorps. Als die Kämpfe in Südnorwegen beendet waren, ging Ivan nach Nordnorwegen und kämpfte dort bis zum Ende weiter. Arvid fuhr nach Stockholm und traf mit dem norwegischen Militärattaché Vorkehrungen, einen Nachrichtendienst in Norwegen einzurichten. Als er wieder in Oslo war, begann er in Zusammenarbeit mit höheren Offizieren und anderen Leuten, die mit der Planung einer geheimen Militärorganisation (MILORG) begonnen hatten, im Raum Oslo einen Nachrichtendienst aufzubauen. Ein Kurierdienst zwischen Oslo und Stockholm wurde eingerichtet. An ihm arbeiteten der wieder aus Nordnorwegen zurückgekehrte Ivan und einige seiner Waffengefährten mit.

Die militärische Organisation MILORG, eine Abkürzung für *Militaerorganisasjonen*, war nichts anderes als das Mittel, mit dem die norwegische Exilregierung unter dem britischen Oberkommando und später unter dem Oberbefehl der Alliierten den Kampf gegen die Nazis fortsetzte. Begonnen hatte die MILORG als unabhängige Organisation. Anfangs hatten die Spione der MILORG einige nützliche Informationen über deutsche Anlagen geliefert, die Gruppe war jedoch nicht gut organisiert. Als Norwegen kapitulieren mußte, hatte General Ruge appelliert: »Wartet, habt Vertrauen und seid bereit!« Zu Beginn des Jahres 1941 hatten die Norweger lange genug gewartet. Sie organisierten ihre Spionagetätigkeit neu und führten äußerst wirkungsvolle Operationen durch. Sverre Berghs Informationen über Schweinfurt erreichten Welsh in London. Ihre Ausführlichkeit und der Mut des Studenten aus Dresden beeindruckten ihn. Welsh brauchte einen verläßlichen Kontaktmann zum »Greif«, und Sverre Bergh schien genau der richtige Mann dafür zu sein. Sämtliche Bemühungen der XU wurden von Welsh über den Militärattaché und Spionagechef der Exilregierung kontrolliert, Alfred R. Roscher Lund. Roscher Lund arbeitete außerhalb Stockholms. Er trank viel und fuhr schnell, und Welsh, der ihm darin ähnlich war, hielt ihn für wichtig. Walter Ettinghausen arbeitete mit F. H. Hinsley an der Dekodierung von Signalen der deutschen Marine. Später nannte er sich Walter Eytan und wurde israelischer Botschafter. Er sagte einmal im Scherz: »Ich glaube, Roscher Lund wäre am liebsten Oberbefehlshaber der Hagana.«

Roscher Lund hatte sein Examen 1937 an der Technischen Hochschule Dresden abgelegt. Er half Welsh, die Sender einzurichten, von denen aus über die deutsche Flotte berichtet wurde. Es lag nahe, daß Roscher Lund versuchen würde, an seiner alten Universität in Deutschland neue Agenten zu werben. Einige dieser Studenten sollten als Boten für den einzigen Agenten der Briten in Deutschland arbeiten – für Paul Rosbaud. Einer von Roscher Lunds Kommilitonen aus Dresden, Einar Borch, arbeitete bereits für ihn. Aber Borch, der Sohn eines reichen Grundbesitzers aus Jevnaker, wurde langsam zu alt. Er war ein ewiger Student, hatte sich zum ersten Mal 1929 in Dresden für Chemie immatrikuliert und lebte immer noch dort. Er trieb sich herum und besuchte nur noch selten Vorlesungen. Borch war zu bekannt, eine zu auffällige Person. Er war nicht der ideale Mittelsmann zwischen Welsh und Rosbaud. Aber es war wahrscheinlich Borch, der die Briefe Hildes und Angelas zu Paul Rosbaud brachte und den »Greif« reaktivierte. In dieser Lage war Roscher Lund wichtig, um Verbindungen herzustellen. Die norwegische Regierung rief ihn jedoch nach London zurück. Welsh war entsetzt und ging zu C. Er informierte ihn davon, daß die Versetzung Roscher Lunds den Empfang wichtiger technischer Informationen von einem Reichsbürger gefährde, der seinen Wert und sein Engagement für den Sturz Hitlers bereits unter Beweis gestellt habe. Menzies trug das Problem unverzüglich Churchill vor. Nur eine Woche zuvor hatte Churchill sich mit seinen Stabschefs getroffen. Sie hatten gedrängt, »man solle weder an Zeit noch an Arbeit, an Material oder Geld sparen, um die Entwicklung dieses Projekts [der Atombombe] voranzutreiben«. Churchill fürchtete, daß Hitlers Generalstabschefs ihm einen ähnlichen Rat geben würden, und darüber wollte der Premierminister Genaueres wissen.

Noch an demselben Mittwoch, am 10. September 1941, wurde von der Downing Street 10 aus eine Nachricht an den Ministerpräsidenten Norwegens und seinen Außenminister gesandt:

Ich wäre Ihnen sehr verpflichtet, wenn Euer Exzellenz und Mr. [Trygve] Lie mir in einer Angelegenheit behilflich wären, der meine persönliche Aufmerksamkeit gilt.

Ich höre, daß die norwegische Regierung beabsichtigt, ihren Militärattaché Hauptmann Roscher Lund aus Stockholm abzuziehen. Dieser Offizier hat der britischen Spionageorganisation in Schweden große Dienste erwiesen. Seine Anwesenheit dort ist für die britische Regierung und für die Sache der Alliierten überhaupt von besonderem Wert.

Ich verstehe, daß der Fall schwierig ist. Weil diese Frage aber nicht nur die norwegische Regierung betrifft, sondern die Kriegsanstrengungen insgesamt, hoffe ich trotzdem, daß Euer Exzellenz und Ihre Kollegen sich in der Lage sehen werden, die getroffene Entscheidung zurückzunehmen. Es ist eine Angelegenheit, der ich große Bedeutung beimesse.

Mit freundlichen Grüßen
Winston S. Churchill

Die Entscheidung wurde noch am selben Nachmittag zurückgenommen.

Von Welsh erhielt Sverre Bergh über Roscher Lund und Welshs Mann John Whistondale einen besonderen Auftrag, der darin bestand, »Paul Rosbaud in jeder Weise zu helfen, Informationen von ihm in Empfang zu nehmen und sie über bereits existierende und neue Kanäle an Welsh weiterzugeben«. Einen eigenen Spionageauftrag erhielt Bergh nicht. Selbständig wie er war, lieferte er jedoch den ganzen Krieg hindurch wertvolle Informationen.

Eine Zugfahrt von Oslo nach Göteborg dauerte in Friedenszeiten nur fünf Stunden, 1941 jedoch doppelt so lange. Unterwegs hatte man schöne Ausblicke auf die Fjorde, zugleich sah man allerdings immer häufiger Truppen der SS, je mehr sich der Zug der Grenzstadt Kornsjø näherte. Berghs Papiere waren in Ordnung. Diesmal fuhr er nicht als Gelegenheitsagent nach Deutschland, sondern als Spion mit dem Auftrag, einem anderen Spion zu helfen. Nach der Paßkontrolle, einem langwierigen Verfahren, fuhr der Zug durch Niemandsland, bis er den schwedischen Zoll in Mon erreichte. Erst hier konnte Bergh noch einen Tag lang frei atmen, bevor er wieder nach Deutschland einreiste.

Im Bahnhof gab es Zellen mit Liegen und Waschbecken. Dort konnten sich müde Reisende ausruhen und schlafen, während sie auf ihren Anschlußzug warteten. Bergh sollte am nächsten Morgen jemanden treffen. Er besuchte noch ein paar Kellerlokale an der Gotha und zog sich dann in seine Zelle zurück. Der Besucher, der Bergh am nächsten Morgen im Göteborger Hauptbahnhof das richtige Losungswort nannte, war Whistondale. Er war der SIS-Mann, den Eric Welsh in Stockholm postiert hatte, damit er die Operationen des »Greif« abwickelte. Sverre Bergh war blond und über einen Meter achtzig groß. Whistondale maß ungefähr einen Meter neunundsechzig und war, wie ihn ein Kollege vom SIS beschrieb, »elegant, dunkel, athletisch gebaut, ein guter Sportler und ein ausgeglichener Arbeiter. Er sprach gut Norwegisch.« Letzteres war wichtig für die Arbeit, die er leisten sollte, aber an diesem Tag sprachen er und Bergh Englisch.
Whistondale war offen zu Bergh. Er hielt kaum etwas zurück, und das war nur angemessen: Whistondale schickte einen Mann nach Deutschland, der dort helfen sollte, die wichtigsten Geheimnisse des Reichs zu stehlen. Wenn er erwischt wurde, mußte er mit der Höchststrafe rechnen. Whistondale sagte Bergh, daß er der Leitung Roscher Lunds und Eric Welshs unterstehen würde – eine außergewöhnliche Enthüllung. Bergh bekam ein Losungswort, unter dem er mit Dr. Paul Rosbaud mit dem Codenamen »Greif« beim Springer-Verlag in Berlin Kontakt aufnehmen konnte. Rosbaud würde Bergh ständig mit Informationen über das deutsche Atomprogramm und mit anderen technischen Daten versorgen. Einer von Sverre Berghs Codenamen würde »Sigurd« sein. Bergh und Whistondale hatten sich am Montag, dem 29. September 1941, getroffen. Nach dem Krieg bekannte Werner Heisenberg: »Seit September 1941 war, wie wir es sahen, für uns der Weg zur Atombombe frei.« Er hatte sich geirrt, aber Eric Welsh hatte genau den richtigen Zeitpunkt gewählt, um Heisenberg beobachten zu lassen.
Sobald er in Berlin angekommen war, rief Sigurd von einem Kiosk am Stettiner Bahnhof aus die Nummer 218111 an. Eine verführerisch klingende Stimme meldete sich. Sie gehörte Annemarie Belz, Rosbauds Sekretärin (und Ruth Langes Rivalin um seine Zuneigung). Ja, Dr. Rosbaud war frei. »Können Sie mir sagen,

worum es geht?« »Um einen Studenten aus Dresden.« »Ach ja, Dr. Rosbaud hat Ihren Anruf erwartet.«
Sie verabredeten sich für den Nachmittag auf ein Bier in einem der Restaurationszelte im Tiergarten. Bergh lernte einen mittelgroßen Mann mit scharfen Gesichtszügen kennen. Rosbaud hatte eine Pfeife dabei. Seine Finger sahen so sensibel aus wie die eines Konzertpianisten, und er hatte eine kräftige, aber weiche Stimme. Er sprach mit österreichischem Akzent.
Die beiden fanden Gefallen aneinander. Beide spürten fast sofort die Faszination, die geheimdienstliche Aktivitäten für den anderen hatten. Rosbaud sagte Bergh, er habe bereits eine wichtige Mitteilung für ihn. Er übergab sie ihm, in einem Buch zusammengefaltet, als sie sich am nächsten Tag in einem anderen Bierzelt im Tiergarten trafen. Bergh las die Nachricht und gab sie nicht sofort weiter. Zuerst wollte er selbst an den Ort reisen, an dem Rosbaud vor vierzehn Tagen gewesen war.
Die Oder fließt von den Karpaten in der Tschechoslowakei aus nach Norden. Heute bildet sie die Grenze zwischen der DDR und Polen. Ab Stettin, ungefähr hundertzehn Kilometer von Berlin entfernt, wird sie breiter und mündet dann in drei Armen in die Ostsee. Im Osten fließt der Dievenow ins Meer und bildet zusammen mit den Wassern der Oder eine starke Strömung, die in östlicher Richtung vor der geraden Küste verläuft. Westlich der Odermündung haben Swine und Peene die Insel Usedom abgeschnitten. Sie hat die Form eines Tyrannosaurus. Den Kopf dieses Dinosauriers bildet Peenemünde.
An der Ostseite des Saurierhalses liegt Zinnowitz, ein hübscher Badeort. An der westlichen Seite des Halses befindet sich die Anlegestelle für die Fähre nach Wolgast auf der anderen Seite der Peene. Nördlich von Zinnowitz liegt Karlshagen, eine Wohnsiedlung für die Arbeiter Peenemündes, und noch weiter im Norden traf man auf die Produktions- und Versuchsstätten für die V-2-Raketen und das Raketen-Hauptversuchsgelände, alles ebenfalls an der Ostküste Usedoms gelegen. An der Inselspitze befanden sich die Abschußvorrichtungen für die fliegenden Bomben V1. Manche Gebäude im Peenemünde-Komplex waren ziemlich groß, und man konnte sie von dem Gebiet zwischen Zinnowitz und der Fährstation Wolgast aus sehen.

Als Sverre Bergh gehört hatte, was Rosbaud in Greifswald erfahren hatte, entschloß er sich, nach Norden zu reisen und mit eigenen Augen zu sehen, was zu sehen war. In Swinemünde verbrachte er die Nacht mit einem Mädchen, das er in einer Bar aufgegabelt hatte, und machte sich früh am nächsten Morgen auf den Weg zu der Halbinsel, auf der Peenemünde liegt. Er wanderte kleine Straßen entlang nach Norden und fuhr in Lastwagen mit, in keinem jedoch allzu lange. Bergh ging auf das Gebiet zwischen Wolgast und Zinnowitz zu und noch ein Stück weiter nach Norden. Vier hohe Gebäude türmten sich im Gebiet von Peenemünde vor ihm auf. Bergh machte in Gedanken eine Zeichnung von ihnen. Als Bautechniker konnte er ihre Funktion erraten. Er sah zwei Werkstätten, die Montagehalle und etwas, das aussah wie ein Kraftwerk. Er hätte zwar noch viel weiter nach Norden vordringen können, ehe er die bewachte Sicherheitszone erreichte, aber Bergh entschied sich dafür, sein Glück nicht herauszufordern. Auf dem Rückweg nach Swinemünde entschloß er sich nach einigem Zögern, auf eine Wiederholung der Freuden des letzten Abends zu verzichten. Statt dessen setzte er sich in den Zug nach Berlin.

Am nächsten Abend arbeiteten Rosbaud und Bergh ihren ersten wichtigen Bericht für Eric Welsh aus. Er enthielt eine grobe Beschreibung der V2 (»zigarrenförmig«) und ihre ungefähren Maße. Die Koordinaten Peenemündes wurden genau angegeben, und der Standort der vier Gebäude, die Bergh ausgemacht hatte, exakt festgelegt.

Einer der Attachés der schwedischen Gesandtschaft in Berlin hatte einen norwegischen Verwandten, und Theo Findahl hatte sich mit dieser Familie angefreundet. Der Attaché hatte auch Zugang zu den Säcken mit diplomatischer Post, die täglich nach Stockholm geschickt wurden. Dort gab nach Berghs Angaben ein anderer Komplize das Material an Roscher Lund weiter, der es wiederum John Whistondale übergab. Der Bericht erreichte R.V. Jones allerdings nie. Wie es beim Oslo-Report der Fall gewesen war, den Jones erhalten hatte, wurde auch die Benachrichtigung über Peenemünde überhaupt nicht zur Kenntnis genommen. Als Bergh Roscher Lund nach dem Krieg fragte, was mit dem Bericht von 1941 geschehen sei, bekam er zur Antwort, man hätte ihm nicht geglaubt und ihn deshalb fortgeworfen. Anne-Sofie Strømnes erinnert sich, daß ihr Mann gegen Ende des Jahres 1941 ein Signal aus Großbritannien empfangen habe, in dem es hieß, die letzte Mitteilung von Sigurd über die Sache in Peenemünde ergebe keinen Sinn. Es läßt sich nicht ermitteln, wer dieses Urteil abgab.

Das war sicherlich der erste einigermaßen bedeutungsvolle Bericht, den Welsh vom »Greif« erhalten hat, seit er Einsatzleiter der technischen Spionage des SIS geworden war. Und Welsh war vermutlich verärgert. Zweifellos wurde zum damaligen Zeitpunkt von Rosbaud und Bergh erwartet, daß sie in erster Linie die Atombombe betreffende Daten sammelten. So aber hatten die beiden viel riskiert, nur um Informationen über Flugkörper zu bekommen, die weder Welsh noch sonst jemanden interessierten. Der Bericht von 1941 wurde durch keine der anderen Informationen bestätigt, die Welsh bisher bekommen hatte. Auch wenn der Bericht von Peenemünde handelte, schien er doch nicht jene Operationen zu beschreiben, von denen im Oslo-Report die Rede war. Welsh mißtraute stets allen Agenten, und Rosbaud war für ihn keine Ausnahme. Foley war immer noch mit Rudolf Hess beschäftigt. Auch er konnte daher Welsh nicht versichern, daß Rosbaud in jeder Hinsicht glaubwürdig war.

Ob der Bericht Berghs und Rosbauds nun echt war oder nicht, jedenfalls erreichte er Welsh zu einem Zeitpunkt, zu dem anderes wichtiger war. Die Atlantikschlacht war in vollem Gange. Im abgefangenen Ultrasignal 1712 vom 31. August wurde darauf hingewiesen, daß die *Admiral Scheer* sich mit einer »Sonderaufgabe« auf Oslo, also auf Welshs Gebiet, zubewege. Welsh konzentrierte alles, was ihm zur Verfügung stand, auf das mächtige Panzerschiff, einschließlich des XU und seiner Radiostation an der Küste. Am Freitag, dem 5. September, und am darauffolgenden Montag flogen die »fliegenden Festungen« der Royal Air Force erfolglos Angriffe auf die *Scheer*, die dann in südlicher Richtung nach Swinemünde im Südosten Peenemündes fuhr. Man sollte meinen, daß dieses Ereignis, das sich zutrug, unmittelbar bevor Welsh den Bericht über die Raketenforschung in demselben Gebiet erhielt, intensive geheimdienstliche Aktivitäten nach sich gezogen hätte. Aber es geschah nichts.

Aus den abgefangenen Signalen ging hervor, daß auf der *Scheer* Kampfvorbereitungen getroffen wurden. Die gesamte Spionage mußte sich darauf konzentrieren, den Erfolg dieser Vorbereitungen zu verhindern. Welshs XU-Netzwerk durfte keine Kraft auf atomare Bedrohungen und Raketen verschwenden, beides Gefahren, die vergleichsweise in weiter Ferne zu liegen schienen. Eine andere Antwort auf das Rätsel, weshalb der Bericht von 1941 unbeachtet blieb, scheint es nicht zu geben. Welsh gab ihn nicht an Jones weiter, weil er ihn einfach nicht für wichtig hielt. Außerdem wollte Welsh seine geheimste Quelle keiner unnötigen Verdächtigung aussetzen.

Kapitel 21

Der Besuch

Mitte 1941 wurde sowohl in Großbritannien als auch in Deutschland die Entscheidung getroffen, die Forschungen zur Atombombe fortzusetzen. In beiden Ländern interessierte man sich zunehmend für die Fortschritte des anderen Landes. Die Amerikaner waren wegen der Fortschritte der Deutschen zwar beunruhigt, jedoch waren die Vereinigten Staaten erst gegen Ende des Krieges überhaupt in der Lage, Atomspionage zu betreiben. In Rußland war das anders.

Als Hitler im Juni 1941 die Operation Barbarossa befahl, mußten die sowjetischen Wissenschaftler ihre Arbeit an der Atombombe abbrechen. Genau zu dieser Zeit begann Klaus Fuchs, über das britische Programm zu berichten, vor allem über die damals gefaßten Beschlüsse im Abschlußbericht der MAUD-Kommission. Gerade, als die Sowjets im Rennen um die Bombe die Führung hätten übernehmen können, zwang der Überfall sie zum Ausstieg.

Bis zu diesem Zeitpunkt hatten sie mit dem deutschen Atomprogramm Schritt gehalten, allerdings lagen sie hinter den Briten zurück. Kürzlich wurde Rudolf Peierls, der den Briten zusammen mit Otto Frisch ihren Vorsprung verschafft hatte, gebeten, eine im November 1940 von dem führenden sowjetischen Atomwissenschaftler Igor Kurchatow verfaßte Arbeit zu begutachten. Peierls schrieb: »Er [Kurchatow] kannte sich sicherlich gut in der Literatur aus ... [aber] er kam nicht auf die Idee einer Bombe ... Mit anderen Worten, im November 1940 lagen sie in Punkten weit zurück, die in England und Amerika damals bereits gut verstanden wurden.«

Im Juli 1941 wurde Kurchatow ans Schwarze Meer geschickt. Dort sollte er an dem Problem arbeiten, wie man den deutschen Magnetminen begegnen könnte, die mit dem im Oslo-Report beschriebenen Auslösertyp ausgerüstet waren. Im Berliner Prozeß gegen die sowjetische Spionagegruppe Rote Kapelle, die im September und Oktober aufgeflogen war, war von einem Interesse der Sowjets am deutschen Atomprogramm nicht die Rede, obwohl der Ring Informationen über viele andere fortgeschrittene Waffentechnologien gesammelt hatte. Das ist merkwürdig, denn das deutsche Programm war das Hauptziel anderer Spionagedienste, also mit Sicherheit auch ein Ziel der Sowjets, nach Hitlers Überfall natürlich erst recht. Auch Klaus Fuchs, der wichtigste (aber nicht der einzige) sowjetische Atomspion in Großbritannien, gab alle Informationen über seine Arbeit ebenso wie den MAUD-Report weiter. Wenn aber die Rote Kapelle keine Informationen über die Atomforschung in Deutschland besorgte, wer dann? Dieses Rätsel wartet noch auf seine Lösung.

Es gibt noch ein weiteres Geheimnis aus der Zeit, in der die Mitglieder der Roten Kapelle, darunter Hans Kummerow, von der Gestapo festgenommen wurden. Es hat ebenfalls mit Spionage zu tun. Im Oktober planten Werner Heisenberg und ein weiterer Physiker, Carl Friedrich von Weizsäcker, einen Besuch in Kopenhagen bei Niels Bohr, dem Doyen der Atomphysiker. Nach dem Krieg erfanden Heisenbergs Bewunderer eine Theorie, derzufolge ihr Vorbild mit der Bitte zu dem »Physikerpapst« gekommen sei, an alle Wissenschaftler der Welt zu appellieren, nicht an der Atombombe zu arbeiten. Worum es bei diesem Besuch wirklich ging, war lange eines der quälendsten Geheimnisse in der Geschichte der Atombombe. Es kann jetzt mit Hilfe amtlicher Akten und Dokumente gelöst werden, die sich auf Paul Rosbaud beziehen.

Carl von Weizsäcker ist der Ansicht, daß Rosbaud sich anders verhalten hätte, wenn er von Heisenbergs angeblicher Absicht gewußt hätte. Von Weizsäcker schreibt 1983:

> Ich kannte Paul Rosbaud nur flüchtig. Ich hatte den Eindruck, daß er mir nicht traute und deshalb nicht offen mit mir redete. Daher war ich nicht über seine Tätigkeit während des Krieges informiert. Ich hätte diese Tätigkeit bestimmt nicht verurteilt, auch wenn ich selbst mich anders verhielt.

Von Weizsäcker glaubte davon ausgehen zu können, daß Rosbaud

ihm offenbar begegnet wäre, hätte er Heisenbergs Absichten im Gespräch mit Bohr nicht mißverstanden. Rosbaud jedoch hatte eine andere Einschätzung dieses Besuchs.
1941 richteten die Nazis in Straßburg, wo Hans Rosbaud inzwischen als Dirigent tätig war, eine eigene Universität ein. Carl von Weizsäcker wurde an der Universität angestellt. Die Einweihung fand im selben Monat wie der Besuch bei Bohr statt. Rosbaud warnte damals seinen Bruder davor, mit gewissen Leuten aus dem Lehrkörper auf allzu vertrautem Fuße zu stehen, aber über von Weizsäcker spricht er im gleichen Brief keineswegs unfreundlich. Jedoch im Januar 1944 schreibt Paul Rosbaud in einem anderen Brief an Hans über die Straßburger Fakultät:

> Der Physiker ist der weitaus listigste und diplomatischste. Sein Vater ist der bekannte Herr v. W. Grüße ihn schön von mir. Er ist ein reiner Theoretiker mit einer ausgeprägten philosophischen Ader, ein guter Freund Heisenbergs. Aber auch hier halte ich Abstand ... Ich empfehle Dir, Dich im Umgang mit ihm auf Sachliches zu beschränken, und sogar dabei ist eine gewisse Zurückhaltung wünschenswert. Wahrscheinlich würde es innerhalb von zwei Tagen bekannt werden, wenn Du etwas Lobendes über den großen Gustav sagen würdest.

Hans und Paul hatten ihren eigenen Code, der auf Musik und der Lektüre ihrer Kindheit, Schiller und Goethe, aufbaute. König Gustav Adolf von Schweden, der Löwe des Nordens, ist in Schillers Wallenstein-Trilogie verewigt. Der König trat als Gegner der Habsburger in den Dreißigjährigen Krieg ein. Hans und Paul verehrten die Habsburger, deshalb war Gustav Adolf in der Kindheit für sie so etwas wie ein persönlicher Feind und eine Spottfigur gewesen. 1941 fühlte Paul Rosbaud sich an den Löwen des Nordens erinnert, denn das schwedische Expeditionskorps war 1630 ausgerechnet in Peenemünde gelandet. Natürlich war »der große Gustav« eine zynische Anspielung auf den anderen »Adolf«, auf Hitler, dem die Brüder inbrünstig einen neuen Wallenstein als Gegner wünschten.
Rosbauds veränderte Haltung zu Werner Heisenberg und Carl von Weizsäcker hatte viel mit deren Reise nach Kopenhagen im

Oktober 1941 zu tun. Von Weizsäckers Vermutung, daß Rosbaud »mir nicht traute und deshalb nicht offen mit mir redete«, trifft zweifellos zu.
Von Weizsäckers Urteil ist auch darin richtig, daß Rosbaud tatsächlich eine andere Vorstellung vom Zweck des Besuchs hatte. Aber von Weizsäcker irrte, als er meinte, wenn Rosbaud einen anderen Eindruck gehabt hätte, »hätte er keine Berichte mehr nach England geschickt«. Rosbaud hatte nicht nur einen Eindruck. Er wußte die Wahrheit über diesen Besuch. Seine Ziele und die Heisenbergs und von Weizsäckers waren entgegengesetzt.

Rosbauds Kampf richtete sich in erster Linie gegen Hitler. Er fürchtete, daß die Überzeugungen und Absichten, die es Hitler ermöglicht hatten, an die Macht zu kommen, sich nie ändern würden und daß nach ihm andere Diktatoren herrschen würden. Heisenbergs und von Weizsäckers Besuch in Kopenhagen kann in diesem Zusammenhang viele der späteren Motive und Handlungen des »Greifs« erklären.
Rosbaud und von Weizsäcker hatten tiefe moralische Vorbehalte gegen den Krieg gemeinsam, aber sie gingen verschiedene Wege. Rosbaud führte einen heimlichen Kreuzzug. Von Weizsäcker nahm den offeneren, missionarischen Weg. Wie der Adelstitel vor seinem Namen bereits vermuten läßt, stammt Carl F. von Weizsäcker aus einer vermögenden Familie. Sein Großvater war der letzte Ministerpräsident des Königreichs Württemberg gewesen. Ein Onkel leistete Pionierarbeit in der anthropologischen Medizin, und sein Vater Ernst wurde Hitlers Staatssekretär in Joachim von Ribbentrops Außenministerium. Sein Bruder Richard ist heute Präsident der Bundesrepublik Deutschland.
Als Kind faszinierte von Weizsäcker die Astronomie. Diese Faszination war die Basis einer lebenslangen Suche nach den mystischen Kräften hinter der physikalischen Ordnung und nach dem Sinn des Lebens. Intensiver wurde sein geistiges Suchen, als er in die lutherische Familie Bodelschwingh einheiratete, die die Epileptiker-Kolonie in Bethel gegründet hatte. Heute ist Carl F. von Weizsäcker, wie eine deutsche Zeitung schrieb, »ein eifriger Schüler des Buddhismus, der sich im spirituellen Asien mehr zu Hause fühlt als in Europa«.

Als Student Werner Heisenbergs war von Weizsäcker vermutlich sehr gut mit Heisenbergs grundlegender Entdeckung, der Unschärferelation, vertraut. Für sie gibt es vielleicht noch eine zweite, spirituelle Interpretation, nämlich daß der Mensch, was die Genauigkeit physikalischer Messungen angeht, nicht allmächtig ist. Sicherlich dachte ihr Mitentdecker Pascual Jordan so – er glaubte zuletzt an das Übersinnliche.
Heisenberg selbst war in seinem persönlichen Charakter unausgeglichen. Er war, wie von Weizsäcker sagte, »ein spontaner Mensch«, der einen »konkurrenzbetonten, starken und unkontrollierbaren Ehrgeiz hatte«. Rosbaud achtete Heisenbergs scharfen Verstand, dessen unkontrollierbarer Ehrgeiz jedoch war die Eigenschaft, die er an Heisenberg verabscheute.
Der Ehrgeiz für sich selbst und für das Reich trieb Heisenberg zu Extremen, durch die er bei vielen Wissenschaftlern an Achtung verlor, die ihn sonst hoch schätzten. Auch nachdem Heisenberg 1933 vor Max Born ausgespuckt und den zukünftigen Nobelpreisträger und seine Frau gedemütigt hatte, begegnete Born Heisenberg immer mit der größten Höflichkeit. Rosbaud wußte von dem Vorfall und fand es schwierig, sich ähnlich tolerant zu verhalten.
Heisenberg war kein Wissenschaftler, der den Nazis Zugeständnisse machte um zu überleben, wie es viele Wissenschaftler tun mußten. Er war ein loyaler Staatsdiener. Seine Äußerungen während eines Besuchs in Holland in der Woche des 18. Oktober 1943 sind genau dokumentiert. Er erklärte:

> Die Geschichte gibt Deutschland das Recht, Europa und später die Welt zu beherrschen. Nur eine Nation, die unbarmherzig regiert, kann sich selbst erhalten. Die Demokratie kann nicht genügend Energie entwickeln, um Europa zu regieren. Es gibt deshalb nur zwei Möglichkeiten: Deutschland oder Rußland, und vielleicht ist ein Europa unter deutscher Führung das kleinere Übel.

Rosbaud erfuhr von der Rede durch einen holländischen Freund, Hendrik B.G. Casimir, ein bedeutender Wissenschaftler, der damals bei Philips in Eindhoven arbeitete.
Außerdem hatte Rosbaud von dem Besuch Heisenbergs und von

Weizsäckers in Kopenhagen im Oktober 1941 erfahren. Dazu war es wie folgt gekommen: 1941 unterstand die Atomforschung an deutschen Universitäten dem Kultusminister Bernhard Rust. Er war ein Nazi ohne besondere Begabung oder administratives Geschick. Er war in Hannover Gauleiter gewesen und daher gegen Kritik weitgehend gefeit. Aber sogar Joseph Goebbels hatte sich beklagt: »Rust hat nichts zu sagen. Sein Ministerium ist ein totales Durcheinander.« Rust war meist betrunken, ein flegelhafter Mann, der in diplomatischen Kreisen im Ruf stand, daß er sich davor drückte, Einladungen zu geben. Von Atomenergie verstand er noch weniger als von Bildung.
Carl F. von Weizsäcker kam Ende Juli 1941 in Rusts Amt, um mit ihm das Atomprogramm zu besprechen. Rust verlangte von von Weizsäcker, er solle herausfinden, wie weit die Amerikaner schon seien. Am 5. September 1941 schickte von Weizsäcker seinen Bericht ab und fügte folgenden Brief bei:

Sehr geehrter Herr Reichsminister!

In der Anlage schicke ich Ihnen den Bericht über Amerikas Vorsprung in der Kernphysik gegenüber Deutschland, um den Sie mich während des Gesprächs baten, das Sie Ende Juli mit mir führten. Leider kam es bei der Fertigstellung des Berichts zu Verzögerungen, bedingt durch Nachforschungen, die ich anstellen mußte, und durch militärisch wichtige Verpflichtungen.
Ich bedanke mich noch einmal hochachtungsvoll für die Unterstützung, die Sie, Herr Reichsminister, dem Fortschritt der Wissenschaft gewährt haben.

Heil Hitler!

C. F. von Weizsäcker

Die Nachforschungen, die von Weizsäcker »anstellte«, wurden im Außenministerium, in dem sein Vater arbeitete, in die Wege geleitet. Auf diesem Posten hatte Ernst von Weizsäcker anfänglich expansionistisches Streben unterstützt. Später zog er sich desillusioniert zurück und wurde Botschafter am Vatikan. Dort kam er mit Vertretern des Widerstands zusammen. Er bleibt weiterhin eine schillernde Figur.
Nur einen Tag, bevor er seinen Bericht an Rust sandte, übermittelte Carl F. von Weizsäcker dem Oberkommando des Heeres einen schwedischen Pressebericht über Versuche in den Vereinigten Staaten, die man als Vorbereitung auf die Atombombe deuten konnte. Eine Bombe von fünf Kilogramm, hieß es, würde einen Krater von einem Kilometer Tiefe und einem Radius von vierzig Kilometern reißen. Auch als der Bericht an Rust fertig war, drängte von Weizsäcker senior die Abwehr noch, mehr Informationen zu beschaffen. Am 6. Oktober fragte er, ob es »über den Gebrauch von Uran zu Sprengzwecken« irgendwelche Berichte gebe, vor allem aus der amerikanischen Presse.
Zur gleichen Zeit machte, wie Heisenberg nach dem Krieg erklärte, C. F. von Weizsäcker den Vorschlag, sie beide sollten Niels Bohr in Kopenhagen besuchen, um mit ihm über atomare Themen zu reden. Heisenberg war einverstanden, wie mit allen Vorschlägen von Weizsäckers, aber Niels Bohr lehnte es ab, die beiden in sein Institut einzuladen. Über seine Beziehungen richtete von Weizsäcker es ein, daß Heisenberg von der Dänisch-Deutschen Gesellschaft zu einem Vortrag ins Deutsche Haus eingeladen wurde. Das war ein Restaurant in Kopenhagen, das Propagandaminister Joseph Goebbels requiriert hatte, um von dort aus arische Kultur zu verbreiten. Das Haus stand am Axeltorv 5, eingeklemmt zwischen den Folterkammern der Gestapo, dem Shellhus und dem Dagmarhus. Heute befindet sich am Axeltorv 5 die Diskothek New Daddy.
Niels Bohr war nicht erfreut, als er hörte, daß Heisenberg und von Weizsäcker einen Vorwand gefunden hatten, nach Kopenhagen zu kommen. Er weigerte sich, sie in seinem Institut zu empfangen und wollte auch keinen Fuß ins Deutsche Haus setzen. Die beiden deutschen Physiker hielten es für klug, wenn Heisenberg allein mit Bohr redete. Bohr hatte Dänemark viel Ehre eingebracht, und als

Anerkennung dafür hatte die Brauerei Carlsberg ihm das Haus ihres Gründers geschenkt. Heisenberg traf sich an einem Abend mit Bohr im Garten des Hauses.

Wie oben angedeutet, bestanden Heisenberg, seine Frau und die meisten Biographen nach dem Krieg darauf, Heisenberg sei 1941 zu Bohr gefahren, weil er ihn bitten wollte, die Physiker der Welt dazu zu bewegen, daß sie die Arbeit an der Bombe verweigerten. Dabei wird vorausgesetzt, daß Heisenberg so naiv war zu glauben, die Physiker der Welt lebten auf moralisch höherem Niveau als die Führer der Nationen, die den Krieg erklärt hatten, und die Soldaten, die kämpften und starben. Bohr selbst hat den Besuch anders in Erinnerung.

Aage Bohr, Niels' Sohn und selbst Nobelpreisträger, glaubt, daß solche Behauptungen »keine Grundlage in den tatsächlichen Ereignissen haben. Während Heisenbergs Besuch war von einem solchen Plan nicht die Rede ... Im Gegenteil, die seltenen Kontakte, die Niels Bohr während der Okkupationszeit zu deutschen Physikern hatte, trugen dazu bei, ... den Eindruck zu bekräftigen, daß die deutschen Behörden der Atomenergie große militärische Bedeutung zumaßen.«

Heisenbergs Witwe Elisabeth behauptet, Bohr habe ihren Mann mißverstanden. Die »deutsche Spionage [habe] keinen blassen Schimmer« von den amerikanischen Bemühungen um die Atomkraft gehabt. Wenn man jedoch bedenkt, wie neugierig von Weizsäcker damals auf das Atomprogramm der USA war und wie Elisabeth Heisenberg die deutsche Spionage mit den höheren Zielen ihres Mannes in Verbindung bringt, scheint klar, daß ein Hauptgrund für den Besuch in Kopenhagen die Informationsbeschaffung war. Von sämtlichen Physikern in Deutschland und im besetzten Europa war Bohr der Mann, der am ehesten Gerüchte darüber gehört haben mochte, was vor sich ging. Wenn Bohr Heisenberg mißverstand, wie seine Verteidiger später glauben machen wollten, dann wäre das auf Heisenbergs heikle Aufgabe und auf die Art zurückzuführen gewesen, wie er die Informationen zu bekommen suchte. Jedoch Bohr mißverstand ihn überhaupt nicht.

Er erzählte seinem Sohn und anderen Mitarbeitern im Institut von Heisenbergs Besuch. Die Nachricht sprach sich bald bis zu Lise

Meitner in Stockholm und zu Rosbauds engstem Vertrauten im Kreis der deutschen Physiker herum, Max von Laue. Im folgenden März bekam Lise Meitner Besuch von Christian Møller, einem jungen Kollegen Bohrs. (Møller war der erste gewesen, der Lise Meitner und Otto Frisch gegenüber vertreten hatte, daß bei der Kernspaltung Neutronen frei werden könnten und daß deshalb eine Kettenreaktion möglich sei.) Lise Meitner schreibt nach Berlin an von Laue:

> Ich verbrachte einen Abend mit Dr. M., und es war sehr nett und angenehm. Er erzählte mir viel von Niels und dem Institut, das meiste davon beruhigte und befriedigte mich. Halb amüsant und halb deprimierend war sein Bericht über einen Besuch von Werner [Heisenberg] und Carl Friedrich [von Weizsäcker]. Neben anderen bemerkenswerten Eigenschaften scheint C.F. seine ganz eigenen Vorstellungen zu haben, vor allem über »Sternbilder« [über Astrologie], aber ich bitte Sie, das vertraulich zu behandeln. Ich wurde sehr melancholisch, als ich das hörte. Ich hatte sie einmal für anständige Menschen gehalten. Sie sind in die Irre gegangen.

Von Laue versuchte, sie zu trösten, aber Lise Meitner konnte seinen Trost nicht annehmen und vergab den beiden ihren Besuch nie. Im Juni 1945, nach der Entdeckung der Greuel in den Konzentrationslagern, schrieb sie an von Laue: »Man sollte einen Mann wie Heisenberg und viele Millionen anderer Bürger zwingen, in diese Lager zu gehen und sich das Martyrium der Opfer anzuschauen. Sein Besuch in Dänemark 1941 ist unentschuldbar.«

Paul Rosbaud seinerseits konnte nicht verzeihen, daß Heisenberg und seine Anhänger den Zweck des Besuchs verschleiert hatten und den Mythos zu schaffen versuchten, die deutschen Wissenschaftler hätten auf einem moralisch höheren Niveau gestanden als andere Wissenschaftler. In einem Zeitschriftenartikel von 1959 schreibt Rosbaud: »Heisenbergs Erklärung von 1946, daß ›äußere Umstände‹ die deutschen Atomexperten der Notwendigkeit enthoben hätten, ›die schwierige Entscheidung zu treffen, ob sie Atombomben produzieren sollten‹, kann man als richtig betrach-

ten – wenn man die Unfähigkeit, sie zu bauen, als Synonym für ›äußere Umstände‹ versteht.«
C.P. Snow ist der gleichen Ansicht wie Rosbaud. Rosbaud hatte ihm 1958 geschrieben und über »die vollständige Rechtfertigung der deutschen Wissenschaftler« geklagt, die dadurch erfolge, daß »angedeutet wird, sie hätten genau gewußt, wie man nicht nur eine A-Bombe, sondern auch eine Wasserstoffbombe baut, hätten aber geschwiegen, um Hitler die Waffe vorzuenthalten. In Wirklichkeit konnten sie keine der beiden Bomben bauen. Das wird jetzt eine neue Legende, und natürlich ist es eine absichtliche Verdrehung der Wahrheit.«
Snow, der bedeutende britische Wissenschaftler, Schriftsteller und Humanist, antwortete: »Ich stimme Ihnen zu, das könnte gefährlich sein.« Einige Monate darauf schrieb er wieder an Rosbaud: »Ich bin mit Ihnen in fast allem einer Meinung. Ich wünschte, Sie könnten ein Buch zu diesem Thema schreiben.«
Unglücklicherweise konnte der Mann, der besser als jeder andere über die Moral und die Politik des deutschen Atomprojekts Bescheid wußte, dieses Buch nicht mehr schreiben.

Kapitel 22

Rückkehr nach Oslo

Der einzige Mensch in Hitlers Machtbereich, der die Mitarbeiter am deutschen Atomprogramm auf die richtige Spur hätte setzen können, war der norwegische Jude Victor Goldschmidt, der immer noch im besetzten Norwegen lebte. Hätten Heisenberg und seine Kollegen das künstlich hergestellte Element Plutonium richtig eingeschätzt, hätte Deutschland vielleicht Anfang 1945 eine Atombombe gehabt und Hitler womöglich den Krieg gewonnen.

Der einzige Physiker innerhalb des Reiches, der die Möglichkeiten des Plutoniums einigermaßen richtig beurteilte, war Fritz Houtermans. Wie alle echten Wiener arbeitete er nur in Cafés. Damals wurde Kaffee nur tassenweise serviert. Der Kellner trug die Tassen erst ab, wenn er um die Rechnung gebeten wurde. Houtermans hatte sich in seiner Göttinger Studentenzeit einen gewissen Rekordruhm erworben: Auf seinem Tisch türmten sich stets die meisten Tassen. Der glänzende Student zog nach Berlin um. Dort begann er, mit dem jungen Waliser Robert d'Escourt Atkinson zusammenzuarbeiten, einem Schüler Frederick Lindemanns. Lindemann war schon damals ein enger Freund Churchills. Als der Krieg näherrückte, wurde er sein engster Berater in vielen Angelegenheiten einschließlich wissenschaftlicher Fragen. Irmin und Robert Atkinson suchten 1938 die Wohnung in Greenwich für Hilde und Angela Rosbaud.

An den Cafétischen Berlins hatten sich 1929 Atkinson, Houtermans und Paul Rosbaud angefreundet. Houtermans und Atkinson interessierten sich damals für die Fusion bestimmter Elemente, die zu thermonuklearen Reaktionen in der Sonne und den Sternen führt. Es handelte sich um die gleichen thermonuklearen Reaktionen, die Jahrzehnte später in Bomben künstlich in Gang gesetzt wurden. Die phantasievollen Arbeiten, die die beiden Physiker veröffentlichten, fielen Carl F. von Weizäcker und Hans Bethe

auf. Von Weizsäcker interessierte sich für alles, was mit Sternen zusammenhing. Bethe erhielt später für seine Arbeiten auf demselben Gebiet den Nobelpreis. Auch Victor Goldschmidt war von den Theorien angetan.
1933 floh Fritz Houtermans nach Rußland, wo sein freier Geist bald mit der Geheimpolizei in Konflikt geriet. Der Österreicher hatte einige Zeit Gelegenheit, in den Zellen des NKVD über die Zahlentheorie nachzudenken. Nach dem Hitler-Stalin-Pakt von 1939 kehrte Houtermans nach Deutschland zurück. Sein Aufenthalt in der Sowjetunion wurde ihm übel angerechnet. Viele seiner Bekannten mißtrauten ihm und grüßten ihn nicht mehr. Er mietete sich in der Uhlandstraße 189 am östlichen Ende des Kurfürstendamms ein. Dort wurden in den Cafés plötzlich die Kaffeetassen knapp. Fritz Houtermans war jedoch nicht allein daran schuld, Paul Rosbaud leistete ihm häufig Gesellschaft.
Bestimmt hatte Houtermans den Gedankenblitz, in dem er die Bedeutung des Plutoniums begriff, über einer Tasse Kaffee: Wenn die häufigere Komponente des Urans ein Neutron einfangen könnte, folgerte er, müßte daraus ein neues Element entstehen, das ebensoleicht zur Explosion gebracht werden könnte wie die seltene Komponente des Urans. Das neue Element wäre mit chemischen Methoden einfacher abzuscheiden, als die seltenere explosive Form des Urans mit physikalischen Methoden abzusondern war. Glücklicherweise beachtete niemand Houtermans Aufsatz. Heisenberg und von Weizsäcker wiesen später vage darauf hin, daß neue Elemente aus Uran aufgebaut werden könnten, sie hatten jedoch keine genaue Vorstellung davon, wozu das nützen sollte.
Houtermans kehrte nach Rußland zurück, diesmal mit Hitlers Luftwaffe. Seltsamerweise hatte er keinen Auftrag von der Luftwaffe, sondern einen Spionageauftrag von der Marine. Das Heer und der Reichsforschungsrat waren mit der Atomforschung betraut, jedoch genoß Houtermans bei beiden Organisationen kein Vertrauen. Admiral Carl Witzell jedoch hatte Gefallen an Fritz Houtermans gefunden, möglicherweise durch Paul Rosbauds Vermittlung. Er war Leiter des Marine-Zeugamts, in dem die im Oslo-Report beschriebenen Magnetzünder und Entmagnetisierungsmethoden entwickelt worden waren. Als Houtermans seinen Plu-

toniumaufsatz fertig geschrieben hatte, bat Admiral Witzell ihn, in die besetzten Teile Rußlands zu reisen. Er sollte »die Qualität, die politische Einstellung und die gegenwärtige Lage der Physiker, Ingenieure und des technisch ausgebildeten Hilfspersonals in der Sowjetunion abschätzen«.
Vom Feldpostlager L-23-1-33 in Breslau aus stieß Houtermans im Oktober und November 1941 nach Kiew und Charkow vor. Dort traf er sich mit alten Freunden und besichtigte ihre Labors. Was er jedoch glaubte berichten zu müssen, war nicht das, was Berlin hören wollte:

> Der einzige Wunsch dieser Leute ist es, mit ihren Familien in Frieden zu leben, damit sie in Ruhe arbeiten können ... Es wäre falsch zu glauben, daß das Sowjetsystem in diesen Kreisen verhaßt wäre, auch wenn man das erwarten mag. Im Gegenteil, die meisten, vor allem aber jüngere und begabte Intellektuelle, sind der Überzeugung, daß das Sowjetsystem das richtige ist.

Admiral Witzell selbst war ein verständnisvoller Mann. Er schickte Houtermans Bericht an Professor Rudolf Mentzel, den Direktor des Reichsforschungsrats. Mentzel antwortete am 31. März 1942:

> In Deutschland ist die Lage der Wissenschaft derzeit so, daß die gesamte Forschungsarbeit fast ausschließlich auf wichtige Ziele der Regierung und des Krieges ausgerichtet ist. Diese Arbeiten müssen geheim bleiben. Aus diesem Grund ist der Einsatz russischen Personals fragwürdig.

Houtermans war also zu der Zeit, in der er seine Entdeckungen über das Plutonium hätte weiter vorantreiben können, in Rußland. Und Mentzels Brief war in einem Ton gehalten, der klarmachte, daß er nicht nur den Wissenschaftlern mißtraute, die immer noch in Rußland waren, sondern auch und gerade einem Wissenschaftler, der eben aus Rußland zurückgekehrt war. Während des Krieges beschäftigte sich in Deutschland niemand mehr ernsthaft mit Plutonium.
Paul Rosbaud war über das Plutonium informiert. Er machte sich

jedoch größere Sorgen um einen Freund, der sich ebenfalls für Plutonium interessierte. Victor Goldschmidt befaßte sich mit der Frage, ob das Element, das er Super-Uran nannte, in extrem geringen Mengen in der Natur vorkomme. Er überlegte, welche chemischen Eigenschaften eine solche Substanz haben müsse. Er beschäftigte sich intensiver mit dem Aufbau des Elements als sonst jemand in Deutschland, einschließlich Houtermans'. Goldschmidts Forschungen liefen den geheimen Arbeiten Glenn Seaborgs und seiner Kollegen in den Vereinigten Staaten parallel. Sie leisteten die Vorarbeit zu dem chemischen Abscheidungsprozeß, mit dem später das Plutonium für die Bombe hergestellt wurde, die über Nagasaki explodierte. Kürzlich schrieb der Nobelpreisträger Seaborg: »Ich bin seit langem mit der Arbeit Goldschmidts vertraut und gehöre zu seinen Bewunderern.«
Glücklicherweise bewunderten die deutschen Wissenschaftler Goldschmidt nicht, und Goldschmidts Publikationen in Norwegen halfen ihnen nicht weiter. Bis zum Januar 1942, als er seine Arbeit über das Super-Uran abschloß, arbeitete Goldschmidt ohne Beeinträchtigung seitens der Besatzungsbehörden. Im Februar mußte jeder der fünfzehnhundert Juden Norwegens einen Fragebogen ausfüllen, der ähnliche Fragen wie die enthielt, die Goldschmidt vor Jahren in Göttingen hatte beantworten müssen. In die Pässe und Personalausweise der Juden wurde der Buchstabe J gestempelt. Im März machte Vidkun Quisling die Verfassungsreformen von 1851 wieder rückgängig und erklärte alle Juden in Norwegen zu illegalen Einwanderern.
Von V.M.s Haus in Holmenkollen aus hatte man eine gute Aussicht. Dadurch wurde das Haus zu einem strategisch wichtigen Punkt. Es wurde konfisziert und zu einem Kommandoposten des deutschen Heeres gemacht. Die Katzen, Frøken Brendigen und der ganze Haushalt wurden in eine Wohnung an der Holmendammen Terrase in Smestad zwangsumgesiedelt. Tom Barth ging nicht mit Goldschmidt, sondern nahm sich ein unauffälliges weißgestrichenes Haus in Sogn Hageby. Zur beiderseitigen Zufriedenheit waren sie jetzt kilometerweit voneinander entfernt, aber für Goldschmidt war die Reise noch nicht zu Ende.
Quisling betraute seinen Propagandaminister Gulbrand Lunde mit der Aufgabe, alle Norweger der neuen Ordnung gefügig zu

machen. Es handelte sich um jenen Gulbrand Lunde, dem Eric Welsh geholfen hatte, Fisch ohne Beigeschmack zu konservieren. Jetzt hatte Lunde selbst einen Beigeschmack, sehr zur Empörung seiner ehemaligen Freunde Victor Goldschmidt und Paul Rosbaud. Auch nach der Invasion Norwegens war Rosbaud noch eine Zeitlang tolerant gegenüber Lunde gewesen. Im November veröffentlichte Quisling ein Buch, das Hitlers *Mein Kampf* nachempfunden war. *Quisling has said* (Quisling spricht) war eine Sammlung seiner Reden aus den letzten zehn Jahren. Die Einleitung stammte von Gulbrand Lunde. Er verkündete darin, die Vorsehung habe Quisling dem norwegischen Volk gesandt, als es ihn am nötigsten brauchte.

Rosbaud hatte Lunde damals gebraucht, als dessen Buch über Vitamine es ihm erleicherte, den Oslo-Report weiterzuleiten. In der letzten Zeit hatte Lunde sich intensiv mit einem neuen Vitamin beschäftigt, dem B-X. Er behauptete, es verhindere das Ergrauen des Haares. Um sich Lundes Wohlwollen zu erhalten, brachte Rosbaud mehrere seiner Arbeiten über dieses fragwürdige Thema in den *Naturwissenschaften* unter. Nachdem Lunde jedoch im März 1941 von Joseph Goebbels ein königlicher Empfang bereitet worden war, war Rosbauds Toleranz am Ende. Goebbels schrieb in sein Tagebuch, Lunde sei »für einen Norweger ein sehr kluger Mann«. Rosbaud teilte Lise Meitner in einem Brief mit: »Lunde hat mir eine Einladung geschickt, aber ich bin nicht hingegangen«.

Ein Jahr danach wollte Rosbaud nach Norwegen fahren. Er machte sich Sorgen um seinen Freund Victor Goldschmidt. Rosbaud bat einen seiner einflußreichen Freunde unter den Nazis, Professor F. K. Drescher-Kaden, um ein Schreiben, das ihm einen Grund für eine Reise nach Oslo geben sollte. Drescher-Kaden tat Rosbaud immer gern einen Gefallen. Er schickte ihm am 9. Juni 1942 den gewünschten Brief:

> Verehrter Herr Dr. Rosbaud!
>
> Da Sie eine Zeitlang unserer Arbeitsgruppe Rohstoffe angehörten, möchte ich Sie bitten, Ihre reiche Erfahrung wieder in unsere Dienste zu stellen und uns noch einmal zu beraten.
> Wie Sie von Ihren früheren Kontakten mit uns und mit dem

Reichsamt für nicht-eisenhaltige Metalle wissen, wird die Beschaffung des Metalls Beryllium immer dringlicher. Wir müssen unbedingt versuchen, ein klares Bild von den Mengen zu bekommen, die davon in Norwegen zur Verfügung stehen. Das Forschungsministerium des Reichsministers Göring hält diese Frage für äußerst wichtig ... Der Vorsitzende der norwegischen Rohstoffkommission sowie Barth und V.M. Goldschmidt, die Professoren für Rohstofforschung an der Universität Oslo, dürften mehr darüber wissen ... Es ist *unbedingt notwendig*, daß Sie so schnell wie möglich mit diesen Herren Kontakt aufnehmen und zu diesem Zweck nach Oslo fliegen, wenn nötig, mit Lundes Hilfe. Bitte schicken Sie den Bericht über Ihre Erkundigungen direkt an die Forschungsabteilung im Ministerialamt von Reichsmarschall Göring. Unternehmen Sie so bald wie möglich alles Nötige, um die Genehmigung zu dieser Reise zu erhalten.

Mit den freundlichsten Grüßen,
Heil Hitler!
Ihr ergebener Diener
F. K. Drescher-Kaden

Es war äußerst kühn von Drescher-Kaden, auf so respektvolle Weise von Victor Goldschmidt zu sprechen, den Vidkun Quisling gerade zum illegalen Einwanderer erklärt hatte. Und ebenso merkwürdig war es, Rosbaud vorzuschlagen, sowohl den Kommissionsvorsitzenden Lunde als auch Goldschmidt zu besuchen. Drescher-Kaden war ganz offensichtlich ein unorthodoxer Nazi.

Am 4. Juni hatte in Berlin ein Treffen stattgefunden, das die Welt veränderte. An diesem Tag trafen sich Albert Speer, Hitlers Minister für Bewaffnung und Munition, und seine Mitarbeiter mit den Wissenschaftlern, die an der Atombombe forschten. Sitzungsort war das Harnackhaus in Dahlem (in der Nähe der Kaiser-Wilhelm-Institute). Eine beeindruckende Anzahl hoher Offiziere war anwesend. Admiral Witzell repräsentierte die Marine, General Ernst Fromm das Heer und Feldmarschall Erhard Milch die Luftwaffe.

Werner Heisenberg begann als Sprecher der Wissenschaftler mit einer Erklärung darüber, wie eine Atombombe gebaut werden müßte. Er wußte, daß Speer und die Militärs vor einem Monat einem ähnlichen Treffen mit der Begründung ferngeblieben waren, die Tagesordnung erscheine ihnen zu ausschließlich auf rein technische Inhalte ausgerichtet. Jetzt versuchte Heisenberg, seine Ausführungen so einfach wie möglich zu halten. Er begann mit einer Beschreibung, wie zwei Stücke spaltbaren Materials so zusammengebracht werden konnten, daß es zu einer Atomexplosion kam. Vielleicht hatte er seinen Vortrag sogar zu einfach gestaltet, denn mit der Zeit dämmerte es den verantwortlichen Politikern, daß Heisenberg nicht die geringste Ahnung hatte, woher man genügende Mengen spaltbaren Materials bekommen und wie man es zur Explosion zusammenbringen sollte. Als Feldmarschall Milch ihn fragte, wie groß die Bombe sein würde, antwortete Heisenberg: »So groß wie eine Ananas.«

(Nach dem Krieg zitierten Heisenbergs Verteidiger diesen Satz als Beleg dafür, daß Heisenberg gewußt hätte, wovon er sprach. Aber das stimmt nicht. Lise Meitner und Otto Frisch hatten errechnet, wieviel Energie die Spaltung eines Atoms freisetzt. Nach ihren Ergebnissen hätte jeder Physiker die Größe einer Bombe abschätzen können. In der *Saturday Evening Post* vom 7. September 1940 erschien ein Artikel, in dem es hieß, ein Pfund Uran »hätte die Sprengkraft von 15 000 Tonnen TNT«. Wenn nun eine Bombe aus dem sehr dichten Uran die Größe einer Ananas hätte, so wäre ihr Wirkungsgrad sehr gering. Das wußten die meisten Wissenschaftler. Als die deutschen Atomwissenschaftler nach der Kapitulation Deutschlands in England interniert waren, begannen sie, ihren Standort zu formulieren. Vor dem Abwurf der amerikanischen Bombe auf Hiroshima schlug Karl Wirtz eine Taktik vor, an die sich Eric Bagge erinnert: »Wir müssen den Amerikanern sagen, daß Heisenberg der einzige Mann auf der Welt ist, der die Bombe bauen kann.« Als die zehn Wissenschaftler in der Nacht zum 6. August 1945 die Nachrichten der BBC hörten, rief Heisenberg aus: »Das ist Schwindel!« Immer wieder murmelte er, er könne der Meldung nicht glauben, daß über Hiroshima eine Atombombe abgeworfen worden sei. Er behauptete, es handle sich um einen verbesserten herkömmlichen Sprengstoff, aber die anderen internierten Wissenschaftler überzeugten ihn schließlich davon, daß es eine Atombombe gewesen war. Alle glaubten jedoch, die Bombe bestehe aus Uran. Nicht einmal von Weizsäcker, von dem es nach dem Krieg hieß, er habe über das Plutonium genau Bescheid gewußt, war der Meinung, daß die Bombe aus diesem Material bestehe.)

Auch wenn Heisenberg gezeigt hatte, daß er nicht genau wußte, wie er eine Bombe bauen sollte, drängte er doch weiter auf Unterstützung seiner Forschungen. Speer fragte ihn, wieviel Geld er wolle. Heisenberg meinte, 100 000 Mark würden genügen – und Carl von Weizsäcker bat noch einmal zusätzlich um 10 000 Mark für den eigentlichen Bau.

So kümmerliche Forderungen beeindruckten Speer und die hohen Militärs noch weniger. Damals gab Milchs Luftwaffe in drei Monaten zwei Milliarden Mark aus (ebensoviel wie die Gesamtkosten des zukünftigen Projekts Manhattan). Aber Speer legte den Zweifel zu Heisenbergs Gunsten aus und bot ihm an, die Summe auf ein paar Millionen Mark zu erhöhen. General Fromm erklärte sich bereit, mehrere hundert wissenschaftliche Assistenten vom Dienst im Heer freizustellen, damit sie an dem Projekt mithalfen. Sehr zum Verdruß von Speer und den Offizieren erwiderte Heisenberg, er wisse mit Mitteln dieser Größenordnung nicht umzugehen. Er sagte die Wahrheit. Er hatte keine Ahnung, wie er jene tödliche Ananas herstellen sollte.

Die Konferenz bedeutete das endgültige Ende für eine Atombombe der Nazis. Das Land, in dem Hahn und Strassmann als erste den Urankern gespalten hatten, in dem Albert Einstein, Lise Meitner, Leo Szilard und Otto Frisch gearbeitet hatten, war damit endgültig aus dem Rennen.

Milch machte sich an die Aufgabe, die Herstellung einer Geheimwaffe zu organisieren, zu der er mehr Zutrauen hatte: den V-1-Gleiter für den Einsatz gegen England. Ein paar Wochen später berichtete Speer Hitler kurz über das Treffen im Harnackhaus. Der Diktator nickte nur. Auch er dachte an Waffen, die kurzfristiger gebaut werden konnten.

Hätte Hitler von einem Punkt auf Präsident Roosevelts Terminplan der vorhergehenden Woche gewußt, er hätte Speers Darstellung hart kritisiert. Am 17. Juni 1942 hatte der wissenschaftliche Berater des Präsidenten, Vannevar Bush, ihm einen umfassenden

Plan vorgelegt, wie die Bombe zu bauen sei. Bush hatte dazu gesagt: »Dieser Bericht und das Programm sind von allen gebilligt, mit denen ich Ihrer Weisung gemäß die Art des Vorgehens besprechen sollte ... Wenn auch Sie einverstanden sind, werden wir sofort die entsprechenden Maßnahmen einleiten.« Der Präsident hatte auf dem Bericht vermerkt: »VB. OK. FDR.«

Innerhalb von zwei Wochen schlugen das amerikanische (und britische) und das deutsche Atomprogramm vollkommen unterschiedliche Richtungen ein. Heisenberg und seine Wissenschaftler kehrten zurück in ihre Labors und arbeiteten an einer kleinen, einfachen »Uranmaschine«, die Nullpunktenergie liefern sollte. Das deutsche Atombombenprogramm war schon am 4. Juni 1942 zu Ende, noch bevor es richtig angefangen hatte.

Das deutsche Programm erlitt nur wenige Tage darauf noch einen schweren Rückschlag. Im Mai 1942 wußten die Amerikaner und die Deutschen ungefähr gleichviel über den Kernreaktor. In seinem Versuchsreaktor in der Columbia University hatte Enrico Fermi eine Neutronenmultiplikation erreicht, die nur 5 Prozent unter dem Ziel lag, mehr freie Neutronen zu produzieren, als man der Anlage zugeführt hatte. Zu ihrer Ehrenrettung sei gesagt, daß Werner Heisenberg und R. Döpel zur gleichen Zeit mit ihrer Versuchsanlage in Leipzig 13 Prozent über diesem Ziel lagen. Das war der einzige große Triumph des deutschen Atomprogramms und der einzige Teil des atomaren Rennens, den die Deutschen gewannen.

Heisenbergs und Döpels Triumph war allerdings nur von kurzer Dauer. An jenem Tag im Juni 1942, an dem Speer mit Hitler über sein Zusammentreffen mit Heisenberg sprach, zerstörte sich der Reaktor selbst durch eine nicht-nukleare Reaktion zwischen dem Uranmetall und dem schweren Wasser.

Nach dem Krieg beschrieb Paul Rosbaud die Lage der deutschen Wissenschaftler:

> Man kann verstehen, in welchem Dilemma sie jetzt stehen. Was sollen sie ihren Landsleuten über die Rolle erzählen, die sie gespielt haben? Verheimlichten sie der Naziregierung absichtlich die Möglichkeit, eine Bombe zu bauen, und trugen so zur Niederlage ihres Landes bei? Hätten sie das auch getan,

wenn sie gewußt hätten, daß ihr Land ernsthaft von einem atomaren Angriff bedroht war? Hatten sie geurteilt, die Bombe könne mit den verfügbaren Mitteln und Organisationen nicht gebaut werden ... oder waren sie nur schlechte Physiker, die sich verrechnet hatten?

Natürlich waren bei jenem Treffen im Harnackhaus ein paar Freunde Rosbauds anwesend, und so erfuhr er bald von Speers Entscheidung. Einige Tage darauf versammelten sich mehrere Wissenschaftler nach einer Sitzung der Gesellschaft für Physik abends in einem Café am Ku'damm. Dort bekannten sie, wie erleichtert sie waren, daß sie die Bombe nicht bauen mußten. Rosbaud hörte still zu, aber er mußte etwas trinken, damit er ruhig bleiben konnte. Schließlich platzte er heraus: »Unsinn! Wenn Sie wüßten, wie Sie die Bombe bauen könnten, würden Sie sie Ihrem Führer auf einem silbernen Tablett präsentieren!« Alle erschraken über Rosbauds ganz uncharakteristischen Ausbruch. Die Versammlung löste sich auf. Jeder hatte Angst, manche fürchteten, Rosbauds Ausruf könnte als Provokation Schaden anrichten. Wenn sie darauf geantwortet hätten, hätten sie sich in die Sache verwickelt und wären womöglich der Gestapo gemeldet worden. Sie waren schließlich schon indiskret genug gewesen.
Rosbaud flog am 10. Juni mit einer Militärmaschine nach Oslo. Die bedeutsame Nachricht von dem Treffen Heisenbergs mit den Militärs nahm er mit. Er hatte gehofft, daß er auf dem Rückflug in Kopenhagen zwischenlanden und Niels Bohr besuchen könnte, aber dazu erhielt er keine Genehmigung. So verbrachte er den gesamten Aufenthalt – acht Tage, das war länger, als er geplant hatte – in Victor Goldschmidts Wohnung. Frøken Brendigens Kochkunst verdankte er, daß er ein paar Pfund zunahm. Das hatte er nötig. V.M.s Optimismus allerdings ärgerte ihn. Nachdem das J in seinen Ausweis gestempelt worden war, hatte man ihn ins Hauptquartier des Sicherheitsdienstes (SD) gerufen. Der SD war die Spionageabteilung von Heinrich Himmlers SS, und Rosbaud befürchtete Schlimmes. Goldschmidt war eingehend über seine Herkunft, seine gegenwärtige Tätigkeit und anderes mehr verhört worden, so ausführlich, daß er überzeugt war, die Fragesteller hätten bisher noch gar kein Dossier über ihn gehabt. Rosbaud

fürchtete, daß es sich anders verhielt. V.M. hatte Geldzuwendungen aus Deutschland erhalten – Tantiemen für seine Patente. Im April wurden die Zahlungen eingestellt. Rosbaud fragte bei seinen Kontaktleuten in der norwegischen Widerstandsbewegung nach. Sie teilten ihm mit, sie hätten Goldschmidt mehrfach angeboten, ihn sicher nach Schweden zu bringen, aber er hätte abgelehnt. Rosbaud konnte ihm gut zureden, soviel er wollte, V.M. ließ sich nicht umstimmen.

Auch der Galgenhumor, den Goldschmidt an den Tag legte, bereitete Rosbaud Sorgen. Goldschmidt trug eine Kapsel Blausäure in der Tasche mit sich herum für den – wie er meinte, unwahrscheinlichen – Fall, daß er gefoltert würde. »Dieses Gift«, meinte Goldschmidt, »ist nur Chemieprofessoren erlaubt. Sie als Professor für Mechanik werden einen Strick nehmen müssen.«

Rosbaud besuchte auch Goldschmidts ehemaligen Freund Tom Barth. Barths Sohn erinnert sich:

> 1942 ... war meine Schwester achtzehn Jahre alt und arbeitete fast den ganzen Tag im zivilen Sekretariat der Widerstandsbewegung. Eines Tages fand sie bei der Heimkehr meinen Vater im Gespräch mit einem deutschen Offizier in Uniform: Paul R. Sie kam völlig durcheinander und reagierte kalt und ablehnend, obwohl sie ihn als Freund der Familie erkannte. Mein Vater fühlte sich hinterher genötigt, ihr anzudeuten, daß P.R. in Wirklichkeit für die richtige Seite arbeite.

Rosbaud stand auf der richtigen Seite, aber in Uniform stand er auf der falschen. Wahrscheinlich handelte es sich um eine Uniform der Luftwaffe, denn die Reise wurde von ihr finanziert. Uniformiert und mit einem Militärausweis in der Tasche konnte Rosbaud sich in Oslo frei bewegen. Einige der Freunde, mit denen er sich traf, hatten sogar einen Vorteil davon, daß sie mit einem deutschen Offizier gesehen wurden. Andere dagegen mußten sich unfreundliche Bemerkungen über ihre vermeintliche Kollaboration anhören. Es kam darauf an, welchen Kreisen in Oslo sie angehörten. Aber sämtliche Freunde waren begierig darauf, über die deutschen Fortschritte in der Atomforschung zu hören.

Rosbauds Hauptaufgabe bestand natürlich darin, ein ganzes Bün-

del von Informationen über diese Forschungen durch die XU an Welsh zu übermitteln. Es ist aber wahrscheinlich, daß er einigen Vertrauten selber das Neueste im Überblick berichtete.
Nachdem er definitiv wußte, daß er keine Genehmigung für eine Zwischenlandung in Kopenhagen bekommen würde, schrieb er am 3. Juli an Bohr: »Es wäre sehr wichtig für mich gewesen, Sie wiederzusehen. Ich wollte mit Ihnen über einige Fragen sprechen, die Sie wahrscheinlich ebenso interessieren wie mich.« Dann richtete er ihm Grüße aus von dem Physiker Harald Wergeland, von Victor Goldschmidt und von Odd Hassel. Weil Bohr nichts Gegenteiliges erfuhr, dachte er weiter, die Deutschen wären einer Kernwaffe auf der Spur.
Kurz nach Rosbauds Besuch geschah in Oslo etwas Merkwürdiges. Ein deutscher Wissenschaftler namens Hans Daniel Jensen tauchte auf und hielt ein Kolloquium für eine ausgewählte Gruppe norwegischer Wissenschaftler ab. Jensen war Professor an der Universität Hamburg gewesen und hatte mit dem Österreicher Hans Süß zusammen über die »magischen Zahlen« gearbeitet, die die Struktur des Atomkerns bestimmen. (Für diese Arbeit wurde Jensen 1963 mit dem Nobelpreis für Physik ausgezeichnet. Süß bemerkte kürzlich, die magischen Zahlen seien 1938 zum ersten Mal in einem Aufsatz von Victor Goldschmidt behandelt worden – er und Jensen hätten den Gedanken übernommen, ohne auf ihren Urheber hinzuweisen.) Jensen kam während des Krieges oft im Zusammenhang mit der Produktion von schwerem Wasser nach Norwegen.
Harald Wergeland berichtete später Professor Brynulf Ottar über das Kolloquium. Ottar schreibt:

> Wergeland nahm teil ... zusammen mit Prof. Hylleras, Prof. Tom Barth, Dr. Romberg und anderen ... Dr. Jensen bat seine Zuhörer, nicht mitzuschreiben, weil er fürchtete, das könnte gefährlich sein. Aber Wergeland erinnert sich, daß Barth ihm ein Zeichen gab, sich nicht daran zu halten. Ich glaube, daß alle anwesenden Personen ... irgendwie in Verbindung mit Untergrundorganisationen standen.
> Jensen zufolge war Heisenberg der Meinung, die Deutschen könnten die Bombe nicht bauen. Wergeland schrieb einen

> genauen Bericht über diese Sitzung und darüber, was Jensen ihm privat mitteilte. Ein oder zwei Tage später sagte mir einer meiner Mitarbeiter in der XU ..., ich solle Wergeland aufsuchen, er habe wichtige Unterlagen, die so bald wie möglich nach England geschickt werden müßten. Ich besuchte Wergeland in seinem Haus ... und ich glaube, Jensen war auch dort.

Es war dumm von Jensen, dorthin zu gehen, und er hatte Glück, daß niemand Verdacht schöpfte. Für Eric Welsh aber war es eine Bestätigung, als er hörte, was Jensen gesagt hatte. Jetzt hatte er zwei Berichte aus verläßlichen Quellen. Vorsichtig forderte er von Rosbaud eine weitere Bestätigung. Als er sie im Sommer 1943 bekam, konnte der SIS versichern, das deutsche Atomprogramm sei »kein Grund mehr zu ernsten Befürchtungen«.
Die Amerikaner dachten anders darüber, denn sie hatten nichts vom »Greif« erfahren.

Kapitel 23

»Das Herz deines Feindes«

Victor Goldschmidt war nicht nur Jude, sondern auch ein prominenter norwegischer Staatsbürger. Er sollte nicht lange unbehelligt bleiben. Am 22. Oktober 1942 rief seine ehemalige Sekretärin Bodil Lonna, die selbst ihre Flucht vorbereitete, V.M. an. Sie warnte ihn, sie habe gehört, er solle verhaftet werden. Er mißachtete ihre Warnung wie schon andere vorher. Am fünfundzwanzigsten kamen zwei norwegische Polizisten mit einem Konfiszierungsbefehl für seine gesamte Habe und sein Geld. Sie gestatteten ihm, warme Kleidung mitzunehmen, und brachten ihn dann über Nacht in das Bredtvedt-Gefängnis in Oslo.

V.M. hätte sich an Gulbrand Lunde wenden können, aber durch einen merkwürdigen Zufall »verunglückte« Lunde am Tag nach Goldschmidts Verhaftung tödlich. Als er und seine Frau Maria auf die Fähre nach Åhlesund fahren wollten, bewegte sich das Schiff vorwärts und Lundes schwarzer Mercedes wurde in die Tiefe gerissen. Ob Unfall oder Absicht, es war eine verdiente Strafe dafür, daß er seinen Freund und Lehrer hatte verhaften lassen. Zu der Zeit, als der Unfall passierte, wurde Goldschmidt in das berüchtigte Konzentrationslager Berg gebracht, ein improvisiertes Gefängnis für Juden. Dort herrschten grauenhafte Zustände. Goldschmidt war nierenkrank und hatte noch andere Leiden, der Lagerarzt Dr. Jervell bekam daher die Genehmigung, ihn ins Krankenhaus im nahegelegenen Tönsberg zu bringen.

Im Krankenhaus lernte Goldschmidt zwei Juden kennen, die den kurzen Rest seines Lebens vollkommen veränderten. Er teilte das Krankenzimmer mit Moses Katz und Lesser Rosenblum. Katz war in den Straßen Oslos als Hausierer mit Strumpfwaren wohlbekannt. Rosenblum stellte Schirmgriffe her, und sein Haus in der Dronningsgate 28 war in diplomatischen Kreisen beliebt. Katz war orthodoxer Jude, Rosenblum Atheist und militanter Sozialist.

Als Goldschmidt die beiden kennenlernte, war er außer sich vor Wut und schwor, seinen Peinigern nie zu verzeihen. Zu seiner Verwunderung erwiderte Moses Katz ruhig: »Die Rache ist nicht unser. Wir müssen sie dem Allmächtigen überlassen.« »Worum sollen wir Gott dann bitten?« fragte Goldschmidt. Katz antwortete: »Sie können darum beten, daß er das Herz Ihrer Feinde erleuchten möge.«

Und zu V.M.s noch größerer Verwunderung fügte der Sozialist und Atheist Lesser Rosenblum hinzu: »Wir müssen den Teufelskreis der Vergeltung unterbrechen. Anders wird das Böse nie ein Ende nehmen.« Goldschmidt muß sofort und vollständig bekehrt gewesen sein, anders könnte man sein Verhalten im darauffolgenden Monat kaum erklären.

Goldschmidts Freunde legten bei den Behörden Beschwerde ein mit der Begründung, niemand außer Goldschmidt könne gewisse wichtige und schwierige Probleme bei der Herstellung von Düngemitteln lösen. Anfang November wurde V.M. freigelassen und kehrte nach Oslo zurück. Er war ruhig, zuversichtlich und davon überzeugt, daß ihm nichts geschehen könne, denn er hatte tatsächlich gebetet, Gott möge die Herzen seiner Feinde erleuchten. Aber seine Gebete wurden nicht erhört. In der zweiten Novemberwoche erschien sein Name in der Zeitung auf einer Liste von Juden, deren restlicher Besitz eingezogen werden sollte. In V.M.s Fall waren das seine wertvollen Mikroskope, der Röntgenapparat und die Meßinstrumente. Er entschloß sich, nicht um sie zu beten, sondern heftig zu protestieren. Man versprach ihm, er könne seine kostbaren Instrumente behalten. Am 26. November wurde er jedoch wieder verhaftet und zum zweiten Mal ins Bredtvedt-Gefängnis gebracht. Moses Katz war bereits dort. Am nächsten Tag wurden die beiden zusammen mit 531 anderen norwegischen Juden an den »Amerikakai« gebracht. Dort warteten sie auf den Weitertransport nach Auschwitz an Bord der *Donau*.

Dies ist der Bericht, den Goldschmidt wenige Wochen später den norwegischen Behörden in Schweden gab:

> Um 10.50 Uhr kam ein Staatspolizist, offenbar derselbe, der mich am Tag davor verhaftet hatte, und rief laut, ob Victor Moritz Goldschmidt anwesend sei. Als ich antwortete, sagte er,

> ich solle nach vorn zum Schiff kommen. Dort erklärte er, ich sei frei und könne nach Hause gehen. Er fügte hinzu, er freue sich, mir das mitteilen zu können. Ich fuhr mit einem Taxi heim, für das die Staatspolizei bezahlte, denn ich hatte am Tag zuvor mein ganzes Geld in Bredtvedt abgeben müssen ... Wie ich erfuhr, hatten Professor Halvor Solberg, der Dekan unserer Fakultät, und der Gönner [der Universität] Rektor Adolf Hoel meine Freilassung bewerkstelligt. Hoel war zu Marthinsen, dem Chef der Staatspolizei, gegangen und hatte ihn bedrängt, er müsse mich für Arbeiten von höchster allgemeiner Bedeutung freilassen.

Dieses Mal wußte Goldschmidt, daß seine Zeit begrenzt war. Am Abend aß Hans Süß, der wieder einmal in Sachen schweres Wasser in Norwegen war, mit ihm in seiner Wohnung in Smestad zu Abend. Sissy Feinsilber, Goldschmidts Freundin, war dabei, aber nichts konnte seine trübe Laune zerstreuen. Konserven waren im Reich knapp geworden, deshalb drängte V.M. Süß einen Vorrat davon auf. Er sagte, er selbst würde sie nicht mehr brauchen.

Die *Donau* fuhr ohne Goldschmidt ab, aber Moses Katz und Lesser Rosenblum waren unter den zusammengepferchten Passagieren. Sie kamen später in Auschwitz um. Goldschmidt wurde drei Wochen später von Widerständlern auf einen Heuwagen geladen und nach Schweden gebracht. Den ganzen Weg über jammerte und klagte er. Einmal stocherten deutsche Soldaten in der Ladung Heu herum, aber Goldschmidt fanden sie nicht. V.M. litt jedoch schon genug an den Stößen, die seine Fahrer austeilten, wenn sie Schwierigkeiten hatten, ihn im Heu versteckt zu halten.

Die Probleme mit Goldschmidt gingen weiter, als er in Stockholm angekommen war. Die Niereninfektion, die er sich im Konzentrationslager Berg zugezogen hatte, war noch nicht ausgeheilt. Als er ins Ersta-Krankenhaus ging, fanden die Ärzte heraus, daß er außerdem an einer ernsten Bluterkrankung litt. Lise Meitner und andere Freunde besuchten V.M. im Krankenhaus. Eric Welsh kam zu Ohren, daß Goldschmidt zuviel über Rosbaud, die XU und andere gefährliche Themen rede. Es war unumgänglich, daß V.M. nach London gebracht wurde, und sei es auch nur, um ihn zum Schweigen zu bringen.

Goldschmidt wollte Schweden auf keinen Fall ohne Sissy verlassen, die es auch bis nach Stockholm geschafft hatte. Anfang März 1943 betraten Sissy und V.M. auf einem Flugplatz des SIS in Huntingdonshire britischen Boden. Den Abend verbrachte V.M. unter Bewachung in einem Hotel in Kensington. Sissy sollte bei Goldschmidts Nichte Erika Schulhof in der Nähe wohnen. Goldschmidt und Sissy genossen, oft in Begleitung, das Leben in London, so gut es noch ging. Wenn sie sich aber mit Freunden trafen, war Goldschmidt für Eric Welshs Seelenfrieden immer noch entschieden zu redselig.
Welsh beschloß, das Problem Sir John Anderson vorzutragen, dem Präsidenten von Churchills Geheimem Staatsrat und dem obersten Schiedsrichter in allen Angelegenheiten, die mit Atomenergie zusammenhingen. Anderson war ein erfahrener Physiker. Er hatte in Leipzig promoviert und kannte Goldschmidt. Es gibt einen Zeugen des Treffens, bei dem Welsh dem Staatsratspräsidenten sein Problem schilderte. Anderson hörte Welsh mit einem geheimnisvollen Lächeln auf den Lippen und mit verschränkten Händen, deren Daumen in die Westentaschen gehakt waren, bis zum Ende an und fragte dann, was er zu tun vorschlage. Welsh machte eine drohende Gebärde. Sir John, der sich sonst immer unter Kontrolle hatte, fuhr auf: »Was! Sie verlangen von mir, daß ich, der ehemalige Innenminister, so etwas tue?« – und er wiederholte die Gebärde. Welsh gab nach und schlug vor, Goldschmidt aus London in die Provinz zu verbannen, an einen Ort, der nicht von deutschen Agenten überwacht wurde und dem SIS genehm war. Eine Zwischenlösung war das Macaulay-Institut für Bodenforschung in Craigebuckler in der Nähe von Aberdeen. Kurze Zeit später zog V.M. in die Versuchsstation Rothamsted in der Nähe von St. Albans um. Das war der SIS-Stützpunkt, an dem sich die Mitarbeiter der Sektion V trafen, um Aktionen deutscher Spione zu vereiteln. Sissy Feinsilber war es dort zu ländlich. Sie verließ Goldschmidt und heiratete einen norwegischen Politiker.

Kapitel 24

»Das Haus steht auf dem Hügel«

Rosbaud stand jetzt als Agent vor Ort wieder mit London in Verbindung. Er brauchte regelmäßige und zuverlässige Kontaktmöglichkeiten, damit er immer wußte, welche Informationen in England benötigt wurden. Die norwegischen Studenten und ein befreundeter schwedischer Diplomat reisten nicht so häufig, daß sie die Informationsmengen bewältigen konnten, die Welsh verlangte und die Rosbaud übergeben wollte.

Sverre Bergh dachte sich eine neue Kommunikationsmöglichkeit aus. Paul mußte jetzt jeden Abend um neun Uhr mit seinem Philips-990X-Radioempfänger die Nachrichten der BBC hören, wie das Bergh in Dresden auch tat. Besonders aufmerksam lauschten beide, wenn die Sendung mit dem Codesatz *»Das Haus steht auf dem Hügel«* begann. Das bedeutete, daß die Sendung eine Sonderbotschaft für den »Greif« und Sigurd enthielt. Bergh formulierte seine Meldungen nach London immer in zehn Abschnitten, manchmal teilte er sie nach Themen ein, manchmal nach Unterthemen. Wenn London dann zum Beispiel mehr Informationen über die Abschnitte zwei, fünf und sieben einer Botschaft benötigte, die Bergh zuvor über Stockholm oder den XU übermittelt hatte, fuhr der Radiosprecher der BBC danach fort: »Das Haus hat zwei Türen, fünf Fenster und sieben Schornsteine.« Dann wußten Rosbaud und Bergh, worüber sie als nächstes Informationen zu sammeln hatten: über die Themen in den Abschnitten zwei, fünf und sieben ihres letzten Berichts. Durch dieses System konnten sehr genaue Instruktionen und Antworten übermittelt werden. Wenn Bergh nach Berlin kam, hielt Rosbaud die Informationen häufig schon bereit.

1945 berichtete Bergh dem norwegischen Geheimdienst, mit Hilfe des neuen Codes seien zwischen 1942 und 1945 zehn bis fünfzehn Botschaften über Atomenergie nach London gesendet worden, durchschnittlich drei bis fünf jährlich. Für sämtliche Themen zusammengenommen lag der Durchschnitt beträchtlich höher. Sigurd schätzt, daß er etwa fünfzig- bis sechzigmal von Dresden nach Berlin reiste, um Rosbaud zu treffen, das heißt, ein- bis zweimal monatlich. Die anderen britischen Informanten waren nur gelegentlich tätig. Sie schickten ein oder zwei Berichte und verstummten dann wieder. Im Hinblick auf die Unternehmungen Rosbauds mit Sverre Bergh und anderen Kontaktleuten könnte man den »Greif« als Erfinder der Industriespionage bezeichnen.

Ab Ende 1942 schickte er Informationen über die Bedrohung durch Raketen. Am 15. Mai 1942 hatte ein vereinzelter Aufklärungsflug über Peenemünde stattgefunden, aber anscheinend brachte niemand die Fotos mit den früheren Berichten Sigurds und des »Greifs« in Zusammenhang. Ursula Powys-Lybbe, die im Krieg Expertin für die Interpretation von Fotografien gewesen war, meinte dazu vor kurzem:

> Niemand ... wußte, wie die Dinger [die Raketen] aussahen oder wo sie stationiert waren, und nur durch einen Glücksfall wurde überhaupt eine Rakete in der Versuchsstation identifiziert.
>
> Wenn schon eher Aufklärungsflüge auf diese Spur gesetzt worden wären, hätten die Interpreten der Fotos bestimmt entweder vor den Gebäuden der Flugzeugfabriken oder auf den Startrampen »Objekte mit Flügeln« bemerkt. Auf ihren Bericht hin hätte man einen Luftangriff durchgeführt, wenn Bomber damals überhaupt eine so große Reichweite hatten, daß sie das Ziel erreichen konnten. Man kann nur vermuten, was nach oben durchdrang, aber ich meine, daß diejenigen, die Zugang zum Oslo-Report hatten, ihn vielleicht aus politischen Gründen zurückhielten. Manche Wissenschaftler hielten es aus Sicherheitsgründen für unklug, brauchbare Informationen weiterzugeben.

Erst im Januar 1943 wurden wieder Aufklärungsflugzeuge nach Peenemünde geschickt, und zwar aufgrund von Berichten, die man von »einem dänischen Chemieingenieur« erhalten hatte. Jones glaubt, daß es sich dabei um Aage C. Holger Andreasen handelte, einen Im- und Exporteur von Maschinen. Andreasen muß zufällig Zeuge eines Gesprächs zwischen »Professor Fauner von der Technischen Hochschule Berlin und einem Ingenieur namens Stephan Szenassy« geworden sein. Am 30. November 1942 hatten Fauner oder Szenassy in der Nähe von Swinemünde beobachtet, wie eine Rakete getestet wurde, die fünf Tonnen hochexplosiven Sprengstoffs enthielt und eine Reichweite von zweihundert Kilometern hatte.

Die beiden deutschen Wissenschaftler waren dem SIS nicht unter diesen Namen bekannt, aber R.V. Jones vermutete, »Fauner« könnte ein Professor Volmer an der Technischen Hochschule Berlin gewesen sein und »Szenassy« dessen Schwiegersohn Stranski. Beide wären glaubwürdige Quellen. Jones wußte nicht, daß sowohl Volmer als auch Stranski Paul Rosbaud häufig ins Vertrauen zogen.

Zehlendorf ist ein ruhiger Vorort gleich neben Dahlem, wo ein großer Teil der Berliner Wissenschaftler arbeitete. Rosbaud, Ruth Lange und Henri Piatier, ein französischer Physiker und ehemaliger Kriegsgefangener, lebten dort im Hause von Magda und Michael Polanyi in der Waltraudstraße. Nicht weit davon wohnte in der Reiherbeizestraße der gesellige Bulgare Iwan A. Stranski. Stranski und Rosbaud machten gemeinsam Dauerläufe und tranken manchmal abends ein Bier zusammen. Stranski hatte eine Beinverletzung, aber ein gemeinsamer Freund behauptete einmal, Stranski könne »Rosbaud jederzeit davonlaufen«.

Stranski war auf Kristallografie spezialisiert. Er war äußerst produktiv und wurde als Vater der Kristallzüchtung international bekannt. Der aus Sofia gebürtige Mann war 1930 als Doktorand nach Berlin gekommen, wo er bei Max Volmer studieren wollte. Volmer war ein pragmatischer Experimentalist. 1918 hatte er sich den Entwurf zu einer Quecksilberdampf-Vakuumpumpe patentieren lassen. Unter dem Namen Volmerpumpe ist sie noch heute ein vertrauter Ausrüstungsgegenstand in Labors und in der Industrie. Für die Tantiemen aus seinen verschiedenen Erfindungen ließen sich Max und Lotte Volmer von dem bekannten Architekten Emil Ruester eine herrliche Villa in Babelsberg bauen, etwas südöstlich von Zehlendorf. Ganz in der Nähe davon führt die Glienicke-Brücke über die Havel, auf der heute Ost und West ihre Spione austauschen. Im Gewächshaus der Volmers wuchs eine Sammlung von Orchideen aus aller Welt. Abends konnte man im Haus Jägersteig Nummer 8 Albert Einstein zur Klavierbegleitung Max Volmers Violine spielen hören. Volmer ähnelte Rosbaud in einigen Eigenschaften. Beide besaßen einen altertümlichen Charme, liebten die Musik und trugen Smokingfliegen. Vielleicht teilten sie darüber hinaus auch noch einige Geheimnisse.

Der »Chemieingenieur« schickte drei Berichte nach London, die vom 22. Dezember 1942, 1. Januar 1943 und 31. März 1943 datiert waren. Winston Churchill wurde im Juni mitgeteilt, daß die drei Berichte »das im ersten Bericht wiedergegebene Gespräch erläutern«. »Erläutern« ist in diesem Fall übertrieben, die Berichte haben insgesamt nur den Umfang eines Paragraphen mittlerer Länge. Auffallend ist, daß Max Volmer sich Ende 1942 in einem Gefängnis der Gestapo befand. In der Nachbarzelle saß kein anderer als Hans Kummerow, angeblich einer der Autoren des Oslo-Reports.

Volmer hatte geholfen, den jüdischen Studenten Hans Briske und dessen Familie zu verbergen. Briske stand auch mit dem Ehemann Gertrud Zimmermann-Tohmfors in Kontakt, einer engen Mitarbeiterin Volmers. Erhard Tohmfor stand mit der Roten Kapelle in Verbindung. Der Legende nach, die den Oslo-Report Kummerow zuschreibt, war es Tohmfor, der für Kummerow alle Vorbereitungen für die Reise nach Oslo traf. Tohmfors Witwe betont jedoch nachdrücklich, daß »1939 keine Verbindung zu Kummerow bestand«. Erst Ende 1941 oder Anfang 1942 habe Kummerow Erhard Tohmfor um eine Aufgabe gebeten, »die ihn vom aktiven Kriegsdienst befreien würde«. 1942 jedoch stand Tohmfor mit Kummerow in Verbindung, und Kummerow arbeitete mit dem sowjetischen Spionagering zusammen.

Die Gestapo hatte im Juli begonnen, die Rote Kapelle auszuheben. Am 17. September nahmen Gestapo-Agenten am Potsdamer Bahnhof zwei Männer fest, die Informationen austauschten. Einer davon war ein sowjetischer Agent, der vor kurzem mit dem Fallschirm über Deutschland abgesprungen war. Der andere war Kummerow. Andreasen soll seine Informationen am 18. Dezember erhalten haben, zu dem Zeitpunkt war jedoch Volmer entweder schon im Gefängnis oder er stand unmittelbar vor seiner

Verhaftung. Falls er noch auf freiem Fuß war, wäre er äußerst vorsichtig gewesen.
Die Vorstellung, daß ein reisender Vertreter wie Andreasen gerade zu diesem Zeitpunkt eine Hauptquelle von Informationen war, muß also angezweifelt werden. Vielleicht trafen Volmer und Andreasen sich in einer Lizenzangelegenheit für die Volmerpumpe oder wegen eines anderen Patents, und Volmer erzählte im Beisein Stranskis einige Geheimnisse über Peenemünde, aber das ist unwahrscheinlich. Möglicherweise war Andreasen einfach der Kurier eines Agenten, dem Volmer und Stranski vertrauten – etwa Paul Rosbaud.
Rosbaud kannte Andreasen. Sverre Bergh erinnert sich an den Namen und glaubt, ihn von Rosbaud gehört zu haben. Er bringt den Namen mit der Weihnachtszeit 1942 in Zusammenhang. Bergh war jedoch nie an der Übermittlung einer Information beteiligt, an der auch Andreasen mitgewirkt hätte.
Als Bergh nach dem Krieg mit Welsh und Roscher Lund darüber sprach, weshalb seine und Rosbauds Berichte über Peenemünde vom Herbst 1941 nicht beachtet worden waren, erfuhr er von den dänischen Berichten aus den Jahren 1942 bis 1943. Roscher Lund und Eric Welsh hatten wahrscheinlich das Bedürfnis, Bergh zu versichern, daß seine und Rosbauds Bemühungen nicht umsonst gewesen waren.
Bergh übermittelte während dieser Zeit eine Nachricht von Rosbaud über die V 2 durch die Kanäle der XU an Eric Welsh. Die Askania-Werke produzierten die Geradlaufapparate für die Führung der V 2, und Rosbaud hatte die technischen Einzelheiten des Systems in Erfahrung gebracht. Die Information über die gyroskopische Lenkung ist der einzige Punkt in den drei Berichten, die Andreasen übermittelt haben soll, der Folgen hatte.
Es gibt eine Erklärung dafür, weshalb es drei Berichte waren, durch die schließlich ein Interesse an Peenemünde geweckt wurde. Möglicherweise wurde nur der erste Bericht durch Andreasen überbracht. Er könnte ihn von Volmer und Stranski – oder von Rosbaud – erhalten haben. Mindestens einer der weiteren, sich mit dem ersten überschneidenden Berichte kann von Bergh und Rosbaud gesandt worden sein, als Volmer schon verhaftet war. Welsh hatte schon oft zum Schutz seiner gefährdetsten Quellen

einen Teil der von ihnen gesammelten Informationen anderen, weniger gefährdeten Informanten zugeschrieben und tat das auch später noch häufig. Für die Analyse war es vollkommen gleichgültig, ob die drei Berichte das Werk einer einzigen Person waren oder drei Urheber hatten. Für Welshs Zwecke war es um so besser, je weniger Quellen genannt wurden. Deshalb schrieb er alle drei Berichte dem »dänischen Chemieingenieur« zu.
Ein Jahr darauf wurde Andreasen von der Gestapo verhaftet und bis zum Kriegsende in einem Konzentrationslager festgehalten. Für Welsh war es praktisch, Volmer und Andreasen weiterhin als Quellen für Informationen anzugeben, als beide schon längst aus dem Verkehr gezogen waren.
Wie man sie auch erklären mag, jedenfalls sind die sogenannten Andreasen-Reports wichtig, weil sie endlich das Interesse an Peenemünde weckten. Drei Jahre nach dem Oslo-Report wurden in ihnen das Testgelände und ein Objekt mit Flügeln näher beschrieben, das dort entwickelt wurde. Die drei Berichte machen die geheimnisvolle Geschichte Rosbauds noch komplizierter. Es kann kein Zufall sein, daß in der Geschichte Rosbauds immer wieder die Rote Kapelle auftaucht.
Als Tatsachen lassen sich festhalten: Hilde Benjamin war Rechtsberaterin der Sowjetischen Handelsdelegation in Berlin. Ihr Bruder Walter war als marxistischer Philosoph bekannt. Paul Rosbaud mochte Hilde und Georg Benjamin und riskierte einmal sogar mit Hilde einen Besuch im Konzentrationslager, um ihrem Mann Essen und Kleidung zu bringen. Und schließlich war Hildes Schwester Ruth Pauls Geliebte und lebte den ganzen Krieg hindurch mit ihm zusammen. Man muß sich außerdem fragen, weshalb es Paul gerade in der Zeit, als die Gestapo die Rote Kapelle aushob, so einrichtete, daß er häufiger als sonst während des Krieges nicht in Berlin war. In den letzten sechs Monaten des Jahres 1942 reiste er nach Budapest, Kolozsvár, Zagreb, Wien, Salzburg, Holland und noch an weitere Orte. Und seinem Bruder schrieb er ziemlich unvorsichtig: »Ich möchte hier eine Weile von der Bildfläche verschwinden.«
Bis jetzt kam jedoch noch nicht der kleinste Beleg dafür ans Licht, daß Rosbaud ein Mitglied der Roten Kapelle oder überhaupt jemals ein Sowjetspion gewesen ist. Offensichtlich ist, daß Ros-

baud vor dem Krieg, während des Krieges und auch nachher die Gesellschaft der interessanten und ungewöhnlichen Leute seiner Zeit suchte. Dabei gab es für ihn keine politischen Grenzen.
Am liebsten träumte er von der Wiederkehr der Habsburger und der österreichisch-ungarischen Monarchie. Einige seiner jüdischen Freunde teilten diese Träume. Viele hatten Österreich nach 1933 verlassen, aber Paul stand weiterhin mit ihnen in Briefwechsel. Der galizische Romancier Joseph Roth war zum Katholizismus übergetreten. Bis zu seinem Tod 1939 in Paris beschwor er in Werken wie dem *Radetzkymarsch* immer wieder die untergegangene Donaumonarchie. Ebenso Stefan Zweig, der ein paar Tage nach dem Karneval in Rio de Janeiro im Februar 1942, als er sein der Vergangenheit gewidmetes Buch *Die Welt von Gestern* beendet hatte, eine Überdosis Veronal nahm. Ruth Lange und ein französischer Freund erinnern sich, wie Rosbaud um Zweig trauerte. Vielleicht fuhr Rosbaud darum im Oktober nach Budapest, wo er auf dem Ferenc Jozsef Rakpart mit seinen eleganten Hotels und Cafés spazierenging und in der transylvanischen Weinstube von Erdélyi Borozo einkehrte.
In Kolozsvár wohnte Rosbaud bei dem Mathematiker Samu Borbely und hörte den Zigeunerkapellen zu, die in den Parks an den Ufern des Szamos spielten. Aber die Reise in die Welt von gestern mußte einmal zu Ende gehen. Rosbaud kehrte nach Berlin zurück, in die rauhe Wirklichkeit der Gegenwart. Vor Ende des Jahres 1942 hatte er noch eine wichtige Aufgabe zu erledigen.
Im Dezember fuhr er nach Holland, vorgeblich um einige Publikationen in die Wege zu leiten. In Wirklichkeit war der Zweck der Reise, Kontakte zum holländischen Untergrund zu knüpfen. Vielleicht traute er damals den Vermittlungskanälen in Berlin nicht. Er wollte Informationen über Vorbereitungen zur chemischen Kriegführung weitergeben und vermutete, daß Dr. Jan Hendrik de Boer von den Philips-Werken in Eindhoven jetzt in Großbritannien an diesem Problem arbeitete.
Das stimmte tatsächlich. De Boer war am 14. Mai 1940, an dem Tag, als die Luftwaffe Rotterdam dem Erdboden gleichmachte, nach England gereist. Als Experte für organische Chemie war de Boer äußerst vielseitig. Seine Forschungsinteressen reichten von der Biochemie bis zu Infrarotbildern. Er war der rechte Mann für

die Informationen, die Rosbaud besaß. Das einzige Problem bestand darin, wie er sie ihm übermitteln konnte. Wieder einmal tat Rosbaud etwas, über das sich Eric Welsh ärgerte. »Theodor« war nämlich nicht der einzige Informationsempfänger des »Greifs«. Wenn Rosbaud jemand anders als Welsh eine Information auf direktem Wege zukommen lassen wollte, dann schickte er sie einfach an den Betreffenden. Natürlich hatte er keine Ahnung, wie seine Informationen in Großbritannien genutzt und analysiert wurden. Von R.V. Jones erfuhr er erst nach dem Krieg. Deshalb sandte er seine Informationen dorthin, wo sie seiner Meinung nach am nützlichsten sein konnten.

Rosbaud fuhr also nach Leyden und besuchte Kollegen de Boers, vor allem Hendrik B.G. Casimir und Anton Eduard van Arkel. Er traf sich auch mit einem Cousin van Arkels, dem Botaniker Hille Ris Lambers, und vertraute ihm Informationen über einen neuen toxischen Stoff an, der durch Gasmasken dringen konnte. Es handelte sich um Eisenpentacarbonyl, das sich unter Einwirkung des Kohlenstoffs in der Gasmaske auflöste und den Träger erstickte. Rosbaud wies darauf hin, daß die deutschen Experten dafür Professor Walter Hieber (auch ein Freund!) vom Institut für anorganische Chemie an der Technischen Hochschule München und ein Dr. Eisenhut von der I. G. Farben, Werk Ludwigshafen-Oppau, seien. Lambers erzählte Rosbaud, er habe eine Möglichkeit, de Boer zu erreichen. Rosbaud hielt die Information jedoch für so wichtig, daß er sie nach seiner Rückkehr aus Holland auch Sverre Bergh mitgab.

Rosbaud traf bei Philips in Eindhoven die verschiedensten Personen, darunter auch Casimir und Hajo Bruining. Über Bruining schrieb Casimir später: »Er erinnert sich an Rosbauds Besuch während des Krieges. Er vertraute Rosbaud vollkommen, aber sie redeten nicht miteinander über illegale Arbeit, sie hörten nur gemeinsam BBC. Bruining erzählte mir, er habe später erfahren, daß R. ein extrem gefährliches Spiel gespielt hätte. Er hätte unter dem Deckmantel der Tätigkeit für Springer Informationen gesammelt und an die Alliierten weitergegeben.«

In Holland gab Rosbaud nicht nur Informationen weiter, sondern er sammelte auch welche. Professor R. Kronig gibt uns eine Andeutung davon, wonach Paul suchte:

Während des letzten Krieges besuchte mich Rosbaud mehrmals in meinem Haus in Delft. Ich hatte zwar eine Ahnung, daß der wahre Grund für seine Reisen nach Holland während des Krieges nicht rein privater oder beruflicher Natur war, er sprach mir gegenüber allerdings nie von einem anderen Zweck, und ich fragte ihn auch nicht direkt danach. Erst später, nach dem Krieg, fiel ein wenig Licht auf die Sache: Er hatte wahrscheinlich versucht, Informationen über laufende Forschungen in Europa zu sammeln, die eventuell zum Bau der Atombombe in Deutschland hätten führen können.
Die holländische Regierung hatte kurz vor dem Krieg in Belgien einige Tonnen Uranoxid gekauft, die in Delft gelagert wurden. Norsk Hydro in Norwegen konnte beträchtliche Mengen schweren Wassers produzieren. Nach Hahns Entdeckung waren beide Substanzen im Zusammenhang mit dem Bau einer Atombombe von Bedeutung.

Ein Teil der Informationen, die Rosbaud nicht durch Sverre Bergh übermitteln ließ, wurden direkt von Holland aus abgeschickt, wo Rosbaud Kontakte zum britischen Geheimdienst hatte. Einer davon war Professor A.M.J. Michels, der de Boers Stellung im Van-del-Waals-Labor an der Universität Amsterdam übernommen hatte. Michels war einer der ganz wenigen und dazu einer der wichtigsten britischen Agenten in Holland. R.V. Jones widmete sein 1978 erschienenes Buch *The Wizard War* mehreren Mitgliedern von Widerstandsgruppen, darunter auch einem »A.A. Michels«. Jones gibt heute zu, daß es sich dabei um A.M.J. Michels handelte.
Paul besuchte in Eindhoven auch einen alten Schulfreund aus Graz namens Herbert Stifter. Stifters Tochter Susanne schreibt, Paul Rosbaud sei »einer der beiden Söhne Frau Rosbauds, die meinem Vater lange vor dem Ersten Weltkrieg in Graz Klavierstunden gegeben hat.« Alten Freunden vertraute Rosbaud am meisten. Durch Stifter könnte er Verbindung zu Allen Dulles gehabt haben, der das amerikanische Office of Strategic Services (OSS), das Büro des militärischen Geheimdienstes, in der Schweiz leitete. Von der Central Intelligence Agency (der Nachfolgerin des OSS) wird jedoch nach wie vor behauptet, in den Archiven des OSS

finde sich nichts über Paul Rosbaud. Wenn Rosbaud überhaupt Kontakt mit dem amerikanischen Geheimdienst hatte, dann indirekt und eher im Zusammenhang mit der Widerstandsbewegung, als zur Weitergabe technischer Informationen.
1938 war Stifter aus Österreich geflohen. Er war dort Herausgeber mehrerer populärer Zeitschriften gewesen und nahm nach seiner Flucht bei Philips in Eindhoven eine Arbeit als Redakteur an. Für einen Flüchtling war Holland eine schlechte Wahl, aber Stifter hatte dort Freunde. Einer von Allen Dulles' Kontaktleuten in Holland, W.E.A. De Groot, war auf die Nazis vorbereitet:

> Als die Niederlande im Mai 1940 überfallen wurden, begann ich mit der Arbeit, für die mir die Behörden bereits die Genehmigung erteilt hatten und für die ich mich aus bestimmten Gründen geeignet fühlte. Ich war nämlich persönlich mit einem Mann beim Staatssicherheitsdienst in Berlin bekannt, zu dessen Aufgaben es gehörte, vertrauliche Berichte zu überarbeiten, die Himmler aufgesetzt und Hitler persönlich vorgetragen hatte. Dieser Mann, ein überzeugter Gegner der Nazis, stellte natürlich einen äußerst wichtigen Kontakt dar. Er ermöglichte mir zum Beispiel, aktuelle Berichte der oben erwähnten Art einzusehen. Ich lernte sie auswendig und diktierte sie zwei Tage darauf im Haus Allen Dulles', der damals der persönliche Assistent des amerikanischen Gesandten in Bern war...
> Ich bezog Dr. Stifter, dessen Takt und Intelligenz ich sehr schätzte, in meine Tätigkeiten für den Widerstand ein, indem ich vorgab, daß er gegenüber den deutschen Behörden auf meine Bitten hin handelte ... Das Ergebnis davon war, daß sowohl Dr. Stifter als auch ich als Leute galten, die in Kontakt mit höchsten Kreisen in Berlin geheime Verhandlungen mit den Alliierten führten. Bei den nationalsozialistischen Behörden der besetzten Gebiete bestand eine solche Scheu davor, Verantwortung zu übernehmen, daß nicht einmal in Betracht gezogen wurde, diese Dinge zu überprüfen ... Dr. Stifter hatte eine Anzahl von Kontakten zu Widerstandsgruppen, die äußerst nützlich waren. Es handelte sich um andere Personen als meine Kontaktleute. Über einen katholischen Priester in Essen hatte er beispielsweise eine Verbindung zum Vatikan.

Eine solche Verbindung hatte auch Rosbaud. Seine Kontaktleute im Vatikan waren die Jesuitenpatres Alois Gatterer und Joseph Junkes. Gatterer stammte aus einer alten Grazer Familie und war aus Linz gebürtig. Junkes war der Sohn eines Postbeamten aus Goch im Rheinland. Beide Priester waren Astrophysiker im Observatorium des Vatikans in der Sommerresidenz des Papstes, Castel Gandolfo. Der Jesuitenfrater Karl Treusch, der den beiden Priestern beim Aufbau von Versuchsanordnungen half, erinnert sich, während des Krieges Rosbauds Namen gehört zu haben. Er kann sich aber nicht mehr erinnern, in welchem Zusammenhang. Rosbauds Beziehung zu den Patres Gatterer und Junkes war jedenfalls eng. Sie gehörten zu den sehr wenigen, die wußten, wie fromm Rosbaud war. Einem Brief Paul Rosbauds an Hans zufolge kam Pater Gatterer 1946 mit einer persönlichen Botschaft von Papst Pius XII. zu ihm nach London und brachte ihm einen Rosenkranz, den Seine Heiligkeit geweiht hatte. Paul schrieb Hans jedoch nicht, wie die Botschaft geheißen hatte, und aus den Archiven des Vatikans läßt sie sich auch nicht erschließen.

1942 war also in der Tat ein produktives und arbeitsreiches Jahr für den »Greif«. Der Krieg dauerte noch weitere zweieinhalb Jahre. Sie sollten die vorhergehenden Jahre an Gefahren noch übertreffen.

Kapitel 25

Die Verbindung zu Frankreich

Juliette Grenier Piatier brachte 1918 in einem Unterschlupf bei Bar-le-Duc in Frankreich einen Sohn zur Welt. In dieser Umgebung, wo der Tod allgegenwärtig war, war eine Geburt eher etwas Ungewöhnliches. Im Februar zwei Jahre zuvor hatten die Deutschen überraschend mit massierten Kräften Verdun angegriffen. General Henri Pétain, der neue französische Kommandant der Befestigungen, versprach: »Sie werden Verdun nicht nehmen.« Die Schlacht zog sich in die Länge, und eine Million Menschen starben, aber Pétain hielt tapfer die Stellung. Eine fünfundsiebzig Kilometer lange Strecke, die man die »Heilige Straße« nannte, rettete die französischen Verteidiger von Verdun. Nur mit größter Mühe konnte diese Straße als Versorgungsweg von Bar-le-Duc freigehalten werden.

Anscheinend hatte Juliettes Sohn Henri schon bei seiner Geburt Pulverdampf eingeatmet, denn als er erwachsen war, machte er seine Abschlußprüfung an der École Polytechnique in Paris und wurde Reserveoffizier bei der Artillerie. Zu Beginn des Zweiten Weltkrieges wurde er nach Trois Champagnes abkommandiert. Einer seiner besten Freunde auf dem Technikum war sein ehemaliger Klassenkamerad Charles Peyrou. Er war auch bei der Artillerie und wurde an der Maginotlinie stationiert. Keiner von beiden hatte jedoch irgendwelche Ambitionen auf eine Karriere bei der Armee, denn beide wollten nach dem Krieg ihr Physikstudium abschließen.

Im Frühjahr 1940 nahmen die Deutschen Verdun ohne Schwierigkeiten ein, umgingen die Maginotlinie und überrollten die französische Armee. Henri Piatier und Charles Peyrou gerieten in Kriegsgefangenschaft. Marschall Pétain, der Held von Verdun aus dem Ersten Weltkrieg, wurde zum Premierminister einer neuen Regierung ernannt, die mit den Nazis kollaborierte. Die beiden

Schulkameraden von einst trafen sich in Deutschland in einem Lager der Hitlerjugend wieder, das in ein Kriegsgefangenenlager umfunktioniert worden war.
Mittlerweile betrieb Frédéric Joliot-Curie trotz der schweren Zeiten mit seiner Frau Irène – das Ehepaar hatte 1903 den Nobelpreis für Chemie bekommen – seine Forschungen am Collège de France weiter. Er setzte das Zyklotron für weitere Untersuchungen auf dem Gebiet der Kernspaltung ein. Im September bekam er Besuch von einer Delegation aus Deutschland, die von General Erich Schumann vom Heereswaffen-Amt geleitet wurde. Schumann verlangte von Joliot-Curie die Herausgabe des schweren Wassers, das Allier aus Norwegen herausgeschmuggelt hatte.
Das sei unmöglich, erklärte Joliot-Curie. Das schwere Wasser liege auf dem Grund des Atlantik. Schumann wollte den Namen des Schiffes wissen. Joliot-Curie nannte ihm den Namen eines Schiffes, das bei der Evakuierung von Bordeaux gesunken war, erwähnte aber mit keinem Wort die *Broompark*. Der deutsche General war von diesen Neuigkeiten nicht gerade erbaut. Er kündigte an, daß es einige Veränderungen in der Personalstruktur von Joliot-Curies Forschungslaboratorium geben werde.
Schumanns Dolmetscher bei dieser Unterredung war ein Mann namens Wolfgang Gentner, ein Freund Paul Rosbauds und insgeheim ein entschlossener Nazigegner. Gentner hatte einige Jahre in Paris mit Joliot-Curie und danach in Berkeley mit Ernest Lawrence, dem Erfinder des Zyklotrons, zusammengearbeitet. In letzter Zeit hatte er Walter Bothe in Heidelberg bei der Konstruktion seines Zyklotrons geholfen. Auf Schumanns Befehl sollte Gentner in Paris die Aufsicht über den Einsatz des Zyklotrons übernehmen.
Bevor der Forschung Versuchsreaktoren zur Verfügung standen, war das Zyklotron das entscheidende Gerät in der Kernforschung. Am besten konnte man die Kernreaktion, die von dem Zyklotronstrahl erzeugt wurde, in einer Nebelkammer beobachten. Auf diese Weise konnte man die Bahn eines beschleunigten Teilchens und seine Kollisionen deutlich erkennen und fotografieren. Bothe, Gentner und Heinz Meier-Leibnitz hatten auf Anregung von Paul Rosbaud einen schönen Bildband mit Fotos aus der Nebelkammer zusammengestellt.

Nachdem Gentner in Paris die Leitung übernommen hatte, kam ihm der Gedanke, daß eine französische Ausgabe des Buches als Leitfaden für die Arbeit seines neu gewonnenen Mitarbeiterstabes am Collège de France von Nutzen sein könnte. Er unterbreitete seinen Vorschlag LePrince-Ringuet, einem hervorragenden Physiker. LePrince-Ringuet nahm die Anregung nicht nur dankbar auf, sondern hatte auch gleich Übersetzer parat. Zwei seiner Studenten konnten deutsch und waren für diese Aufgabe qualifiziert. Unglücklicherweise waren sie zur Zeit in einem Kriegsgefangenenlager in Deutschland. Später erzählte Paul Rosbaud den anderen:

> 1942 erfuhr ich von Gentner, daß zwei französische Kriegsgefangene mit der Bitte an ihn herangetreten seien, diesen Bildband ins Französische übersetzen zu dürfen. Mir taten diese beiden Physiker leid – sie hatten beide noch keinen akademischen Grad – und ich dachte darüber nach, wie sie die Jahre ihrer Gefangenschaft nutzen könnten. Ich rief ein paar zuverlässige Freunde an und hatte bald mein Ziel erreicht. Dr. Michael Schön war hocherfreut, daß die beiden bei ihm ihr Physikstudium fortsetzen durften. Später arbeiteten sie dann zusammen mit Timofeev-Ressovsky auf dem Gebiet der Biophysik. Ich konnte es sogar durchsetzen, daß Piatier für ein Jahr bei mir wohnen durfte.

Obwohl Peyrou nicht im Haus der Rosbauds wohnte, hatten doch Pauls Intervention zugunsten der Franzosen und seine Persönlichkeit starken Einfluß auf ihn. Peyrou schreibt:

> Selbst wenn ich versuche, in meinen englischen Aufzeichnungen meine französischen Superlative unter Kontrolle zu halten, glaube ich doch sagen zu dürfen, daß Rosbaud ein großartiger Mann und eine faszinierende Persönlichkeit war. Er hatte großen Einfluß auf mich und mein Leben. Die einfache Tatsache, daß er die Initiative ergriff und Piatier und mich nach Berlin rief, damit wir mit unseren Forschungen in Physik fortfahren konnten, veränderte mein ganzes Leben, mein Bild der Physik, meine Konzeption der Welt (politisch und auf ande-

ren Gebieten), und sogar meine Einstellung zur Familie, da ich in Berlin meine Frau traf. Ich verdanke ihm einen Teil meiner musikalischen und vor allem meiner politischen Erziehung.

Piatier und Peyrou fanden eine Unterkunft in der Apostel-Paul-Straße 18 im Berliner Stadtteil Schöneberg. Nachdem das Haus Polyanis, in dem Rosbaud gewohnt hatte, Anfang 1943 ausgebombt worden war, zogen er und Ruth in eine hübsche Villa in Teltow. Piatier zog zu ihnen, nachdem er die Erlaubnis bekommen hatte, Zivilkleidung zu tragen. Ruth und Henri bewunderten Paul als den »Kapitän«, aber Rosbaud pflegte einen lockeren Umgangston. Alles, was verboten war, war schlechte Laune. Indem Rosbaud Henri Piatier in sein Haus brachte, kam er in Kontakt mit der bekannten französischen Widerstandsbewegung »Arche Noah«, deren Anführerin Marie-Madeleine Foucarde war, eine Frau von zweiunddreißig Jahren und Mutter zweier Kinder. Ihre Agenten benutzten als Decknamen Tiere. Marie-Madeleines Verbindungsmann beim SIS beschrieb sie als eine Frau von der »Schönheit und dem Charme der Nofretete«. Noch heute ist ihr Haar rabenschwarz, und ihre braunen Augen sind so strahlend und klar wie die einer jungen Frau. Aber es gab außer der »Arche Noah« die noch geheimere Unterorganisation »Druid«, die keine Tiere als Decknamen benutzte, und mit dieser Organisation setzte Rosbaud sich in Verbindung.
Man hatte Peyrou und Piatier in Wirklichkeit wohl nicht nur wegen ihrer Zweisprachigkeit ausgewählt, sondern weil Rosbaud sie für andere Zwecke brauchen konnte. Piatier hatte bei der Widerstandsbewegung »Druid« den Decknamen »Rhein-1202« erhalten. »Rhein« ist ein Anagramm von Henri, und »1202« war die Postleitzahl vom Büro seines Bruders.
André Piatier war Volkswirtschaftler und drei Jahre älter als Henri. Vor dem Krieg war er französischer Geheimagent gewesen. Das Institut de France hatte ein Büro in Berlin, das in einer Privatvilla in der Nähe des Reichskriegsministeriums untergebracht war. André arbeitete eine Zeitlang an dem Institut, und anhand einer großartigen Analyse nichtgeheimer Dokumente, die er sich aus dem Ministerium nebenan beschafft hatte, konnte er das geheime deutsche Heeresbudget rekonstruieren. Im Juni 1940

legten der Artillerieoffizier André Piatier und 13 000 französische Soldaten in den Pyrenäen die Waffen nieder. Aber André entging dem Schicksal seines Bruders.

Er nahm in Bordeaux Kontakt zu der neuen Vichy-Regierung auf und arbeitete zur Tarnung seiner Aktivitäten bei der Widerstandsbewegung »Druid« bei der Handelsmarineverwaltung. Im September 1940 nahm er am Quai Wilson Nr.14 in Genf Kontakt zum britischen Geheimdienst auf. In Genf war Frederick (Fanny) van den Heuvel Chef des SIS. Außerdem war er päpstlicher Ritter und einer der Direktoren von Eno's Fruit Salts – in hervorragender Weise verdauungsfördernd. Und in Kürze würde er dafür sorgen, daß Rosbaud in der Schweiz leichter an Informationen herankam.

Andrés Organisation hatte unbegrenzt Zugang zu französischen Kriegsgefangenen. Jeder Gefangene durfte pro Woche nur fünf Worte auf eine Postkarte schreiben, aber da eine ganze Anzahl von Gefangenen an dem Projekt beteiligt war, wurden immer wieder verschlüsselte Mitteilungen aus den Lagern geschleust. Die Kriegsgefangenen arbeiteten mit raffinierten Methoden, und sie waren gute Beobachter. Wenn es erforderlich war, konnte ein Kriegsgefangener mit einer wichtigen Information aus dem Lager gebracht oder von den anderen Arbeitern getrennt werden. Dazu brauchte man nur eine Atropinspritze, um den Herzschlag zu beschleunigen, und ein Stück Seife, um Schaum vor dem Mund zu erzeugen. Jemand mit solch einer bösartigen Krankheit wurde vom Lagerkommandanten schleunigst in ein ziviles Krankenhaus eingewiesen. Abgeordnete der Vichy-Regierung, darunter Angehörige der Résistance, besuchten hin und wieder deutsche Lager, um sich von dem Wohlergehen der Gefangenen zu überzeugen und um Informationen zu sammeln.

Natürlich konnte »der Greif« nicht widerstehen, solche Möglichkeiten zu nutzen, wenn er schon mit »Rhein-1202«, einem der Schlüsselagenten, unter einem Dach lebte.

Im August 1945 legte Rosbaud dem Nachrichtendienst der Alliierten folgenden Bericht vor:

> Ich bin sehr froh darüber, daß ich Piatier getroffen hatte. Er war ein enger Freund von mir und tat sein Bestes, alle erdenkli-

> chen Informationen über die neuen Waffen und die Kriegsindustrie der Nazis zu bekommen. Er stand die ganze Zeit mit den Leitern der französischen Kriegsgefangenenlager in Verbindung und unterrichtete sie anhand der Informationen, die er vom französischen Sender der BBC erhielt, über jede Phase des Krieges. Er organisierte kleine Gruppen von aktiven Gefangenen und hatte Kontakt zu anderen Gefangenen im Konzentrationslager Oranienburg. Er arrangierte einen geheimen Kommunikationsaustausch zwischen französischen Gefangenen und ihren Eltern in Frankreich und er teilte mit mir großzügig den Inhalt der Lebensmittelpakete, die ihm seine Mutter schickte. Außerdem kümmerte er sich auch um seine Landsleute im Konzentrationslager. Ich bin dankbar, daß ich in Piatier einen so tapferen Verbündeten gefunden habe, und ich möchte behaupten, daß die Freundschaft mit diesem »Ritter ohne Furcht und Tadel« das einzige ist, was ich Hitler zu verdanken habe.

Bis vor kurzem kannte Piatier diesen Bericht überhaupt nicht, und als er ihn las, bemerkte er dazu: »Die Basis unseres gegenseitigen Vertrauens bestand darin, daß mich Paul Rosbaud über seine geheimdienstlichen Aktivitäten für Großbritannien auf dem laufenden hielt.« Aber Rosbaud erzählte Piatier nicht alles, was er und Sverre Bergh miteinander planten. Gelegentlich erwog Rosbaud Möglichkeiten der Zusammenarbeit zwischen norwegischen und französischen Widerstandsbewegungen.

Jetzt hatte Rosbaud zwei Informanten in einer Rüstungsfabrik. Michael Schön, ein aufrechter, frommer Katholik mit dem Spitznamen der »Heilige Vater«, leitete ein Forschungslabor bei Osram. Das Werk war in Friedenszeiten für seine Glühbirnen bekannt. Im Krieg wurde hier Forschung für die Luftwaffe betrieben. Schöns Spezialgebiet waren phosphoreszierende Stoffe. Schön, Piatier und Peyrou machten sich zu diesem Thema geheime Aufzeichnungen, und die Ergebnisse wurden nicht nur der deutschen Luftwaffe, sondern auch ausländischen Beobachtern mitgeteilt.

In dem angrenzenden Labor bei Osram wurden eine Gruppe metallkeramischer Werkstoffe unter dem Oberbegriff Cermete entwickelt. Dabei handelte es sich um Testsubstanzen für die

Anna Rosbaud mit Sohn Paul 1896

Paul Rosbaud in Graz, Quergasse 3, circa 1909

Hans und Paul Rosbaud mit dessen Tochter Angela, Graz 1936

Max von Laue

Otto Hahn

Oberst Otto Ruge, kurz vor seiner
Beförderung zum General

Victor Goldschmidt

Lise Meitner

Henri Piatier, 1959

Leif Tronstad

Odd Hassel

Frank Foley in Oslo, Herbst 1939

Margaret Reid

Ruth Langes Schwester Hilde Benjamin, die spätere Justizministerin der DDR

Ruth Lange

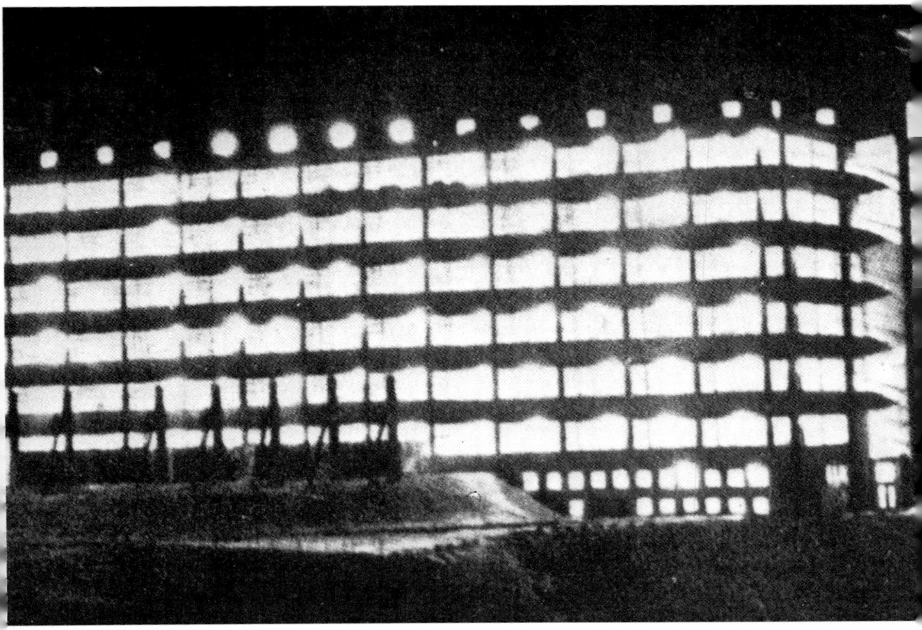

Nachtaufnahme der Hydroelektrizitätsanlage in Rjukan

Das Vemork-Werk nach dem Luftangriff vom 16. November 1943.
Die Zerstörungen beeinträchtigten nicht die Produktion von schwerem Wasser.

Eric Welsh (rechts) in Uniform

— 2 —

SIGNALEMENT
DESCRIPTION
PERSONBESCHREIBUNG

Hustru — Femme
Wife — Ehefrau

Stilling / Profession·Beruf: Étudiant, student

Fødested og når født / Lieu et date de naissance / Place and date of birth / Geburtsort u. Tag: Tønsberg, La Norvège 7.-XII.-1920

Bopel / Domicile / Wohnort: Asker, La Norvège

Høide · Taille / Height · Gestalt: 184 cm

Ansikt · Visage / Gesicht: ovalt, ovale

Øinenes farve / Couleur des yeux / Colour of eyes / Farbe der Augen: blågrå, bleus-gris

Hårets farve / Couleur des cheveux / Colour of hair / Farbe des Haares: blondt, blonds

Særlige kjennetegn / Signes particuliers / Special peculiarities / Besond. Kennzeichen: —

BARN — ENFANTS — CHILDREN — KINDER

Navn / Nom / Name / Name	Alder / Age / Age / Alter	Kjønn / Sexe / Sex / Geschlecht

AKER POLITIKAMMER

— 3 —

Hustru · Femme
Wife · Ehefrau

(Photo)

Høire tommelfinger / Pouce droit / Right thumb / Rechter Daumen

AKER POLITIKAMMER

Sverre Bergh

Passinnehaverens egenhendige underskrift
Signature du titulaire
Signature of Bearer
Unterschrift des Passinhabers

AKER POLITIKAMMER

Hustruens egenhendige underskrift
et de sa femme
and of Wife
und seiner Ehefrau

Bevidnes av den passutstedende myndighet:
Attestée par l'agent délivrant le passeport:
Certified by the issuing Authority:
Bescheinigung der ausstellenden Behörde:

Sverre Berghs Paß

Demontage des deutschen Atomreaktors in Haigerloch nach Kriegsende

Hilde und Paul Rosbaud gemeinsam mit Samuel Goudsmit (Mitte) bei der Verleihung der Tate-Medaille an Paul Rosbaud

Vor der Seebestattung Paul Rosbauds

Motoren des neuentwickelten Düsenflugzeugs Me 262. Das Flugzeug hätte die Luftherrschaft der Deutschen wiederherstellen können, und als es schließlich in Dienst gestellt wurde, bewährte es sich in ersten Luftkämpfen hervorragend. Glücklicherweise tauchten bis 1945 immer wieder Probleme auf, durch die sich der Einsatz des Düsenjägers verzögerte. Die Me 262 spielte in diesem Krieg keine entscheidende Rolle mehr.
Piatier und Peyrou wußten, daß Cermete auch für die Briten von Interesse waren. Sie stahlen ein bleistiftdünnes, etwa zwei Zentimeter langes Stück eines dieser Werkstoffe. Aber wie konnte man die Probe nach England schaffen?
Sverre Bergh kannte einen sympathischen schwedischen Journalisten namens Olle Ollen, der in Berlin als leidenschaftlicher Tennisspieler bekannt war. Ab und zu schickte er seine Schläger nach Stockholm, um sie neu bespannen zu lassen. Ollen war bereit, einen seiner kostbaren Schläger für eine gute Sache zu opfern und erlaubte Bergh, einen Teil des Griffes auszuhöhlen, die Probe hineinzustecken und den Griff wieder zu verschließen. Ein paar Tage später landete der Tennisschläger im Haus von Oddvar Aas, dem norwegischen Presseattaché in Stockholm, der mit Eric Welshs Vertreter in dieser Stadt in Verbindung stand. Weder Aas noch seine Frau hatten eine Ahnung, weshalb Ollen ihnen den Tennisschläger geschickt hatte. Vorerst bewahrten sie ihn in ihrem Haus auf, bis Mrs. Aas der Gedanke kam, daß vielleicht John Whistondale daran interessiert sein könnte. Und so gelangte die Werkstoffprobe zu Eric Welsh. Rosbaud hatte freilich in bezug auf die Me 262 noch weitere Pläne.
»Der Greif« fand heraus, daß die Firma Osram Cermete für Hermann Görings Forschungsanstalt LFA in der Nähe von Braunschweig herstellte. Wie fast überall, so hatte Rosbaud auch bei der LFA einen Freund. Er hieß Ernst Schmidt und war Leiter der Forschungsabteilung. Seit Rosbaud beim Heidelberger Springer-Verlag arbeitete, waren mehrere aufeinanderfolgende Ausgaben von Schmidts populärem Werk *Einführung in die technische Thermodynamik* erschienen. Eines Tages rief Paul Schmidt an, um mit ihm über eine in Kürze erscheinende Ausgabe zu sprechen. Er fragte, ob Schmidt einverstanden sei, wenn er abends bei ihm vorbeikäme, um ein paar Stunden mit ihm zu plaudern.

Schmidt war einverstanden, und so verbrachte Paul einen unterhaltsamen Abend in Schmidts Haus in der Fasanenstraße und erfuhr dabei einiges über die Me 262. Innerhalb einer Woche gelangte die Information über Sverre Berghs Agentennetz nach Stockholm.

So nutzte Rosbaud also seine französischen Verbindungen für eine Reihe von Berichten über die deutsche Flugzeugproduktion. Informationen zu sammeln war ein Vergnügen, und die Streiche, die sie den Nazis gespielt hatten, sorgten hinterher bei Paul und Henri für viele amüsante Abende. Ruth lachte mit ihnen, doch sie wurde nur selten in alle Einzelheiten eingeweiht. Inzwischen war die Mannschaft des »Kapitäns« um Pauls Gesundheit besorgt. Er sah blaß und abgespannt aus. Peyrou und Piatier verteilten die Lebensmittelrationen aus den Paketen, die sie als Kriegsgefangene aus Frankreich bekamen. Peyrous Bruder war am Suezkanal stationiert und konnte Charles Pakete mit besseren Lebensmitteln schicken. Charles teilte sie mit Paul.

Ein Freund Piatiers, der in einem Schlachthof arbeitete, klaute einen Schinken und verkaufte ihn an Piatier, obwohl dieses Verbrechen damals mit dem Tode bestraft wurde. Als Piatier mit dem Schinken unter der Jacke in der S-Bahn saß, sah er aus wie ein verängstigter Schwergewichtsringer. Später wurde der Schinken in vier Teile geteilt, und Rosbaud war hochbefriedigt, daß es ihm gelang, ein Viertel des Schinkens zum Preis des ganzen an einen der Direktoren des Springer-Verlags zu verkaufen. Von dem Erlös hatte man im Hause Rosbauds wieder wochenlang reichlich zu essen.

Andere Streiche machten Paul noch viel mehr Spaß. Michael Schön, der Vorgesetzte von Peyrou und Piatier bei Osram, experimentierte mit chemischen Zusätzen, um seinen Benzinverbrauch zu senken. Einmal füllte er Tetrachlorkohlenstoff in den Tank seines kleinen DKW. Die Chemikalie zerfraß den Tank, und Schöns Auto war für den Rest des Krieges nicht mehr zu gebrauchen. Dennoch war das Experiment sehr aufschlußreich und nützlich. Piatier präparierte einige Kapseln mit dieser Chemikalie und leitete sie an die Kriegsgefangenen weiter, die mit der Wartung von Militärfahrzeugen betraut waren. Die Kapseln wurden in die Benzintanks geworfen, und in die Schmierbuchsen wurde Salz und Sand gestreut.

Am meisten jedoch freute sich Rosbaud über die Explosion des Werks von Telefunken im Norden Berlins. Angeregt durch eine versehentliche Explosion, die sich vor dem Krieg in Frankreich ereignet hatte, schmuggelten Piatier und seine Freunde Preßluftflaschen zwischen die Benzinvorräte des Werkes. Den Behörden blieb es ein Rätsel, wie bei dem darauffolgenden Luftangriff das ganze Werk durch den Treffer einer kleinen Bombe in die Luft gehen konnte.

Rosbaud und Piatier waren als Spione verschiedenen Vorgesetzten unterstellt, und trotz ihrer Eskapaden vernachlässigten sie nie ihre hauptsächlichen Aufgaben. Anfang 1943 signalisierte Eric Welsh Rosbaud, daß man sich auf die Vorgänge in Peenemünde konzentrieren müsse. Für Rosbaud war das kein Problem. Ende Juli 1943 bekam er einen Brief von Pascual Jordan, einem bekannten Wissenschaftler der Nazis, den er verabscheute und nicht ganz ernst nahm. Er hielt dennoch den Kontakt, um an Informationen heranzukommen. Die Adresse des Absenders lautete: Neue Feldpostanschrift: Pascual Jordan, Heimat-Artillerie-Park 11, Karlshagen/Pommern, Aerodynamisches Institut. Jordan wohnte also in den Facharbeiterkasernen in Peenemünde! Jetzt hatte Rosbaud seinen Informanten, oder genauer einen Informanten mehr.

Jordan beklagte sich in seinem Schreiben über einen Offizier und fügte am Schluß hinzu: »Ich habe keine Ahnung, wann und wie ich nach Berlin kommen könnte.« Aber er war darauf erpicht, von Peenemünde wegzukommen, und innerhalb einer Woche gelang es ihm auch.

Pascual Jordans Urgroßvater, dessen Namen er trug, war als spanischer Soldat in Napoleons Armee gewesen und hatte sich in Deutschland niedergelassen. Jordans Vater war Wissenschaftler und erhielt später an der Technischen Hochschule in Hannover eine Professur. Schon in jungen Jahren lehnte sich Jordan gegen die evangelisch-lutherische Erziehung in seinem Elternhaus auf. Er war ein hochbegabter Junge, der alles in Frage stellte, und bei Vorstößen in okkulte Bereiche fand er einige Antworten auf seine Fragen. Später wurde er von übersinnlichen Kräften angezogen und korrespondierte mit C.G. Jung über Traumdeutung.

In der Physik fand Jordan weitere Antworten auf seine Fragen, und nach der Abschlußprüfung an der Technischen Hochschule, wo sein Vater lehrte, hatte Jordan das Glück, »Meisterschüler« von Max Born in Göttingen zu werden. Zu dieser Zeit erlebte die klassische Physik aufgrund der Entwicklung der Quantentheorie eine Revolution. Die bedeutendsten Vertreter der Quantentheorie waren Werner Heisenberg, Max Born und Pascual Jordan. Zwei bekamen den Nobelpreis und der dritte wurde Mitglied der NSDAP.

Auf dem Mitgliedsausweis der NSDAP mit der Nummer 2810642 ist das Foto eines schlanken, gepflegten Herrn mit Brille zu sehen. Er wurde am 1. Mai 1933 in die Partei aufgenommen. An diesem Tag ordnete Hitler an, man solle die Flut von Mitgliedschaftsanträgen eindämmen, die nach seiner Machtergreifung über die Partei hereingebrochen war. Jordan wollte der »Neuen Ordnung« unbedingt seine Treue beweisen, und deshalb schloß er sich im November einer der SA-Einheiten an, die Jagd auf Juden machten. Inzwischen hatte er an der Universität von Rostock einen Lehrstuhl bekommen. Seine früheren Kollegen in Göttingen, ob sie nun Nazis waren oder nicht, lehnten jede Zusammenarbeit mit ihm ab. Zu Beginn des Krieges bekam Jordan einen Forschungsauftrag von der Armee und verbrachte seine Zeit zum Teil in Rostock und zum Teil in einem Forschungsinstitut für Luftverteidigung in der Nähe des Flugplatzes Neuenland bei Bremen.

Daß Paul Rosbaud mit diesem fanatischen Nazi überhaupt verkehrte, beweist einmal mehr seinen Hang zum Bizarren. Abgesehen davon konnte Jordan zweifellos intellektuell anregend und manchmal sogar amüsant sein. Er hatte allerdings eine schlimme Behinderung, die es schwierig, ja oft sogar qualvoll machte, sich mit ihm zu unterhalten: er stotterte, und wenn er nüchtern war, konnte man ihn fast nicht verstehen. Rosbaud wußte, wie dem abzuhelfen war, und er freute sich auf Jordans Besuch, vor allem, weil dieser Nazi-Wissenschaftler gerade in Peenemünde war.

Die Eindrücke, die Jordan von seiner Arbeit in Peenemünde vermittelte, waren aktuell, aber etwas durcheinander. Wichtig war, daß er sich mit Meßtechniken ähnlich den Problemen hinsichtlich des Phosphors beschäftigte (als Antrieb für Raketen) wie Henri Piatier in Michael Schöns Labor bei Osram. Dr. Hermann Kurzweg, einer der älteren Forschungsmitarbeiter, erinnert sich, daß Jordan im allgemeinen für alle theoretischen Probleme, die

in Peenemünde auftauchten, sehr von Nutzen war und daß er überall Zugang hatte.
Ruth Lange schlüpfte an dem Abend von Jordans Besuch in die Rolle der Verführerin, und der Rest von Rosbauds Haushalt überhäufte Jordan mit Drinks und Fragen über Peenemünde. Es wurde ein überwältigender Abend, an den Piatier und Ruth Lange auch heute noch oft zurückdenken. Jordan war so betrunken, daß er überhaupt nicht bemerkte, wie Piatier sich Notizen machte. Am nächsten Tag wurde der Bericht, der hauptsächlich Aufschluß über das Forschungsprojekt der V-2-Rakete in Peenemünde-Ost gab, von Henri Piatier durch den Informationskanal der »Druid« geschleust. Hier war André das entscheidende Verbindungsglied.
Henri Piatier erinnert sich, daß die Angriffe der Alliierten auf Peenemünde kurz nach der Übermittlung dieses Berichts stattfanden. Demnach war die Episode mit Jordan Anfang August 1943 über die Bühne gegangen. Zur gleichen Zeit wurde noch eine weitere Meldung über Peenemünde durch die Widerstandsbewegung »Druid« übermittelt, aber sie betraf die V-1-Bombe, die in Peenemünde-West entwickelt wurde. Am 16. August sortierten Kommandant Leon Faye (Adler) und Marie-Madeleine Foucarde (Igel) in einem kleinen Haus in der Nähe von Chichester Meldungen aus, die bei der »Operation Dürer« in der Nacht zuvor hereingekommen waren. Man hatte das Paket bei Bouilhancy, vierzig Kilometer von Paris entfernt, in eine »Lysander« verfrachtet. Der Pilot hieß Vaughan Fowler, und der Flug war ohne Zwischenfälle verlaufen.
Eine der Meldungen hatte einen außergewöhnlichen Inhalt. Es handelte sich um eine detaillierte Beschreibung der V 1 einschließlich der Einsatzpläne. Angeblich stammte diese Information aus einer Quelle, die unter dem Namen »Amniarix« bekannt war, aber in Wirklichkeit kam sie von der feenhaften Jeannie Rousseau, die damals wie heute als Dolmetscherin arbeitete. Sie hatte die Information von einem deutschen Hauptmann bekommen, der der neuen, von Oberst Max Wachtel geleiteten V-1-Einsatztruppe angehörte.
Marie-Madeleine Foucarde bestätigt, daß sowohl »Amniarix« als auch »Rhein-1202« für die Organisation »Druid« arbeiteten. Bei-

de erfüllten tapfer ihre Aufgaben, aber »Rhein-1202« hielt sich während des Krieges im Deutschen Reich auf, was für ein Mitglied der französischen Widerstandsbewegung ungewöhnlich war. Es hatte zur Folge, daß der V-1-Bericht sehr bekannt wurde, aber der ebenso informative Begleitbericht über die V 2, der zur selben Zeit Winston Churchill übermittelt wurde, völlig unbekannt blieb.
Am Dienstag, dem 17. August 1943, versammelten sich am Nachmittag die führenden Mitarbeiter des Forschungsinstituts von Peenemünde im Büro von General Walter Dornberger, um über Verzögerungen bei der Produktion zu sprechen. Wernher von Braun, der nach dem Krieg immer wieder beteuerte, daß er nur deshalb in Peenemünde dabei gewesen sei, weil er an die Zukunft der Raumfahrt gedacht habe, war der leidenschaftlichste Sprecher. Er beklagte sich mit dem Hinweis, daß »wir zuerst in aller Ruhe einen Prototyp entwickeln müssen, der in Massenproduktion hergestellt werden kann, bevor wir die Planung für die Produktion in Angriff nehmen können«. Die Fenster des Büros gingen nach Westen, und auf den hellen Vorhängen des Zimmers waren Kirchtürme und Greifvögel abgebildet.
In dieser Nacht zerstörte der Fluch des »Greif« von Brauns Ruhe und Frieden. Fünfhundertsechzig viermotorige Flugzeuge der Royal Air Force bombardierten Peenemünde. Dabei wurden 1528 Tonnen Sprengstoff und 267 Tonnen Brandbomben abgeworfen. Die V-2-Einrichtungen, die der »Greif«, »Sigurd« und »Rhein-1202« so genau beschrieben hatten, wurden völlig zerstört. Einen Monat später wurde Marie-Madeleines Widerstandsgruppe »Arche Noah« von der Gestapo aufgedeckt.
Die Einrichtungen mit den V-1-Bomben, von denen »Amniarix« berichtet hatte, blieben verschont. Die erste V 1 fiel am 13. Juni 1944 um 4.18 Uhr auf Swanscombe in der Grafschaft Kent, genau eine Woche nach dem Sturmangriff der Alliierten auf die Küste der Normandie. Die erste V 2 tötete am 8. September gegen 18.30 Uhr bei Chiswick im Westen Londons drei Menschen und verletzte siebzehn weitere schwer. In den letzten Monaten des Krieges starben sechstausend britische Zivilisten durch V-1-Bomben, und zweitausendsiebenhundert Menschen wurden durch V-2-Raketen getötet. »Ich habe nach den Sternen gegriffen«, erklärte Wernher von Braun. Er hat danebengegriffen. Er traf London.

Kapitel 26

Der Fuchs

Obwohl die Atombombe 1943 für Eric Welsh nicht mehr erstes Ziel der technischen Spionage war, blieb sie doch ganz oben auf seiner Liste zu sammelnder Informationen. Politisch gesehen wurde sie immer wichtiger, und Welsh gehörte nicht zu denen, die die Vorlieben hoher Politiker ignorierten. Einige seiner Kollegen vom SIS glaubten damals vielleicht, daß Welsh ihnen gegenüber offen sei, aber das war ein Irrtum. R.V. Jones schrieb: »Im nachhinein glaube ich, daß Welsh mich benutzte, so wie er letztlich alle Leute in höheren Positionen wie Marionetten benutzte.«

Die Briten und Amerikaner mußten noch einige entscheidende technische Fragen klären, bevor sie darangehen konnten, die Bombe zu bauen. Es war möglich, daß die Deutschen einen unerwarteten Weg einschlugen, und deshalb mußten sie sorgfältig beobachtet werden. Die Norweger sammelten unentwegt Material über die Atombombe, denn sie fühlten sich in besonderer Weise verantwortlich. Norwegen produzierte als einziges Land schweres Wasser, und das konnte der Schlüssel zum Erfolg sein. Niemand wußte das besser als Leif Hans Larsen Tronstad.

Schon seit frühester Kindheit war er starken Belastungen ausgesetzt gewesen. Noch bevor er ein Jahr alt war, war sein Vater gestorben, der in Baerum bei Oslo einen Bauernhof hatte. Leif mußte hart arbeiten, um seine Schwester und seine Mutter zu unterstützen. Schließlich hatte er genug Geld gespart, um an der Technischen Hochschule in Trondheim studieren zu können, und aufgrund seiner ausgezeichneten Leistungen empfahlen ihn seine Professoren den Kollegen in Berlin. Paul Rosbaud, dieser Impresario der Talente, bemerkte sofort, wenn ein Student begabt war. Tronstad mit seinen blonden Haaren, den strahlenden blauen Augen, dem scharfen Verstand und der unerschütterlichen, fröhlichen Art gefiel ihm. Und bald darauf gehörte Tronstad zum Kreis der Autoren von Rosbauds *Metallwirtschaft*, in der er Artikel über die Formbarkeit von Metallen und metallischen Stoffen veröffentlichte.

Nach einem Studium in Berlin, Stockholm und Cambridge kehrte Tronstad als einer der jüngsten Professoren Norwegens nach Trondheim zurück. Er war fasziniert von dem Energiepotential, das im Atom steckte. Anscheinend war schweres Wasser der Schlüssel dafür, um diese Energie freizusetzen. Odd Hassel, Rosbauds schweigsamer Albino-Freund, war der erste Norweger, der sich für die Produktion von schwerem Wasser interessiert hatte. 1933, gleich nach der Entdeckung des schweren Wassers, trat Hassel an die Norsk Hydro mit dem Vorschlag heran, ihre Einrichtungen in Rjukan und Vemork zur Produktion von schwerem Wasser zu nutzen, aber die Verantwortlichen zeigten kein Interesse.

Jomar Brun, der Chefingenieur der Firma, sagt zum selben Thema:

> Etwas später, im Sommer 1933, unterbreiteten Tronstad und ich der Norsk Hydro den Vorschlag, die Produktion von schwerem Wasser aufzunehmen. Wir waren überrascht gewesen über das Interesse, das das deutsche Unternehmen I.G. Farben daran hatte, von dem Werk in Vemork Elektrolytproben zu bekommen. Unser Vorschlag wurde akzeptiert, und nachdem wir einige Tests durchgeführt hatten, konnten wir Anfang 1934 in noch sehr geringem Umfang mit der Produktion beginnen.

Noch im selben Jahr setzte sich Brun mit Eric Welsh von der International Paint Company in Bergen in Verbindung. Es ging um die Herstellung spezieller Bodenfliesen, die gegen die ätzende Flüssigkeit resistent waren und das Auslaufen des kostbaren schweren Wassers verhindern sollten. Von diesem Moment an erfuhr der britische Agent alles über die Produktion von schwerem Wasser und seine möglichen Anwendungsbereiche. Die Verbindung zwischen Welsh, seinem Meisterspion Rosbaud und dem norwegischen Schöpfer und Zerstörer des schweren Wassers, Leif Tronstad, war genau in dem Augenblick zustande gekommen, als es

durch die Entdeckung des Neutrons und des schweren Wassers machbar erschien, die Energie im Atom freizusetzen.
Im September 1940 kamen Erik Welle-Strand und Sverre Midtsku, zwei junge Artillerieoffiziere, nach der Besetzung Norwegens durch die Deutschen nach England. Einige Zeit später jedoch kehrten sie in ihre Heimat zurück, um dort geheime Funkstationen einzurichten. Midtskus Gruppe agierte etwas außerhalb von Oslo, und Welle-Strand blieb in Trondheim, um dort nach außen sein Studium wiederaufzunehmen. Welle-Strands Funkstation trug den Decknamen »Feldlerche«. Da er selbst kein Funkgerät bedienen konnte, stellte er dafür Bjørn Rørholt, einen seiner Kommmilitonen, ein. Rørholt war als Feldwebel bei den Kämpfen im Gulbrandsdal in Gefangenschaft geraten und hatte einige Zeit im Gefängnis von Grini gesessen. Er war ein Neffe von Alfred Roscher Lund, dem damaligen Militärattaché in Stockholm und Chef des Geheimdienstes der norwegischen Exilregierung.
Wegen seiner besonderen geographischen Lage war der Hafen von Trondheim für die deutsche Kriegsmarine als Ankerplatz, Werft und Munitionsdepot ideal. Der Trondheimfjord ist dank des Golfstroms das ganze Jahr über eisfrei. Die Innenstadt von Trondheim gleicht einem nach Norden gerichteten Fuß. Die Gestapo konnte die alte Stadt leicht am Knöchel und den wenigen Brücken, die zum Festland führten, von der Außenwelt abriegeln. Rørholt und sein Kamerad Egil Reksten hatten einen Unterschlupf am Brinken 5, in der Nähe der alten Stadtbrücke. Von diesem sicheren Standort aus konnten sie ohne Schwierigkeiten zu ihren Funkstationen gelangen. Diese befanden sich zunächst in den Wäldern und später dann bei Bymarka, einem Skigebiet westlich von Trondheim. Da viele deutsche Kriegsschiffe den Hafen von Trondheim anliefen, war der Ort hervorragend geeignet, um Informationen zu sammeln.
Anfang Februar 1941 nahm »Feldlerche« zum ersten Mal Kontakt mit England auf. Die Meldungen wurden der anderen Seite jeweils in verschlüsseltem Englisch übermittelt. Im Mai 1941, als Welsh gerade seine Tätigkeit in der technischen Spionage begonnen hatte, erhielten Rørholt und Reksten den Funkspruch Nummer 65 für »Feldlerche«:

Behaltet diese Meldung um Himmels willen für euch Stop Versucht herauszufinden was die Deutschen mit dem schweren Wasser vorhaben, das sie in Rjukan produzieren Stop Aber findet vor allem heraus, an welche Adresse in Deutschland dieses Zeug geschickt wird Stop Gud signe Norge. Ende der Mitteilung.

Die beiden Funker verstanden zwar »Gud signe Norge«, was soviel bedeutete wie »Gott schütze Norwegen«, aber sie hatten nicht die leiseste Ahnung, was mit schwerem Wasser gemeint war. Später fanden sie heraus, daß »Gott schütze Norwegen« ein persönlicher Hinweis von Eric Welsh war, um anzudeuten, daß es sich auf britischer Seite um eine »streng geheime« Mitteilung handelte. Ein Freund von Rørholt war von den Briten abgeschossen worden, nachdem er mit einem Flugzeug der Marine aus Norwegen geflohen war. Der Vater dieses Freundes war einer der Direktoren von Norsk Hydro. Rørholt glaubte, daß Sverre Bernhard Brænne trotz des Schicksals seines Sohnes bereit war, den Briten zu helfen.
Der wagemutige Rørholt fuhr nach Oslo und traf sich dort mit Brænne. Dieser klärte Rørholt über die Produktion von schwerem Wasser auf, warnte ihn aber gleichzeitig. Brænne sagte, daß der britische Chemiekonzern Imperial Chemical Industries (ICI) auf dem internationalen Chemikalienmarkt zur Konkurrenz von Norsk Hydro gehöre, und daß der ICI vor dem Krieg zu den wichtigsten Kunden des SIS zählte. Brænne vermutete, daß es sich bei den Nachforschungen über das schwere Wasser um Industriespionage der ICI unter dem Deckmantel militärischer Notwendigkeit handeln könnte.
Rørholt fuhr nach Trondheim zurück und verfaßte zusammen mit Reksten eine Mitteilung, die einen der bekannten und häufig zitierten Sätze enthielt, die in diesem Krieg gesagt wurden:

Mitteilung Nummer 87. Stop. Betrifft Mitteilung Nummer 65. Stop. Wenn ihr uns versichern könnt, daß es zum gegenwärtigen Zeitpunkt von größter Wichtigkeit ist, dann werden wir die Informationen, um die ihr gebeten habt, sofort einholen. Stop. Aber wenn sie nur für den ICI sind, dann denkt bitte daran, daß Blut noch dicker ist als schweres Wasser. Stop. God shave the queen. Stop. Ende der Mitteilung.

Eric Welsh überbrachte der Königin die respektlose Mitteilung am Schluß nicht, aber er gab eine zensierte Fassung des Telegramms an R.V. Jones weiter, dessen Bericht deutlich von dem Rørholts abweicht.
Jones verewigte 1967 in seinen Aufzeichnungen in den Annalen des Geheimdienstes den Satz »Blut ist dicker als schweres Wasser«, wie er es bereits 1947 für den Oslo-Report getan hatte. Jones' Bericht zufolge hatte er ein Telegramm aus Norwegen erhalten, in dem stand, daß die Deutschen die Produktion von schwerem Wasser erhöht hätten und der Absender des Telegramms gern noch mehr Informationen liefern würde, wenn London dies wünsche. Daraufhin hatte sich Jones mit Eric Welsh in Verbindung gesetzt, der geantwortet haben soll: »So ein unsinniges Telegramm! Was soll denn schweres Wasser sein?« Aber natürlich wußte Welsh Bescheid. Er wußte in Wirklichkeit mehr über das in Norwegen produzierte schwere Wasser als Jones. Die Reaktion war typisch für ihn. Seit über zwanzig Jahren schon täuschte er seine Mitarbeiter, und R.V. Jones bildete da keine Ausnahme.
»Feldlerche« konnte unmöglich das ursprüngliche Telegramm mit der Anfrage geschickt haben, denn zu dieser Zeit wußten Rørholt und Reksten noch gar nichts von dem schweren Wasser. Deshalb muß Jones sich geirrt haben. Der Inhalt der Meldung Nummer 65 von London an »Feldlerche« beweist, daß diese Mitteilung als Reaktion auf eine Information abgeschickt wurde, die möglicherweise aus Berlin oder Stockholm kam – vielleicht sogar von Rosbaud. Die Meldung war offensichtlich von jemandem verfaßt worden, der Norwegisch sprach. Daher das *Gud signe Norge* am Schluß der Mitteilung. Welsh sprach Norwegisch. Jones hätte nie direkt von einem Agenten ein Telegramm bekommen, bei Welsh dagegen ist das denkbar. Anscheinend hatte Welsh die Mitteilungen »geglättet« und die Täuschung dadurch perfekt gemacht, daß er behauptete, noch nie etwas von schwerem Wasser gehört zu haben.
Jones behauptet auch, der Satz »Blut ist dicker als schweres Wasser« stamme von Leif Tronstad, aber Rørholt wiederum ist ganz sicher, daß Tronstad erst zur »Feldlerche« kam, nachdem er und Reksten die Mitteilung Nummer 87 an London übermittelt

hatten. Rørholt erinnert sich genau, daß Tronstad »nicht sofort die Bedeutung der Mitteilung erkannte«, als man ihm Welshs Bitte vorlegte. Von da an endete jede Meldung aus London, in der es um schweres Wasser ging, mit dem Satz »Gott schütze Norwegen«, und jede Antwort von »Feldlerche« schloß mit »God shave the queen«.

Im September wurde die Funkstation »Feldlerche« von der Gestapo entdeckt, und Rørholt mußte über Schweden nach London fliehen, wo er sich mit dem norwegischen Nachrichtendienst in Verbindung setzte. Einen Monat später machte Sverre Bergh in Göteborg Station und kam mit John Whistondale zusammen, um über das Unternehmen »Greif« zu sprechen.

In London bekam Rørholt den sagenhaften Eric Welsh endlich zu Gesicht. Sie trafen sich an der Ecke Broadway und Birdcage Walk in der Nähe des SIS-Hauptquartiers und gingen weiter in Richtung des britischen Marineministeriums. Dort erhielt Rørholt Informationen über die *Tirpitz*, die im Trondheimfjord vor Anker lag. Er sollte nach Norwegen zurückkehren und die *Tirpitz* überwachen. Diese Aufgabe trat an die Stelle seiner bisherigen Tätigkeit, Informationen über das schwere Wasser zu sammeln, und sie brachte ihm als erstem Norweger den britischen Verdienstorden DSO ein.

Die deutsche Atombombe war für Rørholt keine dringende Angelegenheit mehr, aber bei späteren Reisen nach London hörte er davon. In diesem Zusammenhang tauchte auch immer wieder der Name Paul Rosbaud auf. Zum Beispiel erzählte ihm Tronstad Mitte 1942 in allen Einzelheiten von einer chemischen Explosion, die einen Versuchsaufbau in Heisenbergs Institut in Leipzig zerstört hatte. Der Bericht war über Rørholts Onkel Roscher Lund gekommen. Etwas später stellte Rørholt, gerade zum richtigen Zeitpunkt, Nachforschungen darüber an, aus welcher Quelle die Informationen stammten. Natürlich handelte es sich bei dem Informanten um einen gewissen »Dr. Paul Rosbaud, Chefherausgeber der führenden wissenschaftlichen Zeitschrift Nazi-Deutschlands«.

Nach der Entdeckung des Senders »Feldlerche« durch die Gestapo mußte Tronstad nach England fliehen. Anfang Oktober wurde er an der King's Cross Station von Rørholt und John Turner, einem

von Welshs Stellvertretern, abgeholt und zu Eric Welsh gebracht. Sein erster Auftrag lautete, mehr Informationen über das schwere Wasser zu beschaffen. Welsh erklärte Tronstad, daß es ein vordringliches Ziel sei, die Produktion von schwerem Wasser in Vemork zu stoppen. Deshalb müsse er alle Einzelheiten über die Produktionsanlage kennen. Es bestehe keinerlei Grund zur Besorgnis, daß Imperial Chemical Industries bei Norsk Hydro Industriespionage betreibe. Daraufhin besuchte Tronstad ICI in Billingham und kam zu dem Schluß, daß es für ihn und Norwegen das Beste war, wenn er Eric Welsh bei der Beschaffung von genauen Informationen behilflich war.
Aus dem norwegischen schweren Wasser wurde immer ein größeres Geheimnis gemacht als aus jedem anderen Aspekt, der das Atomprojekt der Deutschen betraf. Filmproduzenten, Autoren und sogar Experten des SIS versuchten sich an diesem Thema. Sir William Stephenson alias »der Kühne«, während des Krieges Beauftragter des SIS in New York, erzählte seinem Biographen, wie er vor dem Einmarsch der Deutschen in Norwegen Leif Tronstad im Zug getroffen habe. Zufällig hatte Tronstad gerade sämtliche Pläne über das schwere Wasser in seiner Aktentasche, und ausgerechnet Sir William will den kompetenten Physiker Leif Tronstad über die Atomenergie informiert haben. Offensichtlich hatte Tronstad seit über zwei Jahren keine Zeitungen oder Wissenschaftsmagazine mehr gelesen. Erschreckt holte Tronstad die Pläne aus seiner Mappe und gab sie Sir William, ohne dabei an die Imperial Chemical Industries zu denken. Der »Kühne« zögerte auch nicht, Tronstad von der Arbeit des »British Uranium Committee« zu unterrichten, das seine erste Sitzung erst in sechs Monaten abhalten sollte. (Es ist kein Wunder, daß die letzte englische Ausgabe von *A Man Called Intrepid* folgenden Hinweis des Verlags enthält: »Das vorliegende Werk ist eine fiktive Erzählung. Namen, Charaktere, Orte und Handlungen sind frei erfunden.«)
Mittlerweile gab Tronstad ohne jede Bedenken Informationen an die Briten weiter, und er verbrachte die Abende häufig im Thatched House Club, wo über Politik diskutiert wurde. Im November traf er R.V. Jones, der einen sehr positiven Eindruck auf ihn machte. Für Tronstad ist »Dr. J. der Prototyp eines hundertprozentig rechtschaffenen und ehrlichen britischen Gentlemans.«

Erst im Frühjahr 1942 lief die Operation »schweres Wasser« nach Plan. Tronstad trug den Decknamen »Mikkel«, der »Fuchs«. »Mikkel« nahm häufig mit Jomar Brun Kontakt auf. Zunächst hatte Welsh gehofft, ein Transportmittel zu finden, um das schwere Wasser nach England zu schaffen, aber diesen Plan mußte er aufgeben. Deshalb begann Brun, der den Decknamen »Meister« trug, die Produktion von schwerem Wasser zu sabotieren, indem er dem Wasser Rizinusöl zusetzte. Das Wasser fing an zu schäumen, und der chemische Prozeß wurde unterbrochen. Brun hatte jedoch keine Ahnung, daß er nicht der einzige war, der dem Wasser Rizinusöl zusetzte. Jetzt entwickelte sich so viel Schaum, daß Brun es für klüger hielt, seine kleinen Sabotageakte vorübergehend einzustellen.
Das vermehrte Interesse der Deutschen an schwerem Wasser, Rosbauds Bericht vom Juni und die Besuche von Wissenschaftlern, die in unmittelbarem Zusammenhang mit dem Uran-Programm in Deutschland standen, beunruhigten die Engländer und verstärkten den Druck auf Welsh, noch mehr Informationen zu sammeln und etwas zu unternehmen, um die Produktion von schwerem Wasser in Norwegen zu stoppen. Im Juli ordnete das Kriegskabinett an, das Werk in Vemork zu zerstören. Eine Zeitlang rückte die Atombombe für Welsh und für Tronstad wieder in den Mittelpunkt des Interesses. Welsh arrangierte für Tronstad am Donnerstag, dem 6. August, ein Abendessen mit John Cockcroft. Dieser sollte Tronstad berichten, wie es mit dem Bau der Atombombe voranging. Erst vor ein paar Wochen hatte Präsident Roosevelt einen ausführlichen Bericht darüber vorgelegt. Für die Alliierten war der »Wettlauf« mit den Deutschen in vollem Gange, aber in Deutschland hatte man das Rennen bereits aufgegeben. Rosbaud jedoch blieb mißtrauisch.
Cockcroft gab Tronstad einen Überblick über die Beschlüsse der Alliierten und einige technische Informationen. Tronstad war mit dem Ergebnis des Abendessens überaus zufrieden, und er hatte das Gefühl, daß »die Wissenschaftler in Zukunft die Offiziere kommandieren werden«. Diese Ansicht vertraten viele Wissenschaftler, wenn sie zum ersten Mal mit der furchtbaren neuen Macht in Berührung kamen. Leo Szilard hatte sich jahrelang größte Sorgen wegen der Atombombe gemacht, und im metallur-

gischen Labor (Deckname für Kernforschung) der Universität von Chicago hatte er sich schon den Spitznamen »Kommissar« eingehandelt, weil er ständig von der atomaren Bedrohung durch die Deutschen redete.

Im späten Frühjahr bekam der »Kommissar« ein Telegramm von Houtermans aus der Schweiz. Die Mitteilung ist verschwunden, aber Eugene Wigner – der Ungar, der drei Jahre zuvor Einstein überredet hatte, an Präsident Roosevelt zu schreiben – erinnert sich, daß die Formulierung sehr allgemein gehalten war und ähnlich lautete wie »Die Vorbereitungen sind angelaufen«. Und so war es tatsächlich auch. Für den ewig ängstlichen Szilard bedeutete diese Nachricht das Schlimmste, überall erzählte er davon und verursachte dadurch große Aufregung. Schließlich leistete er damit einen Beitrag zu der Spaltung zwischen England und den Vereinigten Staaten.

Der Inhalt von Houtermans' Telegramm läßt sich auch anhand von anderen Dokumenten aus dem metallurgischen Labor rekonstruieren. Demnach setzte Houtermans Szilard lediglich davon in Kenntnis, daß man Werner Heisenberg die Leitung der atomaren Forschungsabteilung übertragen hatte. Dann erwähnte er noch in einem Satz den Bericht, an dem er gerade schrieb und in dem er zu dem Schluß gekommen war, daß eine nukleare Kettenreaktion besser geeignet sei als die Trennung von Isotopen. Aufgrund dieser spärlichen Informationen baute sich Szilard Potemkinsche Dörfer auf und überzeugte Arthur Compton, den Leiter des Labors, daß er sofort James Conant, den Vorsitzenden des National Defense Research Council, von dieser »Bedrohung« in Kenntnis setzen müsse. Im Juli schrieb Compton: »Wir sind zu der Überzeugung gelangt, daß es innerhalb der nächsten Monate tatsächlich zu einer Bombardierung durch die Deutschen kommen könnte. Dabei werden sie Bomben benutzen, die so konstruiert sind, daß bei der Explosion Radioaktivität in tödlicher Dosis freigesetzt wird. Durch zuverlässige Quellen wissen wir, daß die Deutschen mit der Kettenreaktion Erfolg hatten. Wir vermuten, daß dies bereits vor zwei oder drei Monaten der Fall war.«

Houtermans hätte sich über diese Interpretation seines Telegramms sicherlich amüsiert, denn er wußte nur zu gut, daß seine deutschen Kollegen noch weit von einer Kettenreaktion entfernt waren. Und wahrscheinlich hätten er und Paul Rosbaud mit einer Tasse Kaffee auf die blühende Phantasie ihres ängstlichen Freundes angestoßen.

Am 23. Juli übermittelte die amerikanische Botschaft in London an die führenden britischen Wissenschaftler den Inhalt eines Telegramms von Conant mit Szilards Warnung vor den Deutschen. Inzwischen hatten Szilard und die gesamte amerikanische Atomhierarchie den vagen Inhalt von Houtermans Telegramm in die sichere Information umgewandelt, daß die Deutschen bereits ein groß angelegtes Kernkraftwerk betreiben würden und ein Angriff mit radioaktiven Spaltprodukten gegen die Vereinigten Staaten unmittelbar bevorstehe. Die Briten unterrichteten Conant am 18. August 1942 davon, daß »laut einer eben bei uns eingegangenen Information alles darauf hindeutet, daß die Forschungsarbeiten noch keineswegs abgeschlossen sind«. Woher diese Information stammte, wurde nicht mitgeteilt.

Natürlich war auch dieses Mal wieder Paul Rosbaud der Informant, und diese Meldung war eine der wenigen – und zu diesem Zeitpunkt wahrscheinlich die einzige –, die er den Amerikanern zukommen ließ.

Szilards Bericht macht deutlich, daß die Amerikaner fürchteten, die Deutschen könnten Atomreaktoren bauen, aber nicht um Bomben herzustellen, sondern um tödliches radioaktives Material zu erzeugen. Die Furcht steigerte sich ins Unermeßliche. In den Vereinigten Staaten ging man davon aus, daß das deutsche Atomreaktorprogramm viel weitreichender war als das geplante amerikanische Programm. Das Resultat war ein furchterregendes Szenarium, das sie den Briten vorführten. Die Engländer setzten daraufhin einen ihrer besten wissenschaftlichen Analytiker auf dieses Problem an, Alan Nunn May.

Der Gipfel der Ironie war jedoch, daß dieser Analytiker einer von (zumindest) zwei sowjetischen Topagenten war, die für die Briten arbeiteten und herausfinden sollten, was die Deutschen vorhatten. Die beiden Agenten hießen Klaus Fuchs und Alan Nunn May. May war ein Freund und ehemaliger Klassenkamerad des sowjetischen Spions Donald Maclean am Trinity College gewesen, und er hatte vor dem Krieg aus seiner Sympathie für die Kommunisten nie ein Geheimnis gemacht. Er hatte sich bereit erklärt, das

MAUD-Komitee zu unterstützen. Obwohl er normalerweise in Bristol tätig war, arbeitete er im Augenblick mit James Chadwick in Liverpool an der Konstruktion einer Bombe. Insgesamt kann mit ziemlicher Sicherheit angenommen werden, daß die Sowjetunion nicht nur über die Atombombenforschung der Alliierten unterrichtet war, sondern auch von den Informationen der Alliierten über die deutsche Forschungsarbeit wußte.
Mays technische Analysen waren, ebenso wie die von Fuchs, objektiv und führten dazu, daß die Briten die Furcht der Amerikaner vor einem Atomkrieg verwarfen. Wenn die Deutschen tatsächlich geplant hätten, Atomwaffen gegen England einzusetzen, dann wären die Russen ebenfalls davon betroffen gewesen und hätten sich Gewißheit verschafft. Es gibt Situationen, in denen sogar Spione objektiv sein müssen. Es läßt sich unmöglich feststellen, inwieweit diese Beurteilung dazu beitrug, die Kluft zwischen dem britischen und dem amerikanischen Atomprogramm zu vertiefen. Im Juni hatten sich Churchill und Roosevelt im Hyde Park auf enge Zusammenarbeit geeinigt, aber am Ende des Jahres schoben Roosevelts Berater die Briten einfach zur Seite. Vielleicht würde es den Amerikanern aufgrund ihrer Ressourcen und ihrer geschützten Lage gelingen, die Briten auf technischem Gebiet zu überholen. Dabei übersahen die Amerikaner allerdings, daß sich die Vereinigten Staaten damit selbst von den ausgezeichneten Informationen abschnitten, die die Briten über das deutsche Atomprojekt erhielten. Bis Ende 1943 gaben die Briten keine wichtigen Informationen über die atomare Forschung an die USA weiter.

Kapitel 27

»Saft«

Im Augenblick gab es für Welsh wichtigere Dinge als die angloamerikanischen Beziehungen. Er sollte dafür sorgen, daß die Einrichtungen in Vemork, wo die Norweger das schwere Wasser herstellten, zerstört wurden. Der britische Geheimdienst SIS verfügte für eine solche Aufgabe nicht über die geeigneten Mittel, deshalb wandte sich Welsh an die Spezialeinheit SOE (Special Operations Executive). Winston Churchill hatte die SOE am 22. Juli 1940 mit den folgenden Worten ins Leben gerufen: »Und nun steckt Europa in Brand!« Die meisten der abenteuerlichen Geschichten von verwegenen Männern und Frauen, die sich während des Zweiten Weltkrieges an Spionageoperationen beteiligten, kommen von der SOE. Sie sind deshalb bekanntgeworden, weil an solchen Unternehmungen auch Patrioten aus anderen Ländern beteiligt waren. In England werden die Archive der SOE sowie des SIS noch immer unter Verschluß gehalten. Im Laufe ihrer Aktivitäten sammelte die SOE Informationen von Widerstandsgruppen, die auch Sabotageakte verübten oder der deutschen Kriegsmaschinerie anderweitig Schaden zufügten. Es gab nur eine einzige Widerstandsbewegung in Europa, die ausschließlich Informationen sammelte, ohne diese an die SOE weiterzuleiten. Dafür arbeitete sie aber mit dem SIS zusammen. Es handelte sich um die XU, durch deren Kanäle Rosbaud viele seiner Berichte schleuste.

Der Leiter der skandinavischen Sektion der SOE hieß Sir Charles Hambro und war ein angesehener Bankier, der von Dänemark nach Norwegen gekommen war. Einer seiner Geschäftspartner während des Krieges beschreibt ihn als einen »enorm großen und sportlichen Mann mit breiten Schultern, großen Augen und einem breiten Grinsen im Gesicht«. Harry Sporberg, Hambros Stellvertreter, meint:

> Obwohl ich in das »Unternehmen Rosbaud« nicht eingeweiht war, habe ich natürlich davon gehört. Ich glaube nicht, daß Welsh und Hambro sich nahe genug standen, um sich eine solche Informationsquelle zu teilen. Es wäre für ein ständiges Mitglied des SIS, wie Welsh es war, völlig untypisch gewesen, einen Informanten wie diesen mit jemandem zu teilen. Aber ich weiß sicher, daß er Charles Hambro ziemlich regelmäßig mit Informationen versorgte.

Andere Beobachter bestätigen Sporbergs Eindruck. Olav Riste und Berit Nøkleby, zwei der führenden Experten in Sachen Widerstand, schreiben:

> Alle Agenten, die für die SOE und den SIS arbeiteten, waren Norweger, die von den Briten geschult wurden. Der SIS hatte mit Unternehmungen, die von norwegischen Organisationen ausgingen, nichts zu tun. Sein einziges Interesse galt militärischer Spionage aus Norwegen, und seine Agenten hatten strikte Anweisung, unnötigen Kontakt mit ihren Landsleuten zu vermeiden. Diese Agenten arbeiteten unter strengster Geheimhaltung. Man weiß nur wenig über sie, und noch weniger wurde über sie geschrieben.

Das ist einer der Gründe, weshalb Rosbaud selbst so wenig bekannt ist. Obwohl Hambro von ihm gehört hatte, wäre er nie auf die Idee gekommen, daß Rosbaud für die SOE arbeiten könnte. 1941 übernahm Hambro die Leitung der gesamten SOE, und John Skinner Wilson nahm seinen Platz als Leiter der skandinavischen Sektion ein. Rosbaud wurde Wilson nie vorgestellt. 1942 gab es Umbesetzungen innerhalb der SOE. Hambro verließ die Organisation und ging kurze Zeit später nach Washington, um bei der Verteilung von Uranerzen mitzuarbeiten. (Er hatte jedoch weiterhin großes Interesse an Rosbaud, und nach dem Krieg traf er ihn in Berlin.)

Wilsons Familie war sehr fromm. Früher war er viele Jahre stellvertretender Polizeipräsident in Kalkutta gewesen. Zu der Zeit, als er zur SOE kam, war er Leiter des Pfadfinderverbandes. Ein Kollege bei den Pfadfindern beschreibt Oberst Wilson als einen »eher schüchternen und zurückhaltenden Menschen. Aber diejenigen unter uns, die die Ehre hatten, ihn persönlich kennenzulernen, merkten bald, daß sich dahinter Liebenswürdigkeit und Großzügigkeit verbargen.« Mit anderen Worten: Er war das genaue Gegenteil von Eric Welsh. Andererseits hat ihn einer seiner norwegischen Verbindungsmänner als »einen ehrgeizigen Aufsteiger« in Erinnerung, »der ständig den Mitgliedern des Generalstabs des norwegischen Oberkommandos damit in den Ohren lag, ihn für den Orden Olavs des Heiligen vorzuschlagen. Ich glaube, Wilson war eine mindestens ebenso hinterhältige Natur wie Welsh, obwohl er nach außen hin immer fromm tat.«

Wilson war ein zweiter Leif Tronstad, der in Trondheim zu den Pfadfindern gehört hatte. Und beide Männer hatten denselben Auftrag: die Einrichtungen, in denen schweres Wasser für die Deutschen produziert wurde, zu zerstören. Wenn sie mit der norwegischen Untergrundbewegung Kontakt aufnahmen, lautete das Codewort für schweres Wasser zuerst IMI – im internationalen Morsealphabet bedeutet das ein Fragezeichen. Die Substanz war zwar geheimnisvoll, aber dennoch sorgte das Codewort IMI für einige Verwirrung. Deshalb mußte man einen neuen Decknamen für schweres Wasser finden. Unter anderem wurden »XY« und »Suppe« vorgeschlagen, aber der »Fuchs« bevorzugte das Wort »Saft«.

Vemork, wo der »Saft« hergestellt wurde, lag in der Nähe eines Elektrizitätswerkes und einer Produktionsanlage für Oxidations- und Düngemittel bei Rjukan. Der größte Teil West- und Südnorwegens besteht aus einer weiten, unfruchtbaren Hochebene, der Hardanger Vidda, in der Nähe der Region Telemark. Dort gibt es zahlreiche Flüsse, Täler und Seen, ebenso wie Wasserfälle, die als natürliche Energiequellen für die Produktionsanlagen in Vemork und Rjukan dienen. Die Hardanger Vidda, über die das ganze Jahr hindurch der Wind fegt, ist vor allem im Winter keine sehr einladende Gegend, aber genau dort, in einiger Entfernung von dem scharf bewachten Werk in Vemork, würde man die Saboteure absetzen müssen.

Am 18. Oktober 1942 wurde gegen Mitternacht eine Vorhut mit dem Namen »Rype« (im Englischen bedeutet das »schottisches Moorhuhn«) auf der Hardanger Vidda abgesetzt, um die deutschen Sicherheitseinrichtungen um das Werk auszukundschaften.

Die Informationen wurden über Funk nach England durchgegeben, wo Eric Welsh und Leif Tronstad nach Jomar Bruns Angaben ein Modell des Werkes in Vemork in Originalgröße aufbauten. Die Sicherheitseinrichtungen wurden für die Saboteure besonders markiert. Winston Churchill wurde von Eric Welsh über die Pläne unterrichtet, und als er erfuhr, daß Jomar Brun noch in Norwegen war, bestand er darauf, daß der »Meister« unverzüglich nach England kommen sollte, um ihn nach den Sabotageakten vor möglichen Vergeltungsschlägen zu schützen. »Moorhuhn« würde noch längere Zeit in Norwegen bleiben, um bei einer Reihe weiterer Anschläge gegen die Nazis mitzuwirken.

Die erste Unternehmung der »Operation Freshman« war schlecht vorbereitet. Sie wurde gegen den ausdrücklichen Wunsch der Norweger dem SIS unterstellt und endete in einer Katastrophe. Dreißig britische Spezialeinheiten starteten am 19. November von Wick in Schottland aus in Richtung Hardanger Vidda. Eine Transportmaschine und zwei Lastensegler, die bei dem Unternehmen zum Einsatz kamen, wurden abgeschossen. Die wenigen Überlebenden wurden gefangengenommen und auf Befehl des Führers erschossen. Das war ein schwerer Schlag, vor allem für Tronstad. Im Januar unternahm man einen zweiten Versuch, aber wegen Nebels konnten die Flugzeuge nicht landen, und so kehrte die Einheit nach Schottland zurück.

Das Ziel der Aktion war gewesen, das ganze Werk in Vemork in die Luft zu jagen. Nun, da sich Brun unter dem neuen Decknamen Sverre Hagen in London aufhielt, schien es möglich, auf raffiniertere Art vorzugehen. Der neue Plan sah vor, in das Werk von Vemork selbst einzudringen und die Produktionsanlagen zu zerstören. Zu diesem Zweck stand das »Gunnerside-Team« in Farm Hall in Bereitschaft. Von außen war Farm Hall eine unscheinbare Villa in der West Street von Godmanchester, einem Ort in der Nähe von Cambridge. Im Innern des Hauses vermittelten die Räume, die im georgianischen Stil eingerichtet waren, im Gegensatz zu der gespannten Stimmung ihrer vorübergehenden Bewohner, die an gefährliche und intrigenreiche Unternehmungen gewöhnt waren, einen friedlichen Eindruck. Farm Hall gehörte der SOE und wurde als eine Art Trainingseinrichtung für spezielle Aufgaben genutzt. Für Eric Welsh war es zwar nur eine Station unter vielen, aber hier hielt er sich am liebsten auf. Knut Haukelid, ein Mitglied des Gunnerside-Teams, beschreibt das Haus so:

> Es war ein Platz für Leute, die in geheimem Auftrag zum europäischen Kontinent unterwegs waren und auf ihre Flugzeuge warten mußten. Das Gebäude wurde scharf bewacht. Eine Anzahl weiblicher Angehöriger der Armee hielt das Haus in Ordnung, bereitete das Essen zu und machten den jungen Männern das Leben etwas angenehmer. Aber wenn wir die Mädchen nach Kameraden fragten, die vor uns hier waren, stellten sie sich taub und wußten von nichts.

Eric Welsh hingegen wußte ziemlich viel. Er hatte im ganzen Haus elektrische Leitungen legen lassen, und in den Schlafzimmern, im Eßzimmer, in der Bibliothek usw. waren überall Mikrofone angebracht. Farm Hall war nicht nur Durchgangsstation für Agenten verschiedenster Länder, hier wurden sowohl Agenten als auch deren Gefangene verhört. Die Informationen, die man den Leuten beim Verhör nicht entlocken konnte, bekam man manchmal über die geheimen Drähte. Vor ein paar Jahren hat man in Farm Hall die Dielen des Fußbodens herausgenommen, um sie auszubessern, und dabei wurden sorgsam angefertigte Behälter entdeckt, die aussahen wie Federkästen und in denen Drähte verliefen. Man kann heute noch erkennen, daß einige der Drähte in ein Zimmer im Dienstbotenflügel des Hauses führen, dessen Tür mit einem besonderen Schloß versehen ist. Hier war während des Krieges der Horchposten untergebracht. Damals konnten Welshs Mitarbeiter ausgiebig mithören, denn das »Gunnerside«-Team war drei Monate lang in Farm Hall untergebracht. Das war ein ungewöhnlich langer Aufenthalt.
Schließlich flog das Team vom Stützpunkt der Royal Air Force bei Tempsford ab. Group Captain K.S. Batchelor leitete den Einsatz.

> 1943 übernahm ich als Oberstleutnant das Kommando über die 138er Staffel (für Sondereinsätze) der Royal Air Force bei Tempsford. Im Fall »Gunnerside« wurde ich, was keineswegs üblich war, vorher über die Bedeutung des Unternehmens aufgeklärt. Mein Freund Wing Commander John Cosby, der vom Quartier der SOE in der Baker Street aus die Lufteinsätze

leitete, kam eigens nach Tempsford, um mich zu instruieren. Von schwerem Wasser war nicht die Rede, aber John erklärte mir, daß die Deutschen einen Sprengstoff entwickeln wollten, der tausendmal stärker war als alle bisher bekannten Sprengstoffe. Ungläubig wie ich war, sagte ich zu ihm, er solle die Kirche beim Dorf lassen!

Punkt Mitternacht landeten sechs Mann des Gunnerside-Teams dreißig Meilen nordwestlich des Werkes von Vemork, und nach einer Woche trafen sie mit den vier Mann vom »Moorhuhn« zusammen, das man in »Schwalbe« umbenannt hatte. Drei Männer der vereinigten Teams bildeten den Sprengtrupp, die anderen sieben den Begleittrupp. Die Männer brachen das Werkstor auf und schlichen sich an den deutschen Wachtposten vorbei. Zwei Männer vom Sprengtrupp drangen durch den Kabeltunnel, den ihnen Jomar Brun als geheimen Zugang zum Werk genannt hatte, in die Konzentrationsanlage für das schwere Wasser ein. Der dritte kam durchs Fenster. Sie brachten an den konzentrierten Zellen Sprengsätze an, steckten die Zündschnüre an und verschwanden so leise, wie sie gekommen waren. Das Unternehmen, das man unzählige Male in Farm Hall durchgespielt hatte, war ein voller Erfolg. Die Konzentrationszellen wurden zerstört, und die beiden Teams konnten entkommen, ohne einen einzigen Mann zu verlieren.
Der Jubel in Welshs Büro war unbeschreiblich. Und nachdem Winston Churchill den Bericht über den Sondereinsatz gelesen hatte, kritzelte er auf das Deckblatt: »Wie sieht es mit Auszeichnungen für diese tapferen Männer aus?« Sie wurden von Norwegen und England für ihre Tapferkeit ausgezeichnet. Auf Wunsch der Norweger sollte auch Eric Welsh eine Auszeichnung bekommen, aber als man ihn um einen zusammenfassenden Bericht seiner bisherigen Dienste für Norwegen bat, zögerte er. Finn Nagell, sein norwegischer Kontaktmann in London, ließ ihm keine Ruhe. Im Oktober 1943 stellte Welsh schließlich seine persönlichen Daten zur Verfügung. Der Bericht schloß mit einer Übersicht über die Funkstationen, die Welsh nach der Entdeckung von »Feldlerche« eingerichtet hatte. Am besten kannte er natürlich den Sender in seiner Heimatstadt Bergen, der den Decknamen »Theta« trug und von Bjarne Thorsen geleitet wurde. Welsh teilte damals Nagell mit:

Im Augenblick arbeiten in Norwegen 21 Funkstationen unter der Kontrolle des anglo-norwegischen Geheimdienstes. Außerdem wurden noch 12 weitere Stationen eingerichtet, die aus irgendeinem Grund im Moment nicht besetzt sind, aber das wird sich bald ändern. Zwei weitere Stationen werden in naher Zukunft den Dienst aufnehmen.

Die »nahe Zukunft« brachte das Ende der Aufgabe, die ursprünglich Welsh und seinen Sendern zugedacht war. Eine andere Funkstation unter der Leitung von Torstein Raaby lieferte die entscheidende Information. Weihnachten 1943 stach die 31000 BRT schwere *Scharnhorst* unter Kapitän Fritz Intze bei Nacht vom Langfjord aus in See. Die *Duke of York*, die *Jamaica* und vier weitere englische Schiffe fingen sie ab, und die *Scharnhorst* sank genau einen Tag, nachdem sie ihren sicheren Ankerplatz am Nordkap von Norwegen verlassen hatte. Damit hatte der Untergang der deutschen Flotte begonnen.
Weniger vom Glück begünstigt war letztlich die Operation »Gunnerside«. Die Deutschen arbeiteten wie besessen daran, die Konzentrationszellen im Werk von Vemork wiederherzustellen. Bevor die Zellen in die Luft flogen, hatten sie täglich fünf Kilogramm schweres Wasser produziert. Durch den Anschlag ging eine Tonne der wertvollen Substanz verloren. Jomar Brun äußerte sich später über den Wiederaufbau der Produktionsanlage durch die Deutschen: »Die Produktion stieg schneller an, als Tronstad und ich vermutet hatten. Im Juni 1943 kam sie auf 200 Kilogramm, das entspricht einem Durchschnitt von ungefähr 6,6 kg pro Tag. Es war die höchste Kapazität, die während des Krieges registriert wurde.« Das wurde dadurch erreicht, daß man die Produktionsanlagen innerhalb kürzester Zeit wiederaufgebaut und erweitert hatte, und damit hatten die Engländer nicht gerechnet.
Die waghalsige Operation »Gunnerside« verzögerte die weitere Produktion von schwerem Wasser nur unwesentlich, aber was den norwegischen Nationalstolz betraf, hatte sich der Anschlag gelohnt. Auf die anglo-amerikanischen Beziehungen wirkte er sich jedoch eher negativ aus.
Der Überfall auf das Werk von Vemork fand zu einem Zeitpunkt statt, als Generalmajor Leslie R.Groves, der Leiter des Manhat-

tan-Projekts und ein überzeugter Gegner Englands, nach einem Grund suchte, um das amerikanische Atomprojekt von dem englischen abzukoppeln. Er war der Meinung, daß Amerika auf die Unterstützung der Engländer verzichten könne, obwohl das Manhattan-Projekt erst durch die Vorarbeit und den ständigen Ansporn Englands zustande gekommen war. Außerdem traute der General den Engländern nicht.
General Groves war überzeugt, daß die Presse nur deshalb von dem Anschlag auf die Produktionsanlagen in Vemork erfahren hatte, weil die Engländer die Sicherheitsvorkehrungen vernachlässigt hatten. Diese Ansicht teilten auch seine engsten wissenschaftlichen Berater. Vannevar Bush schickte ein kurzes Schreiben an Harry Hopkins, einen engen Freund und Berater des Präsidenten, und legte dem Schreiben einen Zeitungsausschnitt aus der *New York Times* bei: »Der beiliegende Zeitungsausschnitt zeigt, was passieren kann, wenn es an der nötigen Kontrolle fehlt und keine ausreichenden Sicherheitsvorkehrungen getroffen werden. Es bedarf keines weiteren Kommentars, wenn man daraus folgert, daß nur diejenigen informiert werden sollten, die tatsächlich Bescheid wissen müssen. Vielleicht werden Sie sich fragen, wie es überhaupt soweit kommen konnte.«
Der Artikel in der *Times* erschien am 4. April, fünf Wochen nach dem Anschlag, und wahrscheinlich hatte General Groves auf diesem Wege davon erfahren. Zu der Frage, wie die Information in die Hände der Presse gelangen konnte, ist zu sagen, daß zuerst die Deutschen den Anschlag bekanntgaben, nicht die Engländer. Der deutsche Oberbefehlshaber in Norwegen, General Nikolaus von Falkenhorst, war voller Bewunderung für die Präzision, mit der der Sabotageakt ausgeführt worden war. Er sah in ihm eine erfolgreiche Aktion von Soldaten der britischen Armee und ordnete an, keinerlei Repressalien auf die Zivilbevölkerung auszuüben.
Für einen anderen General war das Unternehmen »Gunnerside« allerdings der Grund, Vergeltungsmaßnahmen gegen die Engländer zu ergreifen. Groves war entschlossen, den Engländern zu zeigen, wie man die norwegischen Produktionsanlagen ein für allemal unbrauchbar machen konnte.

Kapitel 28

Der General greift ein

Nachdem Vannevar Bush sich im September mit General Groves getroffen hatte, schrieb er an Harvey Bundy, den Stellvertreter von Kriegsminister Henry Stimson: »Nachdem ich Oberst Groves kurz gesehen hatte, bezweifelte ich, daß er für eine solche Aufgabe über genügend Takt verfügte. Ich fürchte, wir sitzen in der Patsche.« Aber im Laufe der Zeit stellten die beiden Männer fest, daß sie vieles gemeinsam hatten, insbesondere ihre Abneigung und ihren Argwohn gegenüber den Engländern. Vielleicht hatte Groves das von seinem Vater geerbt, der Kaplan bei der Armee war. Seine Vorfahren waren Hugenotten, die sich Mitte des siebzehnten Jahrhunderts in Amerika niedergelassen hatten. Der alte Groves hatte aus unerfindlichen Gründen einen Haß auf Georg III., eine Tatsache, die sein Sohn nur zu gern in Gespräche einfließen ließ. Wie Bush richtig bemerkt hatte, zählte Taktgefühl nicht gerade zu Groves' Stärken. Groves protestierte bei General Sir John Dill, dem britischen Militärbeauftragten in Washington, gegen die Herstellung von schwerem Wasser in Norwegen. Er drängte darauf, daß England einer Bombardierung Rjukans durch Amerika zustimmte. Die Norweger waren dagegen und hofften, daß man die Produktionsanlage für schweres Wasser trotz verstärkter Sicherheitsvorkehrungen seitens der Deutschen noch einmal sabotieren konnte. Aber Groves war hartnäckig. Bomber der achten Fliegerstaffel der Air Force griffen bereits seit einiger Zeit Ziele in Südnorwegen an.

General Groves wußte nicht, daß durch die Bombardierung des Magnesiumwerkes bei Herøya im Juli die Produktion von schwerem Wasser in Vemork bereits beträchtlich zurückgegangen war. Die Gründe für seine Entscheidung waren nicht leicht nachzuvollziehen, und in gewisser Weise standen sie in Zusammenhang mit Becks Buch.

Die Geschichte von Kjell Nielsen, einem Ingenieur in Herøya, beginnt in dem kleinen Dorf Tretten nördlich von Lillehammer, während der Evakuierung im Jahre 1940. General Ruge hatte den Stabsunteroffizier Nielsen zum Leutnant befördert.

> Ein Auto hielt an, und ein Offizier stieg aus. Er fragte auf Englisch, ob sich hier jemand mit Motoren auskenne. Wir wollten ihm ein anderes Auto geben, aber er sagte, er wolle lieber sein eigenes behalten. Die Nummernschilder waren nicht zu sehen, aber am Steuerrad auf der rechten Seite konnte man erkennen, daß es sich um ein englisches Fahrzeug handelte. Da es eine Weile dauern würde, bis man herausgefunden hatte, was dem Motor fehlte, fragte ich ihn, ob er und sein Begleiter etwas essen wollten. Wir setzten uns in ein kleines Café. Dabei bemerkte ich, daß der andere Mann Franzose war. Beide redeten in ihrer Muttersprache.

Es stellte sich heraus, daß der Engländer der britische Verbindungsmann von General Ruge war. Er hieß Frank Foley, und der Franzose hieß Bertrand-Vignes. Weder Kjell Nielsen noch Foley oder Bertrand-Vignes waren sich damals bewußt, daß sie den Anfang der legendären Geschichte des norwegischen schweren Wassers miterlebten.
Nielsen geriet in Gefangenschaft, wurde 1941 freigelassen, und die Norsk Hydro bat ihn, beim Aufbau eines Magnesiumwerkes für die Deutschen bei Herøya in Südnorwegen mitzuhelfen. Er wollte nicht gerne als Kollaborateur angesehen werden, aber er erkannte, daß eine Zusammenarbeit mit den Deutschen auch Vorteile hatte. Zweimal wurde er nach Bitterfeld geschickt, um sich mit Adolf Beck und seinen Leuten zu beraten. Er las Becks Buch und bezog daraus seine Informationen über die Arbeit mit Magnesium. Er fotografierte die Berichte und steckte den noch nicht entwickelten Film in eine leere Zahnpastatube, damit er unbrauchbar wäre, wenn eine fremde Person die Tube öffnete. Die Information gelangte nach England und ergänzte die Daten in Becks Buch, die man aus dem Oslo-Report kannte.
Im Frühjahr 1943 erkundigte sich London, wie es mit der Errichtung des Werkes in Herøya voranging. Man wollte sich

genau über die Möglichkeiten informieren, wie man das Werk sabotieren konnte. Das Werk sollte nicht zerstört werden, man wollte nur die Deutschen am Vorwärtskommen hindern. Nielsen sagte später: »Ich war wirklich überrascht, als Herøya im Juli 1943 bombardiert wurde. Zwischen den Angriffen verließ ich den Luftschutzbunker und versuchte, den Verwundeten erste Hilfe zu leisten. Viele wurden getötet.«

Am 24. Juli kam die achte Fliegerstaffel der amerikanischen Luftwaffe den Engländern zuvor und warf 1639 250-Kilo-Bomben ab. Vierundfünfzig Bomben – das sind etwa drei Prozent – wurden im »Bombenpunktwurf« auf das Werk abgeworfen, und damit war das Ziel erreicht. Nielsen meinte abschließend: »Offensichtlich war dieser Bombenangriff eine ausgezeichnete Übung für die amerikanische Luftwaffe, obwohl er nicht notwendig gewesen wäre, und damit waren weitere Pläne in bezug auf Herøya überflüssig.« Die Fabrik Becks in Deutschland wurde den ganzen Krieg hindurch kein einziges Mal bombardiert.

Jomar Brun beschreibt, welche Auswirkungen der Bombenangriff auf Herøya auf die Produktion von schwerem Wasser im weiter weg gelegenen Vemork hatte: »Nach dem Bombenangriff der Amerikaner wurde die Ladung der Wasserstoffzellen um etwa fünfzig Prozent verringert, und das führte zu einer entsprechenden Reduzierung der Produktion von schwerem Wasser.«

Kjell Nielsen begab sich von einer Gefahr in die andere. Er nahm einen Job im Werk von Vemork an. Später berichtete er: »Am 15. November 1943 wurde Vemork am frühen Nachmittag schwer bombardiert. Das Werk selbst wurde nicht getroffen. In der folgenden Zeit hätte ich oft genug Gelegenheit gehabt, die Bodenventile bei der Elektrolyse von schwerem Wasser zu öffnen und das schwere Wasser in unterschiedlichen Konzentrationen in die Abwasserleitung zu schütten. Aber ich habe es nicht getan. Ich habe hinterher oft darüber nachgedacht und mich gefragt, weshalb ich es nicht getan habe. Ich kann es nicht erklären: Es war dumm von mir.«

Sechzehn norwegische Zivilisten starben. Die Apparaturen zur Herstellung von schwerem Wasser hatten den »gezielten Bombenwurf« unbeschadet überstanden. Die Anlage konnte jedoch nicht weiter betrieben werden, weil die Stromversorgung unterbrochen

war. Aber das Nitratwerk, das für die norwegische Nahrungsmittelindustrie lebenswichtig war, war völlig zerstört.
Die norwegische Exilregierung in London bewertete den Bombenangriff nicht nur als dumm, sondern darüber hinaus als kriminell, und legte bei den Amerikanern und Briten energisch Protest ein. Jomar Brun weinte. Leif Tronstad und Eric Welsh waren erschüttert. Sie hatten nicht gewollt, daß Unschuldige ihr Leben lassen mußten. Ein paar Tage später schrieb Tronstad in einer persönlichen Notiz: »Hagen [Brun] hat sich nach seinem schweren Schock wieder einigermaßen erholt. Habe herausgefunden, wie es zu den Angriffen auf Rjukan und Vemork gekommen ist. Hoffentlich waren die Opfer nicht umsonst. Aber das Geschehene wird uns den Sieg über die Deutschen garantieren. Die Produktion von schwerem Wasser wird für die Zukunft von großer Bedeutung sein. Theodor [Welsh] ist ebenfalls enttäuscht, wie es diesmal abgelaufen ist.«
Groves selbst war äußerst zufrieden darüber, den Deutschen ein für allemal gezeigt zu haben, daß die Einrichtungen, die der Produktion von schwerem Wasser dienten, ständig neuen Angriffen ausgesetzt sein würden. Und wie er vermutet hatte, wurden bereits Vorbereitungen getroffen, die Apparaturen und den restlichen Bestand an schwerem Wasser nach Deutschland zu schaffen.
Professor R. Kronig erinnert sich an eine Unterhaltung, die zwei Jahrzehnte später stattfand:

> Bei einem Abendessen, das anläßlich einer wissenschaftlichen Konferenz in Kopenhagen im Jahre 1963 gegeben wurde, saß meine Frau neben Professor P.M.S. Blackett. Im Laufe ihrer Unterhaltung wurde Rosbaud erwähnt, der kürzlich gestorben war. Blackett sagte: »Er war ein enger Freund von mir«, und hob dann Rosbauds Verdienste um die gemeinsame Sache hervor. Er fügte noch hinzu: »Er war derjenige, der uns mitteilte, wann ein Schiff mit einer Ladung schweren Wassers einen norwegischen Hafen mit Kurs auf Deutschland verließ. Das war eine Einmann-Show.«

In Wirklichkeit war es mehr als eine Einmann-Show. Rosbaud versorgte Eric Welsh mit Informationen über den geplanten Um-

zug der Deutschen. Sobald Welsh einen Tip bekommen hatte, beauftragte er seine norwegischen Agenten, herauszufinden, wann und womit die Apparaturen und das schwere Wasser transportiert wurden. Die Eisenbahnstrecke von Vemork und Rjukan verläuft ostwärts in Richtung Tinnsjø-See, wo eine Fähre die Schiffsladung zu der Eisenbahnlinie bringt, die in südliche Richtung zu einem Hafen am Skagerrak führt. Am Sonntag, dem 20. Februar 1944, explodierte um 10.45 Uhr die Ladung, die man am Abend vorher auf die Fähre *Hydro* gebracht hatte, und der gesamte Bestand an schwerem Wasser, das in Norwegen produziert worden war, sank auf den Grund des Sees. Dabei fanden sechsundzwanzig Passagiere und die Besatzung den Tod.
Seit dieser Zeit sind in Norwegen immer wieder Stimmen laut geworden, die sich fragten, ob diese Opfer gerechtfertigt waren. Man trauerte auch um die Toten des amerikanischen Bombenangriffs vom November des Jahres zuvor; aber dabei waren keine Norweger an der Entscheidung beteiligt gewesen. Die *Hydro* hingegen wurde von Norwegern versenkt, und dabei kamen Norweger ums Leben. Meist tröstete man sich jedoch damit, daß dieses Vorgehen die Deutschen daran gehindert habe, die Atombombe zu bauen.
Ein Reaktor mit schwerem Wasser eignet sich hervorragend zur Herstellung des Explosivstoffes Plutonium. Aber die Vereinigten Staaten schlugen eine andere Richtung ein, weil sie nicht rechtzeitig genügend schweres Wasser zur Verfügung hatten. Statt dessen benutzten die Amerikaner in ihren Reaktoren Graphit. Wahrscheinlich ist die Liebe daran schuld, daß die Deutschen anstelle von Graphit schweres Wasser verwendeten.
Es begann damit, daß der siebenundvierzigjährige Walther Bothe, ein Freund Paul Rosbauds, im Juni 1939 auf der Überfahrt nach New York auf dem Passagierschiff *Hamburg* der dreizehn Jahre jüngeren Ingeborg Mörschner begegnete. Ingeborg wollte nach San Francisco, um dort für Fritz Wiedemann zu arbeiten. Wiedemann war deutscher Generalkonsul und ein ehemaliger Adjutant Adolf Hitlers, und obendrein war er ein Spion. Walther fuhr zu einer Konferenz an der Universität von Chicago, wo sich Werner Heisenberg aufhielt. Ingeborg und Walther besuchten gemeinsam die Weltausstellung in New York, besichtigten die Sehenswürdig-

keiten von San Francisco, und allmählich entwickelte sich zwischen den beiden eine herzliche Beziehung. Traurig kehrte Walther allein nach Heidelberg zurück, um an seinem Zyklotron weiterzuarbeiten und die nuklearen Eigenschaften von Graphit zu messen.

Seine Tagebucheintragungen dokumentieren seine Qual. Am ersten Jahrestag ihrer Begegnung schreibt er: »Ingeborg, ich muß Dir noch einmal einen Brief schreiben. Morgen ist es genau ein Jahr her, daß Du in mein Leben getreten bist.« Er spricht von Mondschein und Träumen, und am Schluß schreibt er, daß er sich fühle »wie ein betrunkener Teenager«. Zwei Wochen später gesteht er: »Ich habe zwar den ganzen Tag über Physik gesprochen, aber dabei immer nur an Dich gedacht.« Der »betrunkene Teenager« war zu der Zeit auch mit dem Messen von Graphit beschäftigt, und hierbei unterlief ihm ein schwerwiegender Fehler. Er kam nämlich am Ende seiner Messungen zu dem Ergebnis, daß Graphit für einen Atomreaktor ungeeignet sei.

Aufgrund von Bothes falschen Messungen experimentierten die Deutschen schließlich mit schwerem Wasser. Heisenberg hatte im Frühjahr 1942 genau berechnet, daß ungefähr fünf Tonnen schweres Wasser eine Kettenreaktion geringer Stärke aushalten würden. Und nachdem die Deutschen im Juni 1942 das Atombombenprojekt aufgegeben hatten, weil Reichsminister Albert Speer der Sachkenntnis der Physiker nicht traute, gaben die Deutschen bei Norsk Hydro eine Bestellung über fünf Tonnen schweres Wasser auf. Jomar Brun erklärte, daß »die Deutschen mit ihren Vorbereitungen bis zum 1. Juni 1944 fertig gewesen wären, wenn man sie in Ruhe gelassen hätte«.

Brun schätzte, daß die Deutschen auch ohne die Sabotageakte und die amerikanischen Bombenangriffe nicht imstande gewesen wären, vor August 1945 eine einzige Atombombe zu bauen. Der Krieg war jedoch bereits im Mai zu Ende. Was die Einschätzung der deutschen Technologie betrifft, ist Brun allerdings zu großzügig. Zwischen der ersten Test-Kettenreaktion, die in den USA vorgenommen wurde, und der Verwendung von Plutonium lag ein Zeitraum von dreißig Monaten. Die Deutschen hätten auch erst Ende 1947 Plutonium für ihre Bombe zur Verfügung gehabt, vorausgesetzt, die Produktion von schwerem Wasser wäre nicht

unterbrochen worden und die Deutschen hätten eine Ahnung gehabt, wie man Kernwaffen herstellt.
Bereits Mitte 1942 ahnte Welsh, daß die Deutschen kein Atombombenprojekt planten, aber erst ein Jahr später war er vollends davon überzeugt. Das bestätigt die offizielle Geschichte des SIS:

> Seit dem Frühjahr 1943 wiegten sich die Alliierten hinsichtlich des Kernforschungsprogramms der Deutschen zunehmend in Sicherheit. Man war nicht nur wegen des Einsatzes von Gasen beunruhigt gewesen, sondern man hatte seit dem Frühjahr 1941 auch zunehmend befürchtet, die Deutschen könnten eine Atombombe bauen.

Zu der Zeit, als im Zuge der Operation »Gunnerside« Sabotageakte gegen die Produktionsanlagen bei Vemork verübt worden waren, hatte man die Lage noch vollkommen anders beurteilt. Als aber General Groves im November 1943 die Bombardierung befahl und Welsh die Versenkung der *Hydro* auf dem Tinnsjø-See anordnete, war man bereits ziemlich sicher, daß die Deutschen nicht in der Lage waren, eine Bombe zu bauen. Welsh war sich darüber im klaren, daß, auch wenn die Deutschen plötzlich einen anderen Weg einschlagen würden, der Bau einer Bombe Jahre dauern würde. Er wußte auch, daß die Mitglieder des Uran-Vereins – eine Gruppe von Physikern, die mit Unterstützung der Regierung auf dem Gebiet der Kernspaltung wissenschaftliche Forschungen betrieben – nach Hechingen hatten flüchten müssen, und daß sie ihre Forschungsarbeit dort nur unter unzureichenden Bedingungen fortsetzen konnten. Welsh war sich bewußt, daß die Industrie nach der Bombardierung durch die Alliierten kaum ein Interesse mehr daran hatte, den Bau einer Bombe zu unterstützen. Derlei Gründe hätten General Groves' Entscheidung keineswegs beeinflußt, selbst wenn er sie gekannt hätte. Aber weshalb gab Eric Welsh ohne ersichtlichen Grund den Befehl, die *Hydro* zu versenken? Er hat nie darüber Auskunft gegeben. Aber offensichtlich verfolgte er damit eine ganz bestimmte Absicht.
John Turner, Welshs Verbindungsmann zu der XU, gab eine Antwort auf diese Frage: »Die Deutschen wurden in ihrer Meinung, daß schweres Wasser zum Bau der Atombombe unbedingt

notwendig sei, von den Briten nur bestärkt. Die Briten verliehen dem noch Nachdruck, indem sie die Fähre in die Luft sprengten.«
Nach Welshs Ansicht mußte man dafür sorgen, daß die Deutschen weiter mit schwerem Wasser experimentierten und ihre Finger vom Graphit ließen. In dieser Beziehung ging seine Rechnung allerdings nicht auf. Gegen Ende des Krieges experimentierte Karl Wirtz, ein Mitglied des Uran-Vereins, mit derselben Masse Graphit, die Walther Bothe vier Jahre zuvor für nicht zufriedenstellend erachtet hatte, und Wirtz hielt sie für absolut brauchbar. Aber da war es schon zu spät. Für die Flügel der V-2-Rakete wurde hochwertiges Graphit benötigt, es war deshalb sehr knapp. Da nicht genügend Graphit vorhanden war, mußte man den Plan zum Bau der Boden-Luft-Rakete *Wasserfall* aufgeben. Mit dieser Rakete hätte man die deutschen Städte und die Kriegsmaschinerie erfolgreich verteidigen können. Nun bestand für die Deutschen keine Möglichkeit mehr, bis 1948 oder später einen Graphitreaktor in Betrieb zu nehmen und ein oder zwei Jahre danach eine Bombe zu bauen. Demnach waren die Bombardierung von Rjukan und die Versenkung der *Hydro* völlig sinnlos gewesen – aber so ist der Krieg.
Leif Tronstad war über die vielen Opfer am meisten betroffen, denn er fühlte sich persönlich verantwortlich. Er wollte seine Landsleute nicht länger nach Norwegen schicken, während er von einem sicheren Standort in London aus die Einsätze leitete. Ende 1944 sprangen Männer der Operation »Sonnenschein« über der Hardanger Vidda ab. Sie hatten den Auftrag, industrielle und strategische Einrichtungen vor den Angriffen der zurückweichenden Deutschen zu schützen, denn der Sieg in Europa schien in greifbare Nähe gerückt zu sein. Leif Tronstad, der nun den neuen Decknamen »Julius« trug, leitete die Operation. Tronstad hatte sich darauf eingestellt, solange in Norwegen zu bleiben, bis der Krieg zu Ende war.
Im März nahmen Tronstad und Gunnar Syverstad, der den Decknamen »Kaare« trug, den verräterischen Richter von Rauland gefangen. Während die beiden den Richter verhörten, schoß der Bruder des Verräters durch ein Fenster auf »Julius« und »Kaare« und verletzte sie tödlich. In der Nacht vom 11. auf den 12. März 1945 verlor Norwegen nur wenige Wochen vor Kriegsende gleich

zwei tapfere Männer. Leif Tronstad bekam ein Staatsbegräbnis und wurde als Nationalheld Norwegens gefeiert. Als ehemaliger Pfadfinder hätte er sich das so gewünscht.
Der Spion aber, der die Information geliefert hatte, traf sich 1961 mit dem General, der ihm damals keinen Glauben geschenkt hätte, in New York zum Abendessen. Nach dem Krieg hatte Eric Welsh General Groves von Paul Rosbaud erzählt, und Groves wollte den Spion unbedingt kennenlernen. Für Groves war damals jeder Spion ein sowjetischer Agent, deshalb sprach er die Einladung an Rosbaud mit einigem Argwohn aus.
Das Abendessen im Rockefeller-Institut dauerte sechs Stunden. Obwohl Groves von dem Mann fasziniert war, blieb er doch skeptisch. Hinterher schrieb Groves in seine privaten Akten:

> Während des Krieges hielt er sich in Berlin auf und schaffte es, mit Welsh in ständiger Verbindung zu bleiben. Er wußte über die Arbeit der Deutschen auf dem Gebiet der Kernenergie Bescheid, und der Gedanke an einen möglichen Erfolg dieser Arbeit beunruhigte ihn. Seit 1944 wußte er jedoch, daß die Deutschen keinen Erfolg haben würden. Dennoch hatte er Angst, sie könnten ihre Arbeit nach dem Krieg fortsetzen und einen erneuten Versuch unternehmen, die Welt zu beherrschen. Aus diesem Grund sollte der Bestand an schwerem Wasser und Uran unter Verschluß genommen werden. Seine Frau war Jüdin. Trotz seines Namens wies er immer wieder darauf hin, daß er kein Jude sei. Ich weiß nicht, ob seine Informationen für uns von großem Wert waren. Aber sie bestätigten immer wieder die Meldungen, die wir während dieser Zeit von anderer Seite erhielten.

Bis Anfang 1945 hatte der General über seine eigenen Agenten nur belanglose Informationen über das deutsche Atomprogramm erhalten. Rosbauds Informationen waren natürlich »Bestätigungen der anderen Meldungen«, weil viele dieser »anderen Meldungen« ebenfalls von Rosbaud stammten! Groves glaubte, daß ihm Rosbaud seine Religion verheimlichen wollte, und er stellte noch weitere Mutmaßungen an. »Man konnte natürlich nie wissen, ob er möglicherweise ein Doppelagent war oder ausschließlich für

den deutschen Geheimdienst arbeitete.« Und weiter: »Ich glaube nicht, daß er die Gefahr, die von Rußland ausging, wirklich erkannte und sich ernsthaft über die von Deutschland ausgehende Vernichtung Sorgen machte.«
Glücklicherweise gab Paul Rosbaud während des Krieges keine Meldungen an General Groves weiter.

Kapitel 29

Exfiltration

Die offizielle Geschichte des britischen Geheimdienstes – soweit sie überhaupt niedergeschrieben wurde – enthält lediglich folgende Angabe über die drei wichtigsten Agenten von Welsh:

> Anfang 1942 hatte der SIS einem jungen Wissenschaftler einen Posten an der Universität von Stockholm verschafft, damit er dem Geheimdienst über seine Arbeit, über die Aufenthaltsorte deutscher Wissenschaftler und über die Kontakte schwedischer Wissenschaftler mit Deutschland Bericht erstattete. Der Wissenschaftler leitete auch noch 1943 Informationen an den SIS weiter. Aber seine Berichte wurden nicht zu den Akten gelegt. Dasselbe gilt für die Berichte eines an Verbindungen reichen Autors eines deutschen Wissenschaftsmagazins, der seit dem Frühjahr 1942 mit dem SIS in ständiger Verbindung stand, und für die Meldungen eines norwegischen Wissenschaftlers, der zur selben Zeit Informationen über deutsche Wissenschaftler lieferte.

Natürlich handelte es sich bei dem »an Verbindungen reichen Autor eines deutschen Wissenschaftsmagazins« um Paul Rosbaud. Eigentlich hatte man ihn bereits 1941 wieder angestellt, aber erst ein Jahr später nahm Welsh seine Berichte wirklich ernst, vor allem den über Peenemünde. Der »norwegische Wissenschaftler« war Harald Wergeland, der in Oslo Forschungen betrieb und mit der XU zusammenarbeitete. Bei dem »jungen Wissenschaftler« handelte es sich um Njål Hole, der mit Lise Meitner in Stockholm zusammenarbeitete.

Anfang 1943 gab Hole an Welsh die Information weiter, daß Victor Goldschmidt, Lise Meitner und Niels Bohr nach England ausreisen wollten. Infiltration, das Eindringen in den feindlichen

Staat, gehört zum Aufgabenbereich eines Spions. Wenn es darum geht, einen Spion oder jemanden, der für eine Spionagetätigkeit in Frage kommt, aus dem gegnerischen Land herauszuholen, dann nennt man das beim britischen Geheimdienst »Ex-filtration«. 1943 war Welsh für die »Exfiltrationen« zuständig. Jomar Brun wurde länger in Norwegen gebraucht als ursprünglich vorgesehen war, um Informationen über das Werk zu liefern, in dem schweres Wasser produziert wurde. Andererseits aber hatte man ihn im Januar 1942 zu einer Diskussion über die Herstellung von schwerem Wasser nach Berlin eingeladen, und Welsh wollte nur ungern einen Informanten wie Brun verlieren. Erst auf direkte Anordnung von Winston Churchill wurde Brun von Eric Welsh Ende 1942 aus Norwegen herausgeholt. Es gab noch mehrere andere Fälle, und ein jeder brachte neue Probleme mit sich.

Offiziellen Berichten zufolge wurde Victor Moritz Goldschmidt, wie bereits erwähnt, am 3. März 1943 aus Stockholm herausgeschleust und nach London gebracht. Hilde Rosbaud hatte an Neujahr von Lise Meitner erfahren, daß er in Sicherheit war. Frau Meitner schrieb: »Vielleicht interessiert es Sie, daß es Ihrem Freund in Oslo gutgeht und daß er außer Gefahr ist.« Bevor Welsh ihn ins englische Hinterland verbannte, wurde Goldschmidt gründlich verhört, und dabei war zeitweise auch Leif Tronstad anwesend.

Am 15. März erreichte Welsh eine schockierende Nachricht. Es war ein Montag, und Welsh hatte bereits genügend Probleme am Hals, denn er hatte erfahren, daß am vergangenen Freitag in Nordnorwegen die *Scharnhorst* zu der *Tirpitz* vorgestoßen war. Sein drahtloses Sendernetz hatte die von der Gestapo entdeckte Funkstation »Feldlerche« zur Zufriedenheit ersetzt, obwohl die Mittel sehr beschränkt waren. Und was die Atomenergie anbelangte, hatte die technische Zusammenarbeit mit den Amerikanern einen neuen Tiefstand erreicht.

An diesem Montagmorgen wollten sich Welsh und Tronstad auf Rosbauds Besuch in Oslo vom vergangenen Juni konzentrieren, und Goldschmidt versorgte sie mit genaueren Informationen. An diesem Morgen hatte Welsh zum ersten Mal ein besseres Gefühl hinsichtlich der Zuverlässigkeit von Rosbaud und dessen ungewöhnlicher Art, an Informationen zu gelangen. V.M. berichtete

Welsh und Tronstad, daß Rosbaud in Uniform nach Oslo gekommen sei. Folglich hatte er nicht vor, in erster Linie Professoren in ihren Büros oder zu Hause aufzusuchen, und er hatte V.M. gebeten, das Treffen mit Odd Hassel an einem möglichst unauffälligen Ort zu organisieren.

Als die Rede auf Hassel kam, ließ V.M. seine Bombe platzen. Angeblich hatte man Kapitän Walter Heiberg, den amerikanischen Marineattaché in Stockholm, gebeten, durch norwegische Informanten in Erfahrung zu bringen, welches Interesse die Deutschen an schwerem Wasser hatten. Wenn das stimmte, dann hatten die Amerikaner damit Welshs Zuständigkeitsbereich verletzt. Sie konnten damit wichtige Informationsquellen zerstören und seine Agenten einer unnötigen Gefahr aussetzen. Welsh kochte vor Wut, und er schickte umgehend eine Nachricht an Major Ørnulf Dahl, den neuen norwegischen Geheimdienstchef in Stockholm. (Aufgrund von Churchills Intervention im Jahre 1941 war die norwegische Regierung davon überzeugt, daß Roscher Lund während der heiklen Phase der Bildung und des Zusammenschlusses von geheimdienstlichen Operationen in Norwegen und Deutschland in Stockholm bleiben sollte. Nach einem Jahr verliefen diese Operationen so reibungslos, daß Roscher Lund von London aus das Kommando über die norwegischen Geheimdienstoperationen übernehmen konnte. Dabei wurde er von Major Finn Nagell tatkräftig unterstützt. Nagell sah Eric Welsh öfter als Roscher Lund. Und Major Ørnulf Dahl übernahm die Leitung von allgemeinen geheimdienstlichen Aufgaben in der norwegischen Gesandtschaft. Aber zu dem Zeitpunkt, als Roscher Lund nach London abreiste, wurde in Stockholm eine eigene Einrichtung geschaffen, wo man sich ausschließlich um die Zusammenarbeit mit der XU kümmerte.)

Fünf Tage später berichtete Goldschmidt Tronstad etwas noch Erstaunlicheres. Hassel hatte V.M. erzählt, daß die Vereinigten Staaten bereit wären, für weitere Informationen eine Million Dollar zu zahlen. Die Amerikaner drängten die Briten mit Hilfe der enormen Ressourcen, auf die sie zurückgreifen konnten, aus dem Atomenergiegeschäft, und jetzt waren sie nach Auffassung von Welsh auch dazu bereit, große Summen zu investieren, um die Briten im norwegischen Geheimdienstgeschäft auszubooten. Bei diesem Gedanken fühlte sich der »Fuchs« sehr unbehaglich. Er fragte sich, ob Goldschmidt selbst um die Gunst der Amerikaner warb, oder ob es womöglich umgekehrt war. In einer seiner Mitteilungen an Njål Hole in Stockholm bestätigte Tronstad Goldschmidts Ankunft in London, fügte aber hinzu, daß »er sich gern in Dinge einmischt, von denen er nichts versteht«.

Kurz darauf erfuhr Welsh von Ørnulf Dahl, daß die Amerikaner *nicht* wegen des schweren Wassers mit der norwegischen Gesandtschaft in Stockholm in Verbindung standen. Aber vielleicht versuchte der amerikanische Marineattaché, mit Informanten in Norwegen Kontakt aufzunehmen, ohne die Briten oder die norwegische Exilregierung davon zu unterrichten. Das war nach Welshs Ansicht weitaus verabscheuungswürdiger.

Wenn die Amerikaner tatsächlich solche Schritte unternommen hatten, dann würde sich bald herausstellen, daß einer ihrer Hauptinformanten Odd Hassel war, und daß die Amerikaner sich zu diesem kritischen Zeitpunkt dazu entschlossen hatten, ihm eine Million Dollar für Informationen zu zahlen. Oder vielleicht hofften die Amerikaner, daß Hassel als Gegenleistung für diese hohe Summe damit einverstanden war, wenn man ihn in die USA ausschleuste. Welsh konnte es sich nicht leisten, solch einen Informanten zu verlieren.

Infolge der Kontroversen, die es im Juli und August wegen der Mitteilung von Houtermans gegeben hatte, waren die Briten gezwungen gewesen, die Amerikaner darüber aufzuklären, daß die Deutschen über keinen groß angelegten Atomreaktor verfügten. Sie hatten aber hinzugefügt, daß »die Forschungsarbeiten noch immer in Gang sind«. Welsh gab damals sicherlich den Namen seines Hauptinformanten Paul Rosbaud nicht preis, aber anscheinend nannte er den Amerikanern den Namen seines Mittelsmannes Odd Hassel.

Am 31. August schrieb Vannevar Bush an General George V. Strong, den Chef des militärischen Geheimdienstes:

> Ich erwähnte bereits bestimmte langfristige Entwicklungen, an denen die Deutschen interessiert sind. Jetzt habe ich weitere Informationen. In einem Werk bei Vemork werden pro Monat 120 Kilogramm eines wichtigen Stoffes hergestellt und mit dem

Schiff nach Berlin gebracht. Dann gelangt der Stoff in die Hände des hervorragenden Physikers Dr. Heisenberg. Diese Information erhielt ich von den Briten auf ziemlich fragwürdige Weise.

Fragwürdig deshalb, weil sie von Eric Welsh stammte. Obwohl auf der Arcadia-Konferenz Anfang 1942 zwischen Winston Churchill und Franklin Roosevelt bestimmte Formen der Zusammenarbeit beider Länder auf nachrichtendienstlicher Ebene vereinbart worden waren, gab es beim SIS einige Leute, die hinsichtlich des Sicherheitsstandards des neu geschaffenen amerikanischen Büros für strategische Dienste (OSS) skeptisch waren. Welsh gehörte dazu. Wenn er in Washington Kontakte anknüpfen mußte – und das geschah nur sehr selten –, dann überging er William Stephenson, der eigentlich der New Yorker Verbindungsmann zwischen dem SIS und dem OSS war. Welsh verließ sich ganz auf James Chadwick, der im Interesse der Briten hinsichtlich des amerikanischen Atomprojekts Augen und Ohren offenhielt.
Vannevar Bush drückte in seiner Mitteilung an General Strong vom August den Wunsch aus, die Vereinigten Staaten sollten, was die Informationen über das Atomprojekt betraf, von den Briten unabhängig sein: »Ich hoffe, daß Sie dieselbe Art von Information auf direktem Weg und vollständiger erreicht.« Das war allerdings nicht der Fall, und Strong erkundigte sich nach dem Informanten. Bush antwortete: »Ich bin nur zu gern bereit, Ihnen Informationen bezüglich dieses besonderen norwegischen Beraters zukommen zu lassen, wenn Sie sie haben wollen.« Dem so überaus korrekten Wissenschaftler aus Neuengland wäre es nie in den Sinn gekommen, das Wort *Informant* zu benutzen, deshalb nannte er General Strong den Namen des *Beraters,* nämlich Odd Hassel.
Oberstleutnant Hugh B. Waddell war Militärattaché bei der amerikanischen Botschaft in Stockholm. Er sollte demnächst versetzt werden, und Oberst Charles E. Rayens, der sich in skandinavischen Angelegenheiten noch nicht auskannte, sollte seinen Posten übernehmen. Der Marineattaché Kapitän Heiberg hielt sich seit Juli 1940 in Stockholm auf, und dort sollte er auch noch eine Weile bleiben. Er war der geeignete Mann, um solche Verbindungen anzuknüpfen. Wenn Goldschmidt über die Absicht der Amerika-

ner richtig informiert war, dann mußte es Heiberg gelungen sein, zu Hassel durchzudringen. Aber er hatte ihn offensichtlich nicht dazu überreden können, das Angebot der Amerikaner anzunehmen. Die Berichte, die General Strong später über Atomenergie erhielt, waren wenig informativ und oft sogar irreführend. Sie konnten unmöglich von Odd Hassel stammen, und vermutlich sparten die Vereinigten Staaten eine Million Dollar.

Die Amerikaner wollten auch Victor Goldschmidt anwerben, aber er war unauffindbar. Im Mai 1943 schickte General Groves Oberst W. Ashbridge zum OSS, um in Erfahrung zu bringen, was die Organisation über den Verbleib von Goldschmidt wußte. Ashbridge berichtete Groves, daß das »OSS erklärt, Dr. Goldschmidt, der Jude ist, sei kürzlich in Norwegen festgenommen und kurze Zeit später wieder auf freien Fuß gesetzt worden. Man habe ihm erlaubt, seine Lehrtätigkeit als Professor für Mineralogie an der Universität von Oslo wiederaufzunehmen. Am 20. November 1942 habe man das letzte Mal etwas von ihm gehört.« Dieser Vorfall beweist, daß das OSS in Oslo über keine gute Informationsquelle verfügte, denn seit Ende 1942 war es in dieser Stadt allgemein bekannt, daß Goldschmidt nach Schweden geflohen war.

Zu dem Zeitpunkt, als General Groves' Interesse geweckt wurde, befand sich Goldschmidt bereits in England unter der Obhut von Eric Welsh und erzählte ihm von den Plänen der Amerikaner. Welsh war gegenwärtig nicht in der Stimmung, dem OSS oder General Groves mitzuteilen, wo sich Goldschmidt aufhielt.

Welsh, der selbst alle möglichen gemeinen Tricks beherrschte, konnte den Amerikanern eigentlich nur stillschweigend applaudieren für ihren Versuch eines Endspurts. Andererseits aber war er immer besonders vorsichtig, was die Identität seiner primären und sekundären Informationsquellen betraf. Paul Rosbaud, der als Hauptinformant die anglo-amerikanische Spaltung verursacht hatte, traf keine Schuld an dem, was er damit ausgelöst hatte. Er war einfach froh darüber, daß sein alter Freund Victor Goldschmidt dem Tod in Auschwitz entgangen war.

Welsh verlor auch seinen Informanten Hassel. Der Professor wurde Ende 1943 bei einer Versammlung von Studenten und Lehrern an der Universität von Oslo festgenommen und von den Deutschen bis Anfang 1945 gefangengehalten. Lise Meitner blieb zwar in Stockholm ein ähnliches Schicksal erspart, aber sie wollte trotzdem nach England ausreisen. Eric Welsh wurde vor die Entscheidung gestellt, sie aus Stockholm herauszuschleusen oder nicht. Pragmatisch wie er war, beschloß er, es nicht zu tun.

Lise Meitner kam in Wien als eines von acht Kindern einer Anwaltsfamilie zur Welt. Philipp und Hedwig Meitner waren von der Tradition ihrer Eltern abgerückt, weil sie sich des wachsenden Antisemitismus' in Österreich-Ungarn immer mehr bewußt wurden. Sie gingen nicht mehr in die im maurischen Stil erbaute Synagoge in der Tempelgasse und ließen ihre Kinder taufen. Lise machte im selben Jahr, in dem Paul Rosbaud geboren wurde, ihre Abschlußprüfung an einer Mädchenschule. Physik hatte sie schon immer fasziniert, und sie strebte ein Leben lang danach, die elementaren Naturgesetze zu verstehen. Im Laufe der Zeit kam sie zu Einsichten, an die auch jene berühmten Wissenschaftler, mit denen sie später zusammenarbeitete, nicht heranreichten.

Es ist interessant, daß fünf Frauen einer Epoche zur selben Zeit dieselbe Entscheidung trafen: sich lieber der Wissenschaft als Kindern, Kirche und Küche zu widmen. Zu diesen Frauen gehörten Ellen Gleditsch in Oslo, Elizabeth Rona in Budapest, Clara von Simson in Berlin und Berta Karlik und Lise Meitner in Wien. Ihr gemeinsamer Entschluß verband sie miteinander, und sie bildeten in dieser Zeit die Elite der weiblichen Wissenschaftler. Ellen Gleditsch beschreibt das Problem ihrer Wahl so:

> Es ist zu fragen, ob nicht schon der Beruf des Forschers an sich viele Probleme mit sich bringt ... Es gibt ein Problem, das eher die Frauen als die Männer betrifft. Die Schwierigkeit liegt darin, daß die Frau viel Zeit für den Haushalt, den Mann und die Kinder aufbringen muß. Eine Frau, die in die Forschung gehen will, muß zunächst ihre berufliche Tätigkeit, mit der sie ihren Lebensunterhalt verdient, mit der Forschung vereinbaren, und dann muß sie darauf ihre Interessen als Frau abstimmen.

Lise Meitner beschäftigte sich so intensiv mit ihrer Forschungsarbeit, daß sie »ihre Interessen als Frau« völlig zurückstellte. Die Männer merkten das sehr schnell. Otto Hahn, der nur ein paar

Monate jünger war als sie, mußte einsehen, daß »eine engere Beziehung nicht in Frage kam. Lise Meitner war sehr streng und vornehm erzogen worden. Viele Jahre hindurch bin ich mit Lise Meitner nicht einmal essen gegangen, außer bei offiziellen Anlässen. Wir sind auch nie zusammen spazierengegangen. Und jetzt sind wir wirklich gute Freunde.«

In der deutschen Sprache wird genau definiert, wann eine Freundschaft als »eng« bezeichnet werden kann. Dies ist der Fall, wenn sich zwei Menschen mit dem vertrauten *Du* anstelle des förmlichen *Sie* anreden. Es dauerte ziemlich lange, bis Lise Meitner und Otto Hahn endlich *du* zueinander sagten. Bei anderen jedoch kam das selten vor. Selbst den wenigen anderen Frauen, die auf Lise Meitners Gebiet arbeiteten, gelang es trotz aller Bemühungen nicht, eine enge Freundschaft mit ihr aufzubauen. Elizabeth Rona, die vielseitig begabte ungarische Physikerin, Chemikerin und Geophysikerin meinte: »Das Temperament und die Persönlichkeit von Lise Meitner und Otto Hahn ergänzten sich. Hahn war ein fröhlicher und selbstbewußter Mann mit einem erfreulichen Sinn für Humor. Es war ein Vergnügen, mit ihm zusammenzuarbeiten. Lise Meitner war introvertiert, scheu und zurückhaltend. Es war schwierig, mit ihr in engen persönlichen Kontakt zu kommen, aber alle bewunderten ihre Hingabe an ihre Arbeit und ihre kritische Suche nach der richtigen Lösung wissenschaftlicher Probleme.«

Hahn mochte Lise Meitner, er respektierte sie als Mensch und als Wissenschaftler, und er schätzte ihre Fähigkeiten. Als Chemiker verachtete Hahn die meisten Physiker, aber jahrelang war es gerade die Physikerin Meitner gewesen, die Hahn bei seinen Forschungen immer wieder auf den richtigen Weg führte. Gleichgültig, wie fähig er als Chemiker war, seine Arbeit war ohne die Auslegungen und Anleitungen Lise Meitners bedeutungslos. Viele andere Physiker, vor allem die jüngeren in Deutschland, verstanden diese Symbiose zwischen Hahn und Lise Meitner nicht. Sie mochten Lise Meitner auch deshalb nicht, weil sie den Chemikern mißtraute, so wie Hahn den Physikern mißtraute. Wie auch immer die Beziehung zwischen Otto Hahn und Lise Meitner gewesen sein mag, ihre Besonderheit lag in der seltsamen Fusion eines wirklich hervorragenden Chemikers und einer außerge-

wöhnlichen Physikerin. Aber eben diese Verbindung führte zu ihrer Entdeckung.
Ihre Zusammenarbeit begann in einem Tischlergeschäft hinter dem Kaiser-Wilhelm-Institut für Chemie in Berlin. Sie arbeiteten dort mit radioaktiven Substanzen und entdeckten dabei neue chemische Elemente wie Thorium D und Protactinium. Sie waren gerade mit dieser letzten Entdeckung beschäftigt, als der Erste Weltkrieg ausbrach und beide an die Front mußten. Lise Meitner arbeitete als Krankenschwester in einem österreichischen Feldlazarett. Sie bediente den Röntgenapparat und kümmerte sich um die Verwundeten. Hahn dagegen sorgte mit unkonventionellen Waffen für neue Verwundete.
Er wurde ein Pionier der Kampfgase beim 126. Infanterieregiment und konnte bei Verdun seine Fähigkeiten einsetzen. Dann wurde er an die österreichisch-italienische Isonzofront abkommandiert, wo Paul Rosbaud kämpfte. Während Rosbaud sein Gewehr benutzte, war Otto Hahn hierhergekommen, um einen Giftgasangriff vorzubereiten und zu überwachen. Am 24. Oktober 1917 setzte seine Einheit die heimtückische Waffe effektiv gegen die Italiener ein. Danach wurde Hahns Einheit wieder an die Westfront versetzt, um das Gas ebenso wirksam gegen die anderen Alliierten einzusetzen.
Fritz Haber war der leitende wissenschaftliche Berater, was die Kriegführung mit Gas anbelangte. Er hatte zusammen mit Carl Bosch ein neues Verfahren zur technischen Herstellung von Ammoniak entwickelt. Damit war Deutschland unabhängig und hinsichtlich der Düngemittel und des Sprengstoffs nicht mehr auf fremde Quellen angewiesen. Haber war davon überzeugt, daß die Anwendung von Gas zu einem schnellen Ende des Krieges führen würde, und außerdem war er der Meinung, daß die Franzosen die ersten sein würden, die Gas einsetzten. Er teilte Hahn seine Meinung mit. Dieser hatte sich zunächst gegen den Einsatz von Gas ausgesprochen, aber später gestand er: »Man kann sagen, daß Haber mich in dieser Hinsicht beruhigt hat.« In einem Brief bemerkte Habers Sohn zu Otto Hahn:

> Ich hielt seine Bemerkungen über chemische Waffen, seine Treffen mit Vater und die sogenannten »Interviews« nicht für

> überzeugend. Frontbeobachter [wie Hahn] »sahen die Wirkung der ... Waffen«. Wenn nicht, dann waren sie als Beobachter nicht zu gebrauchen. So war es bei den Briten, und ich bin überzeugt, daß sich mein Vater nicht mit einem »Beobachter« abgefunden hätte, dessen Berichte unvollständig waren. Ich bin der Meinung, daß Hahn in dieser Hinsicht kompetent und zuverlässig war. Nachher war ihm die Sache mit dem Giftgas vielleicht peinlich (vielen Deutschen ging es ebenso), und in seinem Buch versuchte er, sich zu entlasten. Meiner Ansicht nach war das völlig überflüssig.

Gegen Ende des Krieges tauchte Haber unter und ließ sich einen Bart wachsen, weil er Angst hatte, man könnte ihn für einen Kriegsverbrecher halten. Aber das Schicksal meinte es gut mit ihm. 1918 bekam er den Nobelpreis für Chemie. 1944 wurde seinem Kollegen Otto Hahn, der an den Gasangriffen im Ersten Weltkrieg beteiligt gewesen war, der Nobelpreis für eine Entdekkung verliehen, die zum Bau der Atombombe beitrug. Es sollte an dieser Stelle daran erinnert werden, daß Alfred Nobel seinen Preis »zum Wohle der Menschheit« gestiftet hatte.
Lise Meitner wurde an dem Preis nicht beteiligt, und sie war froh darüber. Sie war nicht daran beteiligt, obwohl sie ebensoviel Anerkennung verdient hätte wie Otto Hahn. Im allgemeinen mochte die wissenschaftliche Gesellschaft diese ältere, recht ungesellige Frau nicht, und nur wenige Physiker in Deutschland oder anderswo waren bereit, ihr zu helfen – nicht einmal zu der Zeit, als sie dringend Hilfe brauchte. Otto Hahn, Paul Rosbaud und Dirk Coster hatten ihr zwar 1938 geholfen, nach Stockholm zu kommen, aber als sie erst einmal dort war, ging es ihr erbärmlich schlecht. Einer von Lise Meitners Kollegen, der kein Schwede war, glaubt, daß »ihr die Schweden viel mehr hätten helfen können. Sie wußte mehr über Kernphysik [als sie]. Aber sie wollten nicht, daß eine Fremde die führende Rolle übernahm.«
Der Nobelpreis wird von der Königlich Schwedischen Akademie der Wissenschaften verliehen. Mitarbeiter von Lise Meitner waren Mitglieder der Akademie. Wenn sie nicht gewillt waren, Lise Meitners Arbeit im Labor anzuerkennen, dann würden sie sie auch nicht vor den Augen der Welt mit dem Nobelpreis auszeichnen.

Manne Siegbahn, Lise Meitners Gastgeber am Stockholmer Institut für Physik, hatte gerade ein Zyklotron gebaut, aber Lise Meitner merkte, daß sie mehr daran interessiert war, selbst Experimente durchzuführen, als sie nur zu interpretieren. C.D.Ellis vom King's College an der Universität London legte der obersten Stelle der britischen Wissenschaftsanstalt ein Gesuch vor, in dem er darum bat, Lise Meitner nach England holen zu dürfen, damit sie sich den anderen geflüchteten Wissenschaftlern anschließen konnte. Nur wenige konnten sich brüsten, es mit ihr in puncto Leistung aufzunehmen. Aber die endgültige Entscheidung lag bei keinem Geringeren als Frederick Lindemann, Lord Cherwell, ein Freund und Berater Churchills und ein Weiberfeind. Er schrieb am 23. September 1938:

> Miss Meitner ist sicherlich eine der hervorragendsten Physikerinnen in Deutschland, und ich hoffe wirklich, daß sie eine angemessene Stellung finden wird, falls sie das Land verlassen müßte [sie hatte es bereits verlassen]. Aber ich wäre nicht bereit, mit Nachdruck darauf zu bestehen, daß sie nach Oxford eingeladen wird ... Ich hoffe, daß Sie jetzt nicht glauben, ich verhielte mich ablehnend gegenüber Miss Meitner. Ich kenne und schätze sie, aber es scheint sich hier nicht um eine echte Notlage zu handeln.

Cherwells Standpunkt ist leicht zu verstehen. Sein offizieller Biograph Frederick Winston, der Earl von Birkenhead, schreibt: »Zwei von Lindemanns unhaltbaren Vorurteilen kamen schon frühzeitig zum Vorschein: seine Abscheu vor Negern und seine Aversion gegen Juden. Sein Haß auf Farbige war jedoch weitaus stärker als seine Abneigung gegen Juden. Seine Vorurteile erfüllten ihn mit einem physischen Ekel, den er nicht unter Kontrolle halten konnte.«

Lindemann hatte auch eine Abneigung gegen seine Mutter, seinen Bruder und gegen tierisches Eiweiß. Er war nicht verheiratet, und er hielt sich Katzen. Seine Einstellung gegenüber Lise Meitner war also nicht verwunderlich.

Andere Wissenschaftler versuchten, Lise Meitner zu helfen. Sir James Chadwick, der Entdecker des Neutrons, mochte sie wirklich gern. Chadwick wurde vom Krieg in Stockholm überrascht, wo er sich eines Tages geduldig Lise Meitners Bitte anhörte. Daraufhin lud er sie ein, nach Cambridge zu kommen. Er hatte gewiß genügend Einfluß und Prestige, um diese Einladung auszusprechen. Die Unterhaltung mit Lise Meitner hatte ihn verwirrt, und er setzte sich noch am selben Abend in seinem Hotelzimmer an den Schreibtisch und schrieb ihr ein paar Zeilen:

> Ich habe den ganzen Tag über Ihre Situation nachgedacht, und ich bin zu dem Entschluß gelangt, daß es besser wäre, Professor Siegbahn mitzuteilen, wie die Dinge stehen – daß Sie ein Angebot aus Cambridge bekommen haben und daß Sie, falls es sich einrichten ließe, gern dorthin fahren möchten ... Nach den Gesprächen, die ich bisher mit ihm geführt habe, bin ich sicher, daß er bereit ist und alles tun wird, was in seiner Macht steht, Ihnen den Aufenthalt in Stockholm so angenehm wie möglich zu machen. Ich glaube allerdings auch, daß er im Moment nicht mehr tun kann, weil es ihm an Geld und an Mitarbeitern fehlt ... Ich bin bereit, alles zu tun, um Ihnen zu helfen.

Aber Sir James konnte nicht vorhersehen, daß John Cockcroft damit nicht ganz einverstanden sein würde. Mitte Oktober schickte Cockcroft Frau Meitner einen Brief, in dem er sich für ihre Anfrage bedankte, und schloß mit den Worten: »Ich glaube, Sie sollten noch einmal sorgfältig darüber nachdenken, ob Sie immer noch nach Cambridge kommen wollen.« Cockcroft hatte nichts gegen Frau Meitner, aber für ihn war das Ganze eine Frage des Budgets und der Sicherheit. Obwohl Cockcroft später einsah, daß Lise Meitners Neffe Otto Frisch kein deutscher Spion war, hielt er Frisch zu der Zeit, als Frau Meitner nach England kommen wollte, für äußerst verdächtig. Im April traf sich der Professor aus Cambridge, der ausgezeichnete Kontakte zum SIS hatte, mit Jacques Allier und sprach lange mit ihm über Otto Frisch. Er versicherte, daß Frisch ständig beobachtet werde, und daß seine Briefe vom britischen Geheimdienst überprüft würden. Wenn der Neffe verdächtig war, dann war es die Tante auch. Aber es gab im Laufe des Krieges noch einen anderen Grund, weshalb Cockcroft und Welsh Frau Meitner nicht aus Stockholm ausreisen lassen wollten.

Ende 1943 gingen Cockcrofts Atomwissenschaftler für einige Zeit nach Amerika, und nun hatte er Platz und Geld, um Frau Meitner nach England zu holen. Frisch wurde mit dem britischen Kontingent zu dem streng geheimen Kernforschungszentrum von Los Alamos geschickt. Das wäre nicht geschehen, wenn man noch immer den Verdacht gehabt hätte, er sei ein deutscher Spion. Außerdem konnte das Wissen seiner Tante für das anglo-amerikanische Atombombenprogramm von Vorteil sein. Trotzdem wurde Frau Meitner nie »exfiltriert«. Das Wort hätte sie sowieso abgeschreckt.

Harald Wergeland, der in der offiziellen Geschichte des SIS als der »norwegische Wissenschaftler« erwähnt wird, schreibt:

> 1942 wurden Lise Meitner in Stockholm und ich in Oslo aufgefordert, uns der englischen Forschergruppe anzuschließen, die sich mit der Kernspaltung beschäftigte. Da wir Physiker waren, versuchten wir beide, uns aus diesem Projekt herauszuhalten, aber wir erklärten uns bereit, andere Aufgaben zu übernehmen. Lise Meitner – sie entdeckte die Uranspaltung und wurde 1947 [sic] für den Nobelpreis vorgeschlagen – erzählte mir später, daß sie dankbar sei, in diesem Zusammenhang nicht ausgezeichnet worden zu sein.

»Andere Aufgaben« bedeutete für Harald Wergeland, Informationen zu liefern, um mit der Bedrohung durch die deutsche Atombombe fertig zu werden. Erfüllte auch Lise Meitner »andere Aufgaben«? Harald Wergeland antwortet auf diese Frage: »Ich weiß nur so viel über Lise Meitners Arbeit, wie ich von Hole gehört habe. Als man mich bat, mich der Forschergruppe in England anzuschließen, erklärte ich mich bereit, als Soldat zu kämpfen, aber ich wollte nicht als Kernphysiker arbeiten.«

Brynulf Ottar, ein Zeuge der Übermittlung des Oslo-Reports und Beauftragter der XU in Stockholm, fügt hinzu:

> Was Frau Meitner betrifft, habe ich den Eindruck, daß sie, wie Wergeland, sehr religiös war und sich aus moralischen Gründen gegen die Entwicklung der Atombombe wehrte. Aber sie war genauso gegen Hitler. Deshalb glaube ich, daß sie, wie

Wergeland, alles tun wollte, um Hitler zu bekämpfen, aber beide wollten nicht an der Entwicklung der Bombe beteiligt sein. Sowohl diese beiden Physiker als auch andere, einschließlich Niels Bohr, hatten Angst vor den Konsequenzen, die eine solche Entwicklung nach sich ziehen würde, und das brachte sie in bezug auf ihr Gewissen in eine schwierige Situation: Sollten sie das Risiko eingehen und die Menschheit vernichten, nur um Hitler loszuwerden?

Solange der Krieg dauerte, befanden sie sich in einer Zwickmühle, aber sobald der Krieg vorbei war, konnten sie offen ihre Ängste zeigen und ihre Meinung äußern, und das taten sie auch. Ich glaube, daß Frau Meitner den Alliierten so gut es ging geholfen hat, aber sie wollte sich nicht an einem Machwerk des Teufels beteiligen.

Die Frage bleibt: War Lise Meitner mehr als eine passive und zufällige Informationsquelle für die Briten? Vielleicht liegt ein Teil der Antwort in der Geschichte des jungen Wissenschaftlers verborgen, dem man, wie es in dem offiziellen Bericht über den britischen Geheimdienst heißt, »an der Universität Stockholm einen Posten« verschafft hatte, »um über seine Arbeit, die Aufenthaltsorte deutscher Wissenschaftler und die Kontakte schwedischer Wissenschaftler mit Deutschland Bericht zu erstatten«. Njål Hole, der 1938 an der Technischen Hochschule in Trondheim seinen akademischen Grad auf dem Gebiet der Kernphysik erlangt hatte, war gut mit Professor Leif Tronstad bekannt, der in Zusammenhang mit seiner Arbeit für Welsh bald der »Fuchs« werden sollte.

Tronstad war am 21. September 1941 aus Norwegen ausgeschleust worden. Njål Hole verließ das Land zur selben Zeit. Am Tag nach Holes Ankunft in einem schwedischen Durchgangslager für Norweger kam Tronstad am frühen Morgen bei ihm vorbei und schlug vor, Hole solle eine Stelle in einem Institut für Physik annehmen. Und als Hole in Stockholm eintraf, lag bereits ein Brief mit weiteren Anweisungen bei der norwegischen Botschaft für ihn bereit. Er war von Tronstad, der darauf drängte, daß Hole eine Stellung bekam, wo er guten Kontakt zu schwedischen Physikern hatte. Tronstad wies ihn an, »die Augen offenzuhalten«, und das hieß im speziellen Fall, daß er sich auf die Atomenergie konzentrieren sollte. Hole bekam den Auftrag, dem Geheimdienstoffizier der norwegischen Botschaft, Major Ørnulf Dahl, Bericht zu erstatten. Beim SIS in London erhielt Holes Unternehmen den Namen »Epsilon«.

Hole war aufgrund seiner Erfahrung mit dem elektrostatischen Teilchenbeschleuniger, der in Trondheim verwendet wurde, in Manne Siegbahns Labor am Nobel-Institut höchst willkommen. In Siegbahns Institut für Physik wurde ein Zyklotron zur Beschleunigung von Teilchen eingesetzt.

Die Kriegsjahre waren für Njål Hole eine produktive Zeit, auch wenn das für Lise Meitner nicht zutraf. Die beiden sahen sich täglich. Hole sagte später: »Ich weiß nicht, ob Frau Meitner an jemanden Informationen weitergegeben hat.« Nach dem Krieg empfing Hole eines Tages einen Besucher in Trondheim. Es war der dortige britische Konsul, der gekommen war, um Hole eine Auszeichnung zu überreichen – den Orden des Britischen Empire. Hole erkundigte sich, wofür diese Auszeichnung sei. Der Konsul antwortete: »Das zu wissen, ist nicht meine Aufgabe. Es ist meine Aufgabe, sie zu überbringen.« Aber Hole wußte, wofür er ausgezeichnet wurde.

Hole berichtete den Norwegern: Wenn Frau Meitner an irgend jemanden Informationen weitergeleitet hat, dann nicht auf diesem Weg. Das gilt allerdings nicht für das, was sie mir erzählt hat. Als Österreicherin in Schweden konnte sie nur über Eric Welshs Vertreter in Stockholm mit England Kontakt aufnehmen.

Einer dieser Stellvertreter war John Turner, der in Norwegen geboren wurde. Zu Kriegsbeginn ging er Eric Welsh bei Unternehmungen zur Hand. Am 15. September 1943 wurde er nach Stockholm versetzt, um dort unter dem Decknamen Pettersen Kontakt zur XU aufzunehmen.

In Stockholm erstattete Turner dem dortigen Chef des SIS beim Paßamt am Birgir Jarlsgaten 12 Bericht. Diese lange, breite Allee führte in südliche Richtung zu den Docks und in das vornehme Strandvagen-Viertel, wo die britische Gesandtschaft im auf einer Anhöhe liegenden Haus Nr.82 untergebracht war. Auch das norwegische Geheimdienstbüro war von der entsprechenden Gesandtschaft getrennt und am Banérgaten 37 untergebracht, von wo aus Major Dahl geheimdienstliche Angelegenheiten erledigte, ausgenommen die der XU. Das Hauptquartier der XU befand sich ein paar Blocks weiter Richtung Westen am Skeppargatan 32, und hier hatte Brynulf Ottar die Leitung übernommen. Die genannten Adressen lagen alle im Zentrum von Stockholm und waren leicht zu Fuß zu erreichen. Die Innenstadt war ein Mekka für Spione aus aller Welt.

Der dortige Chef des SIS hieß Cyril Cheshire. Er war früher Holzhändler gewesen, war gut gebaut, über 1,80 Meter groß, und hatte eine fahle Gesichtsfarbe. Er war ein halber Russe und sprach Russisch, Deutsch und Französisch. Der fleißige Cheshire war der typische Spion aus einem Roman. Er verkehrte nicht mit den Angehörigen der britischen Gesandtschaft, aber bei seinen eigenen Leuten war er beliebt. Eric Welsh hatte Cheshire zwei Männer zur Seite gestellt: John Whistondale sollte Verbindung mit norwegischen Agenten aufnehmen, die zwischen Deutschland und Schweden pendelten, und John Turner war der Kontaktmann zur norwegischen XU. Turner hat erklärt, daß Frau Meitners Berichte durch Cheshire an Welsh weitergeleitet wurden. Ein Kollege von Frau Meitner hat bestätigt, daß sie mit Cheshire in Verbindung stand.

Obwohl es keinen eindeutigen Beweis dafür gibt, daß Frau Meitner eine britische Agentin war – eine Schlußfolgerung, die viele Wissenschaftler nur schwer akzeptieren würden –, sprechen doch einige Indizien dafür. Sie übte auf deutsche Wissenschaftler eine starke Anziehungskraft aus. Viele standen mit ihr in Briefwechsel und besuchten sie manchmal. Rosbauds Freunde Otto Hahn, Max von Laue und Josef Mattauch hielten in Stockholm Vorlesungen, und durch Frau Meitner und Njål Hole kam man an manche Information. Über Lise Meitner hielt Rosbaud Kontakt zu seiner Familie und zu seinen Freunden in England. Technische Bücher von Rosbaud gelangten über Frau Meitner zu Eric Welsh, ein weiterer Hinweis dafür, daß sie mit Cheshire in Verbindung stand. Einige dieser Bücher enthielten geheime Mitteilungen. Auf diese Weise steuerte sie ihren Teil zum Sieg über Hitler bei, ohne sich am Bau der Atombombe zu beteiligen – was letztendlich nichts mit Hitlers Niederlage zu tun hatte. Sie leistete einen bedeutenden Beitrag zum Sieg der Alliierten über Deutschland.

Im Januar 1949 meinte Eric Welsh, der sonst wenig Mitgefühl mit anderen hatte, er müßte sich gegenüber Lise Meitner für die großen Dienste, die sie ihm erwiesen hatte, erkenntlich zeigen. Frau Meitner saß immer noch in Stockholm fest, aber nun nicht mehr wegen des Krieges, sondern weil ihr nichts anderes übrig blieb. Der Chefspion schrieb an Lord Cherwell:

> Ich weiß nicht, ob Sie schon gehört haben, daß man einige Anstrengungen unternommen hat, in diesem Land eine Anstellung für Lise Meitner zu finden ... Es ist die Rede davon, daß sie entweder von der Royal Society oder dem Royal Institute gebeten werden könnte, herzukommen und den Rest ihres Lebens [sie war damals siebzig] in diesem Land zu verbringen. Ich verstehe natürlich, daß es schwierig ist, die geeigneten Mittel aufzubringen, um das zu finanzieren ... Ich vermute, daß alles, was getan werden könnte, um diese persönliche Not zu lindern, eine gute wissenschaftliche Investition für unser Land bedeuten würde ... Vielleicht könnten Sie in dieser Angelegenheit, falls Sie mit mir einer Meinung sind, auch Ihre Stimme geltend machen?

Dann erlitt Welsh einen schweren Herzinfarkt. Lord Cherwell schickte ihm einen Brief, in dem er seine Besorgnis über Welshs Gesundheitszustand ausdrückte. Welsh war beunruhigt, weil Cherwell Lise Meitner mit keinem Wort erwähnte. Deshalb bat er vom Krankenbett im King Edward VII Memorial Hospital für Offiziere aus seine Sekretärin Julia Alloway, Cherwell nochmals auf die Sache anzusprechen. Aber Winston Churchills Freund rührte im Fall Meitner keinen Finger, obwohl er genau wußte, was sie für England getan hatte.

Kapitel 30

»Nicholas Baker«

Welsh war nicht erpicht darauf, Lise Meitner zu »exfiltrieren«, aber es gab jemanden, den er unbedingt herausbringen wollte. Niels Bohr im besetzten Dänemark war für Welsh als Informationsquelle weniger interessant als Lise Meitner im neutralen Schweden. Aber in England wäre Bohr als Berater beim Bau der Atombombe von unschätzbarem Wert. Der »Fuchs« hatte bereits mehrere Mitteilungen von Bohr erhalten. Jomar Brun zufolge war es Bohr, der Tronstad den Rat gab, die Produktionsanlage bei Vemork zu sabotieren. Obwohl Bohr sein eigenes Institut nicht gern verlassen wollte, weil er merkte, daß seine Anwesenheit dort half, den Mitarbeiterstab zu schützen, deutete Bohr in einer Mitteilung an Tronstad an, daß er ihn gern wiedersehen würde. Für die Briten war das ein Hinweis dafür, daß der Däne Dänemark verlassen wollte.

Nachdem er das erfahren hatte, machte Welsh Sir Stewart Menzies den Vorschlag, Bohr eine Einladung mit der Unterschrift von James Chadwick zu schicken. Am 24. Januar 1943 setzte C den SIS-Agenten Cyril Cheshire in Stockholm davon in Kenntnis, daß man ein solches Einladungsschreiben vorbereitet habe. Er fragte an, ob Cheshire eine Ahnung habe, wie man Bohr die Einladung am sichersten übermitteln könne. Cheshire antwortete, das sei kein Problem. Man könne Bohr einen Schlüsselbund überreichen, in dem ein Mikrofilm des Briefes versteckt sei. Am 8. Februar trafen die Schlüssel in Stockholm ein. Dank der dänischen Untergrundbewegung kamen die Schlüssel sicher bei Bohr an. Anbei lagen folgende Instruktionen:

> ... Schlüssel A und A1 mit der Mitteilung, die herausgezogen werden muß. Schlüssel A1 ist der mit der Nummer 229 und Schlüssel A ist der *lange* Schlüssel daneben ... In diese beiden

> Schlüssel wurde jeweils ein kleines Loch von 4 mm gebohrt. Die Löcher wurden zugespachtelt, nachdem die Mitteilung hineingesteckt worden ist. Professor Bohr soll die Schlüssel vorsichtig an der markierten Stelle abfeilen, bis das Loch erscheint. Die Mitteilung kann dann herausgezogen und unter ein Mikroskop gelegt werden. Die Mitteilung steht auf einem kleinen Mikrofilm, und in jedem Schlüssel befindet sich ein Duplikat. Beide sollten sehr sorgsam behandelt werden.

Die Methode mit den Schlüsseln beweist die Vielseitigkeit von Welshs spezieller Ausrüstung. Eine seiner Ressourcen war das Labor im Hauptquartier der SOE in der Baker Street. Wilfrid Mann hatte in Kopenhagen mit Bohr zusammengearbeitet, und nun arbeitete er für Eric Welsh. Für das Herstellen der Schlüssel war nicht er verantwortlich gewesen. Aber eines Tages kam Welsh mit einer ausgefallenen Idee zu ihm. War Mann in der Lage, mit Hilfe radioaktiven Materials eine geheime Schreibmethode zu entwickeln? Mann versuchte es, aber das Verfahren erwies sich als schwierig, und er gab die Idee auf, als er merkte, daß er dabei einer massiven Strahlenbelastung ausgesetzt war.

Übrigens wurde Mann später als Welshs Stellvertreter nach Washington beordert, und im Laufe seiner offiziellen Mission arbeitete er eng mit Guy Burgess und Kim Philby zusammen, die hauptsächlich für die russische Regierung arbeiteten. Die zwei waren deshalb über Welshs Unternehmungen gut informiert. In Zusammenhang mit der Doppelrolle von Alan Nunn May, der eine Zeitlang für Welsh Aufgaben erfüllte, macht dieser Umstand deutlich, daß die Russen über Welshs Aktivitäten und seine Informationsquellen recht gut unterrichtet waren.

Bohr ließ sich mit der Antwort auf Chadwicks Einladung Zeit. Man schickte ihm »Verfolger«, aber Bohr antwortete nur, daß er gern auf dem laufenden bleiben würde. Er wußte, daß die Briten ihn für ihr Atombombenprojekt haben wollten, und er fing an, ernsthaft darüber nachzudenken, welche Materialien zur Herstellung der Bombe geeignet waren und wie man die Bombe zusammenbauen konnte. Nachdem er erneut von Welsh gedrängt worden war, ließ Bohr am 4. Juni seine Antwort durch einen Kurier nach Stockholm übermitteln: »Ich glaube nicht, daß die Sache, über die so viel gesprochen wird, zu realisieren ist.« Bis dahin war Bohr noch nicht zu den grundlegenden Einsichten gelangt, die Rudolf Peierls und Otto Frisch mehr als zwei Jahre zuvor gehabt hatten. Es hieß zwar, Bohr habe von allen Physikern den schärfsten Verstand, aber die einfachen Wahrheiten sind oft am schwersten faßbar.

Natürlich war London daran interessiert zu erfahren, weshalb Bohr eine negative Einstellung zu dem Projekt hatte, und man bat ihn um eine Stellungnahme. Bohr verfaßte am 19. Juni einen langen Brief in englischer Sprache und erklärte darin, warum der Bau einer Atombombe nicht möglich sei.

Trotz seiner Einstellung wollten ihn Welsh, Lord Cherwell und James Chadwick aus Dänemark herausholen, weil sie um seine persönliche Sicherheit besorgt waren. Chadwick und Cherwell schickten Bohr Ende September ein Telegramm: *Kriegskabinett hat einer sofortigen Ausreise zugestimmt.*

Vom Ernst seiner Lage überzeugt, ließ Bohr es schließlich zu, daß Angehörige der dänischen Widerstandsbewegung ihn und seine Frau Margrethe nach Limhamn brachten. Hier verkündeten die großen Schornsteine des Zementwerks schon von weitem, daß man sich auf schwedischem Boden befand. Die Söhne des Ehepaars kamen innerhalb weniger Tage nach.

Sir John Anderson hatte Victor Goldschmidt immer für »eine alte Quasselstrippe« gehalten und darauf gedrängt, daß er so bald wie möglich aus Stockholm entfernt wurde. (Welsh hätte ihn am liebsten für immer an einem sicheren Ort verschwinden lassen.) Jetzt waren Sir John und Welsh in der Person von Bohr mit demselben Problem konfrontiert. Stockholm wimmelte nur so von Gestapo-Leuten, und Bohr war der bekannteste Wissenschaftler Skandinaviens. In der skandinavischen Öffentlichkeit kannte man sein Gesicht und seinen Kopf, dessen Größe in keinem Verhältnis zu dem Rest seines Körpers stand. Bohr verschob seine Reise nach England und besuchte Lise Meitner und andere Wissenschaftler.

Während eines Besuches sprach Njål Hole mit Bohr über den Besuch Werner Heisenbergs und Carl von Weizsäckers 1941 in Kopenhagen, und Bohr sagte, er glaube, daß Heisenberg nur gekommen sei, um Informationen zu sammeln. In Zusammenhang mit all den anderen Anhaltspunkten kann kein Zweifel bestehen, daß die beiden deutschen Physiker in geheimer Mission nach Kopenhagen gekommen waren. Und das paßte zu Lise Meitners Befürchtungen. Sie hatte zu Hole gesagt: »Ich fürchte, daß die Alliierten keinen solchen Mann wie Heisenberg haben.«

Bohr machte es sich zur Aufgabe, die Juden in Dänemark zu retten. Er bat beim schwedischen Außenminister, bei Kronprinz Gustav Adolf und bei König Gustav selbst um Audienzen, und sie wurden ihm gewährt. Er war nicht besonders empfänglich für den Vorschlag seiner drei bewaffneten schwedischen Sicherheitsbeamten, er solle sich weniger in der Öffentlichkeit zeigen. Seine Mission war für ihn von allergrößter Wichtigkeit.

Die Mission war erfolgreich. Während Bohr sich noch in Stockholm aufhielt, bot die schwedische Regierung deportierten Juden formell Asyl an. Die Nazis lehnten das Angebot allerdings sofort ab. Welsh nahm Bohrs humanitäre Tätigkeit hin, allerdings mit einiger Ungeduld. Als Bohr darum bat, noch ein oder zwei Tage länger bleiben zu dürfen, um mit dem König dinieren zu können, war das der Tropfen, der das Faß zum Überlaufen brachte. Welsh erfuhr von dem erneuten Aufschub von Bohrs Reise auf einem U-Boot in den rauhen Gewässern der Nordsee, von wo aus er soeben die Landung zweier Geheimagenten überwacht hatte. Welsh nahm es mit Kleinigkeiten immer sehr genau, wenn das Leben seiner Männer dabei auf dem Spiel stand, und wann immer es möglich war, übernahm er gefährliche Missionen selbst. Er gab den Befehl, eine Moskito nach Stockholm zu schicken und Bohr unverzüglich außer Landes zu bringen. Weitere Ausflüchte von Bohr solle man einfach nicht zur Kenntnis nehmen. Der Kommandant des U-Bootes fragte Welsh: »Sind Sie wegen des Seeganges so grün im Gesicht oder wegen der Mitteilung, die Sie gerade weggeschickt haben?«

Bohr selbst sollte auch bald grün im Gesicht werden oder zumindest eine unnatürliche Gesichtsfarbe bekommen. Am 6. Oktober 1943 wurde er auf dem Stockholmer Flughafen an Bord einer unbewaffneten Moskito gebracht. Man steckte ihn in einen Fliegeranzug, und dazu bekam er einen Fallschirm und eine Sauerstoffmaske. Die Moskito mußte in großer Höhe über Norwegen fliegen, um keinem deutschen Flugzeug zu begegnen. Dann ging es im

Sturzflug auf Schottland zu. Als der Pilot ihn aufforderte, seine Sauerstoffmaske aufzusetzen, konnte ihn Bohr nicht verstehen, weil die Kopfhörer nicht auf seine Ohren paßten. Die vorschriftsmäßige Ausstattung des Jägers war eben nicht für Bohrs riesigen Schädel gedacht. Der Pilot dachte zuerst, sein Passagier sei tot, aber Bohr erholte sich rasch, als die Maschine niedriger flog, er war sogar dankbar für das Nickerchen. Sein Sohn Aage wurde in der darauffolgenden Woche nach England gebracht, aber die ganze Familie war erst wieder nach Kriegsende in Europa vereint.

Bohr wurde in einem Zimmer im Hotel St. Ermin in der Caxton Street untergebracht. Das Hotel lag in der Nähe vom Broadway Nr. 54, von wo aus der SIS unter dem Decknamen »Vermittlungsbüro der Regierung« seine Geschäfte tätigte. Bohr bekam ein Büro im Hauptquartier der britischen Atomenergie-Forschung in der Old Queen Street. Diese Einrichtung arbeitete unter dem Decknamen »Tube Alloys«. Es gab weder bei Bohr selbst noch bei seinem Sohn Probleme wegen der Unbedenklichkeitserklärung. Das Hotel St. Ermin war der passende Ort für Leute, die überwacht werden mußten. Im vierten Stock war eine Abteilung der SOE untergebracht. Ständig war ein leitender Beamter oder Wissenschaftler in Bohrs Nähe. Der einzige Ort, an dem er sich nicht sehen lassen durfte, war das Athenaeum, das häufig von Funktionären und Wissenschaftlern besucht wurde. Das zweite vom SIS bevorzugte Hotel war das Savoy, wo der SIS und der MI5 Doppelagenten in die Zange nahmen und danach das beste Essen von ganz London verzehrten. Dort fand am 8.Oktober 1943 eines der außergewöhnlichsten privaten Essen dieses Krieges statt. Noch niemals zuvor hatten so wenig Leute so viele geheime Informationen ausgetauscht.

Teilnehmer jenes Essens am Freitagabend waren Lord Cherwell, Churchills enger Vertrauter und Zahlmeister, Wallace Akers, der Leiter des Unternehmens »Tube Alloys«, Michael Perrin, Akers Stellvertreter, der in Sachen Atomenergie mit dem SIS in Verbindung stand, Niels Bohr und Eric Welsh. Welsh erzählte Bohr in allen Einzelheiten von den Plänen der Deutschen. Die meisten Informationen hierüber stammten von Paul Rosbaud und wurden mit Hilfe von Sverre Bergh übermittelt. Rosbaud hatte es versäumt, Bohr persönlich alles zu berichten, deshalb nahm Welsh jetzt sozusagen eine Stellvertreterposition ein. Bei seinem letzten Zusammentreffen mit Heisenberg hatte Bohr den Eindruck gewonnen, daß die Deutschen an der Bombe arbeiteten, aber in den vergangenen Monaten war Bohr zu dem Schluß gekommen, daß der Bau der Bombe aus technischen Gründen nicht realisierbar war. Deshalb war er über die negativen Neuigkeiten keineswegs erstaunt.

Dann ließ James Chadwick eine Bombe platzen. Er erklärte, der Bau der Bombe sei doch möglich, und die Amerikaner und Briten hätten in den Vereinigten Staaten bereits damit begonnen. Die beiden Bündnispartner hätten ihre Streitigkeiten beigelegt. An dieser Stelle wies Welsh Bohr eindringlich darauf hin, alle Information, die er an diesem Abend erhalten würde, mit äußerster Diskretion zu behandeln. Dann gaben Akers und Perrin genauere technische Erklärungen. Sie berichteten von der ersten erfolgreich verlaufenen Kettenreaktion, die Enrico Fermi am 2. Dezember des vorigen Jahres im Stagg Stadion in Chicago in Gang gebracht hatte, von Plutonium und von den riesigen Fabriken, die in Oak Ridge in Tennessee und in Hanford in Washington gebaut wurden. Und sie erklärten, daß Bohr nicht mehr viele britische Atomwissenschaftler in London antreffen werde, weil die besten bereits nach Los Alamos in New Mexico abgereist waren, um dort in Ruhe und Abgeschiedenheit die Bombe zu entwerfen und zu bauen.

Vier Tage später traf sich Bohr mit Cherwell in dessen Büro. Cherwell fragte ihn: »Niels, wird diese Bombe tatsächlich losgehen?« Bohr antwortete: »Eben das möchte ich verhindern.« Sie sprachen noch über andere Dinge – über die Zustände in Dänemark und darüber, daß es hinsichtlich einer deutschen Atombombe keinen Grund zur Besorgnis gebe –, dann gingen sie zur technischen Erörterung der kritischen Masse einer Bombe über. Ob Bohr den Wunsch habe, auch nach Los Alamos zu fahren? Natürlich wollte er fahren!

Inzwischen wurde Bohr genauestens über alles unterrichtet, was in England vor sich ging, und man zeigte ihm die Einrichtungen der Atomforschung. Jetzt zweifelte Bohr nicht mehr daran, daß der Bau der Atombombe tatsächlich möglich war. Im Forschungszentrum von Birmingham, wo Mitarbeiter von Imperial Chemical

Industries unterschiedliche Methoden zur Herstellung von schwerem Wasser erprobten, wurde zu Ehren von Bohr ein Essen gegeben. Jomar Brun saß zur Linken Bohrs. Bohr sprach Dänisch und Brun Norwegisch, und keiner der Mitarbeiter von ICI konnte die beiden verstehen.

Brun fragte Bohr, ob schweres Wasser von Nutzen sein würde. Der »große Däne«, wie Bohr auch genannt wurde, erwiderte: »Nein, nicht während des Krieges –, aber es könnte nach dem Krieg für die Industrie von Bedeutung sein.«

Als Bohr nach England kam, traf General Groves' Geheimdienst gerade Vorbereitungen für seine erste Mission in Italien. Das Unternehmen trug den Decknamen »Alsos«, das griechische Wort für »Hain«, um so wohl auch bildlich für sichere Deckung zu sorgen. Die Mission wurde von Oberst Boris T. Pash geleitet, der schon früher in Rußland gegen die Bolschewisten gekämpft hatte, und Ziel der Unternehmung war es, herauszufinden, welche Fortschritte die Deutschen bei der Entwicklung der Atomwaffe gemacht hatten. Der Erfolg war gleich Null. Erst ein Jahr später gelang es mit Hilfe kompetenter wissenschaftlicher Berater unter der Führung Samuel Goudsmits, auf das Territorium des Deutschen Reiches selbst vorzudringen, und die Mission »Alsos« wurde ein voller Erfolg. Sie kam allerdings zu spät – erst lange nach den Briten.

Zum Leidwesen General Groves', der nicht gefragt worden war, hatten Winston Churchill und Franklin Roosevelt im August 1943 vereinbart, die Zusammenarbeit auf atomarem Gebiet wiederaufzunehmen und geheime Informationen darüber auszutauschen. Groves machte das Beste aus dieser, wie er es nannte, heimtückischen Vereinbarung und schickte Major Robert Furman, einen seiner intelligentesten Offiziere, nach England. Als Furman mit Bohr zusammentraf, fragte er ihn, ob er etwas von den Uranvorkommen in der Tschechoslowakei wisse. Bohr bejahte. Madam Curie habe dort bereits vor Jahrzehnten einen Teil des Erzes gefunden, aus dem sie dann Radium gewann. Bohr hatte Furman keineswegs herablassend behandelt, aber er war überrascht, wie unterschiedlich die Briten und Amerikaner über das deutsche Atomprojekt informiert waren.

Die Briten unterrichteten den Major, und Furman übermittelte

General Groves die geheimen Informationen der Briten über den Fehlschlag der Deutschen beim Bau der Bombe. Als die Briten General Groves allerdings Ende Mai 1944 persönlich darüber informierten, was sie von Paul Rosbaud und anderen erfahren hatten, konnte oder wollte der General nicht glauben, was er hörte. Er antwortete: »Ja, vielleicht haben Sie recht, aber Sie können unmöglich sicher sein ... Diese Nazis verstehen es doch viel besser als wir, ihre Wissenschaftler an die Leine zu nehmen.«

Bohr wußte viel mehr, als Groves eigentlich wissen wollte. Doch er wollte sich immer noch am Bau der Bombe beteiligen. Er wollte zwar nicht, daß sie zum Einsatz kam, aber allmählich betrachtete er sie als Kampfmittel für den Frieden in der Welt, vorausgesetzt, man behielt die Kontrolle darüber.

Bohr kam mit den Briten überein, als offizieller Berater für das Unternehmen »Tube Alloys« nach Los Alamos zu gehen und nicht als Angestellter der Amerikaner. Er wollte, wie zuvor in England, überall freien Zugang haben und nicht wie ein »Gefangener« in Los Alamos leben. Seine Bedingungen wurden akzeptiert, und Ende November reiste Bohr in die Vereinigten Staaten. In Los Alamos gab man ihm den Namen Nicholas Baker, und sein Sohn Aage hieß von nun an James Baker. Solche Pseudonyme konnten freilich nicht über ihre wahre Identität hinwegtäuschen.

In General Groves' Memoiren wird Bohrs Name nur ein einziges Mal erwähnt, und noch dazu in einem ganz belanglosen Zusammenhang. In dem offiziellen Bericht von Los Alamos aber heißt es:

> Er kam im richtigen Moment. Die Dringlichkeit der Produktion und die zahlreichen kleinen Probleme, mit denen die Physiker konfrontiert waren, hatten sie von den wesentlichen Problemen weggeführt. Man hatte die Untersuchung des Spaltungsprozesses vernachlässigt, und dadurch wurden zuverlässige Voraussagen über wichtige Phänomene unmöglich gemacht. Bohrs Interesse gab neue Anstöße in theoretischer und experimenteller Hinsicht, und dadurch wurden viele Fragen geklärt, die zuvor unbeantwortet geblieben waren.

Der erfolgreiche Bau der Atombombe ist zu einem großen Teil auf den Einsatz Niels Bohrs zurückzuführen. Er wich jedoch nie von der Einstellung ab, die er gegenüber Cherwell geäußert hatte: »Eben das möchte ich verhindern.« In den darauffolgenden Monaten traf er mit Roosevelt und Churchill zusammen und versuchte, sie von seiner Meinung zu überzeugen, aber es gelang ihm nicht.

Kapitel 31

Doppeltes Spiel

Es ist nicht sicher, ob General Groves wußte, daß die Deutschen aus dem atomaren Wettlauf ausgeschieden waren, aber in den skandinavischen Ländern war es allgemein bekannt. Nach der Bombardierung Rjukans durch die Amerikaner im November 1943 kam es in schwedischen Wissenschaftskreisen zu heftigen Diskussionen – vor allem an dem Institut für Physik, wo Lise Meitner arbeitete. Die schwedischen Wissenschaftler zeigten deutlich ihre Verärgerung. Der britische Geheimdienst sah in dieser Situation eine Gelegenheit zum Eingreifen.
Am Sonntag, dem 26. Dezember 1943 – an diesem Tag wurde die *Scharnhorst* versenkt –, lautete die Schlagzeile im Londoner *Sunday Express*:

Aus für die neue Geheimwaffe?

Darunter war ein langer, detaillierter Sonderbericht von Kai Siegbahn abgedruckt, dem Sohn von Lise Meitners Gastgeber wider Willen, Manne Siegbahn. In dem Bericht erläuterte Siegbahn die Grundlagen der Kernenergie und gab einen Überblick über den Stand der Forschung vor dem Krieg. Hinsichtlich der Atombombe kam er zu folgendem Schluß:

> Trotz aller Geheimnistuerei in bezug auf die Forschung mit Uran wage ich zu behaupten, daß die Uranbombe bisher nur in den Köpfen der Wissenschaftler existiert. Es ist schwer zu sagen, ob es überhaupt möglich ist, eine solche Bombe zu bauen. Im Moment hat es jedenfalls den Anschein, als ob etwas Wesentliches fehle, um die Uranbombe Wirklichkeit werden zu lassen.

Noch bemerkenswerter war, daß der *Sunday Express* darüber hinaus seinen Lesern versicherte, daß »es vielleicht ein Trost ist, zu wissen, daß kompetente schwedische Wissenschaftler der Ansicht sind, die Deutschen hätten bei der Herstellung von Atomsprengstoffen keinen Erfolg gehabt«. Woher diese Information stammte, wurde im *Express* so erklärt: »Schwedische Wissenschaftler standen in engem Kontakt zu deutschen Wissenschaftlern, bis die Deutschen kürzlich norwegische Professoren und Studenten festnahmen.« Unter den Festgenommenen befand sich natürlich Odd Hassel.

Mit Pressemitteilungen über das Atombombenprojekt war man in den USA und vor allem in England äußerst sparsam, und deshalb war es zunächst allen ein Rätsel, wie dieser Artikel überhaupt erscheinen konnte. Der *Express* gehörte William Maxwell Aitken, Lord Beaverbrook, dem ehemaligen Rüstungsminister und jetzigen Lordsiegelbewahrer. Lord Beaverbrook war bestens über das Atombombenprojekt unterrichtet. Er stand in ständigem Kontakt zu seinen Herausgebern und sagte ihnen, was sie drucken sollten. Kai Siegbahns Artikel war also ganz offensichtlich nicht zufällig gedruckt worden – aber welches Ziel hatte man damit verfolgt?

Die britische Öffentlichkeit war für eine solche Mitteilung bereits vorbereitet. Es waren Gerüchte über Hitlers Geheimwaffen in Umlauf, und die militärischen Aktionen gegen Rjukan hatten die Aufmerksamkeit auf die Bombe gelenkt. Aber bei der Gestapo und der deutschen Abwehr las man auch britische Zeitungen. War die Mitteilung etwa für den Feind bestimmt?

Aus dem heldenhaften Einsatz von Jacques Allier und den Angriffen auf norwegische Produktionsanlagen hatten die Deutschen wiederholt gelernt, daß schweres Wasser für die Atomforschung unbedingt notwendig war, und daß die Alliierten alles daransetzen würden, um die Produktion zum Stillstand zu bringen. Und nun wurde in dem Artikel eines hervorragenden, neutralen Wissenschaftlers behauptet – der Artikel war anscheinend mit offizieller Genehmigung veröffentlicht worden –, daß sich die Briten noch im Versuchsstadium befänden und es wenig Hoffnung gebe, »die Uranbombe Wirklichkeit werden zu lassen«.

Natürlich war der Artikel ein wohldurchdachtes Komplott des SIS, das man im Komitee »Doppeltes Spiel« (XX-Komitee) vorbereitet hatte. In diesem Komitee führte John Masterman vom MI5 den Vorsitz. Seit den 30er Jahren hatte die deutsche Abwehr als Flüchtlinge und Geschäftsleute getarnte Agenten nach England geschickt. Im Krieg kamen sie mit dem Fallschirm, oder sie landeten heimlich an der englischen Küste. Das XX-Komitee wurde eingerichtet, um gefangengenommene deutsche Agenten für eigene Zwecke zu benutzen, nachdem man sie »umgedreht« hatte. Es gab sieben Zielsetzungen: die Aktivitäten der deutschen Spionageabwehr überwachen, ihre Spitzel festnehmen, sich ihre Methoden aneignen, ihren Code knacken, ihre Pläne und Täuschungsmanöver aufdecken, ihre Pläne beeinflussen und damit den Feind täuschen. Der Artikel im *Sunday Express* war auf die beiden letztgenannten Ziele gerichtet.

Was die deutsche Abwehr betraf, so war Frank Foley aus Sektion V des SIS der führende Experte, und deshalb wurde er vom XX-Komitee als Chefberater eingesetzt. Nach kurzer Tätigkeit für das Komitee mußte er seine Arbeit wegen eines Spezialauftrages unterbrechen. Foley führte das langwierige Verhör von Rudolf Hess. Vier Monate später nahm er seine Arbeit wieder auf. Ein enger Mitarbeiter beim SIS sagte später über ihn: »In der Sektion V war er der Spezialist im Verfolgen von Doppelagenten, und er arbeitete mit J.C. Masterman vom MI5 zusammen. Er hatte viel von einem erfahrenen Staatsmann an sich, und er gab einem immer nützliche Tips, wenn man ihn anrief.«

Das vielleicht berühmteste – und bizarrste – Täuschungsmanöver war die »Operation Mincemeat«. Im Sommer 1942, als Vorbereitungen für die Invasion in Sizilien getroffen wurden, sagte Churchill: »Nur ein Narr weiß jetzt noch nicht, daß es um Sizilien geht.« Die Frage war, wie man die Deutschen zum Narren halten konnte. Nach Lord Ismay, Chef der Verteidigung unter Churchill, war es Ewen Montagu vom Geheimdienst der Marine, der die brillante Idee hatte, einem Toten in Stabsoffiziersuniform Papiere mit falschen Informationen in die Tasche zu stecken. Die Leiche wurde ins Mittelmeer geworfen. Früher oder später würde sie an die spanische Küste getrieben werden, und die Informationen würden in die Hände der deutschen Abwehr fallen. Der Plan funktionierte, und die Deutschen glaubten nun, daß man eine Invasion Sardiniens plane.

Etwa zur selben Zeit dachte Welsh sich einen Plan aus, wie man die Deutschen auf atomarem Gebiet in die Irre führen konnte. Zu diesem Zweck würde er einen Norweger hinzuziehen müssen, der bereits für ihn arbeitete und obendrein Atomwissenschaftler war. Nach Durchsicht der Akten konzentrierte sich Welshs Aufmerksamkeit auf Helmer Dahl aus Bergen, der wahrscheinlich zunächst von Sir Edward Appleton dem SIS empfohlen worden war. Dahl hatte vor dem Krieg unter Appletons Leitung in Cambridge gearbeitet und war jetzt am Christian-Michelsens-Institut in Bergen. (Appleton erhielt 1947 den Nobelpreis für Physik.)

Welshs Plan sollte folgendermaßen ablaufen: Dahl sollte von den Briten »gekidnappt« und gezwungen werden, am britischen Atomprogramm mitzuarbeiten. Später sollte er in geheimer Mission in Zusammenhang mit dem schweren Wasser nach Norwegen zurückgeschickt werden. Dann sollte Dahl zu den Deutschen »überlaufen« und ihnen die detaillierte, aber irreführende Information liefern, daß die Briten mit ihrer Arbeit an der Atombombe nicht weiterkommen würden. Es wäre ein großartiges Täuschungsmanöver geworden, ganz im Sinn der Ziele des XX-Komitees.

Unglücklicherweise schlug die Gestapo zuerst zu. Ende Oktober 1941 wurde Dahl einem Verhör unterzogen. Es bestand die Gefahr, daß Welshs drahtloser Sender *Theta*, zu dem auch Dahl gehörte, entdeckt würde. Selbst wenn Dahl nicht redete, konnte ihn ein anderer belasten. Dieser andere war Willy Simonsen, ein Mitarbeiter am Institut, der angeblich als nächster auf der Abschußliste der Gestapo stand. Simonsen gehörte zwar nicht zum *Theta,* aber er wußte über Dahls Aktivitäten Bescheid.

Es war keine Zeit zu verlieren, und deshalb entschloß sich die Widerstandsbewegung von Bergen, Simonsen zu vergiften. Man wollte ihn nicht umbringen und gab ihm nur so viel Gift, daß er ins Krankenhaus gebracht werden mußte. Dann schmuggelte man ihn aus dem Krankenhaus und brachte ihn über die Grenze nach Schweden.

Dahl wurde im Februar 1942 wieder freigelassen, aber die Gestapo ließ ihn weiterhin streng überwachen. Am Tag nach seiner Entlassung kam morgens um 2 Uhr ein Angehöriger der Widerstandsbewegung mit einer Nachricht von Welsh zu ihm. Darin wurde ihm mitgeteilt, daß die Gestapo ihn immer noch beobachten ließ. Er erhielt die Anweisung, keinen Kontakt mit *Theta* aufzunehmen und sich auf die Ausreise nach England vorzubereiten. Es war vorgesehen, daß seine Familie ihn begleiten sollte.

Der »Shetland-Bus« war das übliche Transportmittel, mit dem Agenten nach Norwegen oder aus Norwegen heraus gebracht wurden. Es handelte sich dabei um ein paar alte Fischerboote, die größtenteils von der SOE benutzt wurden. Im Gegensatz dazu verfügte Welsh über ein stabiles Schiff, die *Borghild*, auf der Kapitän Jacob Syltøy das Kommando hatte und die mit Maschinengewehren ausgerüstet war. Am 18. März 1942 brachte die *Borghild* Ellinor und Helmer Dahl sowie deren sechzehn Tage alte Tochter Catherine nach Schottland.

Inzwischen war Dahl zu sehr ins Gerede gekommen, und der Plan mit der »Entführung« mußte aufgegeben werden.

Es war ein großer Nachteil für das XX-Komitee, daß es nicht den deutschen »Einkaufszettel« besaß – mit den Informationen, hinter denen die deutschen Agenten her waren. Masterman stellt fest: »Eine sorgfältige und intensive Untersuchung aller Vorgänge hätte während des Krieges ein genaues Bild aller wichtigen deutschen Interessen und Absichten geben können.« Dazu ein einfaches Beispiel: Wenn der Feind sämtliche verfügbaren Agenten beauftragt, Informationen über die Zahl der Minensuchboote des Gegners im Hafen von San Francisco einzuholen, dann läßt das darauf schließen, daß der Feind beabsichtigt, dort Minen zu legen. Oder ein anderes Beispiel: Wenn der Gegner nicht mehr die gefährliche Waffe A, sondern dafür die Waffe B bauen will, dann wird es für ihn von Vorteil sein, herauszufinden, ob unsere Seite versucht, die Waffe A zu bauen.

Deshalb wären Rosbauds Berichte über das deutsche Atomprogramm für das XX-Komitee von großem Wert gewesen, als es darum ging, den Feind mit Falschmeldungen zu versorgen. Mit Hilfe der umgedrehten deutschen Spione hätten die Briten den Artikel im *Sunday Express* mit der »Geheiminformation« untermauern können, daß England die Hoffnung aufgegeben habe, jemals die Bombe zu bauen. Oder die Briten hätten umgekehrt versuchen können, die Deutschen davon zu überzeugen, daß sie bereits über die Bombe verfügten und damit die Macht hatten, das

Deutsche Reich zu zerstören. Ewen Montagu behauptet, daß er als einziges Mitglied des XX-Komitees von dem britischen Atomprojekt erfahren habe und das »erst ziemlich spät. Über dieses Thema wurde möglichst nicht gesprochen. Ich sollte lediglich herausfinden, ob auf deutscher Seite ein entsprechendes Interesse bestand, und dann *nur* dem Leiter des Geheimdienstes der Marine davon Mitteilung machen.« Montagu irrt sich natürlich, denn Major Francis Foley, der Berater des Komitees, wußte eine Menge über atomare Angelegenheiten.

Ende 1941 und Anfang 1942 setzte die deutsche Abwehr die Bombe ganz oben auf den »Einkaufszettel« ihrer Agenten. Heisenberg und von Weizsäcker versuchten vergeblich, bei Niels Bohr einige Ideen abzuschauen. 1941 schickte die Abwehr über Alfredo eine Mitteilung an »Dreirad«. Einige ausländische Firmen hatten in Südamerika nach Uranvorkommen gesucht, und nun wollte man in Berlin wissen, wie das Uran verarbeitet wurde, welche Mengen man brauchte und wie hoch die Kosten waren. Solche Fragen waren damals durchaus aktuell.

Alfredo war ein Agent der deutschen Abwehr und hielt sich als Geschäftsmann getarnt in Rio de Janeiro auf. Unter dem Decknamen »Dreirad« verbarg sich der extravagante Jugoslawe Dusko Popov, der als Doppelagent für das XX-Komitee arbeitete und vermutlich später als Vorbild für Ian Flemings Romanhelden James Bond diente.

Im Februar 1942 bat die Abwehr ihre unter britischer Kontrolle stehenden Agenten um weitere Informationen zu atomaren Fragen. Dieses Mal beschränkten sich die Fragen nicht auf die Rohmaterialien, sondern man wollte wissen, wie die Abtrennung der schweren Komponenten des Urans vor sich ging. Die Fragen zeigen eindeutig, daß die Abwehr inzwischen einen Spezialisten als Berater hinzugezogen hatte.

Das XX-Komitee durfte solche Fragen nicht ignorieren. Es war deshalb notwendig, sich mit den Leuten vom MAUD-Komitee zu beraten. Einleuchtende, aber im Grunde wertlose Antworten mußten gefunden werden, die dann von den kontrollierten Agenten übermittelt wurden. Die Details sind in diesem Fall allerdings nicht nachprüfbar. Die Wahrheit liegt noch immer in den für geheim erklärten Unterlagen des britischen Geheimdienstes begraben.

Es galt auch die andere Seite dieser Angelegenheit zu berücksichtigen. In den Wintermonaten 1942/43 war Rosbaud unruhig und hielt sich von Berlin möglichst fern. Welsh und Foley wurde allmählich klar, daß sie, wenn sie keine Fragen zur Atomenergie an ihre von den Deutschen kontrollierten Doppelagenten stellten, damit der deutschen Abwehr möglicherweise signalisierten, daß der SIS in Deutschland eine zuverlässige Informationsquelle besaß, die dem deutschen Geheimdienst bisher verborgen geblieben war. Es konnte verheerende Folgen haben, den Deutschen durch Unterlassungen dieser Art einen Hinweis auf eine Person zu geben, die zu vielen deutschen Atomphysikern Kontakt hatte.
Die Briten hatten einen zuverlässigen und einen sehr zweifelhaften Informanten bei der Abwehr. Der zuverlässige Mann war ein Offizier namens Paul Thümmel, der bis Frühjahr 1942 wertvolle Informationen beschaffte. Der eher zweifelhafte Mann hieß Johann Jebsen. Er war von Popov angeworben worden, und man hatte ihm den Decknamen »Künstler« gegeben. Nach dem Bombenangriff auf die Produktionsanlage für schweres Wasser in Norwegen im November 1943 war es unbedingt erforderlich, eine falsche Spur zu legen, die von Rosbaud wegführte. Als »Dreirad« um Informationen über eine deutsche Atomwaffe gebeten wurde, gab er diese Bitte an den »Künstler« weiter in der Annahme, daß die deutsche Abwehr sofort davon erfahren werde.
Der »Künstler« berichtete, daß Otto Hahn selbst darauf angesprochen worden sei und dieser erklärt habe, daß »man in der Forschung noch nicht weit genug vorangekommen sei, um eine Atombombe zu bauen«. Das war eine absolut ehrliche Antwort, und es gab verschiedene Möglichkeiten, die Absicht, die dahintersteckte, zu interpretieren. Vielleicht war der »Künstler« gar kein Doppelagent, sondern einfach ein Mann, der bereit war, für England zu spionieren. (Er wurde später unter Drogen gesetzt, aus Lissabon herausgeschmuggelt und zurück nach Deutschland gebracht, wo er von der Gestapo wegen einer anderen Sache in die Zange genommen wurde.) Oder aber die Deutschen waren davon überzeugt, daß bei den Briten der Bau einer Bombe in ebenso weiter Ferne lag wie bei ihnen selbst, und machten sich deshalb nichts daraus, die Wahrheit zu sagen.
Nachdem das Attentat auf Hitler im Juli 1944 fehlgeschlagen war,

wurde die Abwehr in Himmlers geheime Organisation, den Sicherheitsdienst (SD) unter Walter Schellenberg, integriert. Von da an waren die Fragen, mit deren Beantwortung die Agenten beauftragt wurden, viel weniger durchdacht. Bei der Säuberung der deutschen Abwehr war anscheinend auch der technische Sachverstand geopfert worden.

Am 2. November 1944 erhielt Friedel Gaertner, eine ausgebürgerte Österreicherin, die den Decknamen »Gelatine« trug, folgende Anfrage: »In welchem Teil Londons befindet sich das Uran-Forschungsinstitut, das von Lise Meitner, einer jüdischen Emigrantin, zusammen mit Professor O.R. Frisch geleitet wird?«

Es gab überhaupt kein solches Institut in London, und außerdem wußte jeder Wissenschaftler in Deutschland, daß Frau Meitner in Stockholm arbeitete. Otto Frisch war in Los Alamos, aber vermutlich wollte das XX-Komitee seinen Aufenthaltsort geheimhalten.

Ende Februar 1945 erkundigte sich der SD nochmals bei einem vom FBI kontrollierten deutschen Agenten, wo in Amerika das schwere Wasser hergestellt wurde und welche Laboratorien große Mengen an Uran verarbeiteten. Die Frage zeigte wieder, daß der deutsche Geheimdienst mit seiner geringen Sachkenntnis nicht in der Lage war, relevante Fragen zu stellen.

Es war schon merkwürdig genug, daß Rosbaud in Deutschland als einziger ahnte, welche Fortschritte die Engländer und Amerikaner beim Bau der Bombe machten. Rosbaud zog seine Schlüsse aus den Fragen, die ihm Welsh zu dem deutschen Projekt stellte.

Es gab Zeiten, in denen die Briten und sogar Eric Welsh Zweifel gegen Rosbaud hegten. John Turner, einer von Welshs Leuten in Stockholm, erzählt, daß die Berichte des »Greifs« so ausführlich und genau waren, daß Welsh und C manchmal den Verdacht hatten, Rosbaud sei ein Doppelagent. Immer, wenn das passierte, habe sich Foley für Rosbaud eingesetzt.

Kapitel 32

Tarnung

Zuweilen konnte London etwas unternehmen, den Verdacht der Deutschen gegen Paul Rosbaud zu beschwichtigen, aber eine große Hilfe war das nicht. Es blieb Rosbaud selbst überlassen, sich gut zu tarnen. Wichtig war dabei, daß man sich innerhalb der Nazi-Gesellschaft umsichtig verhielt, ständig auf die eigene Sicherheit achtete und an den richtigen Stellen Beschützer hatte. Richtige Stellen waren beispielsweise die NSDAP oder die Abwehr. Die Identität eines dieser Beschützer Rosbauds, der sowohl in der NSDAP als auch der Abwehr Positionen innehatte, steht außer Frage.

Eine der verblüffendsten Unstimmigkeiten im Leben Paul Rosbauds war seine Freundschaft mit Friedrich Karl Drescher-Kaden – und es war zweifellos eine aufrichtige Freundschaft. Paul hatte selten etwas Gutes über einen Nazi zu berichten. Über Drescher-Kaden sagte er selten etwas Schlechtes.

Etwas davon kommt in einem Brief zum Ausdruck, den Paul ein Jahr nach Kriegsende an seinen Bruder schrieb. Darin heißt es, daß sein »Haß auf die Nazis in den vergangenen Monaten nicht nachgelassen hat, und ich stelle mit großer Sorge fest, daß viele zurückgekommen sind. Nur die wirklich Anständigen wie Drescher-Kaden stoßen auf immer neue Schwierigkeiten.« Und dann fügt er den bedeutsamen Satz hinzu: »Und er hat vielen Menschen das Leben gerettet, besseren Menschen wahrscheinlich, als ich einer war.«

Die Bemerkung deutet auf merkwürdig widersprüchliche Handlungen während des Krieges hin, die vielleicht mit dem Tod Paul Rosbauds für immer für die Geschichtsschreibung verlorengegangen sind.

Das Paradoxe an der ganzen Sache ist, daß sich Friedrich Karl Drescher-Kaden bereits sehr früh den Nazis zuwandte und seit

1920 an den berühmt-berüchtigten Aktivitäten der Partei teilnahm. Die NSDAP wurde von über die deutsche Niederlage verstimmten Veteranen des Ersten Weltkrieges gegründet. Sie glaubten, daß Anarchisten, Bolschewisten, jüdische Kaufleute und alle möglichen anderen Feinde, die sie sich in ihrer Verbitterung ausdachten, Deutschland einen *Dolchstoß* versetzt hätten. Und nach der Unterzeichnung des Versailler Vertrags waren viele Veteranen davon überzeugt, daß sich die ganze Welt gegen ihr Land verschworen habe, um ihm das von Gott gegebene »deutsche Recht« wegzunehmen.

Andere politische Reaktionäre bildeten eigene Armeen, die im wesentlichen aus Söldnern bestanden. Mit solchen 100 000 Mann starken Freikorps wollten sie an der Ostgrenze Deutschlands beanspruchte Gebiete zurückerobern. In den ersten Monaten des Jahres 1919 bestärkten die Alliierten die Freikorps in ihrem Kampf gegen die Bolschewisten in Litauen und Lettland. Das berüchtigste und einflußreichste Freikorps wurde von dem ehemaligen Fregattenkapitän Hermann Ehrhardt geleitet. Seine Brigade stellte als erste Organisation in Deutschland das Hakenkreuz zur Schau. Hitler übernahm das Emblem als Abzeichen der NSDAP.

Drescher-Kaden kam als Oberleutnant aus dem Ersten Weltkrieg zurück und wandte sich wieder seinem Studium der Naturwissenschaften an der Universität Breslau zu. Später wechselte er nach Göttingen und erwies sich bald als vielversprechender Student der Mineralogie und Geologie. Er zog die Aufmerksamkeit Victor Goldschmidts auf sich, der damals noch in Oslo war, und zwangsläufig machte er auch Paul Rosbaud, den wisssenschaftlichen Berater bei der Zeitschrift *Metallwirtschaft*, auf sich aufmerksam.

Das Jahr 1929 brachte viel Hektik für Goldschmidt in Oslo, und im selben Jahr verschaffte sich Drescher-Kaden bei ihm besondere Anerkennung: Er nahm an einer Expedition nach Grönland teil und suchte dort nach Ablagerungen von Olivin, einem Mineral, das Goldschmidt besonders wichtig war. Im selben Jahr allerdings, in dem Goldschmidt nach Göttingen kam, nahm Drescher-Kaden eine Professur an der Bergakademie in Clausthal im mineralreichen Harz an. Während dieser Zeit versammelte Drescher-Kaden

Studenten und Professoren um sich, um sie für die Sache der Nazis zu gewinnen. Er wurde am 1. August 1932 als vollberechtigtes Mitglied in die Partei aufgenommen und erhielt die Mitgliedsnummer 1250567.
Der junge Professor stieg innerhalb der Nazi-Hierarchie, die auch die Universitäten kontrollierte, schnell auf. Er arbeitete für den Sicherheitsdienst, als er 1933 einen der widerwärtigsten Posten bekam, den man in der akademischen Gesellschaft Deutschlands innehaben konnte. Er wurde Reichsvertrauensmann an der Bergakademie von Clausthal. Solche Vertrauensleute waren in Wirklichkeit Spione, »Maulwürfe« und Informanten. Als die Nazis an die Macht kamen, setzten sie an Universitäten, in Fabriken und überall dort, wo sich Subversion und gegen die Nazis gerichtete Stimmung breitmachen konnten, V-Männer ein.
In seiner Eigenschaft als Reichsvertrauensmann erstattete er der Partei Bericht, und gleichzeitig arbeitete er für die Abwehr. Eine interessante Mitteilung an den Minister für Wissenschaft, Erziehung und Kultur, die als Absender die Adresse der Abwehr am Tirpitzufer 72–76 trägt, beweist, wie wichtig Drescher-Kadens Dienste waren. Am 27. August 1942 teilte das deutsche Oberkommando zu seinem Bedauern mit, daß Drescher-Kaden nicht für gewisse pädagogische Zwecke eingesetzt werden könne, weil »Hauptmann Drescher-Kaden zum aktiven Dienst in den Generalstab des Heeres berufen wurde, um dort Sonderaufgaben zu übernehmen. Im Augenblick ist er für die Wehrmacht unentbehrlich.« Zusätzlich zu den Diensten, die er dem Deutschen Reich auf technischem Gebiet geleistet hatte, war Drescher-Kaden nun auch für das Militär und den Geheimdienst unentbehrlich geworden, und außerdem war er der NSDAP treu ergeben. Es mag vielleicht bedeutsam sein, daß Rosbaud mit Drescher-Kaden über dessen Feldpostnummer 12519 bei der Abwehr in Verbindung stand.
Die Frage, weshalb Paul Rosbaud ausgerechnet die Freundschaft eines solchen Mannes suchte, wird wohl niemals vollständig beantwortet werden. Rosbaud sah, daß Drescher-Kadens Charakter auch positive Seiten hatte, die allerdings wohl kaum sein leidenschaftliches Eintreten für den Nazi-Staat aufwiegen konnten. Paradoxerweise war Drescher-Kaden kein Befürworter Hitlers, und das war wohl auch der Grund, weshalb er Rosbaud bei seinen

Aktivitäten gegen Hitler bewußt unterstützte. Rosbaud »benutzte« Drescher-Kaden nicht für seine eigenen Zwecke, so wie er andere Wissenschaftler der Nazis wie etwa Pascual Jordan benutzte. Und Drescher-Kaden nutzte die Sachkenntnis Paul Rosbauds ganz legal für Sonderaufgaben und nahm gerne Ratschläge für seine Arbeitsgruppe über Rohmaterialien an, »die dem Reich wertvolle Dienste erwies«.

Obwohl die komplizierte Beziehung der beiden Männer keineswegs eindeutig ist, hatten sie ein gemeinsames Ziel.

Als Victor Goldschmidt 1935 aus Göttingen fliehen mußte, wurde Drescher-Kaden, der damals an der Technischen Hochschule in Berlin war und gelegentlich mit Rosbaud Kontakt aufnahm, der Direktorposten am Institut V.M.s übertragen. Zuerst mußte er freilich vor einer Untersuchungskommission nachweisen, daß er ein loyales Parteimitglied und rein arischer Abstammung war. Wieder einmal wurde Friedrich Karl Drescher-Kaden, dem engen Freund des Juden Victor Goldschmidt und des Nazigegners Paul Rosbaud, bescheinigt, daß er einer der getreuesten Nazis war. In der Unbedenklichkeitserklärung, die vom NSDAP-Hauptquartier in München am 8. April 1936 ausgestellt wurde, heißt es:

> Der Führer und Reichskanzler kennt Drescher-Kaden bereits von früher [vor 1932] und er weiß, daß er später aktiv mit dem Amt für Technik zusammenarbeitete. Was seine nationalsozialistische Gesinnung betrifft, liegt nichts gegen den Parteigenossen Drescher-Kaden vor. Er ist außerdem ein überaus befähigter Wissenschaftler. Die einzige Einschränkung ist, daß Drescher-Kaden zuviel organisiert und dabei seine praktische Arbeit vernachlässigt.

Paul Rosbaud hatte eine ähnliche Meinung über ihn. Er sagte fünf Jahre später über Drescher-Kaden: »Als mein Freund ist er in unwichtigen Dingen äußerst unzuverlässig, aber dafür kann man sich in wichtigen Dingen immer auf ihn verlassen. Er ist ein absolut anständiger Mensch, ein altes Parteimitglied.« Hier kommt die Doppelnatur in knappen Worten zum Ausdruck: »...ein absolut anständiger Mensch, ein altes Parteimitglied.« Diesen Satz zu verstehen, heißt auch Paul Rosbaud besser zu verstehen und zu begreifen, wie er den Krieg überleben konnte.

Drescher-Kaden hatte Victor Goldschmidt und Paul Rosbaud in den 20er Jahren kennengelernt, und im Lauf der Zeit wurden die drei nicht nur gute Freunde, sondern hin und wieder bat auch einer den anderen einmal um einen Gefallen. Als Goldschmidt Göttingen verlassen mußte, war es ein Glück, daß ausgerechnet Drescher-Kaden seinen Posten übernahm.
Paul Rosbaud schreibt:
»Erst viel später wurde ein Teil von Goldschmidts Vermögen aufgrund eines mutigen und direkten Briefes von F.K. Drescher-Kaden an den Präsidenten der deutschen Reichsbank, Hjalmar Schacht, nach Oslo überwiesen.« Wie bereits erwähnt, war es ebenfalls ein mutiger Brief Drescher-Kadens, der es 1942 Paul Rosbaud ermöglichte, nach Oslo zurückzukehren und V.M. einen Besuch abzustatten. Dieser Besuch ermöglichte es Rosbaud außerdem, den Briten Informationen über das deutsche Atomprojekt zu liefern. Und zwei Jahre später sollte Drescher-Kadens Eingreifen Rosbaud das Leben retten.
Wie hatte sich Drescher-Kaden seinen Einfluß verschafft? Nachdem Hermann Ehrhardts Freikorps aufgelöst worden war, hatte Ehrhardt den Wikingerbund gegründet, bei dem Drescher-Kaden Mitglied geworden war. Viele der hohen Offiziere der Abwehr hatten dem Wikingerbund angehört, und Admiral Wilhelm Canaris, der Chef der Abwehr, war selbst lange Zeit außerordentliches Mitglied gewesen.
Als ehemaliges Mitglied des Wikingerbundes war Drescher-Kaden ein geschätztes Mitglied der Abwehr, bei der er offensichtlich Reserveoffizier war. Konnte ein Spion einen besseren Beschützer haben als einen alten Freund beim Geheimdienst? Das war zweifellos eines der »wichtigen Dinge«, auf die Rosbaud angewiesen war.
Natürlich hatte Rosbaud noch andere Verbindungsmänner bei der Abwehr. Einer davon war Major Professor Hans Mortensen, der bei der Abteilung I der Abwehr im Haus am Tirpitzufer 82 in Zimmer 326 sein Büro hatte. Bis 1943 wurde diese Abteilung der Abwehr von Oberst Hans Piekenbrock geleitet (danach von Oberst Georg Hansen). Ihre Aufgabe bestand darin, Spione aufzuspüren und Informationen über das Ausland zu sammeln. Rosbaud traf allem Anschein nach recht häufig mit Mortensen in

dessen Büro oder in seiner Wohnung auf dem Kurfürstendamm 180 zusammen.
Mortensen war Geomorphologe (ein Geomorphologe untersucht die Beschaffenheit der Erdoberfläche) und war ein Jahr vor Victor Goldschmidts Abgang nach Göttingen gekommen. Er wurde einer der engsten Mitarbeiter Goldschmidts und später auch ein Kollege Drescher-Kadens. Auf diese Weise bekam er Zutritt zu Paul Rosbauds Bekanntenkreis. Es ist unklar, welche spezielle Funktion er bei der Abwehr hatte. Wichtig ist nur, daß er einer von Rosbauds Verbindungsmännern in General Canaris' Geheimdienst war.
Daneben gab es andere Leute, die weniger gut auf Rosbaud zu sprechen waren. Michael Graf Soltikow schildert in seinen Memoiren eine Unterhaltung mit dem japanischen Botschafter Saburo Kurusu, in deren Verlauf der Botschafter Vermutungen über Waffen der Zukunft anstellte. Soltikow erwiderte:

> Nicht nur Heisenberg hat mich auf dieses Problem aufmerksam gemacht, ich habe auch einschlägige Literatur darüber gelesen, vor allen Dingen den unglücklichen Artikel in *Naturwissenschaften*, worin der Verfasser Dr. Rosbaud aller Welt Otto Hahns Entdeckung bekanntgibt. Für mich ist dieser Artikel eine wahre Büchse der Pandora.

Auch wenn den Memoiren kein großer Quellenwert beigemessen werden sollte, war Soltikow hier offensichtlich darüber erbost, daß Rosbaud alle Welt über die Entdeckung der Kernspaltung informiert hatte.
Insgesamt verfügte Rosbaud durch Drescher-Kaden, Mortensen und andere über ausgezeichnete Verbindungen. Man kann sicher sein, daß er diese Leute sowohl als Informationsquelle als auch zu seiner eigenen Sicherheit benutzte.
Fritz Elsas gehörte zu denjenigen, die mit der Transaktion von Goldschmidts Geld betraut worden waren, und es ist anzunehmen, daß er später Rosbauds Verbindungsmann zur gegen die Nazis gerichteten Untergrundbewegung wurde. Elsas war gebürtiger Stuttgarter und stammte aus einer reichen jüdischen Familie. Nachdem er 1914 an der Universität Tübingen sein Studium in

Volkswirtschaft und Jura abgeschlossen hatte, wurde Elsas wissenschaftlicher Assistent bei der Stuttgarter Stadtverwaltung und 1926 Vizepräsident des preußisch-deutschen Städtebündnisses. Carl Goerdeler war der Präsident, und die Schicksale der beiden Männer waren eng miteinander verknüpft. Goerdeler wurde später Oberbürgermeister von Leipzig, und Elsas wurde stellvertretender Bürgermeister von Berlin. Nach Hitlers Machtergreifung wurde Elsas aus seinem Amt entlassen. Er fing wieder an, über Politologie zu schreiben, wurde Finanzberater von V.M. und war bemüht, so wenig wie möglich Aufmerksamkeit auf sich zu ziehen.
Kurz vor Ausbruch des Kriegs versuchten Goerdeler und Elsas die Katastrophe noch zu verhindern und die Alliierten zu warnen. Goerdeler riskierte dabei viel. So traf er sich mit Hjalmar Schacht in Ouchy in der Schweiz. Hitler hatte Schacht seines Postens als Präsident der Reichsbank enthoben. Goerdeler und Elsas glaubten, daß der Einmarsch in Polen verhindert werden könne, wenn London und Paris gegenüber Hitler eine entschlossenere Haltung zeigen würden. Sie trugen ihre Ansichten dem französischen Premierminister Edouard Daladier und dem englischen Premierminister Neville Chamberlain vor, aber man hörte nicht auf sie.
Am 6. November 1939 kamen Elsas, Goerdeler und Generaloberst Walter von Reichenau zusammen. Von Reichenau war der Meinung, daß Hitlers geplanter Angriff auf die Niederlande eine vollkommen wahnwitzige Idee sei, und die drei Männer beschlossen, daß Elsas die Briten warnen sollte. Er tat es, aber ohne Erfolg.
Es gelang Elsas, in Deutschland zu bleiben, und nach dem gescheiterten Staatsstreich gegen Hitler vom 20. Juli 1944 flüchtete sich Goerdeler in Elsas' Haus. Beide wurden später verhaftet und hingerichtet.
Die Tatsache, daß Paul Rosbaud Carl Goerdeler und Fritz Elsas kannte, bedeutet noch nicht, daß er auch ihrer Untergrundbewegung angehörte. John Turner erinnert sich, daß Welsh seinen Leuten ausdrücklich befohlen hatte, sich von dieser Gruppe fernzuhalten, denn man mußte annehmen, daß dort Gestapo-Leute eingeschleust worden waren. Aber es besteht kein Zweifel, daß Rosbaud über die Aktivitäten des deutschen Widerstandes informiert war.

Das Fiasko mit Kapitza veranlaßte Paul Rosbaud, sich andere Tarnmöglichkeiten auszudenken. Beinahe instinktiv griff er dabei auf ein altes Täuschungsprinzip zurück, das in einem modernen Handbuch des CIA beschrieben wird: »Es ist im allgemeinen leichter, einem Gegner seinen bisherigen Glauben zu lassen, als ihn durch fiktives Beweismaterial dazu zu bringen, seine Meinung zu ändern. Deshalb sollte man lieber überlegen, wie man die bestehende Meinung des Gegners zum eigenen Vorteil nutzen kann, anstatt zu versuchen, diese Meinung zu ändern.« Das Handbuch hätte von Rosbaud stammen können.

Wichtig war, daß die Gestapo keinen Verdacht schöpfte. Die Bildung des Freundeskreises gehörte zu Rosbauds erfolgreichsten und amüsantesten Schachzügen. Zum Freundeskreis gehörten elf gute Freunde von Rosbaud sowie deren Ehefrauen, und man traf sich in der Regel an jedem ersten Freitag eines Monats in dem eleganten Speisesaal des Hotels »Bristol« Unter den Linden. Das Hotel lag zwischen dem Kulturministerium und dem Gebäude, in dem sich bis Mitte 1941 die russische Botschaft befand. Dort hatte man einen großen Tisch reserviert, an dem man bis in den Krieg hinein aß und trank. »Am 1. März [1943] wurden die oberen Stockwerke des Hotels ›Bristol‹ beschädigt, aber die unteren Stockwerke sind noch völlig intakt«, schreibt Max von Laue an Lise Meitner. Unbeeindruckt trafen sich die Mitglieder des Freundeskreises weiter regelmäßig im »Bristol«. Dabei ging es immer sehr ungezwungen zu. Gewöhnlich wurde ein außerhalb der Stadt wohnender Gast zu den Treffen eingeladen, und im Bedarfsfall konnte man auf einen anderen Tag ausweichen.

Otto Hahn war kein reguläres Mitglied des Freundeskreises, aber er wurde oft eingeladen. Eines Abends brachte er Arnold Flammersfeld mit, einen Mitarbeiter Walter Bothes. Flammersfeld erinnert sich: »Das Essen war recht gut. Wir saßen im großen Speisesaal an einem reservierten Tisch. Der Saal war voll, und deshalb ist es unwahrscheinlich, daß über brisante Themen gesprochen wurde.« Gelegentlich kam es allerdings vor, daß Paul Rosbaud in demselben Speisesaal des »Bristol« unter vier oder sechs Augen Gespräche führte, die sehr wohl brisante Themen zum Inhalt hatten.

Max von Laue, Paul Rosbauds Freund und enger Vertrauter, war

reguläres Mitglied des Freundeskreises, und er erzählte Lise Meitner in Stockholm von den regelmäßigen Treffen. So kannten nicht nur die anderen Gäste des »Bristol« und die Gestapo den Freundeskreis: Auch die Zensoren gewöhnten sich daran.
Das einzige weibliche Mitglied des Freundeskreises war Clara von Simson, eine bemerkenswerte Feministin, die ähnliche Ansichten vertrat wie Ellen Gleditsch. Clara von Simson hatte zusammen mit Franz Simon auf dem Gebiet der Tieftemperaturphysik Pionierarbeit geleistet, bis Frederick Lindemann Simon aus Deutschland hatte verschwinden lassen. Claras wissenschaftliche Arbeit litt darunter, daß sie sich in zunehmendem Maße Gedanken über das Schicksal Deutschlands und die deutsche Wissenschaft machte, und als schließlich der Krieg ausbrach, hörte sie ganz mit ihrer Arbeit auf. Ihre Freunde machten sich Sorgen um sie und überredeten Clara schließlich, eine langweilige Stellung in einem privaten Patentamt zu übernehmen, das in derselben Straße lag wie das »Bristol«.
Ein weiteres Mitglied war Julius Springer, einer der Vorgesetzten Rosbauds. Rosbaud sprach später nur selten von ihm. Wenn er von ihm sprach, dann nur um zu sagen, daß »er wie durch ein Wunder die zwölf Jahre [der Naziherrschaft] überlebte und mithalf, das alte Verlagshaus wiederaufzubauen«. Ein anderes Mitglied des Freundeskreises, der Jude Arnold Berliner, überlebte das Naziregime nicht. Er war bis zu seiner Entlassung 1935 Herausgeber des Magazins *Naturwissenschaften*. So mancher Wissenschaftler hat Berliner viel zu verdanken, denn durch seine Veröffentlichungen spornte er junge Talente an. Ferdinand Springer hatte Paul Rosbaud zum Teil deshalb eingestellt, damit sich durch ihn die Lücke wieder schloß, die nach dem Weggang von Berliner entstanden war.
Arnold Berliner genoß großes Ansehen, und die Gestapo hätte ihn wohl nicht ohne weiteres in ein Konzentrationslager einweisen können. Aber es gab andere Wege, ihn zu vernichten. Paul Rosbaud klagte darüber, daß »die Essensrationen und selbst die absolut notwendigen Dinge, die [Arnold Berliner] zum Leben brauchte, gekürzt wurden. Schließlich gingen das Gemüse, das Obst, das Fleisch und dann der Kaffee zur Neige. Er lebte in ständiger Angst vor der Gestapo, und am Abend des 23. März 1942

verlor er die Nerven.« Lise Meitner wurde von Paul Rosbaud und Max von Laue ständig über die Ereignisse auf dem laufenden gehalten, und sie übermittelte Hilde Rosbaud in London die Nachricht, daß Berliner »Ende März gestorben ist. Er wollte lieber sterben als aus seinem Haus gejagt werden.« Nur die Mitglieder des Freundeskreises hatten den Mut, an Arnold Berliners Beerdigung teilzunehmen.

Aktivitäten des Freundeskreises wie die Teilnahme an der Beerdigung von Arnold Berliner, die Anwesenheit seiner Mitglieder beim Empfang Peter Kapitzas in der sowjetischen Botschaft in Berlin, die oberflächlichen Kontakte zu Frank Foley, der Einsatz für Flüchtlinge und die Zusammenarbeit mit Hilde und Georg Benjamin lenkten, wenn auch unabsichtlich, die Aufmerksamkeit der Gestapo auf Paul Rosbaud. Außerdem mußte Rosbaud beim Reichssicherheitshauptamt (RSHA) Himmlers, dem die Gestapo und die SS unterstellt waren, für jede Auslandsreise ein Gesuch einreichen. Sein Aktenordner bei der Gestapo muß sehr dick gewesen sein.

Obwohl die Papiere seiner Familie erhalten sind, ist weder Rosbauds Akte bei der Gestapo auffindbar, noch ist er im Stadtarchiv von Graz registriert. Möglicherweise haben der britische Geheimdienst, der sowjetische NKVD oder Rosbaud selbst gleich nach dem Krieg alle Akten überprüft und aussortiert.

Wer auch immer es gewesen sein mag, er hat dabei zwei Zettel übersehen. Bei dem einen handelt es sich um einen Brief vom 7. November 1940, in dem vorgeschlagen wird, Paul Rosbaud zum Vorsitzenden der deutschen Stahlarbeitervereinigung der nationalsozialistischen Union deutscher Techniker zu ernennen. Wenn solch eine Empfehlung ausgesprochen wurde, dann mußte das nicht unbedingt heißen, daß der Kandidat Mitglied der NSDAP war, aber es deutete zumindest alles darauf hin, daß er für die Partei akzeptabel war. Und die Tatsache, daß eine Kopie des Briefes in den Akten der Gestapo gefunden wurde, beweist, daß über den Kandidaten auch eine Unbedenklichkeitserklärung vorlag.

Der zweite Zettel ist speziellerer Art. Es handelt sich um eine Reiseerlaubnis des RSHA für Paul Rosbaud, ausgestellt am 12. April 1943. Rosbaud erhält die Erlaubnis, zwei Tage später ins besetzte Holland zu fahren. Der Stempel lautet: »Nachteilige

Vermerke politischer Art sind nicht bekannt.« Daß es dem »Greif« gelang, zumindest bis April 1943 »sauber« zu bleiben, ist eine seiner bemerkenswertesten Leistungen.

Paul Rosbaud bewahrte niemals ein Papier auf, das diejenigen hätte belasten können, die mit ihm zusammen an illegalen Aktivitäten teilnahmen. Er schrieb seine Adresse immer in die Briefe, damit seine Freunde wußten, wo er sich gerade aufhielt, aber er vernichtete oft seine Adreßbücher aus Furcht, sie könnten für eben diese Freunde gefährlich werden. In einem Brief vom 8. August 1941 macht Rosbaud seinem Bruder Hans ein Geständnis, das ihn hätte belasten können, wenn der Brief abgefangen worden wäre. Paul bittet seinen Bruder inständig, »doch bitte, bitte immer deine Anschrift auf deine Briefe zu schreiben. Ich werfe meine Adreßbücher grundsätzlich weg«. Aus der Zeit vor dem Krieg existiert jedoch noch ein ziemlich umfangreiches Adreßbuch, und anhand dessen läßt sich eine gewisse Kontinuität in seinen Beziehungen zu Freunden und Bekannten vor und während des Krieges feststellen. Es gibt ein paar spärliche Hinweise auf Wissenschaftler, die ihn mit Informationen versorgten, ohne dabei Rosbauds Absichten zu kennen.

Doch nicht nur die Gestapo war für Rosbaud gefährlich. Im Januar 1943 warfen Flugzeuge der Royal Air Force in zwei aufeinanderfolgenden Nächten 150 Tonnen Sprengstoff und 200 Tonnen Brandbomben über Berlin ab. Paul Rosbaud schrieb hinterher an seinen Bruder:

> Mir ist nichts passiert. Ich bin gesund und habe den Verlust meiner Habe ruhig und ohne große Aufregung hingenommen. Es bestand vom ersten Augenblick an kein Zweifel über den Ausgang dieses Luftangriffs. Ich saß im Luftschutzkeller eines Nachbarn und hörte, wie draußen die Brandbomben niedersausten. Ich rannte hinaus und sah Qualm aus meinem Haus dringen. Ich lief hinein, kam dann aber schnell wieder heraus und rang nach Luft. Ich konnte überhaupt nichts tun. Die Nachbarn versuchten auf rührende Weise, beim Löschen zu helfen, aber alles war irgendwie lächerlich und nützte nichts. Als die Feuerwehr schließlich mit vier oder fünf Schläuchen kam, richteten die Männer den Wasserstrahl zuerst gegen die

Leute, die helfen wollten. Es war nur die Hilfsfeuerwehr. Die richtigen Feuerwehrleute tranken später den Alkohol, der im Keller des Hauses lagerte.

Der Verlust des Alkohols gehörte für Paul Rosbaud zu den tragischen Verlusten des Krieges. Er überlebte noch weitere Luftangriffe und hatte seine helle Freude an den riskanten kleinen Streichen, mit denen er die Nazi-Obrigkeit in die Irre führte. Als die Aufforderung erging, für die Rüstung Kupfer zur Verfügung zu stellen, legte er sich einen eigenen Vorrat an. Er bat seine Gäste um ihr Kleingeld und vergrub es dann im Garten. Wenn er im Zug allein in einem Abteil saß, schraubte er sämtliche Gegenstände aus Kupfer ab und warf sie aus dem fahrenden Zug. Auf dem Postamt wurden die Leute angewiesen, immer möglichst nur eine Briefmarke mit dem entsprechenden Betrag auf die Briefe zu kleben, um Papier zu sparen. Paul schickte seine Briefe ohne Absender und mit ganzen Blöcken von Briefmarken des niedrigsten Wertes. Es war, als ob Paul Rosbauds Leben von einem Zauber beschützt wurde. Immer noch ist nicht restlos geklärt, wie er überleben und an seine Informationen herankommen konnte. Es ist klar, daß die technischen und militärischen Informationen aus Quellen stammen, die nicht in seinem Adreßbuch vermerkt waren, und daß er auch Informanten hatte, die nicht mit den norwegischen und französischen Widerstandsbewegungen in Verbindung standen. Und er gehörte auch nicht zu der deutschen Widerstandsbewegung, die hinter den Anschlägen auf Hitler stand, obwohl ihn sein Freund Karl Friedrich Bonhoeffer darüber informiert hatte. Bonhoeffers Vater und Bruder hatten sich Carl Goerdeler angeschlossen und mußten deshalb sterben.
Der evangelische Theologe Dietrich Bonhoeffer und der Chemiker Karl Friedrich Bonhoeffer waren bemerkenswerte Männer. Ihre Schwester Christine war mit Hans von Dohnanyi, einem hohen Offizier der Abwehr, verheiratet. Karl Friedrich wiederum war mit Greta, der Schwester von Hans, verheiratet, und er lieferte Rosbaud Informationen über das schwere Wasser. Im Laufe des Krieges wollte Karl Friedrich seine Versuche mit schwerem Wasser auf ein Minimum reduzieren, denn er wußte, was die Physiker mit dem Stoff vorhatten. Für Paul Rosbaud war er ein

»Verbündeter«. Als die Mitglieder der Gruppe um Goerdeler verhaftet wurden, war auch das Leben der beiden Bonhoeffers in Gefahr. Während Karl Friedrich den Krieg überlebte, wurde Dietrich im April 1945 in Flossenbürg hingerichtet.

Möglicherweise gab es eine Untergrundbewegung, die sich aus Regierungsbeamten, Offizieren und Professionellen zusammensetzte, und die über Rosbaud Informationen an die Briten weitergab und die ihm half zu überleben. Und vielleicht war er der einzige Überlebende dieser Bewegung. Im November 1946 sagte er jedenfalls zu seinem Bruder: »Die letzten Jahre sind nicht spurlos an mir vorübergegangen. Es gab zu viele im Untergrund, die nicht gerettet werden konnten, und am Ende war ich der einzige, der um Haaresbreite entkommen ist. Ich habe immer noch denselben Haß auf die Nazis wie früher.«

Auch wenn es eine solche Untergrundbewegung wirklich gegeben hat, so sprach Rosbaud auch nach dem Krieg nicht darüber, sondern machte nur hin und wieder ein paar vage Andeutungen. Höchstwahrscheinlich war der SIS dagegen, die Sache publik zu machen. Rosbaud hatte sich dem SIS gegenüber stets loyal verhalten, und deshalb schwieg wohl auch er.

Kapitel 33

Die Tränen der Unterdrückten

Paul Rosbaud dachte immer zuerst an andere und dann erst an sich selbst. In Augenblicken größter Gefahr, wenn er nicht mehr an sein Überleben glaubte, fand er Trost in seiner Hilfe für andere Menschen.

Von gelegentlichen Angriffen der britischen Luftwaffe abgesehen, hatte Berlin bislang nichts von den Erschütterungen im Gefolge der »Operation Overlord«, der Invasion der Normandie, zu spüren bekommen. Doch am 21. Juni 1944 um 10.04 Uhr war es soweit. Innerhalb einer schrecklichen halben Stunde warfen 876 Flugzeuge der achten Fliegerstaffel der U.S. Air Force Sprengstoff und Brandbomben über Berlin ab, die insgesamt ein Zehntel der Zerstörungskraft der Hiroshima-Bombe hatten.

Der Gedanke, daß seine Familie niemals erfahren würde, was er für Hitlers Opfer getan hatte, beunruhigte Rosbaud, und in einem Brief an seinen Bruder gestand er alles ein:

> Der amerikanische Luftangriff war der bislang schwerste, und in seiner Tragweite ist er mit einer Naturkatastrophe vergleichbar. Als die Sonne sich für mehrere Stunden verfinsterte, mußte ich an den Ausbruch des Mount Pelée und des Krakatau denken. Es war lange Zeit unmöglich, etwas Sinnvolles zu tun. Ständig müssen Trümmer weggeräumt oder ähnliche Arbeiten verrichtet werden. Aber das stört mich wirklich nicht, denn ich mache mich auf andere Art nützlich. Schon seit einiger Zeit habe ich mich denen zugewandt, auf die sich die ersten Zeilen des ernsten Gesanges beziehen. Das ist wirklich eine wunderbare Aufgabe. Sie kann einen zutiefst befriedigen, und sie hilft einem, diese schlimmen Zeiten zu ertragen.

Hans wußte, was Paul mit »ernstem Gesang« meinte, denn nichts war den Brüdern vertrauter als der zweite von Brahms *Vier ernsten Gesängen* nach den Worten des Predigers Salomo:

> Wiederum sah ich alles Unrecht an, das unter der Sonne geschieht, und siehe, da waren Tränen derer, die Unrecht litten und keinen Tröster hatten. Und die ihnen Gewalt antaten, waren zu mächtig, so daß sie keinen Tröster hatten.

Brahms hatte die Musik, sein letztes Meisterwerk, für die sterbende Clara Schumann komponiert, die Anna Rosbaud einst Klavierunterricht gegeben und ihr immer wieder Mut gemacht hatte. Hans kam nur wenige Monate nach Clara Schumanns Tod auf die Welt, und Paul wurde kurz nach Brahms Tod geboren. Anna hatte die Jungen oft daran erinnert.

Paul hatte sein Leben lang eine Kopie dieses Verses eingerahmt auf dem Schreibtisch stehen. (Derselbe Vers war ein Symbol für die Weiße Rose, die studentische Widerstandsgruppe an der Universität München, die vergeblich versucht hatte, Hitler Widerstand zu leisten.)

Paul Rosbaud hatte die »Tränen der Unterdrückten« in den Gefängnissen und Konzentrationslagern der Nazis mit eigenen Augen gesehen. Walter Brecht, Rosbauds Schulfreund aus Darmstadt, erinnert sich an eine erstaunliche Geschichte:

> Später trafen wir uns nur noch selten. In Berlin erfuhr ich zum ersten Mal von den deutschen Konzentrationslagern, und was es damit auf sich hatte. Unser Treffen mußte kurz nach seiner Entlassung aus einem Konzentrationslager stattgefunden haben, denn er war sehr zurückhaltend in seinen Äußerungen, weil er zum Zeitpunkt seiner Entlassung durch Drohungen eingeschüchtert worden war.

Als man Brecht nach weiteren Details fragte, antwortete er:

> Ich glaube, es war 1942, als Paul Rosbaud die Konzentrationslager kurz erwähnte. Es war das erste Mal, daß ich von der Existenz dieser Lager erfuhr. Ich bin mir nicht sicher, ob er

sagte, daß er selbst im Lager Oranienburg gewesen sei, oder ob er von Freunden erzählte, die dort gefangengehalten und mit Ruten geschlagen wurden. Bei der Entlassung aus dem Lager wurde einem auf brutale Weise deutlich gemacht, was passierte, wenn man nicht den Mund hielt. Aus diesem Grund wollte Paul mir nicht mehr darüber erzählen. An der Sache ist einiges unklar, und ich bedaure, daß ich nicht zur Klärung beitragen kann. Wenn er selbst im Lager war, dann höchstens für ein paar Tage. In diesem Fall war sicher eine unvorsichtige Bemerkung der Grund seiner Inhaftierung. Das ist alles, was ich weiß. Mehr kann ich Ihnen nicht sagen.

Aber Paul Rosbauds Unterlagen bei der Gestapo blieben bis Kriegsende »sauber«. Das deutet darauf hin, daß er nie verhaftet und in ein Gefängnis oder Konzentrationslager gebracht wurde. Er gehörte jedoch zu den wenigen Bürgern in Hitlers Reich, die tatsächlich aus freiem Willen in ein Konzentrationslager einzudringen versuchten. Und manchmal hatte Paul Rosbaud dabei Erfolg. Wahrscheinlich schilderte Rosbaud nach einem dieser Besuche Brecht seine Eindrücke, und die prägten sich Brecht unauslöschlich ein.
Glücklicherweise war Rosbauds Familie für die Gestapo außer Reichweite. Aber auch in dem vom Krieg erschütterten England war das Leben für Hilde und Angela Rosbaud nicht einfach. Professor Hutton konnte seine Hilfe nicht unbegrenzt zur Verfügung stellen, weil er noch andere Flüchtlinge unterstützte. Nach Beginn des Krieges ließ das Interesse am Gymnastikunterricht nach, und Hilde und Mrs. Atkinson mußten ihre Schule in Greenwich schließen. Angela wurde, wie viele andere Londoner Schüler, aufs Land geschickt. Hutton fand für sie eine Schule in Hastings an der Südküste Englands, und Hilde verschaffte er eine Stellung als Fremdsprachenlehrerin an einer nahegelegenen Schule.
Wilhelm der Eroberer hatte Hastings im Jahre 1066 überrannt, und nun war es durchaus möglich, daß Hitler nach der Evakuierung von Dünkirchen im Juni 1940 mit seinem Unternehmen »Seelöwe« dort einmarschierte. Wieder mit Hilfe von R.S. Hutton fand man für Angela eine nette kleine Schule in der Nähe von

Worcester. Zum Glück konnte Hilde wieder in der Nähe eine Stellung als Lehrerin annehmen. Ein paar Monate allerdings, nachdem Eric Welsh Leiter der norwegischen Sektion des SIS geworden war, erschien es ihm zweckmäßiger, Hilde mehr in seiner Nähe, in London, zu haben, damit sie sich mit Paul besser in Verbindung setzen konnte. Angela blieb in Malvern.

Welsh besorgte Hilde ein Zimmer in einem kleinen Hotel am Prince's Square in Bayswater, wo sie für die Dauer des Krieges blieb. Außerdem verschaffte er ihr eine Stellung als Sprechstundenhilfe in einer Zahnklinik. Während des Krieges war in London ein Gehalt von zwei Pfund und zehn Shilling nicht schlecht, und wenn das Geschäft gut lief, dann konnte Hilde in der Woche sogar drei Pfund verdienen. Abgesehen von den Luftangriffen, der Rationierung und der Sorge um Paul, war das Leben so einigermaßen erträglich.

Angelas Verhältnis zu ihrer Mutter wurde immer gespannter, sie hatte deshalb nichts dagegen, in Malvern zu bleiben. In den Ferien war sie zu Hause und hörte sich um die Mittagszeit Dame Myra Hess' Konzerte in der Nationalgalerie an, die auch bei Luftangriffen nicht unterbrochen wurden. Dame Myra mochte den Teenager, und wie früher Clara Schumann Anna Rosbaud unterrichtet hatte, so gab nun die englische Pianistin Angela Rosbaud Klavierstunden.

Hildes Mutter war schon viele Jahre tot, aber ihr Vater lebte noch. Von ihrem Onkel in der Schweiz und von Lise Meitner erfuhr sie, daß Paul beunruhigende Nachrichten hatte. Ende 1941 war Paul nach Mainz gefahren, um zu sehen, was er für den alten Mann tun konnte. Die Nazis wollten ihn aus seinem Haus in der Kaiserstraße werfen. Paul hatte gemeint, er könne Gerster, der ein Stockwerk höher wohnte, dazu überreden, das Haus zu kaufen und Karl Frank für den Rest seines Lebens ein Zimmer zur Verfügung zu stellen. Aber die Stadtverwaltung lehnte den Vertrag mit dem Hinweis ab: »Der Jude Karl Israel Frank hat kein Recht, im Haus von Herrn Gerster zu wohnen.« Gerster ließ ihn trotzdem bei sich wohnen.

Das Haus in der Kaiserstraße wurde bei einem der schweren Luftangriffe im Sommer 1942 zerstört, aber Karl Frank kam wie durch ein Wunder mit dem Leben davon. Im israelitischen Krankenhaus gewährte man ihm Unterschlupf, und dort fand ihn Paul im August desselben Jahres. Es ging das Gerücht um, daß alle Patienten nach Theresienstadt und Auschwitz deportiert werden sollten. Paul hoffte, daß er »mit ein wenig Gnade und Barmherzigkeit sterben darf«, bevor man ihn abtransportierte. Und Hilde dachte genauso. Am 23. November desselben Jahres schrieb Hilde an Lise Meitner: »Ich habe sehr schlechte Nachricht von meinem Vater, und ich hoffe und bete, daß er tot ist.« Sie wußte damals bereits, daß man ihren Vater nach Theresienstadt gebracht hatte, aber sie wußte nicht, daß er dort schon vor einer Woche gestorben war, und daß der Untersuchungsbeamte im Lager bereits den Totenschein mit der Nummer 50/12446 ausgestellt hatte. Paul Rosbaud wußte auch nichts davon. Im Jahr darauf wollte er nach Theresienstadt, aber er kam nur bis Lobositz, das etwa acht Kilometer von Theresienstadt entfernt war. Selbst für den »Greif« war es unmöglich, dieses Konzentrationslager zu betreten.

Pauls Mitgefühl für die leidenden Menschen war so stark, daß er bereitwillig die Schmerzen ertragen wollte, die ihm die Gestapo zufügen würde, falls auch nur das Geringste über seine illegalen Unternehmungen herauskam. Auch wenn er selbst durch den Krieg in Gefahr geriet, hielt Rosbaud unerschütterlich an seinem Vorsatz fest, Menschen zu helfen, egal ob er sie kannte oder nicht.

Obwohl Ruth Lange über viele Unternehmungen Rosbauds Bescheid wußte, kannte sie nicht alle Details und hätte sie wohl auch nicht verstanden. Sie hatte nie etwas von dem Decknamen »Greif« gehört. Aber sie unterstützte ihn bei seinen Hilfsaktionen für die Opfer Hitlers, und das schätzte Rosbaud an ihr:

> Sie begann mit ihrer aktiven Arbeit gegen die Nazis gleich nach 1933, als sie sich weigerte, irgend etwas für die Nazis oder deren Organisationen zu tun. Sie setzte sich mit aller Kraft für die Menschen ein, die unterdrückt und verfolgt wurden, egal ob es Juden, Kommunisten, Sozialdemokraten, Kriegsgefangene oder ausländische Hilfsarbeiter waren. Sie war die einzige, die von Anfang an über meine illegalen Unternehmungen Bescheid wußte. Sie war mir eine große Hilfe und gab mir neuen Mut. Ihr Schwager war der jüdische Arzt Georg Benjamin, ein großartiger Mann und eine der führenden Persönlichkeiten

beim Kampf der Untergrundbewegung gegen den Faschismus. Er wurde 1933 verhaftet und in ein Konzentrationslager gebracht. Als er 1934 freigelassen wurde, nahm er sofort seine politische Arbeit wieder auf, bis er 1936 erneut verhaftet wurde und für sechs Jahre ins Gefängnis mußte. Nach diesen sechs Jahren brachte man ihn in eines der furchtbarsten Lager, nach Wuhlheide in der Nähe von Berlin.

Auf diese Weise lernte Rosbaud 1942 aus erster Hand die Schrekken eines Konzentrationslagers kennen, obwohl er schon lange vorher davon gewußt hatte. Es gab sicherlich nicht viele, die mit eigenen Augen gesehen hatten, was Ruth und Paul sahen.

> Dort sah ich zum ersten Mal in meinem Leben Menschen mit Hungerödemen. Durch eine geheime Mitteilung erfuhr Ruths Schwester, wo ihr Mann arbeitete. Ruth und ich gingen als Arbeiter verkleidet zu dem genannten Ort, und es gelang Ruth, unter den Augen der SS mit ihrem Schwager zu sprechen und ihm so viel Essen wie möglich zuzustecken. Zusammen mit ihrer Schwester bestach sie die Wächter und brachte ihm genug Essen, damit er nicht verhungerte. Nach ein paar Wochen wurde Dr. Benjamin in ein anderes Konzentrationslager verlegt, nach Mauthausen. Dort wurde er von den Nazis umgebracht.

Auf dem Totenschein mit der Nummer 5348/1942 war vermerkt, daß Dr. Georg Benjamin am 26. August 1942 um 13.30 Uhr nachmittags gestorben sei. Er war an den elektrischen Zaun des Lagers geraten.
Mit dem Tod von Ruths Schwager hörte ihre Hilfe für die Insassen der Konzentrationslager nicht auf. Paul berichtet, daß

> Ruth mich begleitete, als ich deportierte Juden besuchte, und mit mir in das jüdische Krankenhaus ging, das von jüdischen Ärzten geleitet und von der Gestapo und der SS überwacht wurde. Es war die letzte Station dieser armen, unglücklichen Menschen, bevor sie nach Auschwitz oder in andere Lager gebracht wurden. Als ich 1944 nach Teltow ging, zog sie zu mir

in mein Haus, das eine Art illegales Hauptquartier war, und lebte dort zusammen mit mir, meinem alten Hausmädchen und einem französischen Kriegsgefangenen. Von dort aus organisierte sie Hilfsaktionen für Russen, Jugoslawen und Franzosen in Konzentrationslagern, für die noch übrig gebliebenen jüdischen, dänischen und norwegischen Hilfsarbeiter und andere. Ob es sich nun um Essen für halbverhungerte Menschen handelte, um Zigaretten oder um Medizin für kranke Kriegsgefangene, sie arrangierte alles. Dort traf sie auch alle meine »Verbündeten«: Laue, Hahn, Mattauch, Bonhoeffer und viele andere.

So ausführlich hat sich Rosbaud nur hier zu seiner illegalen Tätigkeit geäußert. Dankbare Überlebende waren seine Zeugen. Kurz nach dem Krieg bat zum Beispiel eine Frau namens Elisabeth Arutinskaya, die dreieinhalb Jahre in einem Konzentrationslager überlebt hatte, Hans Rosbaud um die Adresse seines Bruders, weil sie sich bei Paul »für seine unendliche Güte und seine große Hilfsbereitschaft vor meinem Abtransport aus Berlin« bedanken wollte.
Arnold Flammersfeld, der Mitarbeiter von Otto Hahn und Walter Bothe, erinnert sich an eine besondere Begebenheit:

Nachdem Hahns Institut in Berlin-Dahlem am 14. Februar 1944 von einer Bombe getroffen worden war, beteiligte ich mich an den Aufräumungsarbeiten. Ludwig Gille, ein Angestellter des Instituts, der dort die technische Werkstatt leitete, war ein einflußreicher und gefährlicher Nazi. Er hatte vier oder fünf Gefangene eines Konzentrationslagers als Hilfskräfte eingestellt. Sie trugen auch bei der Arbeit ihre gestreifte Sträflingskleidung. Zufällig sah ich, wie Rosbaud ihnen Brötchen zusteckte. Sein mutiges Handeln machte auf die jungen Leute einen tiefen Eindruck. Wir hätten das nicht gewagt.

Obwohl noch andere Wissenschaftler Zeuge dieser Begebenheit waren und die Not der Gefangenen aus den Konzentrationslagern kannten, die innerhalb und außerhalb des Instituts arbeiteten, behaupteten nach dem Krieg die meisten von ihnen, daß sie keine

Ahnung von den schrecklichen Vorgängen in den Lagern gehabt hätten. Obwohl ein Kollege Werner Heisenbergs die »erste, unvorstellbar gefühllose Massenhinrichtung von Juden in Polen« miterlebt hatte und Heisenberg seine Eindrücke schilderte, gab Frau Heisenberg zu: »Wir konnten uns einfach nicht vorstellen, zu welchen Verbrechen unser Volk fähig war.« Dabei wurde allgemein angenommen, daß ein Physiker wie Heisenberg ein Meister im Interpretieren sichtbarer Phänomene sei.
Es gibt noch eine Menge anderer Zeugnisse. Obwohl viele Details verlorengegangen sind, ist ihre Wirkung immer noch ergreifend. Manchmal erkaufte Rosbaud bei der Gestapo für eine Familie die Freiheit. Ein anderes Mal half er jungen Leuten, sich dem Wehrdienst zu entziehen, oder, wenn sie bereits eingezogen waren, sorgte er dafür, daß sie einer Fabrik zugeteilt wurden, damit sie nicht an die Front mußten. Und wenn sie doch in den Krieg geschickt wurden, dann versorgte Rosbaud sie mit Büchern, Nahrungsmitteln und Kleidung. »Paul Rosbaud war für Fritz Laves und für mich, die wir uns weigerten, das Nazi-Regime zu unterstützen, oft der Retter in der Not.« Diese Aussage machte der Chemiker Dr. H. Witte, der an Rosbauds alter Schule in Darmstadt arbeitete. Dabei war Rosbaud keineswegs optimistisch. Witte schreibt:

> Gleich zu Kriegsbeginn wurde ich zum Militär eingezogen, und als Soldat fing ich an, mit Paul Rosbaud zu korrespondieren. Er schickte mir Bücher an die Front, um mir eine Freude zu machen. Nach dem Frankreichfeldzug im Herbst 1940 hatte Rosbaud große Angst, daß Hitler den Krieg gewinnen könnte. Nach Ostern 1940 wurde ich aufgrund einer Behinderung zurückbeordert und ging nach Hamburg. Ich kam regelmäßig auf Urlaub, um Paul Rosbaud zu besuchen. Das letzte Mal traf ich ihn ein paar Wochen bevor sein Haus in Berlin bei einem Bombenangriff zerstört wurde. Bei unserer letzten Unterhaltung war er äußerst pessimistisch. Er war sicher, daß Hitler den Krieg verlieren würde, aber er fürchtete, daß der Krieg noch viele weitere Opfer fordern könnte.

Das war Anfang 1943. Die Russen waren dabei, die letzten deutschen Stellungen in Stalingrad zu vernichten. Die Armee Rommels zog sich nach ihrer Niederlage bei El Alamein am 2. November nach Tunesien zurück, und die Truppen der Engländer und Amerikaner landeten sechs Tage später in Algerien und Marokko. Hitlers Rückschläge waren ermutigend, aber Rosbaud wußte, daß der Sieg noch in weiter Ferne lag.

Kapitel 34

Der Code der Codes

Als die Alliierten ihre Streitkräfte für die Invasion der Normandie zusammenzogen, überschüttete Paul Rosbaud Eric Welsh geradezu mit Informationen. Die Berichte waren so umfangreich, daß die Mittelsmänner anfingen, sich über Rosbaud zu wundern. Wie konnte ein Mann an so viele Informationen herankommen und es noch dazu wagen, den SIS in London damit zu überfluten? John Turner war dabei, als man sich diese Frage bei der Paßkontrollbehörde am Birger Jarlsgatan 12 in Stockholm stellte. Aber jedes Mal, wenn dort Zweifel aufkamen, antwortete London einfach: »Vertraut ihm.«

Einigen Norwegern fiel das schwer. Mitte 1944 benötigte der »Greif« einen Sonderkurier, der über Oslo oder Stockholm fuhr. Sverre Bergh war im Moment mit einer anderen Aufgabe betraut, und deshalb wandte sich Rosbaud an Berghs Onkel Theo Findahl. Durch seinen Job als Berlin-Korrespondent des Osloer *Aftenposten* war Findahl daran gewöhnt, geheime Mitteilungen kodiert durchs Telefon an seinen Herausgeber Niels Jörgen Mürer in Oslo zu übermitteln. Aber viele Mitteilungen des »Greif« enthielten technische Angaben und waren deshalb nicht für eine Übermittlung per Telefon geeignet.

Der norwegische Ruderklub in Hessenwinkel war eine Art Clearingstelle für die geheimdienstlichen Operationen Findahls und Camillo Holms, eines norwegischen Geschäftsmanns. Holm war eine schillernde Persönlichkeit. Er war in der Textilbranche tätig und lieferte Uniformen an die deutsche Wehrmacht und die Marine. Auf diese Weise konnte er mit einiger Genauigkeit die Truppenbewegungen beurteilen und kannte die Standorte der militärischen Einheiten. Er hatte auch ausgezeichnete Verbindungen zu Mitgliedern des Internationalen Roten Kreuzes, die Zugang zu den Kriegsgefangenenlagern hatten. Den Gefangenen wurden bestimmte Aufgaben bei zivilen und militärischen Entwicklungsprojekten übertragen, und die Lager waren ergiebige Informationsquellen.

Theo Findahl hatte einen guten Überblick, welche und wie viele Informationen aus dem Deutschen Reich durch norwegische Kanäle geschleust wurden. Im Frühjahr 1944 war Findahl über Rosbaud beunruhigt. Sverre Bergh hingegen hatte wegen des »Greifs« überhaupt keine Bedenken.

Die norwegischen Studenten würden in Kürze von den verschiedenen Hochschulen nach Norwegen zurückkehren, um dort ihre Sommerferien zu verbringen. Bergh selbst hatte bereits eine ganze Reihe spezieller Unterlagen im Gepäck, die sich Studenten in Dresden ohne die Hilfe des »Greif« verschafft hatten. Die Unterlagen waren von so großer Wichtigkeit, daß es besser war, wenn Bergh nicht noch mehr Informationen mitnahm – das Risiko wäre zu groß geworden. Als Rosbaud mit Findahl Kontakt aufnahm, schlug ihm der Journalist einen anderen Studenten in Dresden vor, Ragnar Winsnes. Findahl hatte zwei Aufgaben für Winsnes. Von der einen wußte Paul Rosbaud nichts. Ebenso wie Findahl mit seinem Herausgeber in Oslo über Code sprach, hatte er auch mit Rosbaud einen Code vereinbart. Bergh glaubt, daß Rosbaud und Findahl sich überhaupt nie persönlich getroffen haben.

Winsnes, der heute in einer Industriestadt in Südnorwegen lebt, hat einen detaillierten Bericht über sein Treffen mit Rosbaud vorgelegt. Er erinnert sich nicht nur an Rosbaud, sondern auch an das genaue Datum: den 6. Juni 1944. Paul Rosbaud war so begeistert über die Invasion der Alliierten in der Normandie, daß er vielleicht weniger vorsichtig war als sonst, wenn es darum ging, einem Fremden seinen Decknamen zu verraten, selbst wenn es sich in diesem Fall um einen Mann handelte, den Theo Findahl empfohlen hatte. Aber schließlich hatte er eine sehr wichtige Aufgabe für Winsnes, und schon deshalb mußte er ihm vertrauen. In Winsnes' Bericht heißt es:

> Ich kannte Paul Rosbaud ungefähr ein oder eineinhalb Jahre, aber ich traf ihn nur ein einziges Mal, und zwar an dem Tag, als in Deutschland bekanntgegeben wurde, daß die Engländer und Amerikaner in Frankreich gelandet seien. Ich sah ihn nur ein

oder zwei Stunden. Er sagte mir, daß er unter dem Decknamen »Der Greif« bekannt sei.

In Winsnes' Bericht heißt es weiter:

Einar Borch und ich waren damals in Berlin, wo ich bei der schwedischen Gesandtschaft mein Transitvisum abholen mußte. Wir verbrachten dort die Nacht und verabredeten uns am nächsten Tag mit dem ehemaligen Rektor der Universität von Oslo, D.A. Seip, in Berlin zum Abendessen.

Nachdem ich mein Transitvisum bekommen hatte, gingen wir zu Seip. Ich mußte mich vor den anderen verabschieden, weil ich noch eine Aufgabe zu erledigen hatte. Die Aufgabe betraf Rosbaud. Ich hatte telefonisch mit ihm ein Treffen am Anhalter Bahnhof vereinbart. Während wir durch die Straßen gingen, tauschten wir Informationen aus. Er wollte, daß ich gewisse Dinge an bestimmte Leute in Oslo weitergab.

Der Anhalter Bahnhof war ebenso wie das elegante Hotel Excelsior ein von Rosbaud bevorzugter Treffpunkt. Hotel und Bahnhof waren durch einen Tunnel miteinander verbunden. Das Excelsior hatte allerhand zu bieten: ein gutes Restaurant, ein Postamt, ein Reisebüro und einen vornehmen Gesellschaftsraum, wo sich die mondäne Halbwelt von Berlin zur Schau stellte. Eine solche Atmosphäre war für Spione wie geschaffen. Und das Hauptquartier der Gestapo lag nur einen Häuserblock weiter.

Winsnes und Rosbaud bestellten sich ein Bier, und Rosbaud übergab Winsnes eine zusammengefaltete Zeitung mit einigen höchst brisanten Unterlagen. Wenn die Unterlagen beschlagnahmt worden wären, dann hätte ein Agent der Gestapo wenig damit anfangen können. Aber sie wären sicherlich der Beweis für eine Verschwörung gewesen. Rosbaud teilte Winsnes den Namen, den Autor und das Erscheinungsjahr eines Buches mit, das der Springer-Verlag herausgegeben hatte. Die Seiten selbst enthielten eine lange, chiffrierte Mitteilung. Winsnes beschreibt sie folgendermaßen:

Jede Seite enthielt auf das Buch bezogene Seitenzahlen, das erste Wort eines Abschnitts auf der angegebenen Seite und einen Code für den Code. Es gab mehrere solcher Seiten, und

> mehrere Abschnitte und Codes. Er bat mich, dafür zu sorgen, daß diese Information nach London übermittelt wurde. Ich bat ihn, mir das Codierungsverfahren zu erklären, und er sagte mir, daß das erste Wort eines Abschnitts mit dem Wort verbunden werden konnte, das den Anfang seines Berichts innerhalb des Textes [des genannten Buches von Springer] markierte. Die Empfänger in London besaßen eine Liste dieser Wortpaare. Der Code selbst bestand, soweit ich mich erinnere, aus zwei Buchstaben, und die Leute in London wußten, welcher Code zu diesen beiden Buchstaben gehörte. Er erzählte mir, daß er gelegentlich auch in andere Publikationen des Springer-Verlages geheime Informationen hineinschrieb. Mit Erstausgaben von Büchern konnte er selten etwas anfangen, weil die Autoren noch zuviel Kontrolle über den Text hatten. Bei späteren Ausgaben hatte der Lektor mehr Freiheit, den Text umzuschreiben und auf den neuesten Stand zu bringen. Rosbaud machte sich diese Freiheit nur zu gern zunutze.

Deshalb waren Bücher für Rosbaud mehr als nur ein Mittel, mit dem man seinen Lebensunterhalt verdienen konnte. Er setzte sie als Waffen gegen die Nazis ein, die Bücher verbrannten. Mit Hilfe von Büchern und einer Buchausstellung gelangte der Bericht von 1939 nach Oslo. Den ganzen Krieg hindurch wurden mit Hilfe von Büchern Informationen des »Greif« an Welsh übermittelt. Die Technik mit dem »Code der Codes«, die Winsnes beschrieben hat, verdient eine genauere Untersuchung.

Die Codierung mit Hilfe von Büchern ist eine alte Technik. Frank Foley und Margaret Reid benutzten auf ihrem Rückzug aus Oslo einen klassischen Code. Dabei wird von Sender und Empfänger ein schwer verständliches Buch ausgewählt – im April 1940 fiel die Wahl auf *Sesam und Lilien*. Jeder Buchstabe der Mitteilung wird mit drei Zahlen verschlüsselt, die die betreffende Seite im Buch, die Zeile auf dieser Seite und die Position des chiffrierten Buchstabens in der entsprechenden Zeile angeben. Erst wenn das Buch bekannt ist, kann die Mitteilung gelesen werden.

Welsh hatte sich für den »Greif« einen besonders sicheren Code ausgedacht. Auch wenn die chiffrierte Mitteilung abgefangen wurde und das Buch bekannt war, waren diejenigen, die die

Mitteilung abgefangen hatten, noch lange nicht in der Lage, die Mitteilung auch zu dechiffrieren. Rosbaud nannte diese Methode den »Code der Codes«. Jedes Buch enthielt genügend Worte, mit denen Rosbaud alles sagen konnte, was er sagen wollte. Seine Methode war folgende:

Er fand zum Beispiel in einem Buch einen Abschnitt, der das Wort *Uran* enthielt. Die Seite und das erste Wort dieses Abschnitts ergaben die ersten beiden Teile des Codes. Das erste Wort eines Abschnitts gehörte meist zu relativ häufig vorkommenden Worten. Rosbaud und Welsh hatten eine Liste erstellt, auf der jeweils zwei solcher häufig vorkommenden Worte zu Wortpaaren verbunden waren. Wenn man nun das erste Wort eines Abschnitts angab, dann wurde gleichzeitig damit ein *weiteres* solcher häufigen Worte, das in dem entsprechenden Abschnitt vorkam, gekennzeichnet.

Wenn also der Abschnitt, in dem das Wort *Uran* vorkam, mit dem Wort *Da* anfing, und auf der Liste in London *Da* mit *auch* verbunden war, mußte derjenige, der den Text dechiffrierte, in dem entsprechenden Abschnitt das Wort *auch* suchen. Wenn er das Wort gefunden hatte, wurde die Position des Wortes *Uran* mit Hilfe eines aus zwei Buchstaben bestehenden alphabetischen Codes, dem Code der Codes, angegeben. Wenn das Wort *Uran* fünf Worte hinter *auch* kam, dann stand ein Code aus zwei Buchstaben, etwa AK, für *plus fünf*. Wenn das Wort *Uran* hingegen sieben Worte vor *auch* stand, dann stand eine andere Buchstabenkombination für *minus sieben*.

Jede Codierung und Decodierung ist eine langwierige Arbeit. Der Vorteil des »Code der Codes« gegenüber dem herkömmlichen Buch-Code besteht darin, daß er sicherer ist, und daß drei Code-Gruppen nicht für einen einzelnen Buchstaben, sondern für ein ganzes Wort stehen. Auch wenn es schwierig erscheint, ein Wortpaar zu finden, das dem ersten Wort eines Abschnitts entspricht, so ist es doch meist möglich, weil beide Worte häufig verwendet werden.

Die meisten Mitteilungen Rosbauds waren technischen Inhalts, und er bestimmte, welche technischen Bücher der Springer-Verlag herausgab. Winsnes berichtet: »Rosbaud nannte mir ein bestimmtes Buch, aber ich erinnere mich nicht mehr an den Titel. Ich fragte ihn, ob ich das Buch mitnehmen sollte. ›Nein‹, antwortete er.

›Das Buch ist in Stockholm im Buchhandel erhältlich.‹ Auf diese Weise gelangten die Bücher nach London. Es kann auch sein, daß sie in Stockholm decodiert wurden.«

Stockholm war aber nicht der einzige Kanal, über den die Bücher weitergeleitet wurden. Rosbaud schickte auch seinem Schwager Rudolf Frank in Basel viele Bücher. Frank schickte die Pakete an Hilde Rosbaud, die genau wußte, daß Eric Welsh sie abfing. In bezug auf Stockholm hatte Rosbaud Winsnes fast die ganze Wahrheit gesagt.

Es war riskant, sich darauf zu verlassen, daß im Buchhandel Exemplare eines bestimmten Buches vorrätig waren. Manchmal verzögerten sich Sendungen, oder ein Buch war innerhalb kürzester Zeit vergriffen. Aber in Stockholm gab es jemanden, auf den man sich verlassen konnte: Lise Meitner. In der Zeit, als Winsnes über Stockholm reiste, hatte Rosbaud in seinen Mitteilungen an Lise Meitner gewisse Befürchtungen wegen der Bücher geäußert. Auf einer Postkarte vom 27. Juni 1944 schreibt er: »In letzter Zeit sind nur sehr wenige Bücher erschienen, die sich mit Physik und Mathematik beschäftigen. Ich werde dir acht spezielle Bücher nennen, die vielleicht für deinen Arbeitsbereich interessant sind.« Höchstwahrscheinlich enthielt eines oder sogar mehrere der acht genannten Bücher besondere Mitteilungen. Lise Meitner gab die Bücher entweder an Njål Hole weiter oder schickte sie direkt an Cyril Cheshire, den Chef des SIS in Stockholm.

Auf seinem Weg nach Oslo gab Winsnes in Stockholm »eine sehr wichtige Mitteilung« von Rosbaud an die Norweger auf, aber er kann sich nicht mehr daran erinnern, um was es sich handelte. Er erinnert sich jedoch noch sehr gut daran, was in Oslo passierte. Die Umstände waren äußerst rätselhaft. Winsnes hatte von Findahl die Anweisung erhalten, sich mit dem Tabak-König Johan H. Andresen in dessen Villa in Bygdøy in Verbindung zu setzen. Andresen hatte seine Jugend in Deutschland verbracht, hatte sich in Schweden in der Tabakbranche umgesehen und war jetzt Chef der großen Tiedemanns-Tabakfabrik. Er und seine Frau, eine gebürtige Eva Klaveness, die mit der Mutter von Odd Hassel verwandt war, veranstalteten manchmal Feste, als würde es überhaupt keinen Krieg geben. Dabei stand Johan Andresen in engem Kontakt zu Widerstandsgruppen. Winsnes berichtet:

> Ich kam hin und wurde von Andresen und seiner Frau empfangen. In dem Haus fand gerade eine große Party statt. Ich erklärte, daß ich ihnen viele Grüße ausrichten sollte. Sie nahmen mich beiseite, und ich nannte ihnen das Kennwort. Die Andresens sahen sich einen Augenblick lang an und sagten dann: »Das ist für Arvid.« Mrs. Andresen sprach mit mir, während ihr Mann Arvid Brodersen holte. Er war unter den Gästen, und er trug einen Smoking. Als Andresen mit ihm zurückkam, schlug Mrs. Andresen vor, daß wir uns im Garten auf einer Bank weiter unterhalten sollten.

Winsnes übergab Brodersen die mit dem »Code der Codes« verschlüsselte Mitteilung, und dann hatte er noch eine andere Mitteilung zu machen, von der der »Greif« nichts wußte. Findahl hatte sichergehen wollen, daß Rosbaud kein Doppelagent war. Winsnes nannte Brodersen Rosbauds Namen und den Decknamen »Greif«, denn Findahl war nicht sicher, ob es sich dabei um ein und denselben Mann handelte. Brodersen berichtete später, daß er die Information an einen Verbindungsmann weiterleitete, der sie über Funk nach London – möglicherweise an Welsh – übermittelte. Und wieder einmal verbürgte sich Welsh für Rosbaud und schickte eine dementsprechende Antwort nach Oslo zurück. Nach einem wahrscheinlich chiffrierten Telefongespräch mit dem Herausgeber des *Aftenposten* war Findahl schließlich beruhigt.

Als sich Brodersen und Winsnes 1984, fast auf den Tag genau vierzig Jahre nach ihrem Zusammentreffen in Andresens Garten, wiedersahen, schrieb Brodersen:

> Die jungen Männer in Dresden gaben vor, nur zu studieren. In Wirklichkeit waren sie meist mit ihrer geheimdienstlichen Tätigkeit beschäftigt. Sie nahmen ihr Studium ernst und beeindruckten ihre Lehrer, aber sie waren auch Patrioten, die ihrem Land dienen und seine Verbündeten im Kampf um Befreiung und Sieg unterstützen wollten.
>
> Winsnes erzählte mir, daß das schwerste bei dieser geheimen Tätigkeit war, eine Information aus Deutschland herauszubringen. Immer wenn einer von ihnen in den Ferien nach Hause

fuhr, nahm er die letzten Berichte mit. Manchmal wurden sie dabei von schwedischen Kurieren unterstützt, die einen Umschlag zu ihrer Diplomatenpost dazunahmen und ihn, sobald man sich auf schwedischem Boden befand, einem der Studenten übergaben, die »zufällig« mit demselben Zug in Richtung Norden fuhren. Aber meistens mußten sie die Unterlagen die ganze Zeit mit sich selbst herumtragen. Obwohl Winsnes Rosbaud nur einmal getroffen hat, war er tief beeindruckt von ihm.

Arvid Brodersen, ein international anerkannter Experte, was den Widerstand gegen Hitler betrifft, war nie mit Rosbaud zusammengetroffen. Aber er stand durch Sverre Bergh, Winsnes und andere indirekt mit dem »Greif« in Verbindung, und in erst vor kurzem gemachten Äußerungen über diese Zeit sagte er, daß »Rosbaud kein Spion im Sinne eines überwachten und bezahlten Agenten einer fremden Macht war, sondern ein moralisch handelnder Mensch, der nur sein Bestes tun wollte, um zu verhindern, daß Hitler den Krieg gewann«.
Brodersens Beurteilung ist vollkommen korrekt. Eric Welsh war für Paul Rosbaud nicht ein Chef, dem er absoluten Gehorsam schuldete. Er war zwar derjenige, der dem »Greif« die geheimen Aufträge gab, aber Rosbaud entschied selbst, wie er darauf zu reagieren hatte. Er setzte fest, welche Information wichtig war und welche nicht. Rosbauds Verbindungen nach London bestanden nicht ausschließlich aus Sendernetzen, die von Welsh überwacht wurden. Oft war es zweckmäßiger, Informationen durch französische oder niederländische Widerstandsgruppen oder durch Verbindungsmänner in der Schweiz übermitteln zu lassen. Welsh war darüber manchmal verärgert.
Die beiden Männer hatten dennoch großen Respekt voreinander. Entgegen allen Regeln der Spionage wußte Rosbaud, wem er während des Krieges in London Bericht erstattete. Das gegenseitige Vertrauen war so groß, daß man das Gefühl hat, die beiden Männer hätten sich schon vor dem Krieg gekannt und bei Spionageunternehmen zusammengearbeitet. Als Rosbaud mit Frank Foley zusammenarbeitete, verband die beiden ihr Mitgefühl für menschliches Leiden. Eric Welsh war ganz anders als Foley. Er war hinterhältig und brutal und motiviert durch den Wunsch,

Hitler zu vernichten. Diesen Wunsch teilte er mit Rosbaud. Und beide waren fasziniert von dem großen Spiel, das Spionage hieß.

Kapitel 35

Sieg

Fast ein Jahr vor der Invasion in der Normandie waren den Briten die Pläne für eine deutsche Defensivwaffe in die Hände gefallen. Wenn diese Waffe eingesetzt worden wäre, hätte das für die Alliierten eine Katastrophe bedeutet. Zumindest ein deutscher General und eine Handvoll norwegischer Studenten hatten vor dieser Möglichkeit Angst, und sie versuchten, die Katastrophe zu verhindern, indem sie die Konstruktionspläne für die Waffe an die Briten weitergaben.

Es gab ungefähr hundert norwegische Studenten in Dresden, und zwischen fünf und zehn von ihnen kollaborierten mit den Nazis. Etwa ebenso viele arbeiteten als Geheimagenten für Eric Welsh. Die dabei benutzten Kanäle waren norwegische Verbindungsmänner in Oslo und Stockholm. Anders Vikoren gehörte zu keiner der beiden Gruppen. Er erfuhr jedoch von einer größeren Spionageaktion, die von Sverre Bergh, Einar Borch und einem weiteren Studenten durchgeführt wurde, und er schreibt dazu:

> Ich weiß nur, daß ein Freund von mir [sein Name ist bekannt, aber er will nicht genannt werden] einmal vor einem Haus Wache stand, als Borch eine Wohnung betrat, die mit Absicht nicht verschlossen worden war. Sie gehörte einem deutschen Offizier, der gerade nicht zu Hause war. Auf diese Weise gelangte Borch an Aufzeichnungen, die mit einer der beiden Raketen, entweder der V 1 oder der V 2, zu tun hatten. Meinem Freund gegenüber wurde kein Name erwähnt.

Ragnar Winsnes hat diesen Bericht um weitere Einzelheiten ergänzt:

Mein Freund kopierte die Zeichnungen und ich tippte den Text ab. Wir waren eine ganze Nacht damit beschäftigt. Das geschah alles in der Wohnung meines Freundes. Einar war auch da, aber er schlief, weil er am nächsten Morgen die Originale zurückbringen mußte. Ich wußte von der V 2, weil ich zu denen gehörte, die über die Bombardierung von Peenemünde berichtet hatten. Damals dachte ich, es handele sich um die V-Bombe. Aber Sverre Bergh wußte es besser. Er brachte die Zeichnungen und den Text von Dresden nach Stockholm, und dort hatte er Zeit, nachzuprüfen, worum es tatsächlich ging.

Bergh wußte es besser. Es handelte sich nicht um die V 1 oder die V 2, sondern vielmehr um eine vollständige Beschreibung der Boden-Luft-Rakete »Wasserfall«, die in Peenemünde entwickelt wurde. Hitlers größter Fehler bei seinem Raketenprogramm bestand darin, daß er die Defensivwaffe »Wasserfall« weniger wichtig nahm als die »Vergeltungswaffen« V 1 und V 2. Wie bereits erwähnt, hätte Hitler den Krieg gewinnen können, wenn er die »Wasserfall« gegen eindringende Jagdbomber eingesetzt hätte. Man ist allgemein zu der Überzeugung gelangt, daß die britische Bomberoffensive nicht »rentabel« war, aber insgesamt läßt sich mit Feldmarschall Erhard Milch sagen: »Die Briten fügten uns schwere und blutige Wunden zu, aber die Amerikaner trafen uns mitten ins Herz.« Die »Wasserfall«-Rakete hätte das verhindern können, aber weil Hitler die Waffe nicht einsetzte, hat sie auch keinen Eingang in die Literatur über den Geheimdienst gefunden. Bergh legte die Unterlagen über die »Wasserfall«-Rakete zwischen Vorlesungsskripte und brachte alles zur Gestapo. Er erklärte, daß es sich um Unterlagen für sein Studium handele, die er während der Weihnachtsferien in Norwegen durcharbeiten müsse. Die Gestapo versah das Bündel mit ihrem Dienstsiegel, und damit war es Bergh möglich, die Unterlagen über die Grenze von Dänemark nach Schweden zu bringen. Zu dieser Zeit hatte Bergh ein scharfes Gespür dafür entwickelt, wie er die Gestapo überlisten konnte, und dazu gehörte es, die Gestapo für seine eigenen Ziele arbeiten zu lassen. Ungefähr zum Zeitpunkt der Bombardierung Peenemündes übergab Bergh auf dem Bahnhof von Gothenborg die Unterlagen John Whistondale. Die große Selbstsicher-

heit, mit der der britische Geheimdienst die Unterlagen über die »Wasserfall« ignorierte, hätte schlimme Folgen haben können.
Paul Rosbaud war im allgemeinen davon unterrichtet, was seine »Schützlinge« unabhängig von ihm berichteten, und ab und zu ergänzte er diese Informationen. Die Widerstandsgruppe »Arche Noah« war von der Gestapo zerschlagen worden, aber Henri und André Piatier operierten mit Hilfe des Sendernetzes von Martial-Albert-Armand weiter von Spanien aus. Ende 1943 schickten sie die vollständigen Konstruktionspläne für die V 1 und der V 2 nach London. Nach der Bombardierung Peenemündes wurden die Forschungseinrichtungen für Raketen und ferngelenkte Waffen in den Harz und anderswohin verlegt. Bis Kriegsende lieferten Piatiers Leute weiterhin detaillierte Informationen über eine ganze Reihe unterirdischer Fabriken. Die Graphikerin Käthe Kollwitz wohnte in Nordhausen, wo sich die wichtigste Produktionsstätte für die V 2 befand, das Mittelwerk. Die Arbeiter waren in einem »Mittelbau« genannten Lager untergebracht, hinter dem sich das berüchtigte Konzentrationslager Dora verbarg. Paul Rosbaud stand der Familie Kollwitz sehr nahe, und es ist bekannt, daß er mit Käthe Kollwitz in Nordhausen in Verbindung stand. Über Sverre Bergh lieferte er Informationen über die Raketenfertigung in den Salzbergwerken bei Staßfurt und über die Standorte von Abschußbasen an der Kanalküste.
Eine dieser Basen befand sich bei Mimoyecques in der Nähe von Calais. Die Alliierten konnten sich von Fotos der Anlage keinen Reim machen. Im offiziellen Bericht des SIS steht: »Es handelte sich um eine für Langstreckenraketen mit Mehrfachsprengköpfen gedachte Abschußbasis einer ganz neuartigen Konstruktion (die Hochdruckpumpe), doch genauere Details blieben unklar, bis die Basis überrannt wurde.« Rosbaud hatte allerdings Sverre Bergh, der die Information an London weitergab, beschrieben, wie die Basis funktionierte. Dies ist offensichtlich ein weiteres Beispiel dafür, daß Informationen entweder nicht direkt an Eric Welsh geschickt wurden oder man sie ihm auf eine Weise übermittelte, die ihren Wert in einem zweifelhaften Licht erschienen ließ.
Rosbaud hatte nach wie vor gute Kontakte zur Marine, insbesondere über das Büro von Admiral Carl Witzell, des ehemaligen Förderers Fritz Houtermans'. Deutsche U-Boote konnten nicht

viel ausrichten, weil sie sofort angegriffen wurden, wenn sie zum Laden ihrer Batterien auftauchten. 1944 wurden deutsche Unterseeboote mit einem Schnorchel ausgestattet, einer holländischen Erfindung. Damit konnten sie längere Zeit unter Wasser bleiben und nicht so leicht geortet werden. Die Briten verschafften sich einen beträchtlichen Teil an Informationen über den Schnorchel durch das Abfangen von Signalen, und mit Unterstützung von Sverre Bergh lieferte ihnen Rosbaud eine technische Beschreibung.

Die Menge an Informationsmaterial, das Rosbaud über Sverre Bergh und Piatier, über Holland, die Schweiz und Kanäle, von denen wir nie etwas erfahren werden, nach London schickte, ist unüberschaubar groß. Allein über Bergh übermittelte der »Greif« im Monat durchschnittlich einen Bericht, und jeder dieser Berichte enthielt mehrere Informationen.

Die Familie Rosbaud hatte enge Verbindungen nach Kroatien. Im Herbst 1942 tauchte in Paul Rosbauds Haus in Berlin-Zehlendorf ein Verwandter aus Jugoslawien auf, den Paul seinem Bruder Hans folgendermaßen beschrieb: »Er ist ein gesunder, gutaussehender Bursche, und er läßt sich einen Bart wachsen.« »Anton« war mit einer Delegation aus Kroatien nach Berlin gekommen, und deshalb meinte Paul scherzhaft, sein Haus sei jetzt »beinahe exterritorial«. Von der Botschaftskanzlei in der Brahmsstraße im Berliner Vorort Grunewald aus ermöglichte ein großer Mitarbeiterstab die Koordination von kroatischen Einheiten mit der deutschen Wehrmacht und der SS. Außerdem besaß man dort umfangreiches Informationsmaterial, das für Rosbaud von Interesse sein konnte. Anton war Stellvertreter des Militärattachés Oberst von Dessovič und des Polizeiattachés Branko Buzjak und arbeitete oft als Kurier für die Botschaft.

Rosbaud stand auch mit einem gewissen Radič und einer Frau Saukič von der kroatischen Botschaft in Verbindung, aber über die Art dieser Kontakte ist nichts bekannt. Es steht lediglich fest, daß ein Mitglied der Botschaft, nämlich Anton, den Alliierten wertvolle Dienste erwiesen hat.

Neben Ruth Lange, Henri Piatier und der ältlichen Haushälterin Klara gehörte auch Anton bald zu Rosbauds Haushalt. Wenn Rosbauds Domizil auch vom rechtlichen Standpunkt aus nicht

»exterritorial« war, so war es doch gewiß ein Unterschlupf für Verschwörer. Anton war ein vertrauenswürdiger Mann, und er unterstützte den »Greif« bei einigen seiner illegalen Unternehmungen. Aufgedeckt wurde nur eine dieser Operationen.
Mitte 1943 schickte Dr. Mile Budak, der kroatische Gesandte, Anton mit einem Diplomatenkoffer voller Dokumente nach Stockholm. Anton legte zu den Dokumenten noch ein kleines Päckchen »Mehl«, das ihm Rosbaud gegeben hatte, und verschloß dann den Koffer. In Stockholm nahm er das Päckchen heraus und rief einen Verbindungsmann an. Wahrscheinlich handelte es sich dabei um John Whistondale vom SIS. Nach einer Weile erschien ein Mann an der Tür von Antons Hotelzimmer. Er sprach mit britischem Akzent, nannte Anton das Codewort und verschwand mit dem »Mehl«.
Kurz darauf tauchten bei Anton zwei Herren mit einer üppigen Blondine auf und baten ihn, ein kleines Zeichen der Anerkennung für die Zustellung des Päckchens anzunehmen. Obwohl Anton nichts gegen das schöne Geschlecht einzuwenden hatte, hielt er es in diesem Fall für ratsam, abzulehnen. Eine Stunde später kamen die beiden Herren in Begleitung eines sinnlich dreinblickenden jungen Mannes zurück, um ihm damit ihre Dankbarkeit zu beweisen. Dieses Mal zögerte Anton nicht und schlug ihnen gleich die Tür vor der Nase zu.
Die beiden Unbekannten waren möglicherweise Schweden, die fremde Geheimdienste abhörten. Es war allerdings auch möglich, daß die großzügigen Herren für Himmlers Sicherheitsdienst (SD) arbeiteten.
Anton erfuhr nie, was es mit dem »Mehl« auf sich gehabt hatte, denn Rosbaud erzählte ihm nur das Nötigste. Es war durchaus möglich, daß es sich bei dem weißlichen Stoff um eine Uranverbindung handelte, denn Uran gehörte in dieser Zeit zu Welshs vorrangigen Themen. Je weiter das Jahr 1944 voranschritt, desto mehr verlagerte Welsh seine Prioritäten von technischen Beschreibungen auf Informationen, die dazu beitragen konnten, die deutsche Kriegsmaschinerie zu zerschlagen. Und für Rosbaud wurde es jetzt immer wichtiger, anderen Menschen zu helfen.
Besonders fühlte er sich den Norwegern verbunden, die in Bergen-Belsen, Auschwitz, Theresienstadt, Neuengamme oder anderswo

dahinvegetierten. Einige Norweger hatten es besser getroffen. waren in einem großen Haus in Groß-Kreutz westlich von Berlin untergebracht. Zu diesen Privilegierten gehörten Professor Didrik Arup Seip, der ehemalige Rektor der Universität Oslo, und die Familie von Dr. J. B. Hjort. Beide waren Bekannte Winsnes'. Seip schrieb 1946 in seinen Memoiren:

> Um diese Zeit [Mitte August 1944], als sich die feindlichen Truppen bereits auf dem Vormarsch befanden, gingen Gerüchte um, daß die Insassen der Konzentrationslager umgebracht werden sollten. Den ersten Hinweis darauf erhielten wir von P. Rosbaud, der bei einem Verlag in Berlin arbeitete. Er hatte noch von früher her Kontakt zu norwegischen Studenten, und er versuchte, in Norwegen inhaftierten norwegischen Professoren das Leben zu erleichtern. Er bat mich, die schwedische Botschaft [in Berlin] davon zu unterrichten, daß er uns diesen Hinweis gegeben habe. Ich tat es, und zur selben Zeit fuhr der Ingenieur Einar Borch nach Stockholm, um dort von Rosbauds Hinweis Meldung zu machen.

Hjorts Tochter Wanda hat vor kurzem diesen Bericht ergänzt:

> Die Information [von Rosbaud] war außerordentlich wichtig, und sie wurde uns später von anderer Seite bestätigt. Wir taten, was wir konnten, um den Plänen der Alliierten zuvorzukommen. Danach war vorgesehen, daß alle Gefangenen in den Lagern ausharren sollten, bis die Alliierten sie nach der Kapitulation befreiten. Auf diese Weise leistete Dr. Rosbaud einen wichtigen Beitrag zur später stattfindenden »Expedition Bernadotte«, bei der mit Hilfe des Jütland-Corps die meisten dänischen und norwegischen Gefangenen vor dem Zusammenbruch des Deutschen Reiches aus Deutschland herausgebracht wurden.

In diesen Monaten mußte Rosbaud auch seine eigene Haut retten. Adolf Hitler hatte seine Kommandozentrale bei Rastenburg in Ostpreußen eingerichtet. Am Donnerstag, dem 20. Juli 1944, kam Oberst Claus Schenck von Stauffenberg zu einer Besprechung ins

Führerhauptquartier, die Wolfsschanze. Er stellte in der Nähe Hitlers eine gelbe Ledermappe ab und entschuldigte sich für einen Moment, da er noch »telefonieren« müsse. Als der zwei Pfund schwere Plastiksprengkörper in der Aktenmappe explodierte, saß von Stauffenberg schon im Auto und raste zu einem wartenden Flugzeug vom Typ He 111, das ihn nach Berlin zurückbrachte. Dort würde er die anderen Offiziere treffen, die bereit waren, die Regierung zu übernehmen. Er konnte nicht ahnen, daß ein schwerer Eichentisch Hitler vor der vollen Wirkung der Explosion bewahrt hatte.
Vielleicht ist es bedeutsam, daß Paul Rosbaud sich plötzlich entschloß, Berlin am nächsten Tag zu verlassen. Die Invasion in der Normandie im Juni hatte ihm neue Hoffnung gemacht. Vielen Menschen in Europa ging es ebenso, ungeduldig warteten sie darauf, daß die Schreckensherrschaft der Nazis zusammenbrach. Es wurde Zeit, pragmatisch zu denken und vorauszuplanen. Rosbaud überredete seinen Chef beim Springer-Verlag dazu, Schritte zur Sicherung des Bücherbestands vor Bombenangriffen zu unternehmen. Welches Versteck war besser geeignet als der Ort, an dem Hermann Göring seine beschlagnahmten Zeichnungen und anderen Kunstschätze aufbewahrte? Bereits vor einiger Zeit hatte sich Rosbaud mit dem Grafen Johann Otto Herberstein in Verbindung gesetzt und mit ihm über die Nutzung eines seiner Schlösser verhandelt. Jetzt war ein günstiger Zeitpunkt, um nach Graz zu fahren und dem Grafen einen Besuch abzustatten.
Zuerst wollte Rosbaud allerdings die Annehmlichkeiten Wiens genießen. Falls er verhaftet wurde, dann wollte er vorher wenigstens noch einmal seinen Spaß haben. Aber bereits drei Stunden nach seiner Ankunft in Wien suchte ihn Otto Lange, der dortige Repräsentant des Verlages, in seinem Hotel auf. Er überbrachte Rosbaud ein Telegramm, in dem er nachdrücklich aufgefordert wurde, sofort nach Berlin zurückzukehren. Rosbaud war auf das Schlimmste gefaßt – und er wurde nicht enttäuscht.
Zu Hause erwartete ihn ein Einberufungsbescheid der Organisation Todt. Rosbaud wurde zur Zwangsarbeit eingezogen. Bereits in wenigen Stunden sollte er sich melden. Das Ganze mußte ein Zufall sein. Wäre Rosbaud in das Attentat auf Hitler verwickelt gewesen, dann wäre sein Schicksal besiegelt gewesen. Eine Einbe-

rufung in die O. T. allerdings konnte dieselben Folgen haben. Die Organisation Todt war eine Spezialtruppe, die Fritz Todt 1938 gegründet hatte. Todts Organisation war verantwortlich für größere militärische Bauvorhaben wie die Errichtung des Westwalls, den Bau der Eisenbahnlinie in Rußland und schließlich auch für den Bau unterirdischer Fabriken wie der in Nordhausen, wo Düsenflugzeuge und Raketen vom Typ V 2 hergestellt wurden. Todt hatte Befehlsgewalt über Zwangsarbeiter, Insassen von Konzentrationslagern, politische Gefangene, inhaftierte Kriminelle und wehrpflichtige deutsche Bürger. Nachdem Todt im Februar 1942 bei einem Flugzeugunglück ums Leben gekommen war, teilte Hitler die Organisation dem Reichsminister für Bewaffnung und Munition, Albert Speer, zu. Im Mai 1944 gelang es Xaver Dorsch, einem Agenten der NSDAP in Speers Ministerium, die Kontrolle über sämtliche Bauvorhaben im Dritten Reich an sich zu reißen.
In den Lagern der O.T. herrschten bereits vor der Übernahme durch Dorsch schlechte Arbeitsbedingungen, aber mit seiner rücksichtslosen Art schaffte Dorsch ein Klima, das der leitende Arzt der O.T., Dr. A. Poschmann, gegenüber Speer als »Dantes Inferno« bezeichnete. Und in dieses Inferno sollte Rosbaud jetzt hineingestoßen werden, ohne das er dafür die nötige Kondition gehabt hätte. Er litt immer noch unter den Folgen einer Infektion, die er sich 1942 zugezogen hatte und in deren Verlauf sein Gewicht auf 125 Pfund zurückgegangen war. Seither fühlte er sich geschwächt, und er erlangte seine volle Kraft nie wieder zurück. Selbst eine kurze Zeit im Dienste der Organisation Todt hätte ihn umbringen können. Retter in der Not war Rosbauds Nazi-Freund Friedrich Karl Drescher-Kaden, der ihn vor der Zwangsarbeit und wahrscheinlich auch vor dem sicheren Tod bewahrte.
Im Januar hatten die Nazis Hans Rosbaud das Kriegsverdienstkreuz verliehen, und nun fürchtete Paul, daß Hans gegenüber den akademischen Kreisen Straßburgs kritiklos werden könnte, die Paul für die schlimmsten in ganz Deutschland hielt. Er warnte Hans: »Paß auf, wo du verkehrst. Ich muß dich vor allen Dingen vor dem Chemiker-Paar warnen. Es besteht eine direkte Verbindung zu gewissen Stellen, die schon oft auf wenig schöne Weise benutzt worden ist.« Diese Anspielung galt den Noddacks. Doch Ehre, wem Ehre gebührt. Walter und Ida Noddack hatten 1925

das Rhenium entdeckt, und wenn ihre Vorschläge von Leuten wie Joliot-Curie, Enrico Fermi und Otto Hahn vor dem Krieg angenommen worden wären, dann wäre die Kernspaltung wesentlich früher entdeckt worden.

Ihr Verhalten unter der Nazi-Diktatur freilich war zu tadeln gewesen, und Paul schrieb an Hans: »Ich habe mich selbst einmal zu ihren Freunden gezählt, aber nun habe ich alle Beziehungen zu ihnen abgebrochen. Ich rate dir, mit dem Internisten ebenso zu verfahren.«

Bei dem Internisten handelte es sich um Dr. Hirt, den Leiter des Anatomischen Instituts der Universität. Er hatte zusammen mit Dr. Sigmund Rascher in Dachau verschiedene wissenschaftliche Experimente durchgeführt. Rascher lieferte Hirt »ausgewählte Exemplare«, und Hirt teilte Rascher die Ergebnisse seiner Untersuchungen mit, die dieser für seine Arbeit am Institut für Ahnenerbe verwerten konnte, wo es um die »Reinheit der Rasse« ging. Dr. Eugene von Haagen, ein Mitarbeiter Hirts, unternahm ebenfalls einige interessante Experimente auf dem Gebiet der biologischen Kriegführung. Haagen hatte sich im vergangenen November bei Hirt beklagt, daß seine Fleckfieberversuche sich dadurch verzögerten, daß von den hundert Gefangenen, die ihm das letzte Mal aus Dachau geschickt wurden, achtzehn schon tot ankamen und der Rest in einem »unbrauchbaren« Zustand gewesen sei. Er verlangte, daß man ihm noch einmal hundert Leute schickte, die in besserer Verfassung waren. Haagen war also unzufrieden, ganz im Gegensatz zu Hirt. Dieser sammelte in Straßburg Schädel von Juden und Bolschewisten für die Schädelsammlung der Stiftung Ahnenerbe.

An der Universität Straßburg war der Einfluß der Nazis besonders stark, und dementsprechend grauenerregend waren die medizinischen Experimente. Zwar befanden sich einige der Forschungseinrichtungen nicht auf dem Universitätsgelände, sondern bei einem nahegelegenen militärischen Stützpunkt, der zu den Befestigungsanlagen an der Maginotlinie gehört hatte. Trotzdem müssen die meisten Mitarbeiter der Universität gemerkt haben, daß ihre Kollegen von der medizinischen Fakultät bis aufs Skelett abgemagerte »Musterexemplare« für Experimente benutzten.

Die Anspielung auf den »Internisten« beweist, daß Rosbaud

Bescheid wußte, und er sah sich gezwungen, seine Warnung auszuweiten: »Ich kenne zwar die anderen hohen Tiere nicht, aber sei vorsichtig, wenn du irgendwelche Zweifel hast. Ich mußte mich zwanzig Jahre mit dieser Art von Leuten herumschlagen und kenne sie nur zu gut.« Der einzige, dem Paul an dieser Universität vertraute, war Drescher-Kaden. Seinem Bruder gegenüber meinte er: »Der Mineraloge überragt die anderen um Längen, trotz gewisser Schwächen, für die man ihm jedoch keine Vorwürfe machen kann.« Paul Rosbauds Zutrauen zu dem Mann war nicht unangebracht.

Drescher-Kaden war hinsichtlich seiner Freundschaft zu Paul Rosbaud niemals ins Wanken geraten, obwohl sie sich oft lange und erbittert über das Nazi-Regime gestritten hatten. Als man zwei Tage nach dem fehlgeschlagenen Attentat auf Hitler auf brutale Weise gegen alle vorging, die im Verdacht standen, an der Verschwörung beteiligt gewesen zu sein, tat Drescher-Kaden alles zur Rettung seines Freundes. Er beantragte bei der Organisation Todt umgehend eine Versetzung des Reservisten, und er behauptete, Rosbauds Arbeit sei für den weiteren Verlauf des Krieges entscheidend. Drescher-Kaden fuhr noch stärkere Munition auf. Durch Schmeicheln und Bitten erreichte er, daß Walther Gerlach, der Leiter von Görings Reichsforschungsrat, einen Sonderbefehl herausgab, demzufolge man Rosbauds Dienste anderweitig benötigte.

Dann machte sich Otto Hahn für ihn stark. Er legte beim Ministerium für Rüstung und Kriegsproduktion Protest ein und wies darauf hin, daß Rosbaud dem *Rüstungskommando* zugeteilt werden müsse, einer Spezialeinheit, der im wesentlichen Arbeiter aus der Rüstungsindustrie angehörten. Innerhalb eines Tages wurde Rosbaud zur *Schlüsselkraft* erklärt, einem Arbeiter, der für die Durchführung des Krieges unbedingt erforderlich ist.

Solange er die Bescheinigung in der Tasche hatte, daß er eine Schlüsselkraft war, brauchte er nicht in Berlin zu bleiben. Deshalb fuhr Paul Rosbaud erneut nach Wien und feierte dort noch viel ausgiebiger, als er es bei seinem ersten Wienbesuch von vor ein paar Tagen geplant hatte. Als er sich erholt hatte, fuhr er mit dem Zug nach Graz, um das Geschäft mit dem Grafen Johann Otto Herberstein perfekt zu machen. Er nahm sich ein Zimmer im

Gasthof »Wiesler« mit Ausblick auf das Mur-Tal, und wie immer, wenn er in Graz war, besuchte er den Stadtteil, in dem er geboren worden war. Dort unterhielt er sich mit alten Leuten, denn er war immer noch auf der Suche nach seinem Vater.
Rosbaud aß mit Graf Herberstein auf Schloß Eggenberg zu Abend. Er ließ sich das Essen schmecken. Als kleiner Junge hatte er das Schloß nie betreten dürfen. Um 1625 hatte sich Hans Ulrich von Eggenberg ein hübsches Stück Land westlich von Graz ausgesucht und dort seinen Traum einer harmonischen Welt verwirklicht. Das Schloß hatte 24 Empfangshallen mit insgesamt 52 Fenstern, und im gesamten Schloß gab es genau 365 Fenster. Alle Räume waren mit Planeten und Sternen verziert. Später ging das Schloß in den Besitz der Familie Herberstein über und kam dann zwangsläufig in die Schlösser-Sammlung von Reichsjägermeister Hermann Göring.
Während des Krieges war in dem Schloß die Musikschule der Steiermark untergebracht, aber Graf Herberstein und seine Frau Idella, eine geborene Scarborough aus Baltimore, durften noch einige Räume des Schlosses bewohnen. Paul sprach mit dem Grafen über die Möglichkeit, den Bücherbestand des Springer-Verlags in einem seiner anderen Schlösser zu lagern. Rosbaud hielt den Grafen für »ein wenig zu sanft und dekadent«, aber er schätzte ihn dennoch als »einen Mann von Welt«. Johann Otto war im Prinzip einverstanden, meinte aber, daß ein Schloß, das Hermann Göring gehörte, vielleicht nicht der passende Ort sei. Wenn Springer wolle, könne er seinen Bücherbestand auch in Hartberg unterbringen, wo die Familie Herberstein ihre eigenen Wertsachen aufbewahrte. Dabei konnte es allerdings Probleme geben. Zum einen dachte die Hitlerjugend daran, das Schloß zu übernehmen. Und zum anderen waren dort im Augenblick zwanzig britische Kriegsgefangene untergebracht. Bezüglich der Kriegsgefangenen war Rosbaud der Ansicht: »Die stören uns sicher nicht.«
Paul reiste nach Hartberg, um sich das Märchenschloß am Fuße des mit Reben bedeckten Ringkogel aus der Nähe anzusehen. Der Wein war (und ist) berühmt. Aber er war nicht das einzige Vergnügen, das sich Rosbaud gönnte. Er hatte es nicht eilig, nach Berlin zurückzukehren. Der Platz war ideal. Es gab zahlreiche trockene unterirdische Höhlen, und wenn die Hitlerjugend das

Schloß nicht konfiszierte, dann war es der geeignete Lagerplatz für Springers Bücherbestände. Ohne zu wissen, was sich in Berlin ereignete, bummelte Rosbaud durch die Steiermark. Auf einem seiner Streifzüge beschloß er, eine alte Freundin von Hans in Gleisdorf zu besuchen. Als er allerdings erfuhr, daß sie dort das offizielle Amt eines Führers der örtlichen Bauern innehatte, ließ er seinen Plan fallen.
Gleisdorf liegt nicht weit von St. Marien entfernt, wo Pauls Schwester Martha aufgewachsen war, geheiratet hatte und dann im Kindbett gestorben war. Paul versuchte vergeblich, ihren Sohn Andreas ausfindig zu machen. Er schrieb an Hans: »Vielleicht liegt er irgendwo in Rußland begraben.« Paul hatte seinen Neffen nie gesehen, und er unternahm keinen weiteren Versuch, ihn zu finden. Andreas lebt übrigens heute noch.
Der Kampf ums Überleben wurde für »Sigurd« und den »Greif« immer schwieriger, nicht nur wegen der Gestapo, sondern auch wegen der massiven Bombenangriffe der Alliierten. Am Abend des 13. Februar 1945 aßen »Sigurd« und seine Freundin in dem vornehmen »Europahof« in der Nähe des Hauptbahnhofs in Dresden zu Abend. In dieser Nacht bekam die Stadt zum ersten Mal die Vergeltungsschläge der Alliierten zu spüren. Wie durch ein Wunder überlebten die beiden den britischen Bombenangriff und das Massaker, das amerikanische Bomber einen Tag später, am Valentinstag, anrichteten. Der nie um Ideen verlegene Sverre Bergh setzte sich am nächsten Tag in ein von seinem Eigentümer stehengelassenes Auto und fuhr in Richtung Norden, um weitere Berichte über die Bombenangriffe der Alliierten zu schreiben, einschließlich des Angriffs auf Dresden – aus der Sicht dessen, der dabei war. Die Berichte über die Zerstörung industrieller Einrichtungen, die er nach London schickte, waren eine wertvolle Ergänzung des Bildmaterials der Aufklärung.
Zwei Monate später sah sich Paul Rosbaud der Sowjetarmee gegenüber. Sein Haus in der Fritz-Reuter-Straße 29 in Teltow stand im Zentrum des südlichen Abschnitts der Zangenbewegung, mit der die Sowjets Berlin einkreisten. An der Nordseite des Hauses lag der Teltowkanal, 50 Meter breit und etwas über 2 Meter tief. An seinem Nordufer befanden sich Stahlbetonbunker und Geschützstellungen. Dort hatte man zur Verteidigung des

Kanals Bataillone des Volkssturms aufgestellt, dem vorwiegend Jugendliche und alte und kranke Männer angehörten. Es war offensichtlich, daß die Russen sich auf die Gegend von Teltow konzentrieren würden. Deshalb bereiteten sich im Hause Rosbauds alle – einschließlich Ruth Langes, Hilde Benjamins und der treuen Klara – auf die Flucht vor.

Es war Freitag, der 20. April 1945. Sverre Bergh fuhr in einem Lastwagen mit dem Kennzeichen P.K.W. II 10942 von Dresden aus zum Hauptquartier von Graf Folke Bernadotte nach Friedrichsruh bei Hamburg. Er trug einen Paß bei sich, den die schwedische Kirche in Hamburg ausgestellt hatte. Es war nur einer von den vielen, die er sich im Laufe der Zeit von der Kirche, vom Internationalen Roten Kreuz und vom schwedischen Konsulat in Hamburg verschafft hatte. Geschickt war er der russischen Armee entkommen, die Berlin einkreiste, und fuhr in Richtung Potsdam. Rosbauds Haus lag auf seinem Weg.

Als Bergh eintrat, fand er einen grinsenden Mann in abgerissenen Kleidern vor. Es war Paul Rosbaud. Stolz zeigte er Bergh den Werkzeugkasten, den er sich gerade auf den Rücken schnallen wollte. Es war nur ein kurzer Besuch, und das Gesicht des »Zimmermanns« nahm einen schwachsinnigen Ausdruck an, als Bergh wieder davonfuhr. Nur wenige Minuten später flohen die Bewohner des Rosbaudschen Hauses zum Landhaus Georg Bergmanns. Bergmann war schon älter, von Beruf Schriftsetzer und einer der kommunistischen Freunde Hilde Benjamins.

Am Nachmittag des 22. April 1945 machte das 7. Panzerkorps unter Generalleutnant V. V. Novikov Rosbauds verlassenes Haus dem Erdboden gleich. Am 24. April überquerten die Russen den Teltowkanal, am Abend waren sie in Berlin. Zwei Tage später wurde das Kaiser-Wilhelm-Institut besetzt, während um Berlin selbst noch hart und erbittert gekämpft wurde. Sowjetische Truppen übergaben Josef Stalin als Geschenk zum 1. Mai den Reichstag, und Adolf Hitler belohnte Paul Rosbaud und den Rest der Welt damit, daß er in seinem Bunker Selbstmord beging.

Paul Rosbaud kehrte eine Woche später nach Teltow zurück. Er wollte nachsehen, ob sein Telefon noch funktionierte. Obgleich ringsherum alles zerstört war, war das Telefon als einziger nützlicher Gegenstand nicht beschädigt worden. Plötzlich stürzte ein russischer Soldat auf ihn zu. Er sah, wie Rosbaud in den merkwürdigen Apparat sprach und dachte, Rosbaud sei ein Spion, ein Gedanke, der der Wahrheit näherkam, als ein Außenstehender hätte vermuten können! Rosbaud überredete den Russen dazu, ihn zu verschonen. Und damit nicht genug. Kurz nach diesem Vorfall verschaffte Rosbaud sich auf der russischen Kommandantur mehrere Passierscheine und lief völlig unbehelligt durch die Trümmer Berlins.

Hilde Benjamin mußte sich nicht vor den Russen verstecken. Sie war von ihnen beauftragt worden, in Berlin die Strafrechtspflege zu organisieren. Die Sowjets requirierten für Hilde, Paul und Ruth ein nettes Haus in der Boltzmannstraße in Dahlem und händigten Paul einen Paß aus. Als im Juli die Konferenz von Potsdam stattfand, durften die Amerikaner und Briten Berlin betreten. Ruth Lange lacht heute noch darüber, wie ihre Schwester jeden Morgen von einem schwarzen russischen Stabswagen abgeholt und Paul mit einem Jeep zum britischen und amerikanischen Hauptquartier gefahren wurde. Rosbauds Haushalt wurde aus den Kantinen der Besatzungsmächte großzügig mit Nahrungsmitteln und Alkohol versorgt. Pauls Heim war zu guter Letzt doch noch im wahrsten Sinn »exterritorial« geworden, und wieder einmal genoß er das angenehme Leben, dieses Mal im zerstörten Berlin.

Aber Rosbaud war auch den Russen bekannt, und sie fingen bald an, ihm Fragen zu stellen. Das Verhör fand allerdings unter den angenehmsten Bedingungen statt. Oberst I. K. Kikoin, ein führender Wissenschaftler des sowjetischen Atomenergieprojekts, leitete die Vernehmung. Nachdem im Juli General Groves' ALSOS-Team eingetroffen war, suchte Rosbaud morgens Kikoin auf und nachmittags Samuel Goudsmit, den wissenschaftlichen Leiter von ALSOS, und das ging über mehrere Wochen so, bis Rosbaud entschied, daß es sicherer war, sich an die Amerikaner zu halten. Goudsmit erfuhr von ihm, wo genau die Interessen der Russen lagen, und zwischen ihm und Rosbaud entwickelte sich eine enge Freundschaft, die bis zu Pauls Tod bestand.

Sverre Bergh, der sich in der britischen Besatzungszone aufhielt, ging nach Stockholm und erhielt am 12. Juni auf Anweisung von Eric Welsh ein Einreisevisum für Großbritannien. Welsh bat Bergh zu überlegen, wie man Rosbaud aus Berlin herausbringen könne, aber dabei kam kein vernünftiger Plan zustande. Die Russen ließen niemanden heraus, weder tot noch lebendig, es sei denn, man wollte nach Osten fahren.

Im Frühherbst übergab ein Soldat Rosbaud eine Einladung von Kapitza. Er erkannte zwar die Handschrift, aber er konnte nicht glauben, daß Kapitza sich in einem Hotel in Berlin aufhielt. Rosbaud legte den Brief Goudsmit vor, der ebenfalls skeptisch war. (Goudsmit meint sich zu erinnern, daß es sich bei dem Hotel um das »Adlon« handelte, aber das ist unmöglich, weil das Adlon am 30. April bis auf die Grundmauern abgebrannt war.) Als Rosbaud am Hotel ankam, wurde er auf der Treppe von zwei russischen Offizieren festgenommen. Glücklicherweise hatte Goudsmit Rosbaud zwei Jeeps mit Soldaten als Eskorte zur Verfügung gestellt, und sie konnten Rosbaud befreien. Doch seine Tage in Berlin waren gezählt.

Kapitel 36

Verschwörung in Farm Hall

Paul Rosbaud war wieder frei, während die Mitglieder des Uran-Vereins in Gefangenschaft gerieten. Max von Laue gehörte zwar nicht dem Verein an, aber er arbeitete wie die anderen in Dahlem, das den Krieg fast unbeschadet überstanden hatte. In der Nacht vom 15. Februar führte die Royal Air Force einen ihrer schwersten Bombenangriffe auf Berlin durch. Am nächsten Tag schrieb von Laue an Lise Meitner: »Das Kaiser-Wilhelm-Institut für Physik, Zellphysiologie, Biologie, Biochemie, Anthropologie und physikalische Chemie hat den gestrigen Luftangriff nahezu unbeschadet überstanden. Dasselbe gilt für das Haus Otto Hahns.«
Obwohl das Institut nur geringfügig beschädigt war, beschlossen die Mitglieder des Uran-Vereins, ihre Arbeit in einer Höhle bei Haigerloch am Rand der Schwäbischen Alb fortzusetzen. Während die Russen ihren Einfluß in Berlin weiter ausbauten, beschlagnahmten die Mitglieder von General Groves' ALSOS-Kommission die Dokumente, die sie in Haigerloch fanden, und nahmen die Wissenschaftler fest, die sich dort verbarrikadiert hatten. Eric Welsh war dabei, um sicherzugehen, daß er beim Aufteilen der Beute nicht zu kurz kam. Zehn Wissenschaftler wurden Welsh anvertraut und nach Farm Hall gebracht, von wo aus das »Gunnerside-Team« vor zwei Jahren aufgebrochen war, um die Produktionsanlage für schweres Wasser in Vemork zu sabotieren.
Welsh, der Meister der Verstellung, konnte nicht vorhersehen, daß in dem hübschen georgianischen Landhaus ein groß angelegtes Täuschungsmanöver geplant wurde. Vor dem Haus fließt der Ouse vorbei. Jenseits des Flusses erstrecken sich weite Auen, die William Cobbett 1822 als die »bei weitem schönsten Wiesen, die ich jemals gesehen habe«, beschrieb. Cobbetts überschwengliche Freude wurde bereits anderthalb Jahrhunderte zuvor von Samuel Pepys vorweggenommen, der davon begeistert war, wie »die

Bauernmädchen dort ihre Kühe melken ... mit welcher Freude sie dann alle mit ihrer Milch nach Hause gehen, manchmal sogar mit musikalischer Begleitung«. Leider hatten die unfreiwilligen Gäste von Farm Hall keine Bauernmädchen, mit denen sie herumtollen konnten, aber es gab viel Musik, und auch sonst fehlte es an nichts.
Die zehn Mitglieder des Uran-Vereins waren Männer von Rang und Namen: Eric Bagge, Kurt Diebner, Walther Gerlach, Otto Hahn, Paul Harteck, Werner Heisenberg, Horst Korsching, Carl F. von Weizsäcker und Karl Wirtz. Weil der Nobelpreisträger Max von Laue zufällig anwesend war, als man die anderen verhaftete, wurde auch er festgenommen, obwohl er nicht an dem Uranprojekt beteiligt war. Er stand Paul Rosbaud hinsichtlich seiner Einstellung am nächsten.
Im Vergleich zu dem, was die Männer im Nachkriegsdeutschland erwartet hätte, lebten sie hier im Überfluß. Und wenn sie sich, was häufig vorkam, dennoch bei ihren »Gastgebern« beklagten, dann wurden sie nur gefragt, ob sie vielleicht lieber nach Rußland wollten, wohin man viele ihrer Kollegen gebracht hatte. Eric Welsh kam des öfteren vorbei, immer korrekt in Uniform, an der seine sämtlichen Orden hingen. Anderswo war er selten so zu sehen. Die Internierten bezeichneten ihn hinter seinem Rücken als »Goldfasan«. Doch er war ihr »Gastgeber«, und als er wieder einmal Klagen hörte, meinte er nur, wenn es nach ihm ginge, würden sie alle erschossen.
Man hatte jedem Wissenschaftler einen Kriegsgefangenen als Burschen zugeteilt, der zu seiner Verfügung stand. Die Bibliothek und das Musikzimmer hatten alles zu bieten, was man sich wünschen konnte, und in dem vornehmen Speisesaal zur Linken der Eingangshalle wurden Essensportionen serviert, die über die in England herrschende Not wegtäuschten. Die Schlafzimmer im oberen Stockwerk waren holzgetäfelt, und in einigen befand sich sogar ein Kamin. Otto Hahn kümmerte sich um den Rosengarten. Und wenn die Wissenschaftler unter sich sein wollten, dann konnten sie unter Pappeln und Linden spazierengehen. Kein Insekt störte sie dabei, ausgenommen die elektronischen Wanzen.
R.V. Jones nimmt für sich in Anspruch, dem Chef des SIS die Installierung von Wanzen in Farm Hall vorgeschlagen zu haben, damit man die Gespräche der deutschen Wissenschaftler abhören

konnte. Vielleicht war es so, aber C wird über den Vorschlag wohl nur gelächelt haben, denn er wußte genau, daß Eric Welsh bereits Jahre zuvor im ganzen Haus und im Garten Wanzen angebracht hatte.

Lediglich Kurt Diebner hatte an die Möglichkeit von Wanzen gedacht, und er fragte Werner Heisenberg: »Sind hier eigentlich Mikrofone installiert?« Worauf Heisenberg lächelnd erwiderte: »Mikrofone? Bestimmt nicht. Hier sind sie nicht so gerissen. Ich glaube nicht, daß sie die Methoden der Gestapo kennen. In dieser Beziehung sind sie ein bißchen altmodisch.« Schließlich war Heinrich Himmler ein alter Freund der Familie Heisenberg gewesen, und deshalb wußte Heisenberg wohl, wovon er sprach. Doch er hatte nicht daran gedacht, daß Eric Welsh genauso »gerissen« war wie die Gestapo. Die Wissenschaftler sprachen also weiterhin ganz offen untereinander und legten dabei dieselbe Naivität an den Tag, die sie während des Krieges gegenüber der Politik gezeigt hatten. In Wirklichkeit war es diese Arroganz der Wissenschaftler gewesen, die die Welt vor Hitlers Atombombe bewahrt hatte.

Max von Laue hingegen war der Außenseiter, der die naiven Überlegungen seiner Mitgefangenen mit einer gewissen Verachtung abtat. Die anderen behandelten ihn deshalb äußerst grob. Bis kurz vor seinem Tod hat sich von Laue nie darüber beklagt. Erst dann schreibt er an Paul Rosbaud:

> Während meiner Gefangenschaft von Ende 1945 bis Anfang Januar 1946 litt ich darunter, wie mich meine Mitgefangenen, besonders Weizsäcker, behandelten. Schon damals war er voreingenommen gegen mich. Als man uns im Zusammenhang mit dem schweren Wasser verhörte, bekam ich diese Voreingenommenheit immer stärker zu spüren. Sie steigerte sich zur offenen Feindschaft, als ich in Zusammenhang mit der Röhmaffäre [1934 ermordeten Hitlers Schergen den Leiter der SA, Ernst Röhm] und Hitlers Sieg Busch zitierte [Feldmarschall Ernst Busch, ein Anhänger Hitlers]: »Der größere Schurke behält immer die Oberhand.« Damals wurden wir von dem britischen Major Rittner bewacht. Weizsäcker wurde sofort aggressiv und sagte unter anderem, daß man solche Formulierungen nicht verwenden dürfe usw.

> Das Folgende schreibe ich seinem Einfluß zu, den er bei jedem geltend machte, der gerade an der Macht war. Rittner, der im Grunde ein friedliebender Mann war, fing an, über den deutschen Militarismus zu reden. Wie Sie wissen, antwortete ich ihm mit dem amerikanischen Zitat: »›My country, right or wrong‹ wurde nicht von einem Deutschen geprägt.« Ich war ziemlich aufgeregt und sprach mit lauter Stimme. Rittner hat mir das nie verziehen. Damit hatte Weizsäcker sein Ziel erreicht, zwischen Rittner und mir Unruhe zu stiften. Die anderen wandten sich auch gegen mich. Dr. Horst Korsching nannte mich einen »Verräter«. Man hatte Korsching verhaftet, weil er Heisenbergs Assistent war. Die Situation spitzte sich zu, als der vorlaute Gerlach zu uns stieß. Das war in Faqueval [in Belgien, auf dem Weg nach Farm Hall].
> Anscheinend hatte Korsching Unterlagen aus deutschen Armeeakten mitgebracht, die mich belasteten und die Rittner gebrauchen konnte. Gerlach war schon deshalb auf mich wütend, weil ich, noch während des Krieges, nicht reagiert hatte, als er behauptete: »Wir müssen siegen.«
> Gerlach wiegelte auch die Burschen gegen mich auf. Als ich einmal einem von ihnen eine Hose zum Bügeln gab, hatte sie hinterher so viele Brandflecken, daß ich sie nicht mehr anziehen konnte. Es war angeblich »aus Versehen« passiert.

In dem Brief an Rosbaud, in dem er über die schlechte Behandlung berichtet, fügt von Laue noch hinzu:

> Bitte entschuldigen Sie diesen Gefühlsausbruch. Ich muß immer daran denken, was Einstein einer Unbekannten antwortete, die ihm von ihren Schwierigkeiten während ihrer Schulzeit erzählt hatte. Er riet ihr dringend ab, davon zu erzählen, und erklärte, daß jeder, der sich über vergangenes Leid beklagt, einen schlechten Eindruck macht. Aber Sie werden mich sicherlich verstehen.

Ein Jahr bevor er bei einem Autounfall ums Leben kam, mußte der gepeinigte Max von Laue noch von einem Geheimnis sprechen, das noch erschreckender war als seine schlechte Behandlung

durch einige Mitglieder des Uran-Vereins. Er hatte eine positive Kritik zu Robert Jungks neuem Buch *Heller als tausend Sonnen* gelesen. Jungk, dessen erklärtes Ziel es war, »auf die Humanisierung der Wissenschaft hinzuarbeiten«, machte darin die amerikanischen und britischen Wissenschaftler zu Unmenschen, die an der Entwicklung der Atombombe mitgearbeitet hatten, während er die deutschen Wissenschaftler verklärte. Dabei sprach er ihnen keineswegs die Fähigkeit ab, die Bombe zu bauen, sondern er erklärte, sie hätten die moralische Stärke besessen, sich der Herstellung der Bombe zu widersetzen. Jungks Buch ist ein frühes Beispiel für die beschämenden Lügen, die heutzutage für bare Münze genommen werden. Es gibt Urkunden, die beweisen, daß die Behauptung falsch ist. Die Tatsache, daß die bedeutendsten deutschen Wissenschaftler sich bei Kriegsende zusammentaten, um diesen Mythos in die Welt zu setzen und am Leben zu erhalten, ist der Hauptgrund dafür, daß das britische Auswärtige Amt erst 1992 entscheiden wird, ob die Protokolle der Gespräche, die in Farm Hall geführt wurden, veröffentlicht werden.
Die ganze Geschichte ist in Max von Laues Brief an Paul Rosbaud nachzulesen. Da es sich um ein Dokument von größter historischer Bedeutung handelt und das Dokument aus diesem Grund, ebenso wie die Protokolle von Farm Hall, nicht zugänglich ist, soll der Brief hier in voller Länge zitiert werden:

Berlin-Dahlem, den 4.4.59

Lieber Rosbaud!
Gestern habe ich zufällig das Mitteilungsblatt der »Gesellschaft für soziale Verantwortung in der Wissenschaft« vom 19. Dezember (Nummer 80) gelesen. Ich habe es mit allergrößtem Interesse gelesen, und ich möchte in diesem Zusammenhang etwas dazu sagen, das nicht für die Öffentlichkeit bestimmt ist. Ich möchte Sie bitten, diesen Brief niemandem zu zeigen, bis die Zeit dafür günstig ist. Solange ich lebe, möchte ich nicht, daß ein breiteres Publikum ihn liest.
In den Besprechungen zu Jungks Buch *Heller als tausend Sonnen*, die in diesem Mitteilungsblatt abgedruckt sind, erscheinen die deutschen Atomwissenschaftler, die während des Zweiten Weltkrieges aktiv waren, als eine geschlossene Grup-

pe. Nur einmal wird erwähnt (von Edward Condon), das Heisenberg in einer Sache eine andere Meinung vertreten hat. In Wirklichkeit hatte jeder der Physiker eine andere Meinung, was natürlich nur normal ist. Aus diesem Grund möchte ich hier berichten, was ich über die Zeit während des Zweiten Weltkrieges und über die Gefangenschaft danach weiß. Ich bin überzeugt, daß mich mein Gedächtnis nicht im Stich lassen wird.

Es ist sowieso nicht viel, was ich zu berichten habe. Wie Sie wissen, hatte ich nie Ambitionen, Atomphysiker zu sein. Nur die westlichen Alliierten hielten mich für einen. Ein einziges Mal – ich weiß nicht mehr, ob es 1941 oder 1942 war – wurde ich zu einem Treffen des Uran-Vereins in Berlin eingeladen. Ich hatte den Eindruck, daß es dabei um eine etwas lächerliche geheime Sache ging. (Bei der Diskussion wurde das Uran immer nur als »Metall« bezeichnet.) Der Verein schien mir ein ziemliches Durcheinander zu sein, ohne ein wirkliches Ziel. Nachdem das Kaiser-Wilhelm-Institut für Physik nach Hechingen verlegt worden war, änderte sich vieles. Einmal besuchte ich die Höhle zwischen den Felsen in Haigerloch, wo das Uran angeblich vor Bombenangriffen geschützt war. Aber mein bisheriger Eindruck wurde durch das, was ich dort sah, nur noch bestätigt.

Nachdem die Franzosen Hechingen besetzt hatten und das Kommando »ALSOS« in das Kaiser-Wilhelm-Institut eingedrungen war, durchsuchten Angehörige des Kommandos das Institut nach der angeblich bereits entwickelten deutschen Atombombe. Sie fanden nicht viel. Sie entdeckten lediglich den Vorrat an schwerem Wasser, den man in Haigerloch versteckt hatte. Doch das verschwiegen sie den Mitarbeitern des Instituts, und statt dessen begannen sie mit den Verhören, bei denen Otto Hahn, Weizsäcker, Wirtz und ich glaube auch Bagge dabeisein mußten. Heisenberg (der zuvor an den Walchensee gefahren war) hatte nur Wirtz und Weizsäcker von dem Versteck erzählt, deshalb fand die ganze Unterhaltung zwischen zwei Offizieren der Alliierten und diesen beiden statt. Es war äußerst peinlich, als die beiden nach einer Stunde zähen Ringens schließlich zugaben, das Versteck zu kennen, und von

den Alliierten zur Antwort bekamen: »Das stimmt. Wir haben es vor ein paar Tagen gefunden.«
Soweit ich mich erinnere, wurde während unserer Gefangenschaft kaum über Atomphysik und Atombomben gesprochen. Wir nahmen alle an, daß es bisher niemandem gelungen sei, die Bombe herzustellen. Wir hielten es für reine Propaganda, als die BBC in London am 6. August 1945 berichtete, daß man eine Atombombe auf Hiroshima abgeworfen habe. Doch am Abend versammelten wir uns alle um das Radio und hörten Attlees Rede. Er verlas ein Schreiben von Winston Churchill, und daraufhin gab es keinen Zweifel mehr, daß es die Uranbombe tatsächlich gab. Natürlich war die Wirkung auf uns ungeheuer.
Jeder von uns reagierte anders darauf. Otto Hahn sagte mit bewegter Stimme: »Ich habe nichts damit zu tun gehabt.« Major Rittner, der uns zusammen mit Hauptmann Brody bewachte und sich um uns kümmerte, rief mich zu sich, um mit mir unter vier Augen zu sprechen. Er bat mich, darauf zu achten, daß Hahn sich nichts antat. Ich erwiderte, daß ich mir in dieser Hinsicht überhaupt keine Sorgen machen würde, aber daß ich es für angebracht hielte, Gerlach in dieser Nacht im Auge zu behalten. Dasselbe riet ich Heisenberg und Weizsäker, die das Schlafzimmer neben Gerlach hatten. Sie schätzten Gerlachs seelische Verfassung günstiger ein als ich, obwohl es so ausgesehen hatte, als ob er einen Nervenzusammenbruch erlitten habe. Glücklicherweise hatten sie recht.
Danach sprachen wir viel über die Voraussetzungen einer atomaren Explosion. Heisenberg hielt in einem von uns Gefangenen arrangierten Kolloquium einen Vortrag zu diesem Thema. Bei der anschließenden Diskussion wurde bezüglich der Rolle der deutschen Physiker während des Zweiten Weltkrieges die Lesart entwickelt, daß sie die Atombombe nicht hatten bauen wollen, weil es entweder zeitlich nicht zu verwirklichen war oder einfach weil sie gegen die Bombe waren. Weizsäcker war dabei der Wortführer. Während der ganzen Diskussion wurde kein einziges Mal ein ethischer Gesichtspunkt genannt. *Heisenberg schwieg die meiste Zeit.* [Hervorhebung von Max von Laue.]

Das ist mein Bericht. Ich habe das Buch von Jungk nur in Auszügen gelesen und dann weggelegt, weil ich darin vieles fand, was man widerlegen konnte, und deshalb konnte ich auf den Rest verzichten. Ich bin überrascht, daß die Kritik der Amerikaner in dem Mitteilungsblatt so milde ausgefallen ist.
Mit den herzlichsten Grüßen
Ihr
M. v. Laue

»Die Lesart, daß die Deutschen die Bombe nicht hatten bauen wollen« beschäftigte Paul Rosbaud bis zu seinem Tod. Er kannte die Wahrheit, konnte aber dennoch in seiner Besprechung von Jungks Buch für das Magazin *Discovery* lediglich folgendes schreiben:

> Ein wichtiger Gesichtspunkt fehlt [in dem Buch]: die Deutschen wußten im Grunde, daß man eine Bombe bauen *konnte*, sie wußten nur nicht *wie*. Man hatte in Deutschland nie eine umfassende Theorie der Atombombe entwickelt ... Aufgrund all dieser Überlegungen entsteht manchmal der Eindruck, als ob die deutschen Atomphysiker als einzige keine oder keine moralische Schuld an der Atombombe treffen würde.

Doch eben dieses Gerücht kam bei der Verschwörung in Farm Hall zustande. Rosbaud wußte, daß es sich nur um ein Gerücht handelte, noch bevor die Mitglieder des Uran-Vereins in Farm Hall interniert wurden, und es ist bekannt, daß Eric Welsh sich mit ihm wegen der Protokolle beriet. Deshalb konnte Rosbaud nicht die volle Wahrheit sagen, ebenso wie er gezwungen war, über die Dienste, die er der britischen Regierung während des Krieges geleistet hatte, Stillschweigen zu bewahren.
Als Rosbaud Max von Laues Brief erhielt, sah er eine Möglichkeit, aus seinem Dilemma herauszukommen. Er bat die Royal Society, bei der von Laue Mitglied war, »ihn [den Brief] in sicheren Gewahrsam zu nehmen, damit er künftigen Generationen als Informationsquelle erhalten bleibt«, denn, so erklärte er, der Brief widerlege die immer wieder veröffentlichte Version deutscher Wissenschaftler, die behaupteten: »Wir wußten, wie man

eine Bombe herstellt, aber das sagten wir den Nazis natürlich nicht. Uns kann man keine Vorwürfe machen – wir sind unschuldig.«
Am 8. Mai 1985 erklärte der Präsident der Bundesrepublik Deutschland, Richard von Weizsäcker, der Bruder Carl F. von Weizsäckers, vor dem Deutschen Bundestag: »Wir brauchen und wir besitzen die Kraft, der Wahrheit ohne Beschönigung und Verzerrung ins Auge zu blicken. Jeder, der seine Augen vor der Vergangenheit verschließt, ist blind für die Gegenwart.«
Doch selbst für diejenigen, die die Augen nicht verschließen, sind die Protokolle von Farm Hall nicht zugänglich. Paul Rosbaud hatte gehofft, daß sein und von Laues letztes Vermächtnis – der Brief im Archiv der Royal Society – zukünftigen Generationen die Wahrheit offenbaren würde. Er hatte nicht mit denen gerechnet, die verhindern wollten, daß die Wahrheit bekannt wurde. Den Brief Max von Laues und die andere Korrespondenz hat man aus dem Archiv der Royal Society in der vornehmen Carlton House Terrace entfernt, wo früher Adolf Hitlers Botschaft untergebracht war.

Epilog

Ein britischer Offizier, der zu Churchills Delegation bei der Potsdamer Konferenz gehörte, übergab Paul Rosbaud einen Brief von seiner Frau. Hilde warf Paul vor, daß er während des Krieges nicht nach England gekommen sei. Er antwortete darauf:

> Ist Dir eigentlich bewußt, daß Leute wie ich eine Sondererlaubnis brauchten und mindestens zweimal verhört wurden, selbst wenn sie nur eine Strecke von zehn Meilen zurücklegen wollten? Wäre es Dir, oder denjenigen, die Dir den gutgemeinten Rat gaben, lieber gewesen, wenn mich die SS erschossen hätte? Jedenfalls kannst Du diesen Leuten ausrichten, daß ich hier mehr zum Sieg der Alliierten beitragen konnte als in London.

Das war alles, was er Hilde mitteilen durfte, denn Paul Rosbaud war vor dem britischen Gesetz zum Stillschweigen verpflichtet, und auch er selbst zog es vor, keine Einzelheiten über seine Tätigkeit bekannt werden zu lassen. Er wollte keine Auszeichnung oder Anerkennung. Nur an der Anerkennung einer Person war ihm viel gelegen. Im September schrieb er von Berlin aus einen Brief an seine Tochter Angela. Sie war die einzige, der er sein Herz ausschütten konnte:

> Als ich Dich das letzte Mal sah, warst du zwölf, und jetzt bist Du bei der Armee. Ich bin stolz auf Dich, und ich bin sicher, Du weißt die Ehre zu schätzen, in einer so tapferen und disziplinierten Armee dienen zu dürfen. Ich bin davon überzeugt, daß Du alles tun wirst, Dich dieser Ehre würdig zu erweisen.
> Ich habe nie von mir behauptet, alles besser zu wissen als die anderen, und selbst wenn ich sicher war, daß ich es tatsächlich besser wußte, habe ich geschwiegen. Ich habe mich anderen

Menschen nie überlegen gefühlt, sondern habe vielmehr versucht, demütig und bescheiden zu sein. Doch vor allen Dingen bin ich kein Egoist gewesen. Andere sollten es nicht schlechter haben als ich, und wenn ich heute nach fast fünfzig Jahren zurückblicke, dann glaube ich, das ich richtig gehandelt habe. Besonders in den vergangenen zwölf Jahren hatte ich ständig andere als warnendes Beispiel vor Augen – jene Menschen, die für den ganzen Aufruhr der letzten sechs Jahre verantwortlich waren. Sie wollten mächtiger sein als die ganze Welt, sie wußten stets alles besser, sie waren Egoisten und nahmen nie Rücksicht auf andere – und wo sind diese Menschen heute? Du siehst, Angela, das war mein großer Triumph. Sie sind entweder untergetaucht oder müssen sich vor Gericht verantworten. Aber ich, ich lebe und bin in Sicherheit. In den Augenblicken größter Gefahr war es ein herrliches Gefühl, zu wissen, daß jemand da war, wenn mir etwas zustoßen sollte, der sagen würde: »Du bist mein lieber Sohn, an dem ich Wohlgefallen habe.«

Ende 1945 wurde Paul Rosbaud in Uniform von Eric Welsh aus Berlin herausgeschleust. Mit Hilfe von Welsh, Sir Charles Hambro und Graf Frederick van den Heuvel baute Rosbaud in London eine Tochtergesellschaft des Springer-Verlags auf. Die Bücher, die im Schloß des Grafen Herberstein versteckt waren, bildeten den Grundstock. Zusammen mit dem ehemaligen Hauptmann Robert Maxwell, der Pressesprecher des britischen Außenministeriums in Berlin gewesen war, begründete Rosbaud einen weiteren wissenschaftlichen Verlag. Er sollte den Namen »Pergamon Press« bekommen. Dann gerieten die beiden Männer in Streit, und Maxwell wurde später ein britischer »Pressezar«.
Rosbaud unterhielt verschiedene Beratungsbüros für wissenschaftliche Verlage in Europa. Das amerikanische Institut für Physik verlieh ihm die erste Tate-Medaille für seine Verdienste um das wissenschaftliche Verlagswesen. Manchmal überwies er das Geld, das ihm deutsche Firmen bezahlten, direkt an Ruth Lange. Sie lebt heute in ärmlichen Verhältnissen in West-Berlin, doch anscheinend hat sie es nie bereut, Paul in den schwersten Jahren seines Lebens beigestanden zu haben.
Ruths Schwester Hilde Benjamin wurde 1953 Justizministerin der

DDR und genehmigte den Bau der Berliner Mauer. Sie ging mit großer Härte gegen diejenigen vor, die versuchten, über die Mauer zu klettern und war überall als »Rote Hilde« bekannt. Sie war das Vorbild für die Figur des Gerichtspräsidenten in John le Carrés Roman *Der Spion, der aus der Kälte kam*. Dieselbe Frau, die sich der Hitlerdiktatur widersetzt hatte, verurteilte 146 Menschen zum Tode, 356 zu lebenslänglicher Haft und über 24 000 Menschen zu Gefängnisstrafen von insgesamt 116 476 Jahren. Hilde Benjamin lebt auch in Berlin – auf der anderen Seite der Mauer.

Nach einer Reihe schwerer Operationen starb Victor Moritz Goldschmidt 1947. Ein paar Tage vor seinem Tod schrieb er Paul Rosbaud, daß ihn »die weisen Prinzipien von Moses Katz geleitet und beschützt« hätten. 1974 wurde in Norwegen zu Ehren des Verstorbenen eine Fünfundachtzig-Öre-Gedenkbriefmarke herausgebracht.

Charles Peyrou und Henri Piatier wurden bedeutende Forscher am Europäischen Zentrum für nukleare Forschung und bei der französischen Atomenergiekommission. »Sigurd« – Sverre Bergh – ist ein erfolgreicher, international bekannter Schiffsingenieur.

R.V. Jones und Eric Welsh kämpften nach dem Krieg erbittert um die Macht in der Atomspionage. Welsh blieb Sieger.

Als Eric Welsh im November 1954 starb, nahm die britische Öffentlichkeit keine Notiz davon. Eine norwegische Zeitung dagegen veröffentlichte einen Nachruf, den Welshs norwegischer Kollege Alfred Roscher Lund verfaßt hatte:

> Er [Welsh] hätte sicherlich das spannendste Buch der Welt schreiben können. Alle, die mit ihm zusammenarbeiteten, und vor allem diejenigen, die er selbst hinausschickte, werden sich daran erinnern, wie sehr er um die Sicherheit seiner Männer besorgt war. Wir wissen auch, wie stolz er auf seine Aufgabe war und welche Ehre es für ihn bedeutete, zur gleichen Zeit seinem eigenen Land und Norwegen zu dienen. Wir als seine Freunde wollen ihm einen letzten Gruß schicken: Wir werden ihn nie vergessen.

Alfred Roscher Lund wurde Mitglied der Fortschrittspartei der Vereinten Nationen in Palästina. Walter Eytan, der als Walter Ettinghausen während des Krieges zusammen mit H. F. Hinsley deutsche Flottenberichte dechiffriert hatte, schrieb vertraulich an die künftigen Gründer des Staates Israel, daß Oberst Roscher Lund ein »wahrer und aufrichtiger Freund« sei. Er fuhr fort: »Falls es in Jerusalem oder Palästina so etwas wie eine Polizei gibt, dann ist er für den Posten des Kommandanten der geeignete Mann.« Aufgrund seiner Erfahrungen als Unterhändler bei den Briten spielte er laut Chaim Herzog, einem ehemaligen Offizier und dem jetzigen Staatspräsidenten Israels, eine einflußreiche Rolle bei den Verhandlungen zwischen den britischen Behörden und der Hagana. Herzog betonte gegenüber seinen Kollegen, daß Roscher Lund bei Verhandlungen »als ein Mann sprach, der während des Kriegs Chef des norwegischen Geheimdienstes war und die ganze Zeit mit dem britischen Geheimdienst in enger Verbindung stand«. Roscher Lund starb 1975.

Frank Foley starb 1958. Im Jahr darauf wurde im Kibbuz Harel in Israel zu seinem Gedenken ein kleiner Wald gepflanzt. Beim Prozeß gegen Adolf Eichmann im Jahr 1961 lobte Benno Cohn, ein Zeuge der Naziverfolgungen und vor dem Krieg aktiver Zionist in Berlin, Frank Foley als einen »Mann, der meiner Meinung nach einer der größten Männer der Welt ist. Er befreite Tausende von Juden aus den Klauen des Todes.«

Hans Rosbaud, den die amerikanischen Besatzungstruppen in Deutschland sehr schätzten, leitete bis 1948 sein Orchester in München. Dann kam er als Chefdirigent des Sinfonieorchesters des Südwestfunks nach Baden-Baden und war Gastdirigent der bedeutendsten Orchester auf der ganzen Welt. Weltberühmt wurde er durch die Uraufführung von Arnold Schönbergs *Moses und Aaron*. Hans starb einen Monat vor seinem Bruder Paul. Er stiftete sein beträchtliches Vermögen für die Erhaltung eines Naturschutzgebietes am St. Gotthard in der Schweiz.

Am 25. Januar 1963 verfaßte Paul Rosbaud sein Testament, in dem er seiner Tochter Angela 500 Pfund, seine goldene Uhr, seine goldene Tate-Medaille vom amerikanischen Institut für Physik und zwei Lithographien von Chagall und Toulouse-Lautrec vermachte. Seiner Frau Hilde hinterließ er seine wissenschaftlichen

Bücher, und die Frau, die mit ihm zusammengelebt hatte, bekam seine Briefmarkensammlung.
Drei Tage später starb Paul Rosbaud im St. Mary's Hospital in London an Leukämie. Seinem Wunsch entsprechend wurde er auf See bestattet.

Anmerkungen und Quellen

Wir sind heute erstmals in der Lage, die Geschichte des »Greif« zu erzählen. Noch vor sechs Jahren, als der erste Band der offiziellen Darstellung *Der britische Geheimdienst im Zweiten Weltkrieg* noch nicht erschienen war, hatte der britische Außenminister die Mitglieder des Geheimdienstes während des Zweiten Weltkriegs darauf hingewiesen, daß sie in nur begrenztem Umfang von ihrer Schweigepflicht entbunden seien. Da es sich hier um Personen handelt, die von Natur aus verschwiegen waren und sind, eigneten sie sich hervorragend für die Arbeit beim Geheimdienst. Sie wissen, daß die Informationen, in die sie eingeweiht werden, »der Schweigepflicht unterworfen sind und nicht bekanntgegeben werden dürfen«. Trotz strenger Beschränkungen wären allerdings ein paar Informanten bereit gewesen, noch vor der Veröffentlichung des ersten Bandes der offiziellen Geschichte des SIS im Jahre 1979 über Paul Rosbaud zu sprechen.

Zu Beginn meiner Arbeit an dem Buch über Rosbaud war der Autor dieser Geschichte, F. H. Hinsley (heute Sir Harry Hinsley), so liebenswürdig, mich zu einem Gespräch am St. John's College in Cambridge zu empfangen, dessen Rektor er ist. Er sagte: »Ich bin froh, daß Sie ihn gefunden haben.« Das war alles, was er mir während dieses und der darauffolgenden Besuche erzählte, in denen ich ihn über die Fortschritte der Untersuchung ins Bild setzte. Aber dieser Satz gab mir die Kraft, weiterzumachen, und das muß Hinsley gewußt haben. Ich danke Sir Harry dafür herzlich.

Keine der Personen, mit denen ich in brieflichem Kontakt stand oder die ich im Laufe meiner Recherchen für dieses Buch befragt habe, mußte deshalb gegen ihre Schweigepflicht verstoßen, und das sollten sie auch gar nicht. Viele fragten bei den zuständigen Behörden nach, bevor sie sich einverstanden erklärten, Fragen zu beantworten oder mit mir zu korrespondieren. Alle haben meine Fragen beantwortet, und nur sehr wenige fühlten sich nicht in der Lage, etwas beizusteuern. Gedrängt habe ich keinen. Außerdem waren die meisten meiner Informanten keine Briten, denn Paul Rosbaud war während seiner Tätigkeit als Agent »Greif« kein britischer Staatsbürger, und keiner seiner direkten Verbindungsmänner – oder »cut-outs«, wie sie von Agenten genannt werden –, mit denen er nach 1939 zusammenarbeitete, war Engländer. Demzufolge fiel die Geschichte des »Greif« zu keiner Zeit in den Zuständigkeitsbereich britischer Behörden, und ähnliches gilt für die anderen Länder.

Der einzige, der die ganze Geschichte des »Greif« kannte, war sein Chef Eric Welsh. Ich traf Eric Welsh Mitte September 1949, als er zu Beratungen mit der amerikanischen Atomenergiekommission in die USA kam, nachdem die Sowjets ihre erste Atombombe gezündet hatten. Kurz darauf bekam er einen Herzinfarkt und wurde ins Garfield Memorial Hospital eingewiesen, wo ich ihn an seinem Krankenbett besuchte und mit ihm sprach. Er war ein schwieriger Patient, und die Schwestern wollten ihn so bald wie möglich wieder loswerden. Ein Flugzeug der U.S. Air Force brachte ihn zurück nach England. In den kommenden zwei Jahren traf ich ihn drei-

oder viermal in London und Washington, und ich fand Gefallen an ihm und seinen Geschichten. Aber keine seiner Geschichten handelte von Paul Rosbaud oder davon, was er während des Krieges gemacht hatte. Ganz lernte ich ihn nie kennen. Niemand kannte ihn ganz.

Die Geschichte des Spions Rosbaud setzt sich zusammen aus Briefen, Dokumenten, Interviews und offiziellen Berichten – jede Quelle enthält nur einen Bruchteil der ganzen Geschichte, und oft gibt es nur indirekte Hinweise. Obwohl sie nur wenig über Rosbauds Spionagetätigkeit wußten, erzählten mir die wenigen Personen, die ihn näher kannten, bereitwillig von ihrem Leben mit ihm. Meine Begegnungen und der Briefwechsel mit seiner Frau Hilde und seiner Tochter Angela bereiteten mir große Freude, und ich bin dankbar, daß sie mir Einblick in ihr Privatleben gewährten. Die Zeit in Berlin, wo ich Gespräche mit Ruth Lange aufzeichnete und eine lebendige Demonstration im Kugelstoßen erhielt, ist mir unvergeßlich. Ich bin diesen Frauen und allen anderen, die nicht genannt werden wollen, äußerst dankbar, daß sie mir manchmal auch intime Dinge aus ihrem Leben offenbart haben.

Paul Rosbaud selbst suchte nie nach Anerkennung für die Arbeit, die er während des Krieges ausführte und die zum Sieg der Alliierten beitrug. Vor seinem Tod vernichtete er fast alle persönlichen Unterlagen. Einige davon wurden nach seinem Tod von anderen vernichtet. Er hinterlegte allerdings Dokumente bei engen Freunden. Die meisten beziehen sich nicht auf seine spezielle Tätigkeit als Agent, sondern sind eher von allgemeiner historischer Bedeutung. Einige dieser Archive wurden ausfindig gemacht. Andere sind bekannt, liegen jedoch noch bis 1993 unter Verschluß.

Offiziell existieren in den Archiven des britischen Geheimdienstes keine Unterlagen über Rosbaud. Die der Öffentlichkeit zugängliche Geschichte des SIS (natürlich gibt es auch eine interne) scheint die Richtigkeit von Flauberts Ausspruch zu bestätigen: *Keine Ungeheuer, keine Helden*. In der offiziellen Geschichte wird Rosbaud lediglich genannt als »bekannter Autor eines deutschen Wissenschaftsmagazins, der seit dem Frühjahr 1942 mit dem SIS in Verbindung stand«. Und der SIS verhinderte weitere Nachforschungen über Paul Rosbaud, indem er erklärte, daß sich »seine Berichte nicht in den Akten befinden«.

Als ich beim CIA um die Erlaubnis bat, in den Akten nach Material über Rosbaud zu suchen, sagte man mir, daß die Berichte, die ich suchen wollte, nicht existierten. Ich bin nur auf ein einziges freigegebenes Dokument gestoßen, das die außergewöhnlichen Dienste Rosbauds während des Krieges belegt. Es steht in Zusammenhang mit dem Nachlaß Victor Goldschmidts, und die Eindringlichkeit der Darstellung zeigt zur Genüge, wie sehr die britische Regierung die Dienste Rosbauds zu schätzen wußte. Die Erklärung ist Teil eines Memorandums des amerikanischen Justizministeriums vom 26. April 1955 und lautet folgendermaßen:

> [Rosbaud] kehrte mit dem Entschluß nach Deutschland zurück, England und seinen Verbündeten um jeden Preis zu helfen. Er hat sein Ziel erreicht. Diesbezügliche Berichte enthalten die offizielle Bestätigung, daß Dr. Rosbaud während des Zweiten Weltkriegs in Berlin blieb, um den Vereinigten Staaten und Großbritannien gewisse technische Informationen zu liefern. Die Informationen waren von unschätzbarem Wert für die Alliierten, und ihre Beschaffung bedeutete ein großes Risiko für Dr. Rosbaud. Seine Unternehmungen im Auftrag der Alliierten waren erfolgreich und so bedeutend, daß sie nicht einmal heute bekanntgegeben werden können und noch immer streng geheim sind. Nach dem Krieg wurde Dr. Rosbaud im November 1945 nach England eingeladen und gebeten, für dieses Land zu arbeiten. Die Einladung wurde in Anerkennung seiner hervorragenden Verdienste für die Sache der Alliierten während des Krieges ausgesprochen.

Um zu rekonstruieren, was in den offiziellen Akten fehlt, habe ich im Verlauf meiner Arbeit an diesem Buch annähernd fünfhundert Leute und über hundert urkundliche Quellen zu Rate gezogen. Einige Leute haben mich gebeten, ihre Namen nicht zu nennen, und ich bin ihrem Wunsch gefolgt. Andere hatten nichts gegen die Nennung ihrer Namen einzuwenden, wollten allerdings nicht eigens hervorgehoben werden. Alle wußten, daß das gesammelte Material für ein Buch verwendet werden sollte. Vielleicht wird es eines Tages möglich sein, alle Namen zu enthüllen und sie im Zusammenhang mit den jeweiligen Beiträgen zu nennen. So müssen einige der Beiträge anonym bleiben. Aber ganz gleich, welche Namen in diesem Buch genannt werden und welche nicht, möchte ich allen aufrichtig danken und hoffe, daß diejenigen, denen ich im folgenden nicht namentlich für ihre Unterstützung danken kann, nicht gekränkt sind. Die Geschichte Paul Rosbauds war lange Zeit unbekannt, sie ist außergewöhnlich komplex, und täglich kommen neue Fakten hinzu. Für etwaige Fehler möchte ich mich daher entschuldigen. Dr. Werner Blank und allen anderen, die mir bei der Übersetzung aus dem Deutschen und den skandinavischen Sprachen geholfen haben, möchte ich ebenfalls herzlich danken.
Für immer stehe ich in der Schuld von Robie Macauley, der Projekt und Manuskript betreut hat und mir bei allen Schwierigkeiten mit Rat und Tat zur Seite stand.

Kapitel 1: Graz

Die Angaben zum Zolchnerschen Zweig von Anna Rosbauds Familie sind dem *Zolchner Kodex* von 1804 entnommen. Das Original befindet sich im Besitz einer jugoslawischen Familie. 1933 fertigte Paul Rosbaud eine Kopie davon an, die sich gegenwärtig im Besitz von Dr. Vincent Frank-Steiner aus Basel befindet, der mir freundlicherweise noch weiteres Material über die Familie zur Verfügung gestellt hat. Die Geschichte von Judith Ginsburger steht in allen Einzelheiten im *Zolchner Kodex*.
Das Leben des Wenzel Rosbaud, Paul Rosbauds Großvater, wurde anhand von Polizei- und Gerichtsakten aus Wien und Graz rekonstruiert. Über die Familie Heinnisser gibt es Aufzeichnungen in Anton Senders Geschichte des Grazer Domchors von 1900 und in Wolfgang Suppans *Steirer Musiklexikon*. Die Beziehungen zwischen den Familien Rosbaud und Heinnisser sind durch Polizeiakten aus Wien und Graz belegt.
Gerhard Maurauschek von der Magistratsdirektion in Graz ist mir eine große Hilfe gewesen. Meine ausdauernden Nachforschungen in Graz und die Briefe, die ich schrieb, als ich versuchte, Paul Rosbauds Vater zu identifizieren, stießen bei Dr. Maurauschek auf Geduld und Verständnis, und er gab mir manchen Rat. Daß die Nachforschungen schließlich erfolgreich waren, ist nicht zuletzt auch sein Verdienst.
Von der Existenz Bruno Rosbauds erfuhr ich durch eine Urkunde, die am 4. Mai 1939 in der Gemeinde Ormoz in Jugoslawien ausgestellt und von Pastor Remagi Jereb unterzeichnet wurde. Später stellte sich heraus, daß Brunos Töchter noch in Jugoslawien leben. Sie und weitere Familienmitglieder haben umfassendes Material zu Bruno und anderen Aspekten der Familiengeschichte beigesteuert, und auf diese Weise kamen Mitglieder der Familie Rosbaud, die gar nichts voneinander gewußt hatten, wieder zusammen. Das war eine der Befriedigungen, die mir beim Schreiben dieses Buches zuteil wurden.

Kapitel 2: Metamorphose

Paul Rosbaud war sein Leben lang ein überaus produktiver Briefeschreiber. Nach dem Krieg tauchen im Briefwechsel mit Freunden Erinnerungen an die Zeit vor 1933 auf. Hinweise auf seine Tätigkeit während des Krieges gab er dagegen nur wenige. In den Unterlagen von Samuel Goudsmit, die sich im Besitz von Irene Goudsmit, in der Bohr-Library im Amerikanischen Institut für Physik und anderswo befinden, sind weitere Ausführungen enthalten. Darauf habe ich mich in diesem und den folgenden Kapiteln gestützt.

Paul Rosbauds vollständiges militärisches Führungszeugnis aus dem Zweiten Weltkrieg befindet sich im Militärarchiv des österreichischen Staatsarchivs in Wien.

Kapitel 3: Kontakte

In den Memoiren von 1960 und 1963 von Rosbauds Schwager Rudolf Frank sind zahlreiche Anekdoten enthalten, die ich in diesem Kapitel verwendet habe. Mir standen auch Briefe langjähriger Freunde Rosbauds zur Verfügung, vor allem von Hermann Mark und Walter Brecht. Das Zitat von Rudolf Hess über Frank Foley stammt aus Hess' persönlicher Erklärung in Dicks, et al., *The Case of Rudolf Hess*.

Kapitel 4: Der falsche Vater

Die Dokumente über Strajner befinden sich im Nachlaß Hans Rosbauds im Moldenhauer-Archiv der Washington State University, Pullman, Washington. Die Sammlung liefert reichhaltige Informationen über Hans und Paul Rosbaud, und ich bin den Mitarbeitern der Bibliothek für ihre Hilfsbereitschaft dankbar. Joan Evans ist Expertin über Hans Rosbaud, und sie war eine zuverlässige und prompte Korrespondentin.

Das Programm von Hans Rosbauds Winterhilfe-Konzert in Graz vom 17. Dezember 1938 stellte mir Wilhelm Rosbaud aus Graz zur Verfügung, dessen Archivforschung und Begeisterung für mich von unschätzbarem Wert waren. Er ist mir seither ein lieber Freund.

Kapitel 5: Privatleben

In Naomi Shepherds Buch *A Refuge from Darkness* gibt es zahlreiche Belege dafür, daß Frank Foley vor dem Krieg den Juden in Deutschland geholfen hat. Nähere Einzelheiten dazu stehen in den Verhandlungsprotokollen zum Fall Adolf Eichmann. Die Protokolle wurden mir in Yad Vashem in Israel zur Verfügung gestellt, wo man mir auch bereitwillig Auskunft gab. Zusätzliche Informationen erhielt ich von Ms. Shepherd sowie Walter Schwartz und ehemaligen Mitarbeitern Foleys beim SIS.

Kapitel 6: V.M.

Es ist reichlich biographisches Material über Victor Goldschmidt vorhanden. Paul Rosbauds persönliche Erinnerungen sind in seiner Biographie über Goldschmidt in Farbers *Great Chemists* zu finden. Das Zitat von Schcherbina wurde mir freundlicherweise von Denis Shaw zur Verfügung gestellt. Von Torlein Kronen und der International Federation of University Women wurde ich großzügig mit Informationen über Ellen Gleditsch versorgt. Aslak Kvalheim, der eng mit V.M. zusammenarbeitete, lieferte noch viele persönliche Details.

Kapitel 7: Der Mann, der gar nicht existierte

Odd Hassel zog es vor, im Hintergrund zu bleiben. Sein Porträt wurde aus Beobachtungen ehemaliger Studenten und Bemerkungen Sir Derek Bartons zusammengestellt, dem zusammen mit Hassel 1969 der Nobelpreis für Chemie verliehen wurde.

Kapitel 8: Kapitza

Der verstorbene Paul Ewald stellte mir seine persönlichen Aufzeichnungen zum Vorfall in der sowjetischen Botschaft in Berlin zur Verfügung. Die Korrespondenz zwischen Anna Kapitza und Paul Rosbaud befindet sich im Meitner-Archiv des Churchill College in Cambridge. Ich bin Mrs. Ulla Frisch sowie dem Rektor, den Mitarbeitern und den Studenten des Churchill College und der Universität Cambridge zu Dank verpflichtet, daß ich im Meitner-Archiv Nachforschungen anstellen und aus Unterlagen zitieren durfte. Umfassende Hintergrundinformation bietet das Buch von Lawrence Badash, *Kapitza, Rutherford and the Kremlin*.

Kapitel 9: Die Emigranten

Als hauptsächliche Quellen für dieses Kapitel dienten die Biographien von Max Born und Otto Hahn. Das Meitner-Archiv am Churchill College sorgte für zusätzliches Material. Professor Nicolas Kemmer und andere, die nicht genannt werden wollen, waren eine große Hilfe. Von Dr. Esther Simpson kommt die Hintergrundinformation über den Academic Assistance Council. Die Korrespondenz zwischen Peter Kapitza und Max Born befindet sich im Maria-Mayer-Archiv an der Universität von Kalifornien in San Diego.

Kapitel 10: Geburtshelfer der Kernspaltung

Die Geschichte der Entdeckung der Kernspaltung ist bekannt. Sie wird in allen Einzelheiten in David Irvings Buch *The German Atomic Bomb* abgehandelt. Auf Rosbauds zentrale Rolle bei der Übermittlung der Unterlagen wird in Fritz Kraffts Biographie von Fritz Strassmann und in Dietrich Hahns Buch über seinen Großvater eingegangen. R. S. Hutton führt in seiner Autobiographie aus, was Rosbaud ihm in London mitgeteilt hat. Rosbauds Treffen mit John Cockcroft ist in dessen Terminkalender vermerkt, der sich im Archiv des Churchill College in Cambridge befindet.

Kapitel 11: Abreise

Das Tagebuch von Margaret Reid befindet sich in der Brotherton Library an der Universität Leeds, der ich überdies großen Dank schulde, weil sie mir weitere Unterlagen über Margaret Reid und Frank Foley zur Verfügung gestellt hat. Ein Großteil der Tagebucheintragungen von Margaret Reid wurde in ihrem Buch *April 1940* (mit General Rolstad) veröffentlicht, das in norwegischer Sprache erschienen ist. Mrs. C. M. Charlton, eine enge Freundin Margaret Reids, ermöglichte mir den Zugang zu ihren Unterlagen und Aufzeichnungen.

In persönlichen Briefen an Samuel Goudsmit wird berichtet, wie Rosbaud Professor Lark-Horovitz »benutzte«. Hubert M. James, emeritierter Professor an der Purdue-Universität, hielt sich zur gleichen Zeit wie Paul Rosbaud und Lark-Horovitz in Oslo auf und besuchte dieselben Professoren. Er besaß ein Notizbuch, und seine Erinnerungen erscheinen lückenlos.

Kapitel 12: Becks Buch

Rosbaud erwähnt in einer autobiographischen Anmerkung, die er dem Amerikanischen Institut für Physik vorlegte, bevor er die Tate-Medaille bekam, welche Rolle er bei der Übergabe von Becks Buch in Oslo spielte. Weitere Informationen zu Becks Buch, zu der Übergabe und was daraus geworden ist, gibt die Metallgesellschaft A.G. in Frankfurt, die Magnesium Elektron Ltd. in Twickenham und die F. A. Hughes Marine Ltd. in Epsom.

Kapitel 13: Der Oslo-Report

Früher galt Dr. Reginald V. Jones hinsichtlich des Oslo-Reports als die ursprüngliche und einzige Informationsquelle. Darüber hinaus gibt es eine Reihe weiterer Berichte und Legenden, die über das hinausgehen, was Dr. Jones erklärt hat, und deshalb hier im Text erwähnt werden. Dr. Jones hat sich während der Recherchen zu diesem Buch als zuverlässiger und eifriger Berichterstatter erwiesen, und ich stehe tief in seiner Schuld. Doch im allgemeinen hat er zu Fragen bezüglich des Oslo-Reports geschwiegen. Zu diesem und vielen anderen Themen hatte Jones' Vorgesetzter in Kriegszeiten, Oberst F. W. Winterbotham, einiges zu sagen, und wie der Text zeigt, habe ich mich auf seine Erfahrungen gestützt. Sir Charles Frank, ein Kriegskamerad von R. V. Jones, war bereit, mir ein aufschlußreiches Interview zu geben.
Diejenigen, die Zeugen oder beinahe Zeugen der Übergabe des Berichts waren, hatten ein besonderes Interesse daran, das Rätsel um den Oslo-Report zu lösen. Die Aussage von Odd Hassels Student Brynulf Ottar war außergewöhnlich. Und weil er ein Mitbegründer und ein bedeutendes Mitglied der streng geheimen Organisation XU war, habe ich seinen Beiträgen durchwegs größten Wert beigemessen. Für dieses und andere Kapitel gaben mir Magne Skodvin, Bjarne Thorsen und Kaleb Nytøren wertvolle Hinweise, die mir bei meinen Recherchen halfen.

Kapitel 14: Wer war der Verfasser?

Die hauptsächlichen Quellen sind die Arbeiten von R. V. Jones und die Veröffentlichungen von Julius Mader aus der DDR. Teddy Lindstroms Artikel über den Oslo-Report und ein Interview mit ihm waren sehr aufschlußreich. Dr. Gertrud Asby, die Witwe Erhard Tohmfors, lieferte viele Einzelheiten über Hans Kummerow und andere.

Kapitel 15: Die Lösung

Aus Archiven norwegischer Zeitungen erhielt ich den entscheidenden Hinweis auf die Ausstellung deutscher Bücher in Oslo im November 1939. Weitere Anhaltspunkte lieferten das Meitner-Archiv und Briefe Rosbauds, darunter vor allem die,

die an norwegische Wissenschaftler gerichtet waren, welche ihrerseits von Rosbauds Anwesenheit in Oslo wußten. Der wichtigste Gewährsmann war natürlich Brynulf Ottar.

Kapitel 16: Rückzug

Die meisten Informationen über Frank Foley sind dem Tagebuch von Margaret Reid in der Brotherton Library entnommen. Generalmajor Leif C. Rolstad, der im April 1940 dasselbe durchmachen mußte wie Margaret Reid und Frank Foley, hätte dazu auch nicht mehr sagen können.

Jacques Alliers vertrauliche Aufzeichnungen befinden sich auf Mikrofilm in der Dokumentensammlung Hans von Halbans am Amerikanischen Institut für Physik in New York.

Kapitel 17: Abgeschnitten

Lise Meitners Brief an Otto Frisch befindet sich in der Trinity Library in Cambridge, und ich danke dem Rektor, den Mitarbeitern und den Studenten des Trinity College für ihre Mitarbeit und ihre Gastfreundschaft. Der Bericht über die *Broompark* stammt aus Charles Weiners Interview mit Kowarski aus dem Jahr 1969. Über die Zugehörigkeit des Earl of Suffolk zum Geheimdienst schreibt Dusko Popov in seiner Autobiographie. Der ehrenwerte Michael Howard, der jetzige Earl of Suffolk, unterstützte mich bei meinen Nachforschungen über das abenteuerliche Leben seines Vaters. Die Anwesenheit Frank Foleys in Bordeaux und seine Flucht vor den Deutschen läßt sich anhand seines Briefes an Dr. Walter Schwartz vom 19. März 1957 und anhand von Äußerungen gegenüber Nachbarn in Stourbridge belegen.

Kapitel 18: Theodor

Informationen zur Biographie von Eric Welsh stammen aus den Archiven des norwegischen Heimatfrontmuseums in Oslo, von Verwandten, aus Nigel Wests *MI6* (dort wird er durchgehend »Welch« geschrieben) und von ehemaligen Kollegen bei der International Paint Company und beim SIS.

Gulbrand Lunde war ein berüchtigter Kollaborateur, und es gibt in norwegischen Archiven ausreichend Informationen über seine politische Karriere. Seine Karriere als Wissenschaftler ist an der Universität von Oslo, der Bibliothek von Stavanger und im Forschungslabor der norwegischen Konservenindustrie aufgezeichnet.

Kapitel 19: Greifswald

Paul Rosbauds Besuch in Greifswald 1941 wird in einem Brief an seinen Bruder Hans aus demselben Jahr erwähnt. Der Brief befindet sich heute im Besitz des Moldenhauer-Archivs an der Washington State University. Die Ernst-Moritz-Universität in Greifswald hat mir Informationsmaterial über die Sage vom Greif und über Professor Jander zur Verfügung gestellt.

Kapitel 20: Sigurd

Die Informationen über »Sigurd« (Sverre Bergh) gehen auf mehrere Interviews und einen Briefwechsel mit ihm zurück. Er war das hauptsächliche Bindeglied zwischen Paul Rosbaud, Eric Welsh und der XU, und er widmete mir viel Zeit, um mich bei den Nachforschungen zu meiner Geschichte des »Greif« zu unterstützen. Offizielle norwegische Dokumente belegen »Sigurds« Aktivitäten. Weitere Bestätigungen und zusätzliche Informationen erhielt ich von seinen ehemaligen Kollegen bei der XU. Alfred Roscher Lund war der Chef des norwegischen Geheimdienstes, und seine Verwandte gaben mir Interviews und stellten weiteres Material zur Verfügung. Mehrere seiner Kollegen handelten ebenso.
Generalmajor Reider Torp, der Leiter des norwegischen Widerstandsmuseums, hat mir ebenso geholfen wie Olav Riste und Tore Gjelsvik, die Chronisten des norwegischen Widerstandes.
Tore Hytten und George Kachmar von der amerikanischen Botschaft in Oslo ermöglichten mir einige meiner Besuche und halfen mir beim Sammeln von Daten.
Anne-Sofie Strømnes, die Witwe von Sverre Berghs »Bewacher« bei der XU, Øivind Strømnes, und Strømnes' Stellvertreter standen mir hilfreich zur Seite, und ich danke ihr und ihrem Sohn Bjørn für ihre Gastfreundschaft in Norwegen.

Kapitel 21: Der Besuch

Es kursieren viele Geschichten über den Besuch Werner Heisenbergs und Carl F. von Weizsäckers 1941 in Kopenhagen. Professor von Weizsäcker traf sich mit mir zu einem langen und erfreulichen Meinungsaustausch über das deutsche Atomprojekt während des Kriegs. Die wichtigsten geheimen Dokumente befinden sich in den Akten des Manhattan Projects im Nationalarchiv der USA. Es gibt sie auch als Mikrofilm an der Universität von Ann Arbor in Michigan. Die Briefe Lise Meitners und Max von Laues, die deren Meinungen über den Besuch widerspiegeln, sind im Besitz des Churchill College in Cambridge.
Sir Rudolf Peierls, der zusammen mit Otto Frisch dazu beigetragen hat, daß der Bau der Atombombe überhaupt möglich wurde, gab mir bereitwillig Auskunft. In Oxford waren er und Lady Peierls sowie Lady Charlotte Simon liebenswürdige Gastgeber.

Kapitel 22: Rückkehr nach Oslo

Informationsmaterial über die geheime Mission Houtermans' in der UdSSR findet sich im Archiv Samuel Goudsmits. Der Brief Drescher-Kadens an Rosbaud, in dem der Besuch in Oslo arrangiert wird, ist im privaten Archiv R. S. Huttons in Cambridge. Weitere Details finden sich in der Korrespondenz zwischen Tom Barths Bruder und Sohn und dem Autor. Harald Wergeland und Werner Romberg lieferten Einzelheiten über Rosbauds Verhandlungen in Oslo. Wergeland betrachtet Rosbaud als »einen der Bhodis meiner Generation«. Ich bin Professor Wergeland zu großem Dank für seine erhellenden Hinweise verpflichtet.

Kapitel 23: »Das Herz deines Feindes«

Die Geschichte von Moses Katz stammt aus Paul Rosbauds Biographie von Victor Goldschmidt in *Great Chemists*. Viele von Goldschmidts Erinnerungen an Moses

Katz stehen in den Briefen, die er nach dem Krieg an Rosbaud schrieb. Hilde Rosbaud hat mir Kopien davon zur Verfügung gestellt. Professor Magne Skodvin schilderte mir Einzelheiten über die Festnahme Goldschmidts und das anschließende Verhör durch norwegische Behörden. Vom Ersta Hospital bekam ich Informationen über seinen dortigen Aufenthalt.

Kapitel 24: »Das Haus steht auf dem Hügel«

Der Hauptinformant für den ersten Teil des Kapitels ist Sverre Bergh. Die zusammenfassenden Kriegsberichte von R. V. Jones befinden sich im Public Records Office von Kew. Die Technische Universität Berlin stellte mir biographisches Informationsmaterial über Vollmer und Stranski zur Verfügung. Herbert Stifters Tochter und W. E. A. de Groot lieferten mir Informationen über Stifter. Überaus dankbar für ihre Bemühungen bin ich M. D. Frank und H. B. G. Casimir, die mir geholfen haben, den Aufbau des niederländischen geheimen Sendenetzes während des Krieges zu verstehen.

Kapitel 25: Die Verbindung zu Frankreich

Die hauptsächlichen Quellen sind Ruth Lange, Henri Piatier, Charles Peyrou und André Piatier. Henri Piatier stellte mir Dokumente und Aufzeichnungen zur Verfügung und war mein Gastgeber im denkwürdigen Quartier Latin. Michael Schöns Witwe Ingeborg hat mir ebenfalls sehr geholfen. Marie-Madeleine Foucarde, die Leiterin der französischen Widerstandsbewegung »Arche Noah«, gab mir wichtiges Informationsmaterial.
Im Berliner Dokumentationszentrum sind die Berichte über die NSDAP und die berufliche Laufbahn Pascual Jordans aufbewahrt.

Kapitel 26: Der Fuchs

Ich bin der Witwe und dem Sohn Leif Tronstads zu großem Dank verpflichtet, weil sie mir Hintergrundinformationen geliefert und in begrenztem Umfang Zugang zu den persönlichen Unterlagen Leif Tronstads gewährt haben. Außerdem danke ich ihnen für die Einladung in ihr Haus. Bjørn Rørholt war mir ein Freund und Helfer, als es darum ging, sich in den verworrenen und kaum bekannten geheimdienstlichen Aktionen der Norweger von der »Feldlerche« bis zum Ende des Krieges zurechtzufinden. Außerdem stand er in ständigem Kontakt mit Eric Welsh und wußte über einige Aktionen des »Greif« Bescheid.

Kapitel 27: »Saft«

Aus der Geschichte des schweren Wassers ist die meisterzählte norwegische Heldentat während des Krieges geworden, aber dieses Kapitel möchte einige weniger bekannte Aspekte beleuchten. Dafür schulde ich vielen Norwegern Dank für ihre Kenntnisse. Mein besonderer Dank gilt dem ehemaligen Chefingenieur der Produktionsanlage für schweres Wasser in Vemork, Jomar Brun, der mir zahlreiche Interviews gab und ausgiebig mit mir korrespondierte. Berichte über die Reaktionen von General Groves und Vannevar Bush liegen im Nationalarchiv der USA.

Kapitel 28: Der General greift ein

Die Berichte über den amerikanischen Bombenangriff auf Rjukan befinden sich im Archiv der Maxwell Air Force Base in Alabama. Kjell Nielsen war Zeuge der Angriffe auf Herøya und Rjukan. John Turner, Eric Welshs persönlicher Berater, hat wichtige Einzelheiten bestätigt, war aber äußerst vorsichtig. Groves' Bericht über das Essen mit Rosbaud stammt aus seiner persönlichen Akte im amerikanischen Nationalarchiv.

Kapitel 29: Exfiltration

Daß General Groves an Victor Goldschmidt Interesse hatte, beweist das Ashbridge-Tagebuch in den Akten des Manhattan Projects im Nationalarchiv der USA. Informationsmaterial zu Lise Meitner findet sich im Churchill College in Cambridge, in den Unterlagen Otto Frischs im Trinity College in Cambridge und in den Unterlagen Lord Cherwells im Nuffield College in Oxford. Die Archivare dort und an vielen anderen Einrichtungen in den Vereinigten Staaten und in West- und Osteuropa waren sehr großzügig, wenn es darum ging, mir Informationsmaterial zur Verfügung zu stellen.

Kapitel 30: »Nicholas Baker«

Als Quellen dienten Interviews mit Robert Furman, Sir Michael Perrin und Njål Hole, desgleichen die veröffentlichten Erinnerungen von Aage Bohr und anderer, die während des Krieges mit Niels Bohr zusammenarbeiteten. Sir Michael, während des Krieges stellvertretender Leiter des britischen Atomenergieprogramms und ein enger Freund Eric Welshs, hat mich bei meiner Arbeit an diesem Buch immer wieder ermutigt, und ich bin ihm dafür außerordentlich dankbar.

Kapitel 31: Doppeltes Spiel

Mit Hilfe von Interviews und aufgrund der Korrespondenz mit ehemaligen Angehörigen der Sektion V des SIS, die nicht namentlich genannt werden wollen, war es mir möglich, die Teile eines sehr komplizierten Puzzles zusammenzufügen. Die Korrespondenz mit dem verstorbenen Ewen Montagu, der die Operation »Mincemeat« geplant hatte, war ebenfalls äußerst hilfreich.

Kapitel 32: Tarnung

Dokumente der NSDAP und Unterlagen über den beruflichen Werdegang Drescher-Kadens waren ergiebige Quellen. Professor Drescher-Kaden selbst hatte nichts gegen ein Gespräch einzuwenden, aber noch bevor wir ein Treffen arrangieren konnten, erkrankte er leider schwer. Im Goudsmit-Archiv aufbewahrte Erklärungen, die Rosbaud nach dem Krieg über Drescher-Kaden und andere Wissenschaftler gemacht hat, ermöglichten in einigen Fällen, das äußere Erscheinungsbild vom wahren Wesen seiner Person zu unterscheiden. Georg von Simson stellte freundlicherweise Rosbauds Beschreibung des Freundeskreises und biographisches Material über Clara von Simson zur Verfügung. Auch an der Technischen Hochschule in Berlin war man sehr kooperativ.

Die Verwandten der Opfer des fehlgeschlagenen Attentats auf Hitler vom 20. Juli 1944 äußerten mir gegenüber ihre persönlichen Ansichten, die nirgends in der Literatur zu finden sind. Ich möchte vor allen Dingen Peter Elsas und Reinhard Goerdeler sowie Eberhard Bethge von der bemerkenswerten Familie Bonhoeffer danken.

Kapitel 33: Die Tränen der Unterdrückten

Helmut Witte, Walter Brecht, Mellita Laves, Ruth Lange, Arnold Flammersfeld, Pincus Jaspert und viele andere waren Zeugen und Nutznießer von Rosbauds Hilfsaktionen für diejenigen, die von der Gestapo verhaftet wurden und für die, die in den Konzentrationslagern dahinvegetierten. Ihre Berichte und Briefe sind erschütternde Beweise dafür, daß Paul Rosbaud mehr war als ein Spion. Für ihn und Frank Foley war die Spionage nicht nur ein Mittel, den Krieg zu gewinnen, sondern zugleich Vergeltung für die Opfer Adolf Hitlers.

Kapitel 34: Der Code der Codes

Die hauptsächliche Quelle für diese Seite der Aktionen des »Greif« war der hervorragende norwegische Historiker Arvid Brodersen, der Rosbaud in seiner Autobiographie erwähnt. Während meiner Arbeit an diesem Buch wurde Professor Brodersen mein Freund und ein unentbehrlicher Ratgeber. Mit seiner Hilfe machte ich Ragnar Winsnes ausfindig, Paul Rosbauds Kurier für den Code der Codes. Winsnes, der zunächst nicht genannt werden wollte, hat jetzt doch zugestimmt. Sein persönlicher Umgang mit dem »Greif« und dem »Code der Codes« hat weitere wichtige Informationen zugänglich gemacht.

Kapitel 35: Sieg

Winsnes, Sverre Bergh und Anders Vikoren lieferten die Informationen zu den Ereignissen um die »Wasserfall«. Wanda Hjort Heger, Arvid Brodersen und die Memoiren von Didrik Seip sind Quellen für Rosbauds Hinweis auf skandinavische Gefangene. Damit wurde wahrscheinlich die Rettungsaktion Graf Folke Bernadottes in Gang gesetzt. Die Information über die kroatischen Verbindungen stammt von Ruth Lange, Henri Piatier und aus anonymen Quellen in Jugoslawien.

Rosbauds Rettung vor der Organisation Todt durch Drescher-Kaden wird von ihm selber in einem Brief an seinen Bruder Hans geschildert, der sich im Archiv der Washington State University befindet. Der Besuch bei Graf Herberstein wird in verschiedenen Briefen aus derselben Sammlung erwähnt. Obwohl der jetzige Graf Johann Otto Herberstein die entsprechenden Dokumente in seinem Schloß nicht finden konnte, danke ich ihm für seine Bemühungen.

Kapitel 36: Verschwörung in Farm Hall

Einige Zitate aus den unveröffentlichten Protokollen von Farm Hall stammen aus den Memoiren General Groves'. Ein weiterer Bericht befindet sich in den Tagebuchaufzeichnungen Eric Bagges, die in seinem zusammen mit Diebner und Jay herausgebrachten Buch enthalten sind. Die »vermißten« Briefe Max von Laues und Kopien von Paul Rosbauds Korrespondenz mit der Royal Society befinden sich im Privatarchiv R. S. Huttons in Cambridge.

Mr. und Mrs. Eschenic hießen mich auf Farm Hall freundlich willkommen.

Abschließende Anmerkungen

Ich danke der Rockefeller Foundation für ein Forschungsstipendium in Bellagio, Italien.
Zum Schluß grüße ich Paul Rosbaud, den großen Meister, der sämtliche Anhaltspunkte, die mich durch ein außergewöhnliches Abenteuer führten, trefflich verschleiert hat.

Bibliographie

Adlon, Hedda. *Hotel Adlon: The Life and Times of a Great Hotel*. New York: Horizon Press, 1960.

Akademie der Wissenschaften. »Obituary: Hans Mortensen, 17. Januar 1894 – 27. Mai 1964«, *Jahrbuch 1964*. Göttingen, 1964.

Alexandrov, Victor. *OS1: Services Secrets de Staline contre Hitler*. Paris: Culture, Art, Loisirs, 1968.

Amaldi, Edoardo. »The Bruno Touschek Legacy«. CERN 81 – 19, 23. Dezember 1981. Genf: European Organization for Nuclear Research.

American Institute of Physics. »Dr. Paul Rosbaud to Receive First John T. Tate Medal of American Institute of Physics«, Pressemitteilung vom 28. September 1961.

Andrew, Christopher. *Secret Service: The Making of the British Intelligence Community*. London: Heinemann, 1985.

Anger, Per. *With Raoul Wallenberg in Budapest*. New York: Holocaust Library, 1981.

Ardenne, Manfred von. *Ein glückliches Leben für Technik und Forschung*. Berlin, DDR: Verlag der Nation, 1980.

Armenteros, R., et al., eds. *Physics from Friends: Papers Dedicated to Charles Peyrou on his 60th Birthday*. Genf: Multi-Office S.A., 1978.

Badash, Lawrence. *Kapitza, Rutherford, and the Kremlin*. New Haven: Yale University Press, 1985.

Bagge, Eric, Kurt Diebner, Kenneth Jay. *Von der Uranspaltung bis Calder Hall*. Hamburg: Rowohlt, 1957.

Barth, Tom, und Gulbrand Lunde. »Lattice Constants of the Cuprous and Silver Halides«. *Geol. Tidsskr. Bd. 8*, S. 281 – 292. Oslo: 1926.

Barwich, Heinz und Elfi. *Das Rote Atom*. München: Scherz Verlag, 1967.

Batchelor, G. K. *Geoffrey Ingram Taylor*. Biographical memoirs, vol. 22. London: Royal Society, 1976.

Beck, Adolph. *Magnesium und seine Legierungen*. Berlin: Verlag von Julius Springer, September 1939.

Becker, Kurt A. und Jochen H. Block. »Iwan A. Stranski«, in *Berichte und Mitteilungen der Max-Planck-Gesellschaft*, März 1980.

Beesley, Patrick. *Very Special Intelligence*. Garden City: Doubleday, 1978.

Beevor, J. G. *SOE: Recollections and Reflections*, 1940 – 1945. London: The Bodley Head, 1981.

Bekker, Cajus. *Hitler's Naval War*. London: Macdonald and Jane's, 1974.

– *The Luftwaffe War Diaries*. Garden City: Doubleday, 1964.

Benjamin, Hilde. *Aus Reden und Aufsätzen*. Berlin, DDR: Staatsverlag der Deutschen Demokratischen Republik, 1982.

–. *Georg Benjamin: Eine Biographie*. Leipzig, DDR: S. Hirzel Verlag, 1977.

Benjamin, Walter. *Briefe*. Bde. 1 und 2, herausgegeben von Gershom Sholem und Theodor Adorno. Frankfurt/Main: Edition Suhrkamp, 1978.

Bennett, Air Vice Marshal D. C. T. *Pathfinder*. Aylesbury: Frederick Muller Ltd., 1958.

Bergier, Jacques. *Secret Weapons – Secret Agents*. London: Hurst & Blackett, 1956.

Bernadotte, Graf Folke. *Instead of Arms*. Stockholm: Bonniers, 1948.

–. *The Fall of the Curtain: The Last Days of the Third Reich*. London: Cassell, 1945.

Berninger, Ernst H., ed. *Otto Hahn in Selbstzeugnissen und Bilddokumenten*. Hamburg: Rowohlt, 1974.

Beyerchen, Alan D. *Scientists under Hitler: Politics and the Physics Community in the Third Reich*. New Haven: Yale University Press, 1977.

Biquard, Pierre. *Frédéric Joliot-Curie*. Greenwich, Connecticut: Fawcett Publications, 1966.

Birkenhead, Graf von. *The Prof in Two Worlds: The Official Life of Professor F. A. Lindemann, Viscount Cherwell*. London: Collins, 1961.

Bjørnsen, Bjørn. *Det Utrolige Døgnet*. Oslo: Gyldendal Norsk Forlag, 1977.

Blackett, P. M. S. *Jean Frederick Joliot*. Biographical memoirs, vol. 6. London: Royal Society, 1960.

Blumtritt, Oskar. *Max Volmer 1885 – 1965: Eine Biographie*. Berlin: Technische Universität, 1985.

Bøhn, Per. *IMI: Norsk innsats i kampen om atomkraften*. Trondheim: F. Bruns Bokhandels Forlag, 1946.

Born, Max. *My Life and My Views*. New York: Scribner's, 1968.

–. *My Life: Recollections of a Nobel Laureate*. New York: Scribner's, 1978.

–. *Physics and Politics*. New York: Basic Books, 1962.

–. *The Born-Einstein Letters*. New York: Walker & Co., 1971.

Bothe, Walter, und Siegfried Flügge. »Nuclear Physics and Cosmic Rays«, Teil I und II, in *FIAT Review of German Science 1939 – 1946*. Berlin: Office of the Military Government for Germany, 1948.

Boyle, Andrew. *The Fourth Man*. New York: Dial Press, 1979.

Brænne, Sverre B. »Aktototat vedr. Norsk Hydros jubileumsbok. Norsk Hydro 50 År, 1905 – 1955.« Betriebsinternes Dokument der Norsk Hydro, April 1952.

Brett-Smith, Richard. *Berlin '45: The Grey City*. London: Macmillan, 1966.

Bridges, Lord. *John Anderson, Viscount Waverly*. Biographical memoirs, vol. 4. London: Royal Society, 1958.

Brissaud, André. *The Nazi Secret Service*. New York: Norton, 1974.

British Science Museum. *The World of Two Atomic Scientists: Max Born and James Franck*. London: 1983.

Brodersen, Arvid. *Fra et Nomadeliv: Erindringer*. Oslo: Gyldendal Norsk Forlag, 1977.

–. *Mellom Frontene*. Oslo: J. W. Cappelens Forlag A.S., 1979.

Brown, Anthony Cave. *Bodyguard of Lies*. New York: Harper & Row, 1975.

–. *The Last Hero*. New York: Times Books, 1982.

Brun, Jomar. *Brennpunkt Vemork: 1940 – 1945*. Oslo: Universitetsforlaget AS, 1985.

Bush, Vannevar. *Pieces of the Action*. New York: Morrow, 1970.

Calvocoressi, Peter. *Top Secret Ultra*. New York: Pantheon Books, 1980.

Casimir, Hendrik B.G. *Haphazard Reality. Half a Century of Science*. New York: Harper & Row, 1983.

Central Intelligence Agency. *The Rote Kapelle: The CIA's History of Soviet Intelligence and Espionage Networks in Western Europe, 1939–1945*. Washington D.C.: University Publications of America, 1979.

Childs, Herbert. *An American Genius. The Life of Ernest Orlando Lawrence*. New York: Dutton, 1968.

Clark, Ronald W. *The Birth of the Bomb*. London: Scientific Book Club, 1961.

–. *The Greatest Power on Earth*. New York: Harper & Row, 1980.

Clayton, Aileen. *The Enemy Is Listening*. London: Hutchinson, 1980.

Cockburn, Stewart, und David Ellyard. *Oliphant*. Adelaide, South Australia: Axion Books, 1981.

Cockcroft, Sir John. *Niels Henrik David Bohr*. Biographical memoirs. vol. 9. London: Royal Society, 1963.

Collier, Basil. *The Battle of the V-2 Weapons*. London: Hodder & Stoughton, 1964.

Colvin, Ian. *Master Spy. Admiral Canaris*. New York: McGraw-Hill, 1952.
Compton, Arthur Holly. *Atomic Quest*. New York: Oxford University Press, 1956.
Conant, James B. *My Several Lives*. New York: Harper & Row, 1970.
Cookridge, E. H. (Pseud. für Edward Spiro). *Set Europe Ablaze*. New York: Crowell, 1967. In Großbritannien veröffentlicht unter dem Titel *Inside S. O. E.* London: Arthur Barker Ltd., 1966.
Correns, Carl W. »Victor Moritz Goldschmidt«, in *Naturwissenschaften*, Bd. 34, Nr. 5, 1947.
David, L. R., und I. A. Warheit. *German Reports on Atomic Energy: Bibliography of ALSOS Technical Reports* (YID-3030). Oak Ridge, Tennessee: U.S. Atomic Energy Commission, 6. Juni 1952.
Deacon, Richard. *A History of the British Secret Service*. London: Panther Books, 1980.
Denham, Henry. *Inside the Nazi Ring. A Naval Attaché in Sweden 1940 – 1945*. London: John Murray, 1984.
Deutsch, Harold. *The Conspiracy Against Hitler in the Twilight Zone*. Minneapolis: University of Minnesota Press, 1968.
Dicks, Henry V., et al. *The Case of Rudolf Hess: A Problem in Diagnosis and Forensic Psychiatry*. London: Heinemann, 1946.
Dornberg, John. *Munich 1923*. New York: Harper & Row, 1982.
Dornberger, Walter. *V-2*. New York: Viking, 1954.
Douglas-Hamilton, James. *Motive for a Mission: The Story Behind Hess's Flight to Britain*. New York: Macmillan, 1971.
Dresden, Technische Universität. *Geschichte der Technischen Universität Dresden*. Berlin, DDR: Deutscher Verlag der Wissenschaften, 1978.
Dulles, Allen W. *Germany's Underground*. New York: Macmillan, 1947.
Dunlop, Richard. *Donovan: America's Master Spy*. Chicago: Rand McNally, 1982.
Ehrman, John. *Grand Strategy*, vol. VI, October 1944 – August 1945. London: Her Majesty's Stationery Office, 1956.
Erismann, Hans. »Professor Hans Rosbaud«, in *Musik und Theater*. Zürich: 15. März 1985.
Ewald, P. P. *Max von Laue. 1879 – 1960*. Biographical memoirs, vol. 6. London: Royal Society, 1960.
Ewald, P. P., ed. *Fifty Years of X-Ray Diffraction*. Utrecht: Oosthoek's Uitgeversmaatschappij, 1962.
Faligot, Roger, und Pascal Krop. *La Piscine. Les Services Secrets Français 1944 – 1984*. Paris: Éditions du Seuil, 1985.
Farren. W. S. *Henry Thomas Tizard* (mit einer Anmerkung von R. V. Jones). Biographical memoirs, vol. 7. London: Royal Society, 1961.
Findahl, Theo. *Undergand. Berlin 1939 – 1945*. Oslo: Forlagt A. V. H. Ascehoug & Co., 1945.
Flechtner, Hans-Joachim. *Atomzertrümmerung*. Berlin: Wilhelm Limpert Verlag, 1942.
Flemming, Peter. *Operation Sea Lion*. New York: Simon & Schuster, 1957.
Foucarde, Marie-Madeleine. *Noah's Ark*. New York: Dutton, 1974.
Frank, Rudolf. *Spielzeit meines Lebens*. Heidelberg: Verlag Lambert Schneider, 1960.
–. *»Erinnerungen an Hans und Paul Rosbaud«*, in *Das Neue Mainz*, Nr. 4, April 1963.
Friedrich, Otto. *Before the Deluge: A Portrait of Berlin in the 1920's*. New York: Harper & Row, 1972.
Frisch, O. R. *Lise Meitner*. Biographical memoirs, vol. 16. London: Royal Society, 1970.

–. *What Little I Remember*. Cambridge University Press, 1979.
Frisch, O. R., Paul Rosbaud, et al. *Trends in Atomic Physics*. New York: Interscience Publishers, 1959.
Fuchs, Klaus Emil Julius. »Proceedings against, at Bow Street Magistrate's Court, London WC 2, February 11, 1950«. Washington, D. C.: Federal Bureau of Investigation.
Fuller, Jean Overton. *The German Penetration of SOE: France 1941 – 1944*. London: William Kimber, 1975.
Gallagher, Thomas. *Assault in Norway*. New York: Bantam Books, 1981.
Galm, Ulla. *Clara von Simson. Preußische Köpfe*. Berlin: Stapp Verlag, 1984.
Gamow, George. *My World Line*. New York: Viking, 1970.
–. *Thirty Years That Shook Physics: The Story of Quantum Theory*. Garden City: Doubleday, 1966.
Garlinski, Jozef. *Hitler's Last Weapons: The Underground War Against the V-1 and V-2*. New York: Times Books, 1978.
Gentner, Wolfgang. *Entretiens avec Frédéric Joliot-Curie à Paris occupé 1940 – 1942*. Heidelberg: Max-Planck-Institut für Kernphysik, 1980.
Gilbert, Martin. *Winston S. Churchill: Finest Hour: 1939 – 1941*. Boston: Houghton Mifflin, 1983.
Gisevius, Hans B. *To the Bitter End*. Boston: Houghton Mifflin, 1947.
Gjelsvik, Tore. *Norwegian Resistance*. London: Hurst & Co., 1979.
Goldberg, E. D. »Goldschmidt, Victor Moritz«, in *Dictionary of Scientific Biography*. New York: Scribner's, 1972.
Goldschmidt, Maurice. *Sage: A Life of J. D. Bernal*. London: Hutchinson, 1980.
Goldschmidt, V. M. »Om super-uraner, grunnstoffer med større kjerneladning enn 92«, in *Fra Fysikkens Verden. Argang 3, 1941 – 42*. Oslo: Norsk Fysik Tidsskrift, 1942.
Goudsmit, Samuel A. *ALSOS*. New York: Henry Schuman, 1947. Neu aufgelegt 1983 (Los Angeles: Tomash Publishers), mit einem Vorwort von R. V. Jones, in dem es heißt: »Was wir wußten, verdankten wir übrigens zum großen Teil Paul Rosbaud.«
Gowing, Margaret. *Britain and Atomic Energy: 1939 – 1945*. London: Macmillan, 1964.
Grazer Stadtwerke A.G. *100 Jahre Grazer Tramway*. Graz, 1979.
Grazer Stadtwerke A.G. *75 Jahre elektrische Straßenbahn in Graz*. Graz, 1974.
Green, William. *Rocket Fighter*. New York: Random House, 1971.
Groves, Leslie R. *Now It Can Be Told*. New York: Harper & Row, 1962, und London: André Deutsch Ltd., 1963.
Gunston, Bill. *World War II British Aircraft*. New York: Chartwell Books, 1985.
–. *World War II German Aircraft*. New York: Chartwell Books, 1985.
Gunter, Paul. »Clara von Simson zum 65. Geburtstag«, in *Berichte der Bunsengesellschaft für Physikalische Chemie, Zeitschrift für Elektrochemie*, Bd. 66, Nr. 7, 1962.
Haber, L. F. *The Poisonous Cloud*. Oxford: Oxford University Press, 1986.
Haffner, Sebastian. »Secrets of the July 20 Plot: By A Student of Europe«, in *The Observer*, July 21, 1946.
Hagg, Gunnar. *Arne Westgren*. Stockholm: Kungl. Vetenskapakademien, Juli 1978.
Hahn, Dietrich. *Otto Hahn: Begründer des Atomzeitalters*. München: List Verlag, 1979.
–. *Otto Hahn: Erlebnisse und Erkenntnisse*. Düsseldorf: Econ Verlag, 1975.
Hahn, Fritz. *Deutsche Geheimwaffen 1939 – 1945*. Heidenheim: Eric Hoffmann Verlag, 1963.

Hahn, O., und Strassmann, F. »Über den Nachweis und das Verhalten der bei der Bestrahlung des Urans mittels Neutronen entstehenden Erdalkalimetalle«, in *Naturwissenschaften*, Bd. 27, 1939. Der Artikel wurde am 22. Dezember 1938 dem Springer-Verlag vorgelegt und 1939 veröffentlicht. (Dieser Beitrag kennzeichnet den Beginn des Atomzeitalters.)

Hahn, Otto. *A Scientific Autobiography*. New York: Scribner's, 1966.

–. *My Life*. New York: Herder and Herder, 1970.

Haigerloch, Stadtverwaltung. *Atom-Museum Haigerloch*. Haigerloch: Druckerei St. Elser, 1982.

Hancock, W. K., und M. M. Gowing. *British War Economy*. London: His Majesty's Stationery Office, 1949.

Harms, Norman. *Waffen SS in Action*. Carrollton, Texas: Squadron/Signal Publications, 1973.

Harrod, Roy Forbes. *The Prof: A Personal Memoir of Lord Cherwell*. London: Macmillan, 1959.

Hartcup, Guy, und T. E. Allibone. *Cockcroft and the Atom*. Bristol: Adam Hilger Ltd., 1984.

Hartmann, Peter. »Grabstein für eine Million«, in *Weltwoche Magazin*, Zürich, 2. September 1981 (über das Hans-Rosbaud-Alpen-Schutzgebiet).

Hastings, Max. *Bomber Command*. New York: Dial Press, 1979.

Haukelid, Knut. *Skis Against the Atom*. London: William Kimber, 1954.

Haushoffer, Albrecht. *Moabit Sonnets*. Übersetzt von Arvid Brodersen. New York: Norton, 1978.

Hawkins, David. *Project Y: The Los Alamos Story. Part I. Toward Trinity*. Los Angeles: Tomash Publishers, 1983.

Hayes, Paul M. Quisling. *The Career and Political Ideas of Vidkun Quisling 1887 bis 1945*. Devonshire: David & Charles, 1971.

Heger, Wanda. *Hver fredag foran porten*. Oslo: Gyldendahl Norsk Forlag, 1984.

Heider, Max. »Erinnerungen an Hans Rosbaud«, in *Neue Zeit*, Graz: 29. Dezember 1963.

Heisenberg, Elisabeth. *Das politische Leben eines Unpolitischen*. München: R. Piper Verlag, 1980.

Heisenberg, W. »Research in Germany on the Technical Application of Atomic Energy«, in *Nature*, vol. 160, no. 409, 16. August 1947.

–. *Der Teil und das Ganze. Gespräche im Umkreis der Atomphysik*. München: R. Piper Verlag, 1969.

–. *»Gott sei Dank, wir konnten sie nicht bauen«*, Interview in *Der Spiegel*, Heft 28, 1967.

Heisenberg, W., W. Känzig, J. Burckhardt, H. Staub, P. Huber und W. Albrecht. *»Zur Erinnerung an Paul Scherrer-Sonderegger«*. Zürich: 1969.

Heitler, W. »Dr. Paul Rosbaud«, Nachruf in *Nature*, Nr. 4872, 16. März 1963.

Henderson, Sir Neville. *Failure of a Mission*. London: Hodder & Stoughton, 1940.

–. *Final Report*. London: His Majesty's Stationery Office, 20. September 1939.

–. *Water Under the Bridges*. London: Hodder & Stoughton, 1945.

Henshall, Philip. *Hitler's Rocket Sites*. London: Robert Hale, 1985.

Hermann, Hauptmann (Pseud.). *The Luftwaffe: Its Rise and Fall*. New York: Putnam's, 1943.

Hewins, Ralph. *Quisling*. London: W. H. Allen, 1965.

Hewlett, R. G., und O. E. Anderson. *The New World. 1939/1946*. Vol. 1: *A History of the United States Atomic Energy Commission*. University Park: Pennsylvania State University Press, 1962.

Hill, A. V. *The Ethical Dilemma of Science and Other Writings*. New York: Rockefeller Institute Press, 1960. (Angeregt durch Paul Rosbaud).

Hinsley, F. H. *British Intelligence in the Second World War*. Vol. 1, 1979; Vol. 2, 1981; Vol. 3, Teil I, 1984 (alle veröffentlicht). London: Her Majesty's Stationery Office.
Höhne, Heinz. *Canaris*. Garden City: Doubleday, 1979.
–. *Code Word Direktor: The Story of the Red Orchestra*. New York: Ballantine Books, 1982.
–. *The Order of the Death's Head: The Story of Hitler's SS*. New York: Ballantine Books, 1981.
Howarth, David. *The Shetland Bus*. London: Thomas Nelson & Sons, 1951.
Howarth, Patrick. *Undercover: The Men and Women of the Special Operations Executive*. London: Routledge & Kegan Paul, 1980.
Huebner, Paul. »Philosopher Who Writes with a Common Touch« [Carl F. von Weizsäcker], in *German Tribune*, Nr. 1113, 25. Dezember 1983. Übersetzt aus der *Rheinischen Post* vom 8. Dezember 1983.
Hutton, R. S. *Recollections of a Technologist*. London: Sir Isaac Pittman & Sons, 1964.
Huzel, Dieter K. *Peenemünde to Canaveral*. Englewood Cliffs, New Jersey: Prentice-Hall, 1962.
International Paint Ltd. »International Paints: Its Origin and Growth, 1881 – 1918«, unveröffentlichte Archivdokumente. London: 1982.
Irving, David (Pseud. für John Cawdell). *Source Materials for the German Atomic Bomb* (Großbritannien: *The Virus House*). DJ Ref. 29 – 32. Vier Mikrofilme. East Ardsley: Microform Academic Publishers.
–. *The German Atomic Bomb*. New York: Simon & Schuster, 1967. Auch veröffentlicht unter dem Titel *The Virus House*. London: William Kimber, 1967.
–. *The Mare's Nest*. Boston: Little, Brown, 1964.
–. *The Rise and Fall of the Luftwaffe. The Life of Field Marshal Erhard Milch*. Boston: Little, Brown, 1973.
Janouch, F. »Lev D. Landau: His Life and Work«, CERN 79-03, 28. März 1979. Genf: European Organization for Nuclear Research.
Johnson, Brian. *The Secret War* (zuerst durch die BBC veröffentlicht). New York: Methuen, 1978.
Johnson, Vivian Annabelle. *Karl Lark-Horovitz, Pioneer in Solid State Physics*. Oxford: Pergamon Press, 1969.
Joint Committee on Atomic Energy, U.S. Congress. *Soviet Atomic Espionage*. Washington, D.C.: Government Printing Office, 1951.
Jones, R. V. »Lord Cherwell's Judgement in World War II«, in der Zeitschrift *Oxford*, 9. Mai 1963.
–. »Scientific Intelligence: Some Aspects of Its Development from 1939 – 1945«, Vortrag, gehalten vor der Royal United Services Institution am 19. Februar 1947. (Durch diese Vorlesung wurde der Oslo-Report in der Öffentlichkeit bekannt).
–. »Sir Henry Tizard«, in *Nature*, vol. 205, Nr. 4975, 6. März 1965.
–. »The Glare of the Rocket«, in *Chemistry and Industry*, 27. März 1965.
–. »Thicker than Heavy Water«, in *Chemistry and Industry*, 26. August 1967.
–. *The Wizard War: British Scientific Intelligence, 1939 – 1945*. New York: Coward, McCann & Geohegan, 1978. Ebenfalls veröffentlicht unter dem Titel *Most Secret War*. Sevenoaks: Coronet Books of Hodder & Stoughton, 1979.
–. *Winston Leonard Spencer Churchill*. Biographical memoirs, vol. 12. London: Royal Society, 1966.
Jones, Vincent C. *Manhattan: The Army and the Atomic Bomb*. Washington, D.C., Center of Military History: United States Army, U.S. Government Printing Office, 1985.
Joubert, Air Chief Marshal Sir Philip. *Rocket*. London: Hutchinson, 1957.

Jungk, Robert. *Heller als tausend Sonnen*. Bern: Alfred Scherz Verlag, 1956.
Junkes, Giuseppe, S. J. »P. Luigi Gatterer, S. J.«, in *Memorie della Societa Astronomica Italiana*, vol. XXIV, Nr. 3, 1953.
Kahn, David. *Hitler's Spies: German Military Intelligence in World War II*. New York: Macmillan, 1978.
–. *The Codebreakers*. New York: Macmillan, 1967.
Kapitza, P. L. »Plasma and the Controlled Thermonuclear Reaction«. Nobelpreisrede, Stockholm, 8. Dezember 1978.
Kaufman, Louis, Barbara Fitzgerald und Tom Sewell. *Moe Berg*. Boston: Little, Brown, 1975.
Kemmer, N., und R. Schlapp. *Max Born*. Biographical memoirs, vol. 17. London: Royal Society, 1971.
Kennedy, Ludovic. *Pursuit. The Chase and Sinking of the »Bismarck«*. New York: Viking, 1974.
Klee, Ernst, und Otto Merk. *The Birth of the Missile: The Secrets of Peenemünde*. London: George G. Harrop & Co., 1965.
Klein, Alexander. *The Counterfeit Traitor*. New York: Henry Holt, 1958.
Krafft, Fritz. *Im Schatten der Sensation. Leben und Wirken von Fritz Strassmann*. Weinheim: Verlag Chemie, 1981.
Kramish, Arnold. *Atomic Energy in the Soviet Union*. Stanford: Stanford University Press; Oxford: Oxford University Press, 1959.
–. *The Nuclear Motive: In the Beginning*. Washington, D.C.: Wilson Center, Smithsonian Institution, 1982.
Kraushaar, Luise. *Berliner Kommunisten im Kampf gegen den Faschismus. 1936 – 1942*. Berlin, DDR: Dietz-Verlag, 1981.
Laqueur, Walter, and Richard Breitman, *Breaking the Silence*. New York: Simon and Schuster, 1966.
Lasby, Clarence G. *Project Paperclip. German Scientists and the Cold War*. New York: Athenaeum, 1971.
Leibholz-Bonhoeffer, Sabine. *The Bonhoeffers. Portrait of a Family*. London: Sidgwick & Jackson, 1971.
Leverkuehn, Paul. *German Military Intelligence*. London: Weidenfeld & Nicolson, 1954.
Lewin, Ronald. *Ultra Goes to War*. New York: McGraw-Hill, 1978.
Ley, Willy. *Rockets, Missiles & Space Travel*, überarbeitete und erweiterte Ausgabe. New York: Viking, 1958.
Lifschitz, E. M. *Lev Davydovitch Landau*. Biographical memoirs, vol. 15. London: Royal Society, 1969.
Lindstrom, Teddy. *»Oslo-rapporten« kunne ha forkortet krigen med to ar*. Oslo: *Vi-Menn*, 1980.
Lovell, Sir Bernard. *Patrick Maynard Stuart Blackett, Baron Blackett of Chelsea*. Biographical memoirs, vol. 21. London: Royal Society, 1975.
Lunde, Gulbrand. *Kampen for Norge*. Oslo: Gunnar Stenersens Forlag, 1941.
–. »The Research Laboratory of the Norwegian Canning Industry«, in *Tidsskrift for Hermetikindustri*, vol. XVI, Nr. 6, 1931.
–. *Vitamine in frischen und konservierten Nahrungsmitteln*. Berlin: Julius Springer, Dezember 1939.
Maass, Walter B. *Country without a name: Austria under Nazi Rule, 1938 – 1945*. New York: Frederick Ungar, 1979.
Mackset, Kenneth. *Kesselring: The Making of the Luftwaffe*. New York: David McKay, 1978.
Macmillan, Captain Norman. *The Royal Air Force in the World War*. London: George G. Harrop & Co., 1950. (Band IV bezieht sich auf den Oslo-Report.)

Mader, Julius. *Geheimnis von Huntsville*. Berlin, DDR: Deutscher Militärverlag, 1963.
Mahoney, Leo James. *A History of the War Department Scientific Intelligence Mission (ALSOS), 1943 – 1945*. Ann Arbor: University Microfilms, 1981.
Mann, Wilfrid B. *Professor Leif Tronstad*, in *Fra Fysikens Verden*, vol. 27, Nr. 1, 1965.
–. *Was There a Fifth Man?* Oxford: Pergamon Press, 1982.
Martelli, George. *The Man Who Saved London: The Story of Michel Hollard*. London: Companion Book Club, 1960.
Mason, Herbert M. *Hitler Must Die!* New York: Norton, 1978.
Masterman, J. C. *The Double-Cross System*. New Haven: Yale Univ. Press, 1972.
McGovern, James. *Crossbow and Overcast*. New York: Morrow, 1964.
Mehra, Jagdish. »The Birth of Quantum Mechanics«. Werner Heisenberg Memorial Lecture, CERN 76-10, 30. März 1976. Genf: European Organization for Nuclear Research.
Meitner, Lise, und Otto Hahn. *Atomenergie und Frieden*. Paris: UNESCO, 1954.
Mendelssohn, Prof. K. *The World of Walther Nernst*. Pittsburgh: University of Pittsburgh Press, 1973.
Metallwirtschaft: Wissenschaft und Technik. Berlin: Georg Lüttke, 1921 – 1947.
Michel, Jean. *Dora*. New York: Holt, Rinehart & Winston, 1980.
Middlebrook, Martin. *The Peenemünde Raid: The Night of 17 – 18 August 1943*. London: Allen Lane, 1982.
–. *The Schweinfurt-Regensburg Mission*. New York: Scribner's,1983.
Mitcham, Samuel W. jr. *Hitler's Legions. The German Army Order of Battle, World War II*. New York: Stein and Day, 1985.
Moldenhauer, Hans. *The Death of Anton Webern*. New York: Philosophical Library, 1961.
Montagu, Ewen. *The Man Who Never Was*. Philadelphia: Lippincott, 1953.
Moore, Ruth. *Niels Bohr*. New York: Knopf, 1966.
Mott, Sir Nevill. *Werner Heisenberg*. Biographical memoirs, vol. 23. London: Royal Society, 1977.
Murray, Williamson. *Strategy for Defeat. The Luftwaffe 1933 – 1945*. Maxwell Air Force Base, Alabama: Air University Press, 1963.
Naval Intelligence Division. *Denmark*. London: Januar 1944.
Naval Intelligence Division. *Netherlands*. London: Oktober 1944.
Naval Intelligence Division. *Norway*, Bde. I und II, London: Oktober 1941 und Januar 1943.
Newman, Bernard. *They Saved London*. London: Werner Laurie, 1952.
Nielsen, Kjell. »The Bombings of Herøya and Rjukan.« Unveröffentlichtes Manuskript, Sandvika, Norway, 1970.
Norges Hjemmefrontmuseum. »Lieutenant Commander Eric Welsh, R.N.V.R.« Unveröffentlichtes Archivmaterial, Oslo: 1943.
Oberdeutsche Provinz, S.J. »P. Joseph Junkes, S.J.«, Erinnerung. München: April 1984.
Oliphant, M. L. E., und Lord Penney. *John Douglas Cockcroft*. Biographical memoirs, vol. 14. London: Royal Society, 1968.
Olsen, Oluf Reed. *Two Eggs on My Plate*. Chicago: Rand McNally, 1953.
Ottosen, Kristan. *Theta: Et blad fra motstandskampens historie 1940 – 1945*. Bergen: Universitetsforlaget, 1983.
Parry, Albert. *Peter Kapitza on Life and Science*. New York: Macmillan, 1968.
Pash, Boris T. *The Alsos Mission*. New York: Award House, 1969.
Peierls, Sir Rudolf. *Bird of Passage: Recollections of a Physicist*. Princeton: Princeton University Press, 1985.

–. »Atomic Germans«, in *New York Review of Books*, 1. Juli 1971.
–. *Otto Robert Frisch*. Biographical memoirs, vol. 27. London: Royal Society, 1981.
Perrault, Gilles. *The Red Orchestra*. New York: Simon & Schuster, 1969.
Perutz, Sir Max. »That Was the War: Enemy Alien«, in *The New Yorker*, 12. August 1985.
Petrow, Richard. *The Bitter Years: The Invasion and Occupation of Denmark and Norway, April 1940 – May 1945*. New York: Morrow, 1974.
Philby, Kim. *My Silent War*. London: Macgibbon & Kee, 1968.
Piekalkiewicz, Jausz. *Secret Agents, Spies and Saboteurs*. New York: Morrow, 1973.
Piskari, Margot, und Günter Übel. *Die KPD lebt!* Berlin, DDR: Dietz Verlag, 1980.
Popov, Dusko. *Spy Counter Spy*. New York: Grosset & Dunlap, 1974.
Powys-Lybbe, Ursula. *The Eye of Intelligence*. London: William Kimber, 1983.
Read, Anthony, und David Fisher. *Colonel Z. The Secret Life of a Master of Spies*. London: Hodder & Stoughton, 1984.
Reich, Willi. *Schoenberg. A Critical Biography*. New York: Praeger Publishers, 1971.
Reid, Margaret G. »Norway – 1940. A Diary of the War in the Gudbrandsdalen Seen through the Eyes of British Cypher Clerk Margaret G. Reid«. Manuskript, Leeds: Brotherton Library, University of Leeds.
Reid, Margaret, und Leif C. Rolstad. *April 1940: En krigsdagbok*. Oslo: Gyldendahl Norsk Forlag, 1980.
Rideal, E. K., und U. R. Evans. »Professor Leif Tronstad«, Nachruf in *Nature*, vol. 156, 21. Juli 1945.
Rife, Patricia Elizabeth. *Lise Meitner: The Life and Times of a Jewish Woman Physicist*. Ann Arbor: University Microfilms, 1983.
Riste, Olav, und Bertt Nökleby. *Norway 1940 – 45: The Resistance Movement*. Oslo: Tanum-Norli, 1984.
Rona, Elizabeth. *How It Came About*. Oak Ridge, Tennessee: Oak Ridge Associated Universities, 1978.
Rørholt, Bjørn. *Amatorspionen »Lerken«*. Oslo: Hjemens Forlag, 1985.
Rosbaud, Paul. »Secret Mission«, review of ALSOS by Samuel Goudsmit, in (London) *Times Literary Supplement*, 5. Juni 1948.
–. »Das Royal Society Mond Laboratory in Cambridge«, in *Metallwirtschaft*, 17. Februar 1933.
–. »International Exchange of Scientists«, in *Research*. London: Butterworths Scientific Publications Ltd., 1949.
–. »Prof. Max von Laue. For. Mem. R.S.«, Nachruf in *Nature*, vol. 187, Nr. 4739, 27. April 1960.
–. »Victor Moritz Goldschmidt«, in *Great Chemists*. Ed. Eduard Farber. New York: Interscience, 1961.
–. Besprechung von *Brighter Than a Thousand Suns*, *Discovery*, März 1959.
Royal Norwegian Government Information Office. *The Gestapo at Work in Norway*. London: 1942.
Rozental, S., ed. *Niels Bohr: His life and work as seen by his friends and colleagues*. Amsterdam: North Holland Publishing Company, 1967.
Salpeter, P. E., S.J. »Alois Gatterer, S.J.«, in *Microchemica Acta*. Wien: Springer-Verlag, Bde. 1 – 2, 1953.
Schmid, Erich. *Erinnerungen an Hans Rosbaud*. Zürich, Privatdruck, 1972.
Schweigert, Horst. *Dehio Graz*. Wien: Verlag Anton Schroll & Co., 1979.
Seip, D. A. *Hjemme og i fiendeland*. Oslo: Gyldendahl Norsk Forlag, 1946.
Sender, Anton. »Geschichte des Domchors in Graz. Von den Zeiten Erzherzog Karls II. bis auf unsere Tage«, in *Kirchenmusikalisches Jahrbuch*, Graz, 1900.

Sevruk, V., ed. *How Wars End: Eye-Witness Accounts of the Fall of Berlin*. Moscow: Progress Publishers, 1969.
Shachtman, Tom. *The Phony War: 1939 – 1940*. New York: Harper & Row, 1982.
Shepherd, Naomi. *A Refuge from Darkness: Wilfrid Israel and the Rescue of the Jews*. New York: Pantheon Books, 1984.
Shirer, William L. *Berlin Diary*. New York: Knopf, 1942.
–. *End of a Berlin Diary*. New York: Knopf, 1947.
–. *The Rise and Fall of the Third Reich*. New York: Simon & Schuster, 1959.
Showell, Jak P. M. *The German Navy in World War II*. Annapolis: Naval Institute Press, 1979.
Simon, Leslie E. *Secret Weapons of the Third Reich*. Old Greenwich, Connecticut: WE, Inc., 1971.
Skelton, Geoffrey. *Paul Hindemith*. New York: Crescendo Publishing, 1975.
Smyth, Henry D. *Atomic Energy for Military Purposes*. Princeton: Princeton University Press, 1945.
Snow, C. P. *Science and Government*. Cambridge: Harvard University Press, 1960.
Soltikow, Michael Graf. *Mein Leben bei Canaris*. Wien: Moewig, Paul Neff Verlag, 1980.
Sonsteby, Gunnar. *Report from No. 24*. New York: Lyle Stuart, 1965.
Speer, Albert. *Infiltration*. New York: Macmillan, 1981.
–. *Inside the Third Reich*. New York: Macmillan, 1970.
–. *Speer Collection*. Mikrofilm 119. BA-RL 3/332-33. London: Imperial War Museum, 1985.
Spence, R. *Otto Hahn*. Biographical memoirs, vol. 16. London: Royal Society, 1970.
Spruch, Grace Marmor. »Pyotr Kapitza: Octogenarian Dissident«, in *Physics Today*, September 1979.
St. George Sanders, Hilary. *The Left Handshake: The Boy Scout Movement During the War, 1939 – 1945*. London: Collins, 1948.
Stafford, David. *Britain and European Resistance 1940 – 1945. A Survey of the Special Operations Executive, with Documents*. London: Macmillan, 1980. Veränderte Neuausgabe 1983.
Steiermärkischer Musikverein. *Schul- und Konzertbericht für die Schuljahre 1904 – 1911*. Graz: Verlag des Steiermärkischen Musikvereins, 1903 – 1911.
Stevenson, William. *A Man Called Intrepid*. New York: Harcourt Brace Jovanovich, 1976.
–. *Intrepid's Last Case*. New York: Villard Books, 1984.
Strassmann, Irmgard und Martin. »In Memoriam Fritz Strassmann«. Mainz: Privatdruck, 1980.
Süß, Hans E. »Virus House: Comments and Reminiscences«, in *Bulletin of Atomic Scientists*, Juni 1968.
Suppan, Wolfgang. *Steierisches Musiklexikon*. Graz: Akademische Druck- und Verlagsanstalt, 1962 – 1966.
Szilard, Leo. *His Version of the Facts*, vol. II. Herausgegeben von Spencer Weart und Gertrud Weiss Szilard, Cambridge: MIT Press, 1978.
–. »Reminiscences«, in *The Intellectual Migration*. Herausgegeben von D. Fleming und B. Bailyn. Cambridge: Harvard University Press, 1969.
Tautorius, Werner (Pseud. von Dr. Kurt Diebner). »Die deutschen Geheimarbeiten zur Kernenergieverwertung während des Zweiten Weltkrieges 1939 – 1945«, in *Atomkernenergie*, Bd. 1, 1956.
Taylor, Fred, ed. *The Goebbels Diaries: 1939 – 1941*. New York: Putnam's, 1983.
Thomas, John Oram. *The Giant Killers: The Danish Resistance Movement, 1940 bis 45*. New York: Taplinger, 1976.

Thomson, G. P. *Frederick Alexander Lindemann, Viscount Cherwell*. Biographical memoirs, vol. 4. London: Royal Society, 1958.
Tilley, C. E. *Victor Moritz Goldschmidt*. Biographical memoirs, vol. 6. London: Royal Society, 1948.
Trepper, Leopold. *The Great Game*. New York: McGraw-Hill, 1977.
Truslow, Edith C., und Ralph Carlisle Smith. *Project Y: The Los Alamos Story*. Teil II: *Beyond Trinity*. Los Angeles: Tomash Publishers, 1983.
Tuck, James L. »Lord Cherwell and His Part in World War II«. Unveröffentlichtes Manuskript, 1961. Archiv des Los Alamos Scientific Laboratory, Los Alamos, New Mexico.
U.S. Air Force. »Peenemünde East Through the Eyes of 500 Detained at Garmisch«. Mikrofilm A5734. Index 1595.519.652.1 bis 519.6541-4, 1945. Maxwell Air Force Base, Alabama.
U.S. Eighth Bomber Command Headquarters. »Bomber Command Narrative of Operations. 131st Operation. November 16, 1943. Mission no. 1 – Rjukan«. Maxwell Air Force Base, Alabama.
United States Strategic Bombing Survey. *A Brief Study of the Effects of Area Bombing on Berlin*. Washington, D.C.: U.S. Air Force, 1945.
United States Strategic Bombing Survey. *Light Metals Industry of Germany*. Teil II: *Magnesium*. Washington, D.C.: U.S. Air Force, November 1945.
Verwey, E. J. W. *Jan Hendrik de Boer*. Biographical memoirs. Amsterdam: Royal Academy of Sciences of the Netherlands.
Vineta, (Vorname unbekannt). *Der Vogel Greif. Sagen und Märchen vom Ostseestrand*. Rostock, DDR: 1965.
von Braun, Wernher. »Survey of Development of Liquid Rockets in Germany and their Future Prospects«. Peenemünde, unveröffentlichter Artikel vom Mai 1945.
von Laue, M. »A Report on the State of Physics in Germany«, in *American Journal of Physics*, vol. 17, Nr. 3, März 1949.
–. »Arnold Berliner (26.12.1862 – 22.3.1942)«, in *Naturwissenschaften*, Bd. 33, Nr. 9, 15. November 1946.
von Schlabrendorff, Fabian. *The Secret War Against Hitler*. London: Hodder & Stoughton, 1966.
Wassermann, Günter, und Peter Wincierz. *Das Metall-Laboratorium der Metallgesellschaft A.G., 1918 – 1981*. Frankfurt/Main: Metallgesellschaft A.G., 1981.
Waverly, Lord (Sir John Anderson), und Sir Alexander Fleck. *Wallace Alan Akers*. Biographical memoirs, vol. 1. London: Royal Society, 1955.
Weart, Spenser. *Scientists in Power*. Cambridge: Harvard University Press, 1979.
Werrell, Kenneth. *The Evolution of the Cruise Missile*. Maxwell Air Force Base, Alabama: Air University Press, 1985.
West, Nigel (Pseud. von Rupert Allason). *A Matter of Trust. MI5 1945 – 1972*. London: Weidenfeld & Nicholson, 1982.
–. *A Thread of Deceit: Espionage Myths of World War II*. New York: Random House, 1985.
–. *MI5: British Security Service Operations, 1909–1945*. London: The Bodley Head, 1981.
–. *MI6: British Secret Intelligence Service Operations, 1909 – 1945*. New York: Random House, 1983.
Wheeler-Bennett, John W. *John Anderson. Viscount Waverly*. New York: St. Martin's Press, 1962.
Whiting, Charles. *The Spymasters*. New York: Saturday Review Press/Dutton, 1976.
Williams, Elvet. *Arbeitskommando*. London: Victor Gollancz, 1975.
Wilson, John Skinner. *Scouting Around the World*. London: Blandford Press, 1959.

–. »The ›Heavy Water‹ Operations in Norway, 1942 – 1944«. Privatdruck für die Teilnehmer an den Operationen, London, Dezember 1945.
Winnacker, Karl, und Karl Wirtz. *Nuclear Energy in Germany*. La Grange Park, Illinois: American Nuclear Society, 1970.
Winter, Frank H. *Prelude to the Space Age: The Rocket Societies: 1924 – 1940*. Washington, D.C.: National Air and Space Museum, 1983.
Winterbotham, F.W. *The Nazi Connection*. New York: Harper & Row, 1978.
–. *The Ultra Secret*. New York: Harper & Row, 1974.
Young, A. P. *The »X« Documents*. Herausgegeben von Sidney Aster. London: André Deutsch, 1974.
Zanetti, J. Enrique. *Fire from the Air: The ABC's of Incendiaries*. New York: Columbia University Press, 1942.
Zuckerman, Sir Solly. *From Apes to Warlords*. New York: Harper & Row, 1978.
zu Putlitz, Wolfgang. *The Putlitz Dossier*. London: Allan Wingate, 1957.